I

조선시대
예교담론과
예제질서

엮은이

박종천 朴鍾天, Park, Jong-Chun_ 고려대학교 민족문화연구원 HK교수

글쓴이

한재훈 韓在壎, Han, Jae-Hoon_연세대학교 국학연구원 연구교수
김선희 金宣姬, Kim, Seon-Hee_이화여자대학교 인문과학원 HK연구교수
김배의 金培懿, Chin, Pei-Yi_대만 대만사범대학 중문과 교수
함영대 咸泳大, Ham, Young-Dae_성균관대학교 대동문화연구원 책임연구원
장 가 張佳, Zhang, Jia_중국 복단대학 문사연구원 부연구원
정동훈 鄭東勳, Jung, Dong-Hun_서울대학교 강사
최종석 崔鍾奭, Choi, Jong-Suk_동덕여자대학교 국사학과 교수
허남린 許南麟, Hur, Nam-Lin_캐나다 브리티시컬럼비아대학교 아시아학과 교수
박종천 朴鍾天, Park, Jong-Chun_ 고려대학교 민족문화연구원 HK교수
김형수 金炯秀 Kim, Hyeong-Su_ 한국국학진흥원 책임연구위원
김문용 金文鎔, Kim, Moon-Yong_ 고려대학교 민족문화연구원 HK교수

문화동역학라이브러리 23

조선시대 예교담론과 예제질서

초판인쇄 2016년 6월 20일 **초판발행** 2016년 6월 25일
엮은이 박종천 **펴낸이** 박성모 **펴낸곳** 소명출판 **출판등록** 제13-522호
주소 서울시 서초구 서초중앙로6길 15, 1층
전화 02-585-7840 **팩스** 02-585-7848
전자우편 somyungbooks@daum.net **홈페이지** www.somyong.co.kr

값 34,000원 ⓒ박종천, 2016

ISBN 979-11-5905-092-3 94910
ISBN 978-89-5626-851-4 (세트)

이 책은 2007년 정부(교육과학기술부)의 재원으로 한국연구재단의 지원을 받아 수행된 연구임(NRF-2007-361-AL0013).

고려대학교 민족문화연구원
문화동역학 라이브러리 23

조선시대
예교담론과 예제질서

Discourses on Ritual Norm and Order of Ritual Protocols in Joseon

박종천 편

문화동역학 라이브러리 문화는 복합적이고 역동적인 구성물이다. 한국 문화는 안팎의 다양한 갈래와 요소가 상호작용하는 과정을 통해 끊임 없이 변화해왔고, 변화해 갈 것이다. 고려대학교 민족문화연구원이 주관 하는 이 총서는 한국과 그 주변 문화의 복합적이고 역동적인 양상을 추적하 고, 이를 통해 한국 문화는 물론 인류 문화에 대한 새로운 통찰과 그 다양성 의 증진에 기여하고자 한다. 문화동역학(Cultural Dynamics)이란 이 러한 도정을 이끌어 가는 우리의 방법론적인 표어이다.

소명출판

조선은 '예禮'의 이념과 제도를 내면의 규범과 공동체 질서로 삼았던 사회였다. 예는 조선 사람들의 마음과 몸을 규율하는 원리였으며, 교화의 주체로서 주체적으로 실천하는 선비들에게는 자율적인 자기실현의 기제였으나, 교화의 대상으로 규정당한 사람들에게는 타율적인 규제와 구속의 도구였을 뿐이다. 예를 실천하는 주체냐 교화의 대상이냐에 따라서 예는 인간완성의 빛으로 이끄는 사다리이기도 했고, 원치않는 억압의 어두운 그림자이기도 했다.

그렇다면 예가 지닌 빛과 어두움은 상호모순적인 것이 아닌가? 이 물음에 대해 일률적으로 답하기는 어렵다. 예가 지닌 밝은 면모와 어두운 모습은 시대적 상황과 사회적 맥락에 따라, 그것을 실천하거나 그것에 의해 규제당하는 주체와 대상에 따라, 예가 구성하는 인간 관계의 다양한 층위에 따라, 그것이 지닌 이상적 이념과 현실적 구현에 따라 다양한 스펙트럼을 지니기 때문이다. 태양 아래 그림자 없는 존재가 있을까? 햇볕이 강할수록 그림자는 짙기 마련이다. 예가 지닌 빛과 어두움은 떼려야 뗄 수 없는 밀접한 상관성을 지니고 있기 때문에, 밝은 빛에서도 어두운 그림자를 읽어내고 어두운 그림자에서도 빛의 가능성을 찾는 작업이 필요하다. 빛과 어두움을 긴밀하게 연결하여 읽어낼 때 비로소 예가 지닌 다면적이고 복합적인 양상을 온전하게 이해할 수 있는 것이다.

고려대 민족문화연구원 HK한국문화연구단에서는 이러한 문제의식으로 '예교의 사회문화' 연구팀을 조직하고, 2015년에 『조선 후기 사족과 예교질서』라는 첫 번째 연구성과를 출간한 바 있다. 사족들의 사회문화적 활동을 중심으로 조선 후기 예교질서가 가족, 친족, 향촌 등의 차원에서 확장되고 강화되는 양상과 거기에서 파생되는 문제점들을 다양한 측면에서 종합적으로 검토하였다.

『조선시대 예교담론과 예제질서』에서는 그러한 연구 성과를 더욱 확대하여 예교담론과 예제질서의 다양한 층위와 범주와 문제를 종합적으로 논의하였다. 시간적으로는 조선 후기 예교문화의 정립이라는 틀을 넘어서서 고려 말기로부터 비롯된 조선시대 예교문화의 형성과 변화 및 분화를 포괄했으며, 공간적으로는 조선을 중심으로 중국과 일본을 포함하여 동아시아로 범위를 확장하는 한편, 예와 자연법을 중심으로 동서 비교까지 시도했다. 예의 층위도 개인, 종족, 향촌, 국가, 국제까지 다양한 인간관계와 공동체 질서를 아우르는 한편, 예교의 이론과 논리, 국제 관계와 예제 교류, 예치 질서의 구조와 예속의 향촌 문화까지 예교와 예제의 다층적 차원을 복합적으로 검토했다. 이러한 확장 과정에서 자연스럽게 국내는 물론, 구미, 중국, 대만 등의 학자들이 참여하여 2015년 5월 29일(금)부터 30일(토)까지 국제학술대회를 개최하였다. 본서는 당시 발표된 연구성과물 중 중요한 내용을 선정하여 수정보완한 결과물이다.

우리 연구팀은 이러한 총체적 접근을 통해 조선시대 예교문화의 복합적 구성과 역동적 변화를 효과적으로 이해하고 분석하기 위해서 예교禮敎의 담론과 논리, 예의禮儀의 국제관계와 예제禮制 교류, 예치禮治

질서의 구조와 향촌의 예속禮俗 문화 등 크게 3가지 연구 범주를 설정하였다. 사상적 차원에서는 조선시대 사회문화를 구성하는 예교禮敎의 논리와 특성을 해명하고, 국제적 차원에서는 중국과 고려 / 조선의 예제禮制 교류와 외교적 예교禮交 관계를 규명하며, 국가의 정치문화적 차원에서는 조선시대 예교질서가 지닌 다면적 구조와 갈등적 양상을 탐색하고, 향촌의 사회문화적 차원에서는 문중과 학단 등의 공동체가 구성해 온 예속禮俗 문화의 특성과 변화 양상을 검토했다.

제1부 '예교禮敎와 예론禮論 — 예교담론의 논리와 특성'에서는 예교담론이 지닌 논리와 특성을 규명하기 위해서 성리학자들의 예론禮論의 이론적 특징을 분석하고 서양의 자연법과 동양의 예를 비교하는 담론적 접근과 더불어, '음시淫詩'와 '시례時禮'를 바라보는 예교적 시각을 두고 조선, 중국, 일본의 경학자들이 선보이는 접근방식과 시선의 차이를 경학적으로 해석하고 비교의 관점에서 검토함으로써 예론이 지닌 동아시아적 보편성과 조선시대 예론이 지닌 개성을 균형있게 검토하였다.

먼저, 예론의 철학적 담론 분석을 시도했다. 한재훈은 「성리학적 '예禮' 담론의 이론적 구도」에서 성리학자들이 예를 중시하는 까닭을 짚고 성리학적 예 담론의 이론적 구도를 밝혔다. 특히 천리天理와 인사人事의 구도로 구성된 예론의 정의, 화和와 소도疏導를 중심으로 한 예론의 지향, 습숙習熟과 진지眞知로 성취되는 예론의 실현 방식 등을 이론적으로 설명하였다. 김선희는 「예禮와 자연법 — 크리스티안 볼프의 유교 이해를 중심으로」에서 볼프를 비롯한 근대 계몽주의자들이 중국의 예치 시스템을 자연법적 주장의 근거로 삼아 개인의 본성에 근거한 덕성 훈련

과 사회적 실천을 통한 공동체 질서의 확보를 추구했다는 논증하면서
서양 근대사상에서 논의되었던 자연법과 견주어 유교적 예 담론의 새
로운 가능성을 탐색함으로써 동서비교철학의 차원에서 예에 대한 새
로운 접근을 시도했다.

다음으로, 동아시아 경학經學자들의 『맹자孟子』와 『시경詩經』 해석에
나타난 예교담론의 특성을 비교하였다. 함영대는 「시례時禮와 권도權道
―예禮·권權·도道에 대한 동아시아의 인식논리」에서 『맹자』의 「남
녀수수불친예여男女授受不親禮與」장에 나타난 예의 원칙과 변통, 곧 상례
常禮와 시례時禮, 정도正道와 권도權道의 해석학적 스펙트럼이 시대정신
및 실천적 구상과 어떻게 연결되는지를 비교 분석했다. 이를 통해 경
학의 해석학적 시각과 구체적인 역사적 맥락을 연계하는 예의 실천적
원칙과 변용의 다양한 양상과 가능성 및 한계를 담론적 차원에서 확인
할 수 있다. 대만의 김배의金培懿는 「음시淫詩인가 여교女教인가―구마
자와 반잔熊澤蕃山, 이익, 정약용의 「이남二南」 해석 고찰」에서 17세기부
터 18세기까지 조선과 일본의 유학자들이 예禮를 기준으로 『시경』의
「이남」을 해석하면서 주자의 '음시설'을 넘어서서 어떻게 여교女教 혹
은 여훈女訓의 담론을 펼쳐가는지를 비교 검토했다. 주자가 중시했던
'마음'이 아니라 '몸'을 중시했던 일본의 구마자와 반잔熊澤蕃山과 남녀
의 예교를 예제 규범이라는 경세적 관점에서 재해석한 조선의 이익과
정약용 등은 경학적 시 해석이 정서적 감상을 넘어서서 새로운 시대정
신을 초래하는 인식의 전환과 새로운 세상을 구축하는 실천적 구상과
어떻게 연결될 수 있는지를 잘 보여준다.

제2부 '예교禮交와 예제禮制―예의의 국제교류와 외교관계'에서는 예

를 중심으로 구성되는 국제질서, 곧 중화질서의 외교관계와 더불어 중국과 고려 / 조선 사이에서 이루어진 예의 문명과 예제 교류 양상을 검토하였다. 고려 말에 있었던 변화, 곧 몽고풍의 거부와 명나라의 의관제도 수용이 국제 외교관계 수립의 문화적 공감대였음을 밝히는 한편, 고려시대 중국 사신의 영접의례가 종주국과 번국의 군신 관계를 일정하게 수용하면서도 변용시켰던 이중적이고 탄력적인 의례적 방식에서 중국 중심의 천하질서로 포섭되는 방식으로 변화되는 양상을 검토했다.

먼저, 중국의 장가張佳는 「의관衣冠과 인정認定—여말선초麗末鮮初 대명의관大明衣冠 사용 경위 고찰」에서 여말선초麗末鮮初에 몽고풍을 불식시키면서 중화문명의 상징인 명나라 의관 문물의 문화적 수용이 고려와 조선에서 명나라를 문화적 종주국으로 인정하는 중요한 문화코드였음을 강조하였다. 이에 비해 정동훈은 「고려시대 사신 영접 의례의 변동과 국가 위상」에서 국제적 외교관계에서 이루어지는 사신 영접의 변동 양상과 그에 따른 국가 위상의 변화를 분석하기 위해 빈례賓禮에 대해 집중적으로 조명하였다. 그는 고려 전기까지 중국과 고려가 각자 유리한 방식대로 해석할 수 있도록 사신 영접의례를 실행한 반면, 원대 이후 명대에 이르기까지 고려와 중국의 외교관계에는 중국 국내의 관료제 운영원리가 강하게 적용되었음을 밝히는 한편, 중국이 번국인 고려로 인해 비로소 종주국의 위상을 갖출 수 있었음을 지적하였다. 최종석은 「중화 보편, 딜레마, 창의의 메커니즘—조선 초기 문물제도 정비 성격의 재검토」에서 원 간섭기 이후 고려와 조선이 제후국 위상을 국내적으로 관철하고 보편적인 중화문명을 제후국인 조선의 명분에 맞게 실현하는 과정에서 발휘되는 창의적 면모에 대해 집중적으로 검토하였다. 우리는 이러한 연구들을 통해 예의의 문화와 의관의 문물이 국제정치적 차원에서 큰 영향력을 지닌 문화적 기제가 될 수 있음을 분명히 인식하는 한편, 아울러 원-명이 교체되는 시기에 맞물려 교체된 고려-조선의 역사적 상황을 염두에 두고 국제외교적 차원에서 이루어진 예제의 교류의 양상과 의미도 알 수 있다.

제3부 '예치禮治와 예속禮俗―예교질서의 구조와 향촌문화'에서는 국가적 차원의 예치 시스템을 뒷받침하는 정치-경제적 구조를 비판적으로 성찰하고, 조선 후기에 예교문화에 대한 인식이 변주되고 변화되는 양상을 검토하는 한편, 향촌사회에서 문중과 학단을 중심으로 유교적 예속문화가 확립되고 변화되는 현상에 대해서 살펴보았다.

먼저, 캐나다의 허남린은 「모순과 갈등의 인정仁政―선조조를 통해 본 조선의 유교정치와 재정구조」에서 조선의 재정이 현실적 차원에서 인정仁政의 유교적 가치가 실현되기 힘든 방식으로 운영되었음을 밝혔다. 이러한 연구 결과는 정치적 이상과 재정구조의 현실 사이에서 파열음을 내면서 한계를 노정하는 예치 질서의 구조적 문제점을 예리하게 분석한다는 점에서 주목할 만하다. 이에 비해 박종천은 「조선 후기 예교禮敎적 시선의 변주와 변화」에서 문화적 중심과 주변, 정치적 정점과 저변의 경계 설정을 통해 정치적 동화와 문화적 차별화 사이에서 역동적으로 변용되는 예교질서의 구조를 파악하고, 예교적 시선이 공간, 시간, 인간적 차원에서 변주되고 변화하는 양상을 검토했다. 특히 중화문명과 오랑캐풍습의 구분이 내면화되어 중국의 강남과 북방뿐만 아니라 조선의 남쪽과 북쪽에도 적용되는 양상, 이러한 문화의식이 타자에 대한 공감적 이해와 자기반성적 성찰을 거쳐 현실주의적으로 객관화되는 양상, 교화의 대상으로 규제당했던 여성의 욕망이 예교질서를 교란하는 단초를 만드는 양상 등을 집중적으로 분석했다. 이러한 연구들은 조선시대 예치 질서의 구조가 이상과 현실 사이에서 파열음을 내는 불안정한 현상에 대한 진단과 더불어 그러한 구조가 역동적으로 변주되고 변화되는 양상 뒤에 문화의식과 현실적 욕망의 변수가 작동함을 잘 보여준다.

다음으로, 김형수는 「17세기 초 서애학단西厓學團과 상주지역 사회의 재건」에서 17세기 초 영남의 상주지역에서 서애학단의 사례 분석을 중심으로 조선 중기 이후 사림들이 임진왜란에서 의병활동을 하면서 지역사회의 주도세력으로 부각되는 과정을 면밀하게 설명하였다. 특히 이 지역 사림들이 서원 창건과 향안 중수 및 향약 실시 등을 통해 보여주었듯이, 전쟁으로 황폐해진 경제적 토대 수복보다 전쟁으로 인해 무너진 인륜 질서 복구를 더 중요한 사회적 과제로 삼았던 점은 의식적 차원에서 조선시대 예교 질서를 유지하는 것이 성리학자들의 최대 관심사였음을 극적으로 드러낸다. 김문용은 「문중과 공동체─파평윤씨 노종파 종족 운동의 재검토」에서 충청도 노성현에 세거한 파평윤씨 노종파의 종족 운동을 사례 검토하면서 조선 후기 종족운동이 인도와 인륜의 실천의 차원에서 종족의 결집을 유도했으며, 의전과 의곡의 족산 운영을 통해 종족의 영속적 유지를 위한 물적 토대를 구축하는 양상을 분석했다. 특히 문중 혹은 종족이 지속적인 분화와 낮은 수준의 물적 토대라는 한계와 더불어 자급자족적 조직이 아니라 향촌이나 국가와 긴밀히 교통하면서 존재할 수밖에 없었으며, 상호 협력하고 의존하는 생활공동체이자 개인적 이해관계를 매개로 형성되는 일종의 네트워크적 성격까지 지니고 있었을 가능성을 제시했다. 양자는 영남과 호남의 대표적인 학단과 문중에 대한 사례 분석을 통해 인정과 인도의 예교적 이상이 경제적 기반과 물적 토대와 일정한 파열음을 내는 현실적 상황 속에서 향촌의 사족 네트워크가 이념적 차원의 예교를 통해 물적 토대의 한계를 극복하려고 하는 양상과 한계점을 명료하게 보여준다.

우리 연구진은 조선시대 예교담론과 예제질서에 대한 연구과정에서 예교의 이상과 현실, 빛과 그림자, 이념과 한계에 대한 균형있는 성찰을 하려고 노력했다. 예교는 담론과 실천, 마음과 몸, 개인과 공동체, 향촌과 국가와 국제관계에 이르기까지 전면적이고 총체적으로 작동한다. 또한 문화 의식과 역사적 변화에 따라 끊임없이 변주되고 변화하는 역동적 변화과정 중에 형성, 정립, 분화, 해체, 재구성되는 양상을 선보인다. 본서는 예교의 이러한 층위와 양상을 포괄적이고 총체적으로 다루기 위해서 철학, 경학, 예학, 국제외교사, 정치경제사, 사회문화사 등으로 다양한 관점과 다면적 접근을 시도했다. 향후에는 이러한 접근을 더욱 숙성시키고 정교하게 다듬는 과제가 남아있다. 우리 연구진은 미흡하나마 조선시대 예교담론과 예제질서에 대한 종합적 연구성과를 출간에 즈음하여 눈밝은 분들의 격려와 질정을 바라면서 예교질서에 대한 더욱 깊은 정진을 다짐한다.

2016년 6월
필자들을 대표해서
박종천

—1부—
예교禮教와 예론禮教
예교담론의 논리와 특성

성리학적 '예'담론의 이론적 구도
한재훈

예와 자연법
크리스티안 볼프의 유교 이해를 중심으로
김선희

음시飮食인가 여교女教인가
구마자와 반잔熊澤蕃山, 이익, 정약용의
「이남二南」 해석 고찰
김배의

시례時禮와 권도權道
예禮·권權·도道에 대한 동아시아의 인식논리
함영대

성리학적 '예'담론의 이론적 구도

1. 머리말

유학儒學의 '유儒'가 예禮 관련 직업군에서 비롯되었다는 점에서도 알 수 있는 것처럼, 유학에서 예는 다른 사상들과 비교했을 때 유학의 특징을 가장 잘 대변해주는 분야이다. 이러한 현상은 원시유학에서만 그런 것이 아니라 신유학이라 일컬어지는 성리학에 와서도 마찬가지이다. 성리학을 표방했던 조선에서 진행된 『주자가례朱子家禮』 단일 텍스트에 대한 관련 연구서가 지금까지 밝혀진 것만 해도 485종에 이른다는 사실은[1] 성리학에서 예가 차지하는 비중이 얼마나 큰 것인지를 단적으로 보여준다. 이처럼 원시유학이나 신유학을 막론하고 예는 떼려

---

[1] 장동우, 「朝鮮時代 『家禮』研究의 進展」, 『태동고전연구』 31, 한림대 태동고전연구소, 2013, 210면.

야 뗄 수 없는 유학의 핵심 분야이다. 따라서 성리학에서 예와 관련하여 수많은 담론을 해온 것은 하등의 이상할 것이 없다.

그러나 당연해 보이는 사실이 간혹은 꼭 짚어야 할 부분을 놓치게 만들기도 한다. 예컨대 성리학에서 『소학小學』과 같은 교과서를 만들어 아이들에게 가르치고, 『주자가례』는 물론 그것을 둘러싼 수많은 예서를 연구하고, 일상적 삶의 현장에서 맞닥뜨린 어떤 상황에 어떻게 대처하는 것이 예에 맞는지를 두고 논쟁을 벌인 이유가 무엇인가에 대해 짚어볼 필요가 있음에도 어쩌면 우리는 그것을 당연한 것으로 치부해버린 경향이 없지 않았다. 물론 이에 대한 연구들이 없었던 것은 아니다. 기존의 연구들은 성리학적 이론체계로 예의 근거를 밝혀 예의 실천을 정당화하고 그로 인해 성리학이 추상화되어가는 것을 견제하려고 했다는 점을 밝혀주었다는 점에서 의의가 있다.[2] 이제는 이러한 연구에서 한 걸음 더 들어가 성리학자들이 예와 관련해서 그렸던 이론적 구도가 무엇이었는지, 그리고 그러한 구도 속에서 성리학자들은 왜 그토록 예를 중시하지 않을 수 없었는지 짚어볼 필요가 있다.

이 글은 이러한 문제의식을 갖고 세 가지 점에 주목해서 논의를 전개할 것이다. 첫째는 성리학자들이 예를 천리天理와 인사人事의 구도로

---

2 예를 들면, 윤사순은 예와 관련하여 성리학은 "예의 가능 근거를 밝혀 일종의 예의 합리화에 해당하는 이론을 이루었다"고 보았고(윤사순, 「성리학과 예」, 『한국사상사학』 4·5, 한국사상사학회, 1993, 519면), 금장태는 "예학의 실천성이 있어야 성리학의 이념이 추상적인 관념으로 빠지지 않을 수 있고, 예학에도 성리학이라는 이념적 근거가 있어야 형식적 관습에 빠지지 않게 될 수 있다"고 하면서 성리학이 추상화에 빠지지 않기 위해 예학을 하게 되었다고 보았다(금장태, 『조선 전기의 유학사상』, 서울대 출판부, 1997, 215면). 도민재는 "성리학의 이론은 '의례'의 실천에 당위성을 부여하는 역할을 했던 것"이라면서 "그러므로 성리학이 풍미하던 시대에 예학이 발달하게 된 것은 자연스러운 현상"이라고 보았다(도민재, 「조선 전기 예학사상의 이념과 실천」, 『유학사상연구』 12, 한국유교학회, 1999, 117~118면).

정의한 의도가 무엇이며, 그러한 정의가 어떤 의미를 갖는지에 대해 따져보는 것이다. 둘째는 성리학자들이 예에 대한 정의를 바탕으로 무엇을 지향하려 했는지를 따져보는 것으로, 여기에서는 '화和'와 '소도疏導'에 초점을 맞춰 논의를 전개할 것이다. 셋째는 성리학자들이 예를 통해 지향하는 바를 성취하기 위해 어떤 공부를 했는지를 따져보는 것으로, 여기에서는 '습숙習熟'과 '진지眞知'를 바탕으로 논의를 전개할 것이다. 이러한 논의과정을 통해 성리학자들이 예를 둘러싸고 벌인 다양한 담론들이 어떤 이론적 구도를 갖는지 그려볼 수 있을 것이며, 그러한 구도 속에서 성리학자들이 왜 그토록 예를 중시했는지에 대한 근본적 이유를 찾을 수 있을 것이다.

2. 정의 – 천리天理와 인사人事

유학에서 예는 크게 '절문節文', '이履', '이理', '간幹' 등으로 정의되어 왔다. 표현상의 차이에도 불구하고 이러한 정의는 실상 서로 밀접한 관련성을 갖고 있다. 즉, 구현되어야 할 내용을 준행할 수 있는 준칙으로 구체화한 것이 '절문'이라면,[3] '이履'는 구체화된 준칙에 따라 삶 속에 이를 실천하는 것이고,[4] '이理'는 실천할 수 있도록 구체화된 그것이 거부하거나 대체할 수 없는 것임을 뜻하며,[5] '간幹'은 그것을 실천할 때

3　『孟子』「離婁上」. "禮之實, 節文斯二者是也.";『禮記』「坊記」. "禮者, 因人之情, 而爲之節文."
4　『荀子』「大略篇」. "禮者, 人之所履也, 失所履, 必顚蹶陷溺. 所失微而其爲亂大者, 禮也.";『禮記』「祭義」. "禮者, 履此者也.";『爾雅』「釋言」. "履, 禮也."【郭璞注】"禮, 可以履行.";『白虎通』「禮樂」. "禮之爲言, 履也, 可履踐而行."

만 개인이나 사회가 비로소 존립할 수 있다는 의미를 갖는다.[6]

성리학에서 예를 '이履',[7] '체體',[8] '리理'[9] 등으로 해석한 것도 고래의 이러한 기조에서 크게 벗어나지 않는 것이다. 하지만 예에 대한 성리학적 인식의 특색을 보여주는 가장 대표적인 것으로는 단연 "예禮란 천리天理의 절문節文이며, 인사人事의 의칙儀則이다"라는 주자朱子; 朱熹, 1130~1200의 정의를 꼽을 수 있다.[10] 주자는 이 간결한 언술을 통해 제도나 규범이라는 현상적 차원에서 논의되던 예를 이법과 원리라는 본원적 차원으로 그 논의범주를 확장시켰다.

하늘이 모든 존재의 시원이듯,[11] 천리는 모든 당위의 본원이다.[12] 하늘이 생성한 모든 존재는 천리를 자신의 존재원리로 구유하고 있으므로 모든 존재는 자신이 구유하고 있는 존재원리에 따라 살아야 한다는 것이 성리학적 논의의 기본 토대이다.[13] 그러므로 사람이라는 존재

---

5 『禮記』「仲尼燕居」. "禮也者, 理也. (…중략…) 君子無理不動.";『禮記』「樂記」. "禮也者, 理之不可易者也.";『荀子』「樂論」. "禮也者, 理之不可易者也."

6 『左傳』「成公13年」. "禮, 身之幹也.";『左傳』「昭公7年」. "禮, 人之幹也.";『左傳』「僖公11年」: "禮, 國之幹也."

7 『朱熹集』卷74,「講禮記序說」. "'禮者, 履也', 謂昔之誦而說者, 至是可踐而履也. (…중략…) 蓋先王之世, 上自朝廷, 下達閭巷, 其儀品有章, 動作有節, 所謂禮之實者, 皆踐而履之矣."

8 『朱子語類』卷6. 問, "先生昔曰, '禮是體.' 今乃曰 : '禮者, 天理之節文, 人事之儀則.'" 예禮를 체體로 해석한 것은 양웅揚雄에게서 보이며(『揚子雲集』卷1,「問道篇」. "禮, 體也, 人而無禮, 焉以爲德?"), 이런 해석의 원형은『시경詩經』에 이미 등장한다. 『詩經』「鄘風·相鼠」. "相鼠有禮, 人而無禮. 人而無禮, 胡不遄死" 참조.

9 『朱熹集』卷60,「答曾擇之祖道」. "禮卽理也." 물론 이때의 '리理'는『순자荀子』나『예기禮記』에서 언급한 것과는 다르다.

10 『論語集註』「學而」. "禮者, 天理之節文, 人事之儀則也."

11 『中庸章句』. "天以陰陽五行化生萬物."

12 『朱子語類』卷41. "一草一木, 與他夏葛冬裘, 渴飲飢食, 君臣父子, 禮樂器數, 都是天理流行, 活潑潑地, 那一件不是天理中出來!"

13 『中庸章句』. "人物之生, 因各得其所賦之理, 以爲健順五常之德, 所謂性也. (…중략…) 人物各循其性之自然, 則其日用事物之間, 莫不各有當行之路, 是則所謂道也."

가 영위하는 개인적 혹은 사회적 삶의 총체를 '인사'라고 할 때, 그것은 당연히 '천리'에 부합하는 것이어야 한다. 이처럼 천리와 인사의 틀은 성리학이 존재와 당위를 관통하는 구조적 지평위에서 예를 조망하고 논의하였음을 보여준다.[14]

그러나 성리학에서는 인사가 천리에 부합해야 한다는 것은 이상적 당위일 뿐 현실은 그렇지 못하다고 본다. 그 이유는 천리를 인사에 구현해야 하는 주체로서의 인간 모두가 균질적이지 못하고 청淸·탁濁, 수粹·박駁과 같은 기품氣稟의 차이를 갖는 현실적 문제상황에 노출되어 있기 때문이다.[15] 따라서 사람들에게는 자신들의 존재원리인 천리에 부합하게 인사가 수행될 수 있도록 인도해주는 일종의 매뉴얼manual이 필요하다. 예는 바로 이 지점에서 그 출현이 요구되고, 예에 관한 성리학적 정의 역시 이 지점에서 의미를 획득하게 된다.[16] 즉, "천리의 절문"이란 바로 인사가 부합해야 마땅한 준거로서의 천리를 매뉴얼화 한다는 뜻이고,[17] "인사의 의칙"이란 인사가 준행해도 좋은 형태로 천리

---

14 『朱子語類』卷6. 先生與人書中曰, "至微之理, 至著之事, 一以貫之." 참고로 윤사순은 "나의 행위行爲(人)가 우주자연宇宙自然의 이법理法(天)과 일치一致"하는 경지를 유학사상儒學思想의 최종목표인 '천인합일天人合一'로 보고, 이러한 천인합일天人合一의 사고에서 "규범칙칙規範法則으로서의 당위當爲는 내용적으로 자연自然의 이법理法인 존재存在와 별개일 수 없다"고 보았다. 그리고 이러한 사고는 "존재存在(性)의 실현이 곧 당위當爲(道)로서 양자는 서로 일치한다는 이른바 사실事實과 가치價値를 일치시하는 동양적東洋的 자연법사상自然法思想을 전제로 한다"면서 "이러한 전제야말로 유학윤리儒學倫理의 근본특색根本特色"이라는 점을 밝혔다(尹絲淳, 「退溪의 價値觀에 관한 硏究」, 고려대 박사논문, 1975, 2~3면).

15 『中庸或問』. "人雖得其形氣之正, 然其淸濁厚薄之稟, 亦有不能不異者. 是以賢知者或失之過, 愚不肖者或不能及, 而得於此者亦或不能無失於彼. 是以私意人欲或生其間, 而於所謂性者不免有所昏蔽錯雜【昏蔽其天理, 錯雜以人欲】, 而無以全其所受之正. 性有不全則於所謂道者, 因亦有所乖戾舛逆, 而無以適乎其所行之宜."

16 『寒岡集』「五先生禮說分類序」. "節文乎天理, 而儀則乎人事, 散之爲三百三千之有秩, 統之爲一身一心之所幹, 未嘗斯須去乎君子之身."

가 매뉴얼화 된 것을 의미한다.

　문제는 '누가 천리를 인사의 의칙이 되어줄 매뉴얼로 절문할 것인가?'이다. 절문의 주체는 천리를 완벽하게 체화한 사람이어야 하는데, 성리학에서 그러한 사람이 바로 성인聖人이다.

　　오직 성인의 마음心만은 청명하고 순수하여['청명'은 기氣를 가지고 말한 것이고, '순수'는 질質을 가지고 말한 것이대 천리가 혼연한 상태에서 손상되거나 결여됨이 없다. 그러므로 그 도道가 있는 바에 따라 사람들을 위해 품절品節하고 방범防範하여 천하에 가르침敎을 세워 지나치거나 미치지 못하는 자들로 하여금 중中을 취할 수 있게 한다.[18]

　'성즉리性卽理'로 대표되는 성리학적 이론체계에 따르면 사람의 본성人性인 인의예지仁義禮智는 우주자연을 주재하는 하늘의 원리天理인 원형이정元亨利貞을 그대로 품수 받은 것이다.[19] 그러므로 인간이라는 존재 자체로만 보면 인사가 천리에 부합하는 것이 당연하며 또한 그럴 가능성을 갖고 있다고 본다.[20] 그럼에도 불구하고 보통의 경우 그것이

17　'절문節文'에 대해 주자朱子는 '품절문장品節文章'으로 해석한 바 있다(『孟子集註』 「離婁上」. "節文, 謂品節文章"). 이때 품절品節이란 원형그대로인 어떤 것을 구분해서 분류한다는 뜻이고, 문장文章이란 있는 그대로가 아니라 꾸밈을 가한다는 뜻이다(『朱子語類』 卷56. "節者, 等級也; 文, 不直回互之貌"; 같은 곳 : 問"節文"之"文". 曰, "文是裝裹得好, 如升降揖遜"). 따라서 '천리天理를 절문節文한다'는 것은 천리天理를 개별적 대상과 상황에 맞도록 알맞은 형식으로 구성해낸다는 뜻으로 이해할 수 있다.

18　『中庸或問』. "惟聖人之心, 淸明純粹【淸明以氣言, 純粹以質言】, 天理渾然, 無所虧闕, 故能因其道之所在, 而爲之品節防範, 以立敎於天下, 使夫過不及者, 有以取中焉."

19　『朱子語類』 卷28. "'乾之'元亨利貞', 天道也, 人得之, 則爲仁義禮智之性"; 같은 책 卷60. "天便脫模是一箇大底人, 人便是一箇小底天. 吾之仁義禮智, 卽天之元亨利貞. 凡吾之所有者, 皆自彼而來也"; 같은 책 卷6 : "仁義禮智, 便是元亨利貞"; 『朱熹集』 卷76, 「小學題辭」. "元亨利貞, 天道之常; 仁義禮智, 人性之綱."

기품과 인욕에 의해 삶 속에 구현되지 못하게 되는데, 인사가 천리에 부합하지 못하게 된 이유가 여기에 있다.

그러나 사람이면서도 이러한 존재론적 문제 상황으로부터 자유로운 사람이 바로 성인이다. 그는 청명하고 순수한 기품을 소유하였기 때문에 천리가 인사에 구현되는 데 하등의 장애나 구애를 받지 않는다. 따라서 그는 사람이면서도 곧 천리의 체현자인 셈이다.[21] 그리고 이러한 성인에 의해 제시된 '가르침敎'은 사람들 각자가 존재론적 차원에서 이미 구유하고 있는 '천명지성天命之性'을 각자의 삶에 준행할 수 있도록 품절하고 잘못되지 않도록 방범한 매뉴얼을 가리킨다고 할 수 있다.[22]

천리가 성인에 의해 절문되어 인사의 의칙으로 매뉴얼화 된 것이 예라는 성리학적 정의는 예가 인위적 구성물이 아니라 우리들 내면의 본래적 존재원리가 자연스럽게 구현된 것이라는 논리에 의해 강화된다. 주자는 예가 온전히 천리의 구현물이라는 점을 다음과 같이 강조한다.

수많은 전례典禮들은 모두 하늘天이 부여한 질서이며, 성인은 단지 하늘에 근거하여 체계화하고 준용했을 뿐이다. 이른바 관혼상제冠昏喪祭의 예와 전장제도典章制度, 문물예악文物禮樂 그리고 거여의복車輿衣服에 이르기까지 그 어떤 것 하나도 성인이 임의로 만든 것은 없다. 모두 하늘이 만드

---

20 『朱子語類』卷6. "存之於中謂理, 得之於心爲德, 發見於行事爲百行."
21 『朱子語類』卷130. "聖人行事, 皆是胸中天理, 自然發出來不可已者, 不可勉强有爲爲之"; 같은 책 卷68. "聖人便是天, 天便是聖人."
22 『高峯集』「論思錄上」. "禮者, 古人釋之曰'天理之節文, 人事之儀則', 禮出於天命之性, 故常人不知, 而惟聖人知之, 作爲禮法, 以教一世."

신 것이며, 성인은 단지 천리에 의거하여 실행했을 뿐이다.[23]

비록 성인의 손을 빌려서 제정되었지만, 그것이 성인 개인의 임의적 고안물이 아니라는 점에서 그것은 본질적으로 하늘이 직접 만든 것이나 진배없다. 이처럼 임의적 인위성이 배제된 예는 결국 사람들 개개인의 내면에 구유되어 있는 존재원리로 수렴되고,[24] 이러한 논리에 입각하여 "예즉리禮卽理"라는 더욱 단순하면서도 강력한 정의로 나아가게 된다. 즉, 예란 형적이 없는 리를 가시적 형태로 구체화한 것이며, 따라서 "예가 곧 리"라는 명제가 성립한다는 것이다.[25]

요컨대, 성리학은 사事는 리理에 부합해야 한다는 윤리적 당위와 인人은 좀처럼 천天과 합일하기 어렵다는 존재적 현실이 빚어내는 간극으로 인해 예가 출현하게 되었다고 보며, 천리를 인사의 의칙으로 절문한 것이 예라는 성리학적 정의는 바로 이 점을 겨냥한 입론이다. 여기에서 성리학은 절문의 주체로서 성인에 주목한다. 성인은 그 마음心이 하늘天과 합일한 존재로서 천리를 완벽하게 체화한 사람이다. 그는 일체의 임의적 인위성을 배제하고 오로지 천리에 근거하여 예를 제정하며, 따라서 그렇게 만들어진 예는 조금도 덜거나 보탤 수 없는 완전한 것이 된다.[26] 천리가 인사의 의칙으로 매뉴얼화 되는 과정에서 요

---

23 『朱子語類』卷78. "許多典禮, 都是天敍天秩下了, 聖人只是因而敕正之, 因而用出去而已. 凡其所謂冠昏喪祭之禮, 與夫典章制度, 文物禮樂, 車輿衣服, 無一件是聖人自做底. 都是天做下了, 聖人只是依傍他天理行將去."

24 『朱子語類』卷41. "禮是自家本有底."

25 『朱熹集』卷60, 「答曾擇之祖道」. "禮卽理也. 但謂之理, 則疑若未有形迹之可言, 制而爲禮, 則有品節文章之可見矣."

26 『朱子語類』卷84. "這箇典禮, 自是天理之當然, 欠他一毫不得, 添他一毫不得. 惟是聖人之心與天合一, 故行出這禮, 無一不與天合, 其間曲折厚薄淺深, 莫不恰好. 這都不是聖人自

구되었던 절문이 그 주체가 성인이라는 사실로 인해 그 임의적 인위성의 배제가 담보되면서, "천리의 절문"이었던 예는 이제 그 자체가 "리"라는 합리적인 논리의 비약을 하게 된다. 그리고 이러한 논리적 구도 속에서 보면 리를 중시했던 성리학자들이 예에 집중한 것은 지극히 당연한 논리적 귀결임을 알 수 있다.

3. 지향—화和와 소도疏導

예를 "천리의 절문, 인사의 의칙"이라고 본 성리학적 정의는 예의 지향점을 새로운 차원으로 이동시킨다. 즉, 외재적 규범으로서 습득하고 준수해야 할 대상으로 여겨졌던 예가 내재적 원리로서 자각되고 구현돼야 할 것으로 달라진 것이다. 예가 외재적 규범일 경우에 비해 내재적 원리로 이해되면 그것을 준행하는 데 대한 심리적 저항감은 감소하고 실천적 당위성은 강화되는 효과를 갖는다. 그렇기 때문에 성리학에서는 한사코 예의 자연스러움을 강조하고 강제성을 배격한다.

성리학에서는 예를 행하는 데 있어서의 자연스러움을 '화和'라고 보았다. 『논어論語』에 등장하는 "예禮의 용用으로는 화和가 귀하다"[27]라는 언급에 대해 주자는 다음과 같이 주석했다.

撰出, 都是天理決定合著如此."
27 『論語』「學而」. 有子曰 : "禮之用, 和爲貴. 先王之道, 斯爲美, 小大由之. 有所不行, 知和而和, 不以禮節之, 亦不可行也."

화란 자연스럽고 강제적이지 않다는 뜻이다. 예의 체體가 비록 엄하지만, 모두 자연지리自然之理에서 나온 것이다. 그러므로 그 용用이 반드시 자연스럽고 강제적이지 않아야 귀하게 여길 만하다.[28]

여기에서 말하는 '자연스럽다' 혹은 '강제적이다'라는 것은 예를 시행하는 개인의 느낌 차원에서 한 말은 아니다. 만일 개인의 느낌 차원에서 '자연스러움'을 추구하고 '강제적'이기를 거부한다면 그것은 오히려 방종으로 흐를 우려가 있다.[29] 왜냐하면 현재까지 그렇게 하지 않고 있었던 개인은 계속 그렇게 하지 않을 때 자연스럽다고 느낄 것이며, 오히려 예에 따라 그렇게 해야 할 때 강제성을 느낄 것이기 때문이다. 그러나 성리학에서 말하는 예란 본래 '천리＝인성'이라는 구도에서 논리적으로 도출된 것이다. 따라서 그것을 행하는 데 있어서 조금도 강제적일 수 없으며 지극히 자연스러워야 한다고 보는 것이다.[30]

예컨대, 임금과 아버지를 대할 때 엄숙함과 공경함을 견지하는 것이 예라는 문제에 대해 생각해보자. 신하와 자식은 그 대상이 임금과 아버지이기 때문에 엄숙함과 공경함을 견지해야 한다면 그러한 예는 강제성을 띨 수밖에 없다. 혹시 신하와 자식이 임금과 아버지에게 엄숙함과 공경함을 견지할 때가 그렇지 않을 때보다 상대방을 더 좋은 상

---

28 『論語集註』. "禮者, 天理之節文, 人事之儀則也. 和者, 從容不迫之意. 蓋禮之爲體雖嚴, 而皆出於自然之理, 故其爲用, 必從容而不迫, 乃爲可貴." 주자朱子가 애당초 예를 "천리의 절문이고, 인사의 의칙"이라고 정의한 것도 '화'를 고려한 문맥 속에서 제시된 것임을 감안하면, 주자의 예관에서 화의 의미는 매우 중요하다.

29 『朱子語類』 卷22. "若離了禮, 說從容不迫, 便是自恣."

30 『朱子語類』 卷22. 周舜功問: "'從容不迫', 如何謂之和?" 曰: "只是說行得自然如此, 無那牽强底意思, 便是從容不迫."

태에 있게 할 것이라는 이유를 댄다 하더라도 상황은 크게 달라지지 않는다. 물론 전자의 맹목적 강제성에 비하면 후자가 조금 더 합리적이라고 할 수는 있겠으나, 예를 준행해야 하는 이유가 외부에 있는 한 그 역시 강제성을 띨 수밖에 없다. 성리학에서 말하는 예의 비강제성은 어떤 행위를 하는 이유를 존재의 내재적 원리에서 찾는 것이고, 그것에 부합한 상태를 화라고 본 것이다.[31]

> 임금과 아버지를 뵙게 되면 자연히 엄숙함과 공경함을 준용하게 되는데, 이는 모두 사람들이 원하는 것으로, 억압과 교정으로 말미암아 그러한 것이 아니라 사람들 마음에 고유한 보편적인 것이다. 인위적 안배가 필요하지 않기 때문에 화인 것이며, 강제적 노력에서 나온 것이라면 화가 아니다.[32]

임금과 아버지를 대하는 신하와 자식이 엄숙함과 공경함을 준용하는 것은 당연하다. 그러나 그러한 당위[예]는 억압과 교정에 의한 것이 아니라 사람들 마음에 고유한 본래적 속성[천리=인성]이 자연스럽게 드러나는 것이라고 보는 것이 성리학적 이해이다. 인위적 안배나 강제적 노력이 필요하지 않는 것은 바로 내재적 원리를 행위로 구현하기 때문이며, 그렇기 때문에 그것은 '편안함安'의 논리로 설명될 수 있다. 즉, 자신의 행위가 당위[예]와 일치할 때 심리적으로 편안함을 느끼게 되고, 그 편안한 상태가 바로 '자연스럽고 강제적이지 않다'고 표현된

---

31 『朱子語類』卷22. "和是自家合有底, 發見出來, 無非自然."
32 『朱子語類』卷22. "見君父自然用嚴敬, 皆是人情願, 非由抑勒矯拂, 是人心固有之同然者, 不待安排, 便是和. 才出勉强, 便不是和."

화의 상태라는 것이다.[33]

그런데 여기에서 우리는 한 가지 흥미로운 사실과 만나게 된다. 그
것은 예가 지향하는 화가 『중용中庸』에서 언급한 '중절中節'의 화와 다
르지 않다는 사실이다. 주지하는 바와 같이 『예기禮記』 「중용」에서는
"희로애락喜怒哀樂이 미발未發인 상태를 중中이라 하고, 이발已發의 상황
에서 모두 중절中節한 것을 화和라고 한다"고 했다.[34] 이에 대해 성리학
에서는 다음과 같이 해석한다. 희로애락은 정情을 가리키고 그것이 미
발인 상태가 곧 성性이며, 미발인 상태의 성은 그 자체로 어떠한 문제
상황으로부터도 자유롭기 때문에 중이라 하는 것이고, 그러한 성이 정
으로 발했을 때 정당한 상태를 견지하는 것을中節 화라고 하며, 화의
상태에 놓인 정은 성의 본래적 상태가 왜곡되거나 손상되지 않았다는
뜻이다.[35] 성리학의 해석에 따르면 『중용』에서의 중절을 화라고 하는
이유는 성이 왜곡되거나 손상되지 않은 채로 발했기 때문이다. 이는
예가 지향하는 화를 자연스럽고 편안함으로 읽는 것과 맥락을 같이 하
는 언술이다.

더구나 성리학에서는 『중용』에서 언급한 희로애락을 단순히 감정emo-
tion 차원으로만 국한하지 않고 범사all matters로 확장해서 이해하는 것
이 옳다고 본다.[36] 그렇게 되면 '중절' 역시 감정을 넘어 범사의 차원을

---

33 『朱子語類』 卷22. "須知道吾心安處便是和. 如「入公門, 鞠躬如也」, 須是如此, 吾心方安. 不
   如此, 便不安, 才不安, 便是不和也. 以此見得禮中本來有箇和, 不是外面物事也."
34 『禮記』 「中庸」. "喜怒哀樂之未發, 謂之中; 發而皆中節, 謂之和."
35 『中庸章句』. "喜怒哀樂, 情也. 其未發, 則性也, 無所偏倚, 故謂之中. 發皆中節, 情之正也,
   無所乖戾, 故謂之和."
36 『朱子語類』 卷62. "世間何事不係在喜怒哀樂上? 如人君喜一人而賞之, 而千萬人勸; 怒一
   人而罰之, 而千萬人懼; 以至哀矜鰥寡, 樂育英才, 這是萬物育不是? 以至君臣·父子·夫
   婦·兄弟·朋友·長幼相處相接, 無不是這箇."

겨냥한 입론으로 이해할 수 있게 되고,[37] 따라서 중절을 화라고 할 때의 화 역시 범사를 그 대상으로 하는 것은 당연하다.[38] 이러한 개념의 유기적 함의를 감안할 때 예가 지향하는 자연스러움으로서의 화는 중절의 화와 다르지 않으며, 그 이유는 천리를 인사의 의칙이 되도록 절문한 것이 예라는 성리학적 정의로부터 설명된다. 이러한 이유로 성리학에서 중절中節의 '절節'까지도 '천리절문節天理節文'의 '절節'과 동일한 것으로 이해한 것은 전혀 이상한 일이 아니다.[39]

행위로 드러나는 범사에 성[천리]이라는 내재적 원리가 왜곡되거나 손상되지 않게 발현되는 것이 화이며, 그렇기 때문에 그것은 자연스러움과 편안함으로 설명될 수 있다. 하지만 앞에서도 언급했던 것처럼 모든 사람들이 다 이와 같을 수 없다는 것이 문제다. 그래서 성인이 인사의 의칙이 될 수 있도록 천리를 절문해놓음으로써 사람들로 하여금 그것을 준행하도록 한 것이 바로 예다. 그러므로 성리학에서 예란 인사가 천리에 부합하지 않은 사람들을 위해 부합될 수 있도록 인도해주는 매뉴얼이라고 했던 것이다.

그렇다면 예는 성[천리]이 왜곡되거나 손상되지 않은 채 정[인사]으로 발해지도록 하려는 목적을 갖는 동시에 왜곡이나 손상을 가할 수 있는 일체의 가능성을 제거하려는 목적도 함께 갖는다는 것도 예상할 수 있

---

37 『朱子語類』 卷62. "發而皆中節, 則事得其宜"; 『退溪全書』 卷24, 「答鄭子中」. "應人中節"; 『眉巖集』 卷5, 「日記」. "處事一以至公, 又皆中節而無過差."
38 『朱子語類』 卷62. "所謂致和者, 謂凡事皆欲中節"; 같은 책 卷69. "'義之和', 只是中節. 如 '親其親, 長其長', 則是義之和; 如不親其親而親他人之親, 便不是和."
39 『朱子語類』 卷68. "其在人, 則禮儀三百, 威儀三千, 事事物物, 大大小小, 一齊到恰好處, 所謂動容周旋皆中禮, 故於時爲夏, 於人爲禮. (…중략…) 蓋其厚薄親疏·尊卑小大相接 之體, 各有節文, 無不中節, 卽所會皆美, 所以能合於禮也."

다. 다음 '극기복례克己復禮'에 대한 성리학적 설명은 예가 갖는 이러한 목적을 잘 보여준다.

> 막힌 도랑의 물길을 트는 소도疏導와 같다. 애초에 사물에 의해 막혔던 것이므로 그것을 치워서 소통만 시켜주면 물은 저절로 흐르는 것이다. 극기복례를 한다는 것은 도랑을 치운다는 의미이고, 도랑물이 흘러가는 대목이 곧 인仁이다.[40]

성리학에서는 인간의 모든 행위가 선할 수 있는 근원을 본성에서 찾는데, 그러한 본성 중에서도 인仁은 나머지 본성들을 총괄한다고 본다.[41] 따라서 인간의 모든 행위가 선하기 위해서는 본성이 왜곡되거나 손상되지 않아야 하는데, 이를 성리학적 관점에서 설명하자면 인이 범사에 구현되는 것이라 할 수 있다. 이를 물에 비유하자면 인은 물의 원천과 같은 것이며, 인이라는 물은 흘러가는 과정에서 만나는 대상범주에 따라 효제孝弟가 될 수도 있고, 더 나아가 인민仁民이 될 수도 있으며, 최종적으로는 애물愛物까지도 가능하게 된다.[42]

그러나 모든 사람이 인이라는 원천을 가지고 있으면서도 효제와 인민 그리고 애물을 하지 못하는 까닭은 마치 도랑의 물이 어떤 사물에 의해 막힌 것처럼 인이라는 성이 왜곡이나 손상 없이 정으로 구현되지 못하게 하는 요인이 개입했기 때문이다. 그 장애요인이 바로 극기복례

---

40 『朱子語類』卷20. "正如疏導溝渠, 初爲物所壅蔽, 才疏導得通, 則水自流行. '克己復禮', 便是疏導意思; 流行處, 便是仁."
41 『朱子語類』卷20. "百行萬善摠於五常, 五常又摠於仁, 所以孔孟只教人求仁."
42 『朱子語類』卷20. "仁如水之源, 孝弟是水流底第一坎, 仁民是第二坎, 愛物則三坎也."

에서 '기'로 표현된 사기私己, 사욕私欲, 인욕人欲 등이다. 극기복례를 통해 이 장애요인들을 제거한다면 마치 장애물이 제거된 도랑의 물이 저절로 흘러가듯 인이 구현될 것이라고 본 것이다.[43] 이처럼 극기복례는 인으로 대표되는 본성이 우리들 삶에 구현되지 못하는 상황에서 그 장애요인을 제거하는 '소도'로서의 의미를 갖는다.

하지만 성리학에서는 극기복례에서 '극기'와 '복례'는 별도로 설정된 두 개의 과정이 아니라는 점을 강조한다. 물론 '극기'의 '기'와 '복례'의 '예'는 대립되는 개념이다.[44] 그것은 물과 불 만큼이나 대립적이다. 그러나 불이 나서 그 불을 끄기 위해 물을 붓는다고 할 때, 물을 붓는 행위와 불을 끄는 행위는 두 가지인 듯 보이지만 결국 하나이다. 마찬가지로 '기'와 '예'는 대립적이지만 '극기'와 '복례'는 별도의 것이 아니라는 것이 성리학적 견해이다.[45]

이렇게 극기복례에서 극기와 복례는 일련의 과정에서 긴밀하게 연계되어 있지만, 극기는 반드시 복례를 목표로 해야 한다는 사실 또한 간과되어서는 안 된다. 즉, 극기가 극기를 위한 극기가 되어서는 곤란하며, 예라는 준거를 갖는 극기여야 한다는 것이다. 이와 관련하여 주자는 다음과 같이 설명한다.

앉고 서는 문제를 가지고 이야기한다면, '기'가 다리를 뻗고 앉는 것이라면 '예'는 시동처럼 앉는 것이고, '기'가 외발로 서거나 몸을 기대어 서는 것

---

43 『朱子語類』 卷6. "做到私欲淨盡, 天理流行, 便是仁."
44 『朱子語類』 卷41. "己'字與'禮'字正相對說."
45 『朱子語類』 卷41. "'克己復禮', 一如將水去救火相似. 又似一件事, 又似兩件事"; 같은 책 같은 곳. "克己便能復禮, 步步皆合規矩準繩, 非是克己之外, 別有復禮工夫也."

이라면 '예'는 재계하는 것처럼 서는 것이다.[46]

물을 붓는 것도 중요하지만 물을 붓는 이유는 불을 끄는 데 있으므로 불이 꺼지도록 물을 붓는 것이 중요하다. 다리를 뻗고 앉거나 외발로 서는 것이 '기'라면 '극기'는 그렇게 앉지 않는 것이고 '복례'는 시동처럼 앉고 재계하는 것처럼 서는 것이다. 다리를 뻗고 앉지 않는 것도 중요하지만 그것만으로는 충분하지 않으며 시동처럼 앉을 때 비로소 앉는 것이 중절하게 되는 것이다. '극기' 그 자체도 물론 중요하지만 그것이 예를 준거로 삼아 이루어졌을 때 비로소 범사가 중절하게 될 것이고, 그것이 바로 인이라는 것이다.[47] 그리고 극기가 예를 지향하는 바로 이 지점에서 성리학자들은 유학이 도가나 불교와 왜 그리고 어떻게 다른지를 주목한다.[48]

요컨대, 사람이 인하지 못한 까닭은 인욕이라는 장애요인 때문이다. 그러므로 사람이 인하기 위해서는 장애요인이었던 인욕을 제거하는 극기의 과정이 필요하다. 하지만 극기는 반드시 올바른 준거를 갖고 이루어져야 하는데, 그 준거가 바로 예이다. 이때 예가 극기의 준거가 되는 까닭은 예가 다름 아닌 인을 절문해놓은 것이기 때문이다.[49] 언제나 인욕이 문제가 되는 인사의 장에서 천리에 부합하고자 할 때 예

---

46 『朱子語類』 卷41. "且以坐立言之, 己便是箕踞, 禮便是'坐如尸'; 己便是跛倚, 禮便是'立如齊'."
47 『朱子語類』 卷41. "且如坐當如尸, 立當如齊, 此禮也. 坐而倨傲, 立而跛倚, 此己私也. 克去己私, 則不容倨傲而跛倚; 然必使之如尸如齊, 方合禮也. 故克己者必須復此身於規矩準繩之中, 乃所以爲仁也."
48 『朱子語類』 卷41. "世間卻有能克己而不能復禮者, 佛老是也. 佛老不可謂之有私欲. 只是他元無這禮, 克己私了, 卻空蕩蕩地. 他是見得這理元不是當. 克己了, 無歸著處."
49 『朱子語類』 卷6. "仁者, 仁之本體; 禮者, 仁之節文."

를 통해야만 하는 이유 역시 예가 천리를 절문해놓은 것이기 때문이다. 그런 점에서 예는 천리와 인사가 소통하지 못하는 문제 상황을 해결할 수 있는 소도의 기능을 하게 되며, 결과적으로 인사가 천리에 부합하는 중절의 상태로서의 화를 지향한다고 정리할 수 있다.

4. 공부―습숙習熟과 진지眞知

성리학의 선구자 횡거橫渠; 張載, 1020~1077는 학생들에게 예를 가르치는 것을 중시했는데, 그 이유는 예가 배움의 준거를 제공하기 때문이었다.[50] 이런 이유로 예를 행하는 것을 우활하다고 백안시하는 시류에도 불구하고 횡거는 예를 배우는 것이야말로 학문을 하는 데 지름길이라고 여겼다.[51] 주자는 고전들 속에서 관련 자료를 발췌하여 아동학습서로『소학小學』을 편찬하였다. 쇄소灑掃·응대應對·진퇴進退로 상징되는 일상의 예절에서부터 애친愛親·경장敬長·융사隆師·친우親友로 대표되는 관계윤리에 이르기까지『소학』의 내용은 전체적으로 예가 주를 이루고 있다. 이와 같은 형식의 교재를『소학』이라고 하면서 아이들에게 가르치려 했던 이유를 주자는 다음과 같이 설명한다.

이러한 것들을 반드시 어렸을 때에 배우고 익히도록 하는 까닭은 그 습

---

50 『二程遺書』. "子厚以禮敎學者, 最善, 使學先有所據守."
51 『經學理窟』卷4,「禮樂」. "學者行禮時, 人不過以爲迂. 彼以爲迂, 在我乃是徑捷, 此則從吾所好."

관이 지혜와 함께 자라고 변화가 마음과 함께 이루어지게 하여, (어른이 된 뒤에) 맞서서 이기지 못하게 되는 걱정거리를 없게 하려는 것이다.[52]

아이들은 글공부에서 배운 내용을 '옳음'으로 수용하게 되고, 그렇게 함으로써 어떤 상황에서 어떻게 대처해야 하는지를 몸에 새기게 된다. 그리고 어떤 상황에서 실제 행동할 때 그렇게 새겨진 방식에 따라 몸은 자연스러움을 느낀다. 그것이 이른바 습관이다. 몸이 자연스러움으로 느끼는 습관은 이제 어떤 상황에서 어떤 행동을 해야 할지를 판단하고 결정하는 의식에까지 영향을 미치게 된다. 즉, 습관이 의식을 지배하게 되는 것이다. 따라서 몸이 올바른 방식을 자연스러워하도록 어려서부터 습관을 들이는 일은 매우 중요하다. 이 문제를 이천^{伊川;} 程頤, 1033~1107은 다음과 같이 설명했다.

사람이 어렸을 때엔 지각이나 사고가 아직 주장하는 바를 갖고 있지 않다. 그런즉 마땅히 격언과 지론을 날마다 아이들 앞에 펼쳐주어야 한다. 비록 훤히 이해하지 못한다 하더라도 계속 이야기해주어서 귀를 채우고 배를 채우게 해야 한다. 그리하여 오랜 시간이 지난 뒤 마치 본래 가지고 있었던 것처럼 저절로 편안하고 익숙하게 해야 할 것이다.[53]

성리학에서는 이처럼 어려서부터 예를 몸에 익히는 즉, '습숙^{習熟}'의

---

52 『朱熹集』「小學書題」. "必使其講而習之於幼穉之時, 欲其習與智長, 化與心成, 而無扞格不勝之患也."
53 『近思錄』卷11, 「教學類」. "人之幼也, 知思未有所主, 便當以格言至論, 日陳於前. 雖未曉知, 且當薰聒, 使盈耳充腹, 久自安習, 若固有之."

공부를 근본으로 삼았다. 원대의 유종으로 불리는 노재魯齋; 許衡, 1209 ~1281는 "『소학』을 신명처럼 신봉한다"고 하면서 후학들에게 그 어떤 책보다『소학』을 우선해서 가르쳤다.[54] 조선에서 한훤당寒暄堂; 金宏弼, 1454~1504은 스스로를 '소학동자'라고 칭하면서 항상『소학』으로 자신 을 규율하여 그의 스승 점필재佔畢齋; 金宗直, 1431~1492로부터 "노재의 계승자"로 평가받았다.[55] 퇴계退溪; 李滉, 1501~1570가 서원교육의 지침 을 정하는 학규에서 "사서오경을 본원으로 하되『소학』과『가례』를 문호로 삼아야 한다"고 했던 까닭도 여기에 있으며,[56] 율곡栗谷; 李珥, 1536~1584이 사서四書에『소학』을 더하여 오서五書라고 했을 만큼『소 학』을 중시했던 것도 습숙공부를 중시했기 때문이다.[57] 그래서 여헌旅 軒; 張顯光, 1554~1637은 "가르치고 배우는 데 있어서 예보다 우선하는 것 은 없다"고 했다.[58]

주자는 우리가 예를 습숙해야 하는 이유를 다음과 같이 설명한다.

성현들께서는 절문하시는 곳에 이러한 양식(매뉴얼)을 제공하고, 사람 들로 하여금 그것을 본으로 삼아 배우도록 하셨다. 이는 마치 어린아이가

---

54 『魯齋遺書』卷13,「國學事迹」. "先生自得『小學』書, 則主於此書, 以開導學者. 嘗寄其子書 曰: '『小學』·四書, 吾敬信如神明然. 能明此, 他書雖不治, 可也.'"
55 『高峯集』卷3,「故承議郎刑曹佐郎贈大匡輔國崇祿大夫議政府右議政兼領經筵事金先生行 狀」. "先生初從佔畢齋金先生請業, 先生以小學授之曰: '苟志於學, 宜從此始. 光風霽月, 亦 不外此.' 先生眷眷服膺, 手不釋卷. 人或問反時事, 必曰: '小學童子, 何知大義?' 嘗作詩, 有 '小學』書中悟昨非'之句. 金先生批曰: '此言乃作聖根基, 魯齋後豈無其人乎?' 先生篤志力 行, 常以小學自律."
56 『退溪全書』卷41,「伊山院規」. "諸生讀書, 以四書五經爲本原,『小學』,『家禮』爲門戶."
57 『栗谷全書』卷27,「擊蒙要訣」. "先讀『小學』, 於事親·敬兄·忠君·弟長·隆師·親友之 道, 一一詳玩而力行之. (…중략…) 五書五經, 循環熟讀, 理會不已, 使義理日明."
58 『旅軒集』卷10「五先生禮說跋」. "教莫先於禮教, 學莫切於禮學. 自昔聖人之重禮也, 其以 是哉!"

서예를 배우는 것과 같다. 처음부터 어떻게 곧잘 쓸 수 있겠는가. 모름지기 한 획 한 획 체본에 따라 긋다 보면, 오랜 시간이 지난 다음 자연히 좋아질 것이다.[59]

서예에서 추구는 미美의 세계는 그것을 접한 모든 사람들이 공감하게 되는 경지를 보여준다. 훌륭한 서예작품을 보면서 모두가 아름답다고 인식한다는 것은 아름다운 것을 아름답다고 느낄 수 있는 미에 대한 공통적 인식의 지평이 존재한다는 것을 의미하고, 이는 인간이라는 존재 자체가 그것을 가능케 하는 심미안을 구유하고 있음을 뜻한다. 다만 문제는 모두가 그처럼 아름다운 글씨를 쓰지 못한다는 것이다. 따라서 누군가 자신의 내면에 구유한 아름다움에 대한 능력을 서예작품으로 구현하고 싶다면 당연히 서예의 대가들이 만들어놓은 체본에 따라 한 획 한 획 따라 쓰는 익힘의 과정을 거쳐야만 한다.

인사의 의칙으로 절문된 예가 애당초 사람들 내면에 구유되어 있던 천리에 다름 아니라는 점에서 자연스러운 것이지만, 기품과 인욕 등의 장애요인으로 인해 그것은 현실적으로 자연스럽지 않게 되었다. 장애요인에 의해 부자연스러워진 상황으로부터 본래적 자연스러움을 회복하기 위해서는 성인이 절문해놓은 예를 본으로 삼고, 그것을 하나하나 습숙해가는 과정을 밟음으로써 결국에는 일부러 애쓰지 않고 생각하지 않아도 자연스럽게 그렇게 되는 과정을 거칠 필요가 있다.[60]

---

59 『朱子語類』卷36. "聖賢於節文處, 描畵出這樣子, 令人依本子去學. 譬如小兒學書, 其始如何便寫得好. 須是一筆一畵都依他底, 久久自然好去."
60 『朱子語類』卷36. "今日勉之, 明日勉之, 勉而至於不勉; 今日思之, 明日思之, 思而至於不思. 自生而至熟, 正如寫字一般. 會寫底, 固是會; 不會寫底, 須學他寫. 今日寫, 明日寫, 自

예에 대한 습숙의 공부를 하는 이유는 궁극적으로 자연스러워지기 위해서다. 하지만 자연스러워지기 위해서는 물리적으로 되풀이하는 것만으로는 한계가 있으며, 한 걸음 더 나아가 이해의 과정이 수반되어야 한다. 몸에 익히는 습숙의 공부는 소학의 단계에서 필수적이지만, 대학의 단계로 접어들면 반드시 스스로 대상에 대한 이해를 가져야 한다. 그러기 위해 제안되는 것이 바로 궁리窮理이다.[61]

천지간에 존재하는 모든 존재物가 격물格物의 대상이고, 그 모든 존재마다 법칙理을 구유하고 있다는 점에서 궁리의 대상임에 틀림없지만,[62] 거기에는 완급과 선후의 순서가 있으며, 그중 천리와 인륜 등이 궁리의 우선순위에 해당한다는 것이 성리학의 시각이다.[63] 그렇다면 천리와 인륜을 주된 내용으로 하는 예는 그 자체로 성리학에서 대단히 주요한 궁리의 대상일 것임은 자명하다. 이러한 맥락에서 주자는 자연스러움으로서의 화를 위해 어떤 공부가 필요하냐와 관련하여 다음과 같이 말한다.

궁리를 해야만 비로소 얻게 될 것이다. 본래 이렇게 하는 것이 도리인 줄

生而至熟, 自然寫得.”

61 『朱子語類』卷22. 時擧云:“其初須持敬. 持之久則漸熟, 熟處便和.” 曰:“要須是窮理始得. 見得這道理合用恁地, 便自不得不恁地. 如賓主百拜而酒三行, 固是用恁地, 如'入公門, 鞠躬如也, 屛氣似不息. 過位, 趨踏如也.' 苟不知以臣事君合用如此, 終是不解和.”

62 『大學或問』.“天道流行, 造化發育, 凡有聲色貌象而盈於天地之間者, 皆物也. 旣有是物, 則其所以爲是物者, 莫不各有當然之則, 而自不容已, 是皆得於天之所賦, 而非人之所能爲也.”【朱子曰:“物乃形氣, 則乃理也, 物之理方爲則.”】

63 『大學或問』. 又曰:“致知之要, 當知至善之所在, 如父止於慈, 子止於孝之類, 若不務此, 而徒欲汎然以觀萬物之理, 則吾恐其如大軍之游騎, 出太遠而無所歸也.”【朱子曰:“物之論, 伊川意雖謂眼前無非是物, 然其格之也, 亦須有緩急先後之序. 如今爲學, 而不窮天理 · 明人倫 · 論聖言 · 通世故, 乃兀然存心於一草木器用之間, 此是何學問?”】

알게 되면, 자연히 이렇게 하지 않을 수 없게 될 것이다. '손님과 주인이 절을 백 번해도 술은 석 잔만 돌리는 것'과 같은 것도 진실로 그렇게 하겠지만, '공문을 들어가실 때는 몸을 굽히듯 하셨고, 기운을 삭이시기를 숨 쉬지 않는 것처럼 하셨으며, 임금의 빈자리를 지나실 때에도 긴장한 듯이 하셨다'와 같은 것은 신하로서 임금을 섬길 때 본래 해야 한다는 것을 모르면 끝내 화할 수 없을 것이다. 어떤 사람이 작은 불씨가 손에 떨어져도 아프다고 하면서, 쑥으로 뜸을 뜰 때에는 왜 아프다고 여기지 않을까? 그것은 자신의 병이 쑥으로 뜸을 떠야만 한다는 것을 알기 때문이다. 자발적으로 원해서 하는 것이니 자연히 아프다고 여기지 않는 것이다.[64]

'알면 자연히 하게 된다'고 할 때의 '앎'은 '참 앎眞知'을 말한다.[65] 주자에게 격물치지의 근본 목적은 대상을 철저하게 이해하는 진지眞知를 이루고자 함이고,[66] 그러한 진지는 실행實行하지 않고는 베길 수 없는 단계를 지향한다.[67] 개인적 혹은 사회적 삶의 현장에서 당위가 실현되지 못하는 까닭은, 그것이 '당위'인 줄을 몰라서가 아니라 그것이 '왜' 당위인지를 모르기 때문이며, 따라서 그 '왜'를 아는 것이 곧 진지이

---

64 『朱子語類』卷22. "要須是窮理始得. 見得這道理合用恁地, 便自不得不恁地. 如'賓主百拜而酒三行', 固是用恁地, 如'入公門, 鞠躬如也, 屏氣似不息. 過位, 踧踖如也', 苟不知以臣事君合用如此, 終是不解和. 且如今人被些子燈花落子, 便說痛. 到灼艾時, 因甚不以爲痛? 只緣知道自家病合當灼艾. 出於情願, 自不以爲痛也."

65 주자朱子는 인용문에서 '견득見得'이라고 표현했는데, 사실 그것은 정자程子가 '진짜로 호랑이 본 사람'의 예를 들어 설명할 때 사용한 '실견득實見得'과 같은 말이다(『二程遺書』卷15. "他人語虎, 則雖三尺童子, 皆知虎之可畏, 終不似曾經傷者, 神色惕懼, 至誠畏之, 是實見得也"). 그리고 이 '실견득實見得'은 '진지眞知'와 같은 의미이다(『二程遺書』卷18. "知有多少般數, 然有深淺. 向親見一人, 曾爲虎所傷, 因言及虎, 神色便變. 傍有數人, 見佗說虎, 非不知虎之猛可畏, 然不如佗說了有畏懼之色, 蓋眞知虎者也").

66 『朱子語類』卷15. "致知所以求爲眞知. 眞知, 是要徹骨都見得透."

67 『朱子語類』卷116. "不眞知得, 如何踐履得? 若是眞知, 自住不得."

다.[68] 당위의 이유를 해명함으로써 '함'을 보장하는 '앎', 억지로 하는 것이 아니라 자연스럽고 편안한 '자발적 함'을 보장하는 '참 앎'이 바로 궁리가 지향하는 신지이다.

이와 관련하여 우리는 예에 대한 성리학적 정의를 '인사의 의칙은 왜 천리를 절문한 것이어야 했는가?'라는 측면에서 다시 생각해볼 필요가 있다. 성리학에서는 우리가 도리를 대할 때 반드시 그 근원에 대해 물어야 한다고 보았다. 그것이 '왜' 당위인지는 그 당위의 근원에 대한 탐구로부터 해명될 수 있기 때문이다.[69] 그런데 사람들에게 요구되는 당위의 근원은 다시 그의 존재적 근원으로 소급된다. 그것은 마치 어떤 환자가 쑥뜸을 떠야 하는 당위는 그 환자가 앓고 있는 병의 근원으로부터 해명되는 것과 마찬가지다. 여기에서부터 논의가 진행되어야만 환자가 감내해야 하는 쑥뜸의 고통은 자발적 요청에 의해 고통이 아닐 수 있게 된다.

성리학에서 예라는 당위의 근원을 천리로부터 설명한 까닭은 그 준행주체인 사람의 존재적 근원으로부터 해명하기 위함이었다.[70] 자신의 존재적 근원에 대한 명확한 이해가 있어야만, 자신에게 요구되는 당위가 인위적 강제가 아니라 존재의 실현으로 받아들여지게 되고, 나아가 그 당위를 자발적으로 요청하게 됨으로써 '자연스러움'과 '편안

---

68 『朱子語類』 卷64. "如君之仁, 子之孝之類, 人所共知而多不能盡者, 非眞知故也."
69 『朱子語類』 卷117. "凡看道理, 須要窮箇根源來處. 如爲人父, 如何便止於慈? 爲人子, 如何便止於孝? 爲人君, 爲人臣, 如何便止於仁, 止於敬? 如論孝, 須窮箇孝根原來處; 論慈, 須窮箇慈根原來處. 仁敬亦然. 凡道理皆從根原處來窮究, 方見得確定, 不可只道我操修踐履便了."
70 『朱子語類』 卷64. "知天是起頭處. 能知天, 則知人·事親·修身, 皆得其理矣. (…중략…) 如君之仁, 子之孝之類, 人所共知而多不能盡者, 非眞知故也."

함'으로 진행될 수 있다는 것이다. 성리학적 공부가 습숙과 진지를 획득하기 위해 고안해낸 수많은 이론과 방법은 바로 이러한 이론적 구도 속에서 해명될 수 있다.

5. 맺음말

성리학자들이 이해하는 예는 애당초 우리들이 일상의 장에서 수행하는 다양한 인사가 천리에 부합하기 위해 제정된 일종의 매뉴얼이었다. 이때 인사가 부합해야 하는 천리는 곧 우리들 각자의 내면에 구유되어 있는 존재원리에 다름 아니다. 따라서 예라는 매뉴얼에 따름으로써 천리에 부합하는 인사를 수행할 수 있으며, 그것이 의미하는 바는 곧 우리들 각자의 존재이유를 실현한다는 것을 의미한다.

예 담론과 관련하여 성리학자들이 구성해낸 이론적 구도를 원시유학이나 한·당시대의 예론에 견주어본다면 틀린 것이라 비판할 수도 있을 것이다. 하지만 이런 방식의 비판은 그다지 큰 의미를 부여하기 어렵다. 왜냐하면 학문과 사상의 발전은 반드시 원형과의 근사치로 판단되는 것은 아니기 때문이다. 중요한 것은 성리학자들이 예를 중시했던 기본적인 이유가 자신의 존재이유를 자신들만의 이론체계 속에서 자각했고, 그것을 삶의 장에서 실현하고자했다는 사실이다. 그리고 그것이 그들로 하여금 그토록 철저하게 예를 학습하고 연구하고 준행하게 했다는 점이다.

천리의 체현자인 성인이 매뉴얼로서 제정한 예에 따라 존재론적 문제 상황을 해결할 수 있다고 믿었던 그들은 이를 응용한 다양한 방법들을 계발해내기에 이르렀다. 그 대표적인 것이 거경함양居敬涵養과 같은 경敬공부이다. 또한 그들은 예에 대한 정밀한 연구와 투철한 연구를 바탕으로 새롭게 제기되는 현실적 문제 상황에 대처할 수 있는 자격과 응용력을 갖게 된다고 믿었다. 그것이 이른바 이의기례以義起禮 방식의 변례變禮 대응이다. 이 글에서는 이러한 영역에까지 논급하지는 못했으나, 성리학적 예 담론의 이론적 구도 속에서 성리학이 이야기하는 다양한 주제들도 함께 이야기될 수 있으리라 본다.

참고문헌

『詩經』,『論語』,『孟子』,『荀子』,『左傳』,『禮記』,『二程遺書』,『經學理窟』,
『朱熹集』,『朱子語類』,『近思錄』,『論語集註』,『孟子集註』,『中庸章句』,
『中庸或問』,『大學或問』,『魯齋遺書』,『退溪全書』,『栗谷全書』,『高峯集』,
『寒岡集』,『旅軒集』.

금장태, 『조선 전기의 유학사상』, 서울대 출판부, 1997.
尹絲淳, 「退溪의 價値觀에 관한 硏究」, 고려대 박사논문, 1975.
윤사순, 「성리학과 예」, 『한국사상사학』 4・5, 한국사상사학회, 1993.
도민재, 「조선 전기 예학사상의 이념과 실천」, 『유학사상연구』 12, 한국유교학회, 1999.
장동우, 「朝鮮時代『家禮』硏究의 進展」, 『태동고전연구』 31, 한림대 태동고전연구소,
    2013.

예와 자연법

크리스티안 볼프의 유교 이해를 중심으로

김선희

1. 자연법 그리고 예

정치적인 정의는 두 가지가 있는데, 하나는 자연적인 것이고 다른 하나
는 법적인 것이다. 자연적인 것은 어디서나 같은 효력을 발휘하며 사람들
의 사고방식에 좌우되지 않는다.[1]

아리스토텔레스는 개인의 결정이나 인간들의 합의와 별도로 인간
의 행위를 판정하는 기준이 인간 밖에 존재한다고 말한다.[2] 이 기준을

---

[1] 아리스토텔레스, 천병희 역, 『니코마코스 윤리학』, 숲, 2013, 200면.
[2] 그러나 아리스토텔레스는 자연이 인간에게 자연적 정의의 기준을 부여해주는 것이 아
니라 자연적 정의에 대한 판단 능력을 제공해 준다고 생각했다. 즉 인간이 자연적으로
내리는 정의에 관한 판단이 자연적 정의인 것이다. 그리고 이러한 자연적 정의는 이성을
갖춘 자유로운 성인 남자에게만 속하는 것이었다. 김병곤, 「Thomas Aquinas의 중세 자
연법 사상 : Aristotle철학의 스콜라적 변용」, 『한국정치학회보』 29-1, 318면.

일반적으로 자연법自然法이라 부른다. 자연법은 세계의 운영과 질서 유지를 위해 인간들의 합의로 만들어진 실정법實定法이나 인정법人定法과 달리, 그 자체로 충족적인 원리다.

> 인간은 자연에 의해 그의 내외의 모든 상태의 완전성을 구하도록 정해져 있고, 의무 지어져 있다. 그 의무의 본질은 인간 본성 그 자체 안에 그의 충족 이유ratio sufficiens를 가지고, 따라서 인간 본성과 마찬가지로 불변적이고 영원하다. 법은 전체가 그것에 따라서 행위양태를 조절하는 인간을 의무 지우고 있는 규율이지만, 그것이 인간 및 사물 그 자체의 본질 안에 충족이 유를 가질 때 자연법이 된다.[3]

변화하는 것들의 토대에 변화하지 않는 것이 있다는 신념을 바탕으로, 인간의 실천적 행위를 영원의 세계에 묶어두고 그로부터 행위의 동인과 타당성을 확보하려는 자연법의 구도는 신의 세계를 만물의 근원에 두려 했던 신학자들의 고유한 문제 의식 중 하나였다. 중세 자연법을 완성했다는 평가를 받는 아퀴나스에게 "자연법lex naturalis은 창조와 연관되는 영원법lex aeterna인 신의 이성으로부터 오는 것"[4]이었다. 자연법은 신에 의해 인간의 마음 속에 심어져 있으므로 자연적으로 발견되며, 따라서 인간은 자신의 본성으로부터 선에 관한 원칙들을 발견하여 이를 사회 운영의 지침으로 구성할 수 있다는 것이다.

중세까지 자연법의 논의가 영원법을 향한 인간의 예비와 자각, 실천

---

3   和田小次郎, 『近代自然法學の發展』, 東京 : 有斐閣, 1953, 156~157면.
4   김병곤, 앞의 글, 319면.

의 성격을 띠고 있었다면 근대 초기의 자연법은 신에서 인간 쪽으로 중심 이동을 한다. 근대에도 영원법은 여전히 작동하지만 이들은 신앙의 태도로 영원법을 향한 채 인간의 특수한 조건을 검토하는 것이 아니라, 영원법을 배후에 두고 인간의 본성에 대해 묻기 시작했다. 종교의 권위에서 벗어나고자 했던 근대 자연법론자들은 신이 아니라 신이 부여한 이성의 정당한 사용 능력 즉 인간 본성[5]을 논의의 초점으로 삼았다. 사상가들마다 나름의 자연법을 구상했다고 해도, 적어도 근대 자연법론자들은 그들이 말하는 자연법이 중세 스콜라 철학의 목적론적 자연법과 다르며,[6] 자연적이라는 것 역시 자연을 창조한 신 혹은 그 신이 부여한 세계 질서 자체가 아니라 자연적으로 주어져 있는 '이성'이라는 점에 동의할 것이다. 이들에게 '자연법에 있어서 자연적인 것은 곧 이성적인 것'[7]이었다.

근대 자연법론자들은 영원법을 전방이 아니라 후방에 두고 즉 신을 배제하거나 약화시킨 채, 인간 본성만으로 이성과 그에 따른 합리적 실천과 이로부터 구성된 사회-국가 체계를 설명할 수 있는가를 물었다고 볼 수 있다. 그런 측면에서 근대 자연법론의 방향과 구도는 인간 본성-이성의 구조와 성격 등 인간 본질에 대한 물음으로써의 철학적 인간학의 성격을 띠는 한편, 동시에 사회-정치철학의 지향을 갖는다.

---

5 "자연주의적 자연법 개념은 '자연의 본성'으로부터, 신학적 자연법 개념은 '신의 본성'으로부터, 이성적 자연법 개념은 '인간의 본성'으로부터, 그리고 실존적 자연법 개념은 '사물의 본성'으로부터" 자연법의 근거를 도출하고자 했다. 심재우, 「동양의 자연법 사상」, 『법학논집』 33, 1997, 368면.

6 근대 초기 자연법 사상가들은 목적론적 성격이 강했던 아퀴나스적 자연법 해석의 전통과 어느 정도 결별하면서, '인과적이고 경험론적 견해'로 전환해 나갔다는 평가를 받는다. 오병선, 「휴고 그로티우스의 법의 개념」, 『서강법학연구』 5, 2003, 8면.

7 이문조·양삼석, 「근대 초기 자연법 사상의 전개」, 『사회과학연구』 13-2, 1993, 254면.

자연법이 철학적 인간학이자 정치철학의 토대라면 사실 동양의 사상적, 정치적 전통 역시 그러한 구도로 설명할 수 있다. 동양에도 인간의 도덕적 실천의 토대를 모종의 근원 세계에 두되, 이를 이해하고 실천하는 인간 자신의 능력에서 사회와 국가를 합리적으로 운영할 수 있는 실질적 지침들을 발견할 수 있다는 믿음이 오랫동안 작동해왔기 때문이다. 서양이 이러한 기대와 기획을 '자연법'이라는 이름으로 구상해왔다면 동양에서는 '예禮'가 그러한 기획을 대표하는 관념이었다.

　　근대 자연법이 인간이 자기 내부에서 발견한 근원적 힘을 통해 타율적 지배 없이도 스스로 유덕한 실천자가 되어 세계의 통합과 질서 구현에 일조할 수 있다는 관념이라면 동아시아의 예 역시 오랫동안 천리天理와 인사人事를 하나로 연결하는 세계 운영의 지침이자 실천의 규범으로 기능했다. 예는 천天·도道·상제上帝·리理 등 세계의 근원과 작동 방식에서 파생되었으나 이를 자각하고 실천하는 인간의 자발적 동의와 도덕적 실천을 강조한다는 점에서 그 자체 윤리학이자 정치철학이었다. 예의 배후에도 천을 근간으로 하는 영원법이 상정되어 있었지만 영원법을 향해 인간의 이성과 신앙을 추동하는 방식이 아니라 일상에서의 합리적 자각과 의례의 실천을 통해 공동체와 국가의 안녕과 평화에 기여해야 한다는 이념이 더욱 중요했기 때문이다.

　　주지하듯 예는 처음부터 신에게 올리는 국가적 제사에서 파생되었고, 이후 인간의 모든 사회적 관계에 적용되는 의식과 행위 규범으로 확장되었으며, 결과적으로 이 의식과 행위 규범이 사회-국가 질서를 위한 도덕적 실천의 성격으로 확정되었다. 『예기』의 구절이 이를 잘 보여준다.

악樂이란 천지의 조화이며 예禮란 천지의 질서이다. 조화하기 때문에 만물이 동화되고 질서를 이루기 때문에 만물이 모두 구별된다. 악은 천을 말미암아 만들어지고 예는 땅으로 인해 제정된다. 제정이 지나치면 문란해지고 제작이 지나치면 난폭해지니 천지(의 이치)에 밝은 뒤에라야 예악을 흥기시킬 수 있다.[8]

이때 예는 개인적 삶의 지침이 아니라 정치적 차원에서의 사회 공학적 통치 원리이다. 고대 중국인들은 '법'이 아니라 '예'로 사회를 통치하고 안정시키고자 했던 것이다. 이때 법과의 관계에서 예는 언제나 상위적이고 그래서 언제나 초과적인 성격을 갖는다. 법치 혹은 패도에 대응하는 예치, 예교란 인격성이나 자의성을 배제하고 권위를 공적 형태로 바꾸어 통제하는 법보다 더 상위적인 '권위의 권위' 역할을 해왔다.

권위 위의 권위가 될 수 있는 것은 예가 힘勢이나 법보다 더 폭넓은 자발적 동의 위에서 작동하기 때문이다. 예가 힘의 폭력성과 자의성, 법의 비인격성 위에 설 수 있는 것은 이 자발적 동의 과정을 통해 예가 도덕성으로 전이되어 내면화되기 때문이다. 설득과 내적 동의[9]는 자발적인 실천과 연결되어 있기 때문에 예의 내면화는 결국 타율적 개입을 최소화

---

8 『예기』「예운」. 樂者, 天地之和也; 禮者, 天地之序也. 和故百物皆化; 序故群物皆別. 樂由天作, 禮以地制. 過制則亂, 過作則暴. 明於天地, 然後能興禮樂也."

9 설득과 동의의 범위가 예의 작용 범위와 개입 정도를 결정한다. 더 많이 설득하고 동의할수록 더 넓은 범위에 더 미시적인 차원에까지 개입할 수 있다. 그렇다면 조선유학자들이 여성들의 행위와 다양한 실천을 통제하고 규율하고자 했던 것, 그리하여 여훈서 유의 교화서들이 반복적으로 간행되었다는 것은 여성들이 그 통제와 규율에 충분히 설득되지 않았거나 그 내용에 동의할 수 없었기 때문이라고 해석할 수 있을 것이다. 조선 유학자들은 이 설득과 동의의 실패가 여성들의 무지 탓이라고 생각했지만 실질적 이유는 여성들이 동의할 수 없는, 쉽게 설득될 수 없는 타자의 규제와 억압이었기 때문이다.

하는 자기 규율의 과정이자, 도덕적 자기 승인의 의미를 갖는다.[10]

오랜 시간이 흘러 송대의 주희朱熹, 1130~1200는 이 내면화와 동의라는 승인 과정의 성격을 바꾸어 버린다. 공자가 예를 도道에 근거지었다면 송대 성리학자들은 도道의 성격을 보다 형이상학적으로 강화해 리理에 근거지운다. "예란 천리의 절문이요, 인사의 의칙禮者, 天理之節文, 人事之儀則也"[11]이라는 주희의 테제는 자연법으로서의 예의 성격을 가장 분명하게 보여준다. 주희는 예를 통해 천리와 인사를 연결하며, 우주적 질서와 인간적 규범을 하나로 연결한다.

주희는 예에 '리'라는 형이상학적 근원을 연결하고 이를 다시 본성에 연결함으로써 보다 강력하고도 미시적인 차원까지 예의 정당성을 확보한다. 성이 곧 리이다. 그렇다면 세계의 구성원리가 나의 구성원리가 된다. 세계의 구성 원리와 나의 구성 원리가 같다면 예의 자각과 실현은 성인이 밖에서 제정한 것을 마음으로 묵수하고 훈련하는 것이 아니라 본성 안에서 발견하고 현실화하는 것에 가까워진다. 이를 위해 주희는 정교한 심성론의 체계를 구축한다.[12]

형이상학적 구도에서 출발한 서양의 자연법이 결과적으로 윤리학, 철학적 인간학, 정치 철학을 포괄하는 방식으로 확장되어 갔다면, 동

---

10 그러나 내면화되지 않은 예, 형식만 남은 예는 결국 설득과 동의의 과정을 뛰어넘은 것으로, 그 과정은 결국 자의적 힘과 비인격적 법의 작동으로 이어질 수밖에 없다. 이런 예 악붕괴의 상황에서 예는 오로지 차별의 원리로서만 작용하게 되고 신분을 가르고 사회적 위계를 유지하기 위한 억압적 성격이 강화될 수밖에 없다. 공자가 그토록 형식에 치우친 예를 경계했던 것도 이런 맥락일 것이다.

11 『論語集註』「學而」.

12 중中-화和, 이발已發-미발未發, 인심人心-도심道心, 사단칠정四端七情 등의 성리학의 마음 이론은 결과적으로 예의 실현, 예에 새겨진 천리를 실현하기 위한 인간 본질의 물음의 일환이라고 할 수 있다.

양의 자연법은 윤리학과 정치철학으로 출발해 서양과는 다른 순서로 유사한 주제들을 예의 담론 안에 구축했다고 말할 수 있다. 이때 서구 근대의 자연법 이론은 형이상학적, 종교적 성격을 배제하거나 약화시키는 방향으로 진행되어 갔던 반면 동아시아에서 중간 단계에 성립된 리理의 형이상학은 주자학의 권위에 따라 근대 이전까지 큰 도전을 받지 않았다.

그런데 이러한 차이는 사실상 근대성을 기준으로 할 때, 일종의 위계적 차이처럼 보일 수도 있을 것이다. 서구 계몽주의자들이 교회로부터 벗어난 이성을 가진 주체와 그 주체들의 합리적 결사로서의 근대 국가의 기획을 위해 자연법을 끌어내 의제화agenda했다면, 동아시아에서 예는 그런 식의 의제로 성립되지 못했고 더 나아가 억압성과 차별성으로 사람을 가두어두는 전근대적 성격 때문에 서구 자연법과 같은 근대적 추동의 역할을 하지 못했다고 평가하는 식이다. 개인을 봉건적 체제 속에 가두어 둠으로써 동아시아를 정체시켰고, 주체의 능동적 자각과 실천을 타율적 규범 속에 제한했다는 것이 예의 일반적인 이미지에 가까울지 모른다. 사실 이런 식의 평가는 동양을 전제적이고 정체적인 상태로, 서양을 역동적인 발전과 진보의 세계로 이해하는 현재의 왜곡된 상식에 연결되어 있다는 점에서 거부하기는 쉽지만 논파하기는 어려운 문제로 보인다.

계몽주의적 기획 속에서 공자와 유학을 이상적인 도덕 체계로 해석해냈던 18세기 독일의 근대 계몽주의 철학자 크리스티안 볼프라면 이런 단선적 평가를 재고할 실마리를 제공해줄 수 있을 것이다. 자연법 논의를 통해 도덕적 행위의 정당성이 신의 명령에 기인한다는 신명론

神命論, Divine Command Theory이나, 이성보다 신앙을 강조하는 경건주의적 주의주의voluntarism를 벗어나 본성의 힘으로써의 이성의 작동을 통한 윤리적 실천을 강조했다는 점에서 볼프는 당시 계몽주의자들의 이론적 지향과 거부를 보여준다. 동시에 볼프가 중국의 유학을 자연법적 관점에서 검토하면서 유학의 합리주의적 도덕 철학을 자신의 이론적 증거로 삼았다는 점에서 합리적 자연법으로서의 예의 가능성과 의의 — 중국에 대한 볼프의 오해와 과장의 가능성이 있음을 인정하지만 — 를 확인해볼 수도 있을 것이다.

2. 크리스티안 볼프와 중국열

독일 계몽주의 철학자 크리스티안 볼프Christian Wolff, 1679~1754는 유럽 사회 전체에 강력한 영향력을 행사하던 신학으로부터 벗어나 시민사회의 도덕적 정치적 근거를 이성적 토대 위에 건설하고자 했던 유럽 계몽주의의 실증적 사례로 평가받는다. 그는 "독일 철학을 주체적인 철학으로 만드는 바탕은 물론 철학을 신학으로부터 분리시켜 독자적인 학문으로 발전시키는 토대를 마련했다"[13]고 인정받는 계몽주의 철학자다. 그는 도덕과 국가의 필연적 전제로 여겨졌던 종교에 저항하면서, 근대적 자연법으로 확보된 정당성 위에 국가와 개인을 위한 도덕적 원칙들을 실천철학의 영역에서 재구성하고자 했다.[14]

---

13 안종수, 「볼프의 실천철학과 中國儒學」, 『人文科學』 65, 1991, 282~283면.

14 "볼프가 본격적인 철학 활동을 시작했을 당시의 독일 철학계의 분위기는 철학이 신학의

볼프의 철학적 구상 중 특이한 것은 그가 스승인 라이프니츠만큼의 열정으로, 그러나 그와 다른 지향으로 중국과 유학에 철학적으로 접근했다는 사실이다. 라이프니츠의 추천으로 할레 대학의 교수로 취임했던 볼프[15]는 라이프니츠와 마찬가지로 '독일의 계몽주의 합리성의 정점을 표현하는 논증적 · 연역적 · 수학적 방법으로 그 시대의 모든 학문적 주제를 설명하는 하나의 완전한 이론 체계'[16]를 구축하고자 했다. 또한 그는 중국에 큰 관심을 두고 연구했다는 점에서도 라이프니츠와 비교된다.[17]

볼프는 중국에 파견되었던 예수회 선교사 노엘Français Noël, 衛方濟, 1651~1729과 쿠플레Phillippe Couplet, 柏應理, 1622~1692의 중국 관련 저술들을 통해 중국의 정치와 학문, 특히 공자에 대한 정보를 얻었다.[18] 유

간섭으로부터 서서히 벗어나고는 있었지만 당시 '철학'이라는 의미로 두루 사용되던 '세계 지혜Welfweisheit'라는 단어가 잘 암시하듯 세속적 내지는 통속적인 실천적 지혜의 차원을 맴돌고 있었다. 이러한 지적 풍토에 만족하지 못한 볼프는 일련의 이른바 '이성적으로 정리된 사고'를 통해 엄밀한 학으로서의 철학을 정립하려 한 것이다." 김수배, 「칸트 철학의 선구자 볼프」, 『칸트연구』 5, 1999, 22~23면.

15 볼프에 관한 전기는 다음을 참고할 수 있다. Wolfgang Drechsler, "Christian Wolff(1679~1754) : A Biographical Essay", *European Journal of Law and Economics*, 1997.

16 황태연, 『공자와 세계』 2, 청계, 2011, 527면.

17 성리학에 대한 라이프니츠의 관심과 이론구조는 꽤 알려져 있는 반면, 크리스티안 볼프의 유학 이해에 대해서는 연구가 활발하지 않다. 볼프와 유학 이해를 다룬 논문은 다음과 같다. 안종수, 「볼프의 실천철학과 中國儒學」, 『人文科學』 65, 1991; 안종수, 「볼프와 유학」, 『哲學研究』 77, 2001; 이은정, 「크리스티안 볼프, 중국 그리고 유교」, 『담론201』 11-1, 2008; 위의 책; 김선희, 「실천철학으로서의 유학 : 크리스천 볼프와 다산 정약용의 비교 연구」, 『한국실학연구』 24, 2012; 안재원, 「볼프는 『중국인철학자공자』를 어떻게 읽었는가?」, 『인간 · 환경 · 미래』 13, 2014 등.

18 볼프는 특히 1711년 노엘이 프라하에서 출판한 두 책 『중국의 여섯 경전Sinensis imperii libri classici sex』과 『중국철학Philosophia Sinica』으로부터 관련 지식들을 얻었다. 『중국의 여섯 경전』은 중국의 사서四書, 『효경』, 『소학』을 발췌 번역한 라틴문 번역이며 『중국철학』 역시 중국 학자의 학설을 발췌 번역한 것이다. 『중국의 여섯 경전』의 서문에는 「중국 입법자의 도덕 · 정치 · 철학의 고찰」이 실려 있고 본문에서는 중국의 도덕 및 정치 철학의 기원과 성질, 그리고 그 실시 방법, 정부의 조직, 중국인의 성격과 정치 도덕의 관계, 국력과 도덕의 관계,

럽 전체에 공자의 명성을 확산시킨 중요한 저작인 쿠플레의『중국 철학자 공자Confucius Sinarum Philosophus』[19] 역시 볼프의 중국과 공자 이해에 중요한 역할을 담당했다. 예수회의 보고와 번역을 통해 중국과 유학에 관한 정보를 얻은 볼프는 이를 바탕으로 할레 대학의 수백 명의 동료와 학생들 앞에서「중국인의 실천철학에 관한 연설Oratio de Sinarum philosophia practica」[20]이라는 제목의 연설을 한다. 이 연설은 이후 그의 운명과 유럽

중국인의 평화와 행복에 대한 이상, 정권 안정과 정치 도덕의 관계 등을 다루고 있다. 朱謙之,『中國思想對於歐洲文化之影響』; 주겸지, 전홍석 역,『중국이 만든 유럽의 근대 : 근대 유럽의 중국문화 열풍』, 청계, 2010, 91면 참조.『중국철학』은 크게 세 부분으로 되어 있는데 각각 중국철학의 형이상학적 개념들과 중국에서의 제사, 그리고 중국 윤리 전반을 다루고 있다. 안종수, 위의 글, 1991 참조.

19 중국에 다녀갔던 예수회원 쿠플레Phillipe Couplet가 유럽에서 편집한『중국의 철학자 공자 Confucius Sinarum Philosophus』(1687)는 유럽에서 중국의 학문적 전통을 유럽에 소개하는 역할을 했다. 이 책은 중국 철학을 송대 신유학까지 정리하였기 때문에 당대 유럽 학자들의 큰 주목을 받았다. 이 책은 유럽에서 벌어진 전례 논쟁에 촉발점 역할을 했고, 그 결과 마테오 리치의 전교 방법은 유럽에서 입지를 상실하고 말았다. 박상환,『라이프니츠와 동양사상』, 미크로, 2005, 26면. 이후 롱고바르디, 생트 마리(리안당) 등 중국에 다녀온 선교사들의 저작이 유럽에서 출판되면서 18세기 초반에는 라이프니츠, 말브랑슈 등에 의해 중국 철학의 성격에 관해 다양한 토론이 이루어졌다. 그밖에 유럽으로 유입된 중국 철학과 그 영향에 관해서는 다음 책을 참조. David E. Mungello, *Leibniz and Confucianism : the search for accord*, Honolulu, University Press of Hawaii, 1977; 주겸지, 앞의 책; 안종수,「서양 근세 철학자들의 신유학 이해」,『동방학지』98, 1997.『중국 철학자 공자Confucius Sinarum Philosophus』에 관한 대표적 연구로 이향만,「『중국철학자공자Confucius Sinarum Philosophus』와 계몽철학 : 전례논쟁의 철학적 영향과 형이상학적 보편주의」,『신학과 철학』17, 2010 등을 참조할 수 있다.

20 연설문은 본래 라틴어로 작성되었는데 독일어로 번역되어 이후 관련 연구의 기초가 되었다. Christian Wolff, "Oratio de Sinarum philosophia practica", *Rede über die Praktische Philosophie der Chinesen*, Michael Albrecht tr., Hamburg : Felix Meiner Verlag, 1985. 줄리아 칭은 이 독일어 번역을 다시 영어로 번역하였다. Christian Wolff, "The Practical Philosophy of the Chinese", *Moral Enlightenment : Leibniz and Wolff on China*, Julia Ching and Willard G. Oxtoby tr., Nettetal : Steyler Verlag, 1992a. 그러나 이 영역본은 철학적 정밀성이 떨어질 뿐 아니라 볼프의 주석을 선별적으로 번역했다는 점 때문에 다른 연구자들의 비판을 받는다. Mark Larrimore, "Orientalism and Antivoluntarism in the History of Ethics : On Christian Wolff's", *The Journal of religious ethics*, Vol.28, No.2, 2000, p.191; Robert Louden, ""What Does Heaven Say?" : Christian Wolff and Western Interpretations of Confucian Ethics", *Confucius and the Analects : New Essays*, Van Norden, W Bryan (ed), New York : Oxford University Press, 2002, pp.73~93 등.

학계에서의 위상을 바꿀 결정적 계기가 되었다.[21] 볼프는 연설문 곳곳에서 중국의 덕과 공자의 가르침이 자신의 도덕 철학과 일치한다는 점을 강조한다.

중국 고전 문헌들을 주의 깊게 공부하면서 나는 비록 그것이 혼란스럽고 불분명하며 오직 그 안에서 훈련한 사람들에 의해서만 알려질 수 있음에도 불구하고, 고대의 중국인들 특히 공자가 나와 같은 생각을 가지고 있음을 확신했다. 나는 이 책들에 나온 가르침들과 사건들을 보편적인 방식으로 이해하고 나서, 나는 또한 중국인들의 행위가 나의 것과 일치함을 깨달았다.[22]

볼프는 "역사상 가장 오래된 나라이며, 18세기 유럽에서 지적 문화적 성취에 대한 명성을 즐기고 있는 중국이 인간 이성과 본성의 모범에 기초를 둔 비기독교적 철학 체계인 공자적 전통을 소유하고 있음"[23]을 밝힌 뒤 "합리적인 공자의 체계를 일상생활에서 부딪치는 문제들에 대한 인간 이성의 효능에 관한 자신의 이론을 실증적으로 증거할 수 있다고 간주"[24]했다.

볼프가 이 연설에서 강조한 것은 중국이 계시가 아니라 본성으로부

---

21 볼프를 지지했던 예수회는 1722년 볼프의 연설문을 로마에서 출판했고 다시 저자의 동의 없이 주석을 첨가하여 1725년 *Trévoux*에 게재하였다. 이에 분노한 볼프는 1726년에 프랑크푸르트에서 상세한 주석을 보강하여 재출판한다. Christian Wolff, op.cit., 1992a, p.147.
22 Ibid., p.146.
23 Donald F. Lach, "The Sinophilism of Christian Wolff(1679~1754)", *Journal of the History of Ideas*, Vol.14, No.4, 1953, p.563.
24 Ibid., p.563.

터 의무와 덕을 배우며 선과 악의 구별에서 신의 신성한 인도보다는 이성에 의존한다는 점이었다. 유학을 통해 그는 모든 이성적 인간이 올바른 행위에 대한 본성적 경향을 소유하고 있으며 따라서 중국에서 도덕적 실천을 위해 종교적 신앙의 훈련이 절대적으로 필요하지 않다는 사실에 크게 고무받았다. 그러나 결과적으로 이 연설로 인해 볼프는 결국 무신론자로 몰렸고 끝내 계시종교에 반하는 강연을 했다는 죄목으로 대학뿐만 아니라 프로이센 지역에서 추방당했다. 그에게 국경을 벗어나도록 허용된 시간은 48시간이었고 이 48시간 후에 그를 지칭하는 역사적인 이름은 '유럽 계몽주의의 상징'으로 격상되었다.

볼프가 추방당했던 것은 그가 당시 할레 대학의 주류 집단인 경건주의자들이 결코 받아들일 수 없는 질문을 제안했기 때문이다. 계시 없는 윤리학이 가능한가? 신과 종교 없이 도덕적 실천이 가능한가? 도덕적인 무신론자Virturous Atheist가 가능한가?[25] 기독교도가 실천하는 도덕적 원리를 창조주를 모르는 그들도 실행할 수 있을 것인가? 결과적으로 볼프는 이 대답을 실천철학과 자연법의 관점에서 해석된 '공자'에게서 발견한다. 라이프니츠가 신유학의 형이상학에 대한 관심으로 중국의 자연신학의 우수성을 평가했던 것과 달리 볼프는 형이상학이 아닌 실천철학[26] 즉 윤리학과 정치철학의 관점에서 유학의 의의와 가

---

25 볼프를 추방하는 데 결정적 역할을 한 요하임 랑에Joachim Lange 같은 경건주의자에게 '도덕적인 무신론자'는 불가능하며 자연법이 자연 그 자체에서 성립했으며 심지어 신이 없어도 성립되었을 것이라는 주장은 그릇된 철학자의 잘못된 명제일 뿐이다. Mark Larrimore, op.cit., p.207.
26 볼프가 말하는 실천철학은 자연법과 시민법, 윤리학 혹은 시민학 등 다양한 분과들을 포괄하는 것이다. 김수배, 앞의 글, 34면. 이는 윤리학과 정치철학 등을 실천철학에 분류하는 아리스토텔레스의 전통을 벗어나지 않는 것이다.

능성을 포착하고 이를 자연법으로 평가한다.

전통적으로 자연법은 실천철학의 하위 주제[27]이기 때문에 볼프가 유교를 자신의 실천철학의 틀 안에서 다루면서 이를 자연법[28]의 관점에서 보는 것은 서구 자연법의 전통의 연장이라 할 수 있다. 일단 볼프는 중국인들이 자신들이 생각하는 자연법을 가지고 있다고 생각한다.

> 우리가 자연법이라고 이야기할 때 그것이 신으로부터 비롯되어서 그렇게 부르는 것이 아니라 (키케로의 저서에 나오듯이) 사물들의 본성을 통해 결정되는 것이기 때문인 그렇게 부르는 것과 마찬가지로, 중국인들도 하늘의 법天法, 天道이라고 명명할 수 있었던 이유는 그것(천법)이 사물들의 본성을 통해 결정된다는 것을 인식하고 있었기 때문이다. 그리고 이런 천법을 통해 중국인들은 자신들이 지향했던 것, 즉 '하늘'의 질서가 국민과 국가의 올바른 관리를 위한 잣대여야 한다는 사실에 도달할 수 있었던 것이다.[29]

이 문장에서 강조하듯 중국의 자연법이란 신으로부터 비롯된 것이

---

27 "실천 철학 전체를 증명해야 한다면, 그 원리들은 형이상학에서 구해야 한다. 실천 철학은 어떤 원리에 의해서 좋음을 선택하고 나쁨을 피하는 욕구 능력이 어떻게 작용하는지를 설명한다. 그러나 인간의 마음을 통해서 가능한 것들을 해명하는 심리학은 그것들의 원인을 규명하고, 욕구 능력과 그것이 계산하는 마음의 다른 능력들과의 의존 관계를 해명한다. 따라서 실천 철학은 원리들을 심리학으로부터 구한다. 실천 철학의 부분인 자연법과 관련해서, 신에 대한 인간이 가져야할 의무들이 해명된다. 윤리학은 인간이 어떻게 이와 같은 의무들과 시민적 권리와 권한의 규제되는 외적인 관계가 요구하는 의무들을 충족시킬 수 있는지를 설명한다." 안재원, 앞의 글, 164면.

28 자연법에 관한 볼프의 독립적 저술은 『과학적 방법으로 검토된 자연법Jus Naturae : Methodo Scientifica Pertractatum』이다.

29 Christian Wolff, op.cit., 1985, pp.149~151.

아니다. 중국인들은 신에 대해 참된 지식을 가지고 있지 않기 때문이다.

만일 공자가 하늘의 법이라고 설명한 것이 우리가 자연법이라고 부르는 것이라고 할지라도 공자가 그것을 신으로부터 나온 것으로 간주한다는 뜻은 아니다. 천은 반드시 '하늘에 계신 주the Lord of Heaven'로서의 신을 의미하는 것은 아니다.[30]

중국의 자연신학이 계시신학을 보완할 수 있을 만큼 뛰어나다고 인정한 라이프니츠와 달리 볼프는 중국에 자연신학이 없었음을 강조한다.[31] 사실 중국에 자연신학이 없다는 볼프의 주장은 어떤 신학적 주제 혹은 선교 상의 정책 결정을 위한 것이 아니다. 그는 자기 철학을 위해 공자와 유학을 무신론과 자연종교 사이 어떤 지점에 세워둔다. 볼프가 자연신학으로부터 유학과 공자를 분리시키려는 것은 윤리학의 거점을 종교가 아니라 철학, 그것도 형이상학적 영역이 아니라 실천철학에 두고자 하기 때문이다.

---

30 Ibid., pp.147~149.

31 "나는 고대 중국인들이 세계의 창조자를 알지 못했으며 따라서 그들에게 자연종교가 없었다고 주장한다. 그들의 고전 문헌에는 신에 대한 의무가 언급되지 않았으며 오직 일상생활에서의 관습과 관련된 의무만 나타날 뿐이다. 자연종교는 참된 신에 대한 숭배를 필요로 하며, 신은 그의 속성과 그가 행하는 일을 통해 도출된 이성의 빛을 통해 알려지는 것이다. 그러므로 (고대 중국처럼) 신에 대한 지식의 증거가 없는 곳, 신에 대한 사랑, 두려움, 존경 그리고 그의 이름을 향한 어떤 기도도 확신도 발견되지 않는 곳에 자연종교는 존재하지 않는다." Ibid., pp.150~151.

3. 본성의 힘과 도덕의 자율성

볼프는 계시 종교는 물론 자연 종교 조차 없음에도 성공적으로 윤리적 삶을 실현하는 중국인들을 하나의 모범적인 예로 내세운다. 그에게 "이들의 윤리적 성취는 은총에 의해 강화된 사람이 본성을 초과하는 일을 할 수 있다는 믿음과 충돌하지 않는다."[32] 신이 없는 중국인들이 도덕적 실천을 할 수 있는 것은 그들에게 본성의 힘이 있기 때문이다.

> 선의 속성은 우리를 휴식과 평온 속에 머물게 하는 것이며 악의 속성은 모든 것을 엉망으로 만들고 혼돈 상태를 가져옴으로써 혼란스럽게 한다는 것이다. 이러한 가능성들을 미리 보는 마음은 이성의 판단을 고수하는 한에서 자신을 선에 대한 이끌림으로 향하게 하며 악을 혐오한다. 결과적으로 우리는 선을 추구하고 우리가 인식한 악으로부터 달아나는 원동력을 가진다. (…중략…) 본성의 힘을 이용하는 인간은 선의 단맛에 이끌리고 악의 쓴맛을 피하면서 선과 악을 구분할 수 있으며, 계속해서 목적을 인식하고 있다.[33]

본성의 힘der Kräfte der Natur은 선의 달콤함에 의해 움직이도록 하며 악의 쓴을 거부하게 한다. 다시 말해 본성의 힘은 우리로 하여금 선의 실천과 악의 회피를 가능하도록, 다시 말해 도덕적 실천을 하도록 한다.[34] 볼프의 주장은 본성의 힘에 따라 이성을 운용하는 이들이라면

---

32 Mark Larrimore, op.cit., p.197.
33 Christian Wolff, op.cit., 1992a, p.166.

누구나, 심지어 그가 무신론자도, 선을 식별할 수 있으며 도덕적인 삶을 추구할 수 있다는 것이다. 이런 구도 속에서 신에 대한 본질적 의무는 분명하게 드러나지 않는다. 윤리적 삶에 있어서 기독교의 공헌은 강력하지만 그럼에도 불구하고 간접적인 성격을 띠게 된다. 이성적 선택만으로도 도덕적인 삶이 가능한 것은 그 이성이 궁극적으로 신의 뜻인 신의 자연법에서 비롯되기 때문이다.

계몽주의적 입장에서 무신론자의 도덕이 유일한 순수 도덕일 수 있는 것은 보상이나 처벌에 대한 공포 없이 온전히 자신 안의 본성의 힘 즉 이성을 통해서만 도덕적 결단에 이르고 그 책임을 누구에게도 돌리지 않은 채 스스로 떠맡기 때문이다. 볼프 역시 중국의 철학적 덕을 칭찬하며 이러한 점을 반복적으로 강조한다. 중국인들은 보상이나 권력자에 대한 공포감 없이 오로지 본성의 힘에 의해 도덕적 판단과 실천을 한다는 것이다.

중국인들은 제1원칙으로서 선과 악에 대한 명확한 지식에 도달하기 위해 세심하게 이성을 배양하며, 그리하여 보상의 기대나 권력자에 대한 공포로부터가 아니라 선택에 의해 도덕적이 된다.[35]

나는 또한 (중국) 고대 철학자들이 발전시켜온 진리를 발견했다. 누구라도 도덕적이 되고자 하는 사람은 권력자에 대한 공포나 관습이 아니라 오

---

34 이 대목에서 다산을 떠올리게 된다. 잘 알려져 있듯 다산 역시 성을 선악을 좋아함과 싫어함, 즉 기호의 차원에서 새롭게 정리한다.
35 Christian Wolff, op.cit., 1992a, p.173.

직 본성의 힘에 의해, 독특한 즐거움의 유인에 의해 그리고 자유로운 선택에 의해 지지받는다는 것이다. 그러한 사람은 반드시 그의 오성understanding을 길러야만 한다.[36]

볼프가 말하는 본성의 힘이란 결국 인간에게 내재적인 이성Vernunft라고 할 수 있다. 볼프가 유학에서 이 본성의 힘을 강조하는 것은 이 힘이 곧 윤리적 실천의 토대가 되기 때문이다. 볼프는 인간이 계시나 그에 따른 신앙의 힘이 없이도, 오직 본성의 힘만으로도 윤리적 실천을 할 수 있다는 증거를 중국에서 발견했다고 주장한다.

스콜라 철학자들이 '객관적 도덕성'이라고 명명한 행위의 정직함과 내적 수치심은 이미 고대 철학자들도 인식했던 것이자 신학자들도 열심히 변론했던 것이다. 너무 잘 알려져 있어서 예는 들지 않아도 될 것이다. 행위가 이성적 본성 자체와 일치하는가, 일치하지 않은가에 따라 객관적 도덕성이 규정된다는 것은 확실하다. 그래서 그로티우스(1권 1장, §10, 나의 판본에서는 6면)가 정의하고 있는 자연법은 "올바른 이성의 표명으로서, 이는 행위에는 이성적 본성 자체와의 일치 혹은 불일치 때문에 도덕적 파렴치함 또는 도덕적 필연성이 내재되어 있다는 것과, 따라서 이런 행위를 자연의 창조주로서의 신이 금지하거나 명령한다는 것을 보여준다." 이런 건전한 입장에 나도 동감하며, 그래서 나는 도덕 교육Sittenlehre에서 이성과 일치할 것으로 교육되어 왔던 것들, 그것이 인간의 본성과 일치하는가에 따라 판단해야 한다고 강조한다. 중국인들의 도덕 교리는 이런 시험에 합격한

---

36 Ibid., p.176.

다. 왜냐하면 공자도 이성적 본성과의 일치가 행위의 잣대가 된다는 것을 인식하고 있었기 때문이다.[37]

자연법의 근거는 인간 이성에서 출발하며 인간의 본성에 합치하는 것이 된다. 이런 관점에 따르면 자연법은 신의 권위로부터 해방될 수 있었다. 자연법의 근거가 될 수 있는 것은 오직 인간의 이성의 명령뿐이며, 이 경우 신이 존재하지 않거나 인간사에 개입하지 않는다 해도 자연법은 타당성을 얻게 된다. 볼프의 관점에서 중국이 바로 그러한 실제하는 예였던 것이다. 볼프는 「중용」으로부터 공자가 제안하는 이성의 도덕적 실천능력이라는 자연법을 읽는다.

(「중용」에 따르면) 이성적 본성[38]과 합치하는 것이 규칙이며, 이 규칙에 행위를 일치시키는 것, 이것이 이성을 따르는 것이다. 그리고 덕성의 실천이란 우리 자신과 우리의 행위를 이 법칙에 따라 행하도록 하는 것을 의미한다. 그러니까 내가 중국인들의 실천철학의 기본원칙들을 시험하는 잣대는 공자 스스로가 우리에게 권장한 그런 잣대이자, 공자가 조상들의 명령, 말과 실천을 자신의 도덕Sitten으로 표현하려고 노력하기에 앞서 먼저 시험을 거치게 함으로써 그런 기본원칙들을 몸소 지키고 실천했던 그런 잣대이다.[39]

볼프는 '하늘이 명한 것을 성이라 하고, 성을 따르는 것을 도라 하며

---

37 Christian Wolff, op.cit., 1985, pp.129~131.
38 성을 이성적 본성으로 보는 것은 볼프가 참조한 『중국철학자 공자』의 「중용」 번역에서 '성性'을 이성적 본성natura rationalis로 번역한 것을 따른 것이다.
39 Christian Wolff, op.cit., 1985, p.133.

도를 닦는 것을 교라 한다天命之謂性, 率性之謂道, 修道之謂敎'라는「중용」 1장으로부터 유교의 자연법을 분명하게 간파한다. 인간은 하늘의 명령으로 이성적 본성을 얻었으며, 이 본성을 따르는 것이 하나의 규칙 혹은 법칙이라는 점에서 이 과정은 자연법의 구조와 작동 즉 우주의 근원이 어떻게 인간의 본성에 윤리적 실천을 심고 이를 삶에서 실현하도록 하는지를 간명하면서도 웅장하게 보여준다. 볼프도 이를 확인했던 것으로 보인다. 그런데 이 문맥에서 볼프가 말하는 본성의 힘은 철저히 합리주의적 이성만을 의미하지 않는다.

나는 이성을 이렇게 정의한다 : 이성은 사실들의 관계를 인식하는 능력이다. 자신의 이성을 발달시킨 자라면 자신이 한 행동들과 그 행동들에 따른 것 사이의 관계를 인식하며, 따라서 어떤 행위를 보면 그것이 어떤 결과가 따를지 추론할 수 있으며, 또 어떤 결과를 보면 그것이 어떤 행위의 결과인지 추론할 수 있다. 어떤 행위에 어떤 결과가 따랐다는 것을 인지하고 왜 그런 결과가 따랐는지 그 이유를 물을 때, 그리고 매번 똑같은 결과가 따르는 경우와 특정한 조건에서만 그런 결과가 따르는 경우를 구별할 때, 이성은 경험의 도움을 받는다. 이렇게 해서 우리는 우리 스스로의 혹은 다른 자들의 사례를 통해 통찰력을 얻는다. 인간 내면의 이성은 항상 순수한 것이 아니라 대부분 경험과 연동되어 있다는 점으로, 이는 내가 이미 다른 데서 언급한 바 있다. 이성 단독으로는 불충분할 때 경험이 이성 대신 감독권을 잡을 수 있다는 경우에 있어서도 우리는 이를 이성의 발달로 본다. 이는 공자의 경우에도 해당된다고 볼 수 있는데, 공자가 자신의 이성을 발달시킨 방법은 자기실험을 실시하고 다른 사례들에 주목한 데 있었다.[40]

합리적 이성은 반드시 경험의 도움으로 자기의 역할을 할 수 있다. 이런 맥락에서 그의 윤리학은 일종의 경험주의적이며 실천적인 특징을 드러내게 된다.[41] 한 가지 더 주목할 것은 본성의 힘이 쾌와 불쾌라는 일종의 경험적 원리로 제시되고 있다는 점이다.[42] "인간은 합리적 본성 안에는 선한 것을 좋아하고 악한 것을 싫어하는 능력이 있다"[43] 고 본 점에서 볼프에게 실천철학이란 "좋음을 택하고 나쁨을 피하는 욕구 능력의 사용에 대한 학문"[44]이다. 볼프에 따르면 공자는 학문과 삶을 통해 일상에서 스스로 시험하며 다른 이들의 사례를 관찰함으로써 합리적 본성의 능력을 시험한다. 공자는 이 본성의 힘을 이용해 날마다 자신을 발전시켜 나간 철학자다.

4. 윤리적 이상으로서의 완전성

볼프는 공자의 가르침에 따라 중국인들이 매일 진보하는 도덕적 실천을 통해 그리고 다른 사람들을 잘 이끎으로써 완전성의 가장 높은

---

40 Ibid., p.173

41 볼프의 이러한 사상적 귀결은 다산 정약용을 연상시킨다. 다산 역시 기호로서의 성이 선과 악을 쾌·불쾌의 자연적 호오로 추구하는 과정을 본성의 선함이라고 보았다는 점에서 경험주의적이고 실천적이라는 평가를 듣는다.

42 이런 맥락에서 칸트는 경험적인 동인을 배제하지 않았다는 점을 들어 볼프 윤리학을 비판한다. "칸트의 윤리학은 '오직 이성의 의해서만 완전히 선천적으로 표상되는 참 동인'을 연구했는데 볼프의 윤리학은 '오성이 경험들의 단순한 비교에 의해서만 일반적 개념으로 끌어올려진 경험적 동인'을 구분하지 않고 연구했다는 것이다." 정창록, 「실질주의 윤리설에 대한 칸트의 비판과 문제점」, 『동서사상』 3, 2007, 73~74면.

43 사실 선을 지향하고 악을 거부하는 이성의 능력은 토마스 아퀴나스 이래 사실 전통적인 관념이라고 할 수 있다.

44 안재원, 앞의 글, 163면 재인용.

단계까지 멈추지 않았다고 보았다. "그래서 중국인들에게 모든 행위들의 최종적 목표는 그 자신뿐 아니라 다른 사람에게 있어서도 최상의 완전성a sovereign perfection을 획득하는 것이다."[45]

완전주의perfectionism는 볼프 윤리학의 근본 법칙이다.[46] 그는 완전성을 여러 맥락에서 주의깊게 반복하며 중요하게 취급한다. 그는 『독일 윤리학』에서 "너 자신을 그리고 너와 다른 이들의 상태를 더욱 완전하게 만들 일을 행하라. 그것들을 더욱 불완전하게 할 일을 삼가라"[47]고 말한다. 그의 자연법론에서도 최고의 일반적 원리는 인간의 본성에 따라 '완전성Volkommenheit'을 행하라는 것이다.

> 자연법의 일반적 원리 : 자연법은 우리 인간들이 완전하게 될 것과 또 그러한 완전한 상태로 나아갈 경향이 있는 행위들을 해야 할 의무를 부과하고 있고 또한 인간의 불완전함과 또 그러한 불완전한 상태로 나아가는 경향이 있는 행위들은 하지 말 것을 의무로서 부과하고 있다.[48]

볼프는 「대학大學」의 삼강령 중 '지어지선至於至善'의 지선至善을 '완전성Volkommenheit'으로 번역한 노엘에 동의하며 유가들이 수양을 통해 끝없이 자신을 완성시키려고 노력하는 과정을 완전성을 향하는 도상이라고 이해한다. 볼프는 중국인들에게 지선 즉 완전함이 꾸준한 노력을 통해 도달하는 대상이었다는 점을 높이 산다. 중국인들은 "본성의

---

45 Christian Wolff, op.cit., 1992a, p.177.
46 Robert Louden, op.cit., p.85.
47 Ibid., p.85 재인용.
48 Christian Wolff, *Institutiones jus naturae at gentium*, §43. 조원홍, 앞의 글, 12면 재인용.

힘을 알고 그것이 줄 수 있는 모든 것을 얻어내기 위하여 악덕과 죄악
의 풍부한 근원인 인간 마음의 불완전함에 멈추지 않고, 완전성에 이르
도록 모든 노력을 기울였다"[49]는 것이다. 더 나아가 중국인들은 자신
의 도덕적 진보뿐 아니라 다른 사람들을 잘 이끎으로써 "어떤 뛰어난
수준에 이르기 전에는 덕의 도상에서 또는 완전성의 어떤 단계에 결코
멈추지 않았다."[50] 그래서 "중국인들에게 모든 행위들의 최종적 목표
는 그 자신뿐 아니라 다른 사람에게 있어서도 최상의 완전성a sovereign
perfection을 획득하는 것"[51]이며 이러한 방향은 "모든 자연법의 개략the
summary of all natural law을 포함"한다.

완전성의 성취를 윤리적 이상으로 간주하는 볼프는 완전성을 추구
하기 위해 인간이 사물들과 세계의 관계들을 인식하는 것을 배워야 한
다고 생각한다. 이 사물들과 세계의 관계들에 대한 인식과 실천, 그리
고 이를 통한 완전성의 성취를 동양의 관점에서 본다면 예禮를 이해하
고 실천하는 자기 수양 과정이라고 할 수 있다. 볼프 역시 이 점에 대
해 파악했던 것으로 보인다.

나는 어떻게 인간의 자유로운 행위가 소우주의 완전성에 의해 인도되는
지 성찰했다. 내가 이해하기에, 우주는 만장일치의 동의에 따르는 자연법
을 통해 규정된 소우주와 다르지 않다. 소우주의 완전성을 추구하는 동일
한 지향이 또한 대우주의 완전성을 추구한다. 그리하여 나는 최종적으로
제1의 근본 원칙 — 자연법뿐만 아니라 예의禮儀 그 자체의 — 은 소우주의

---

49 Christian Wolff, op.cit., 1992a, p.164.
50 Ibid., p.178.
51 Ibid., p.177.

완전성을 향한 인간 행위의 지향이며, 결과적으로 대우주의 완전성을 향한 지향임을 확신하게 되었다.[52]

볼프는『중국 철학자 공자』의 번역에 따라 군자를 완전한 사람perfectus vir으로 이해했으며 증자曾子를 예로 들어 고대 중국의 성인들이 날마다 그들의 이성을 보다 완전하게 만들었다[53]고 주장한다.[54] 사실 그의 체계에서 완전성은 연역적이고 수학적인 차원에서 제시된 것이지만, 실천철학의 관점에서 완전성에 도달하는 것은 일상의 실천 특히 극기복례의 과정을 통해 이루어지는 실천적 도상이 된다.[55] 중요한 것은 볼프가 완전성을 향한 노력이 본성에 새겨진 이성의 실천뿐 아니라 예의를 통해 실현되어야 하며 결과적으로 개체의 완전성을 향한 노력이 대우주의 완전성에 기여한다고 본 점이다. 그에게 공자의 윤리학은 그 자체로 완전주의였다. 완전한 천의 지도에 따라 일상적 의무를 실현해나가고 이를 통해 공동체를 화합시키기 때문이다.

---

52 Ibid., p.146.
53 이 부분은『논어』「학이」편의 "증자가 말했다. 나는 매일 세 번 자신을 반성한다曾子曰 吾日三省吾身"는 구절을 바탕으로 한 것으로 보인다.
54 Christian Wolff, op.cit., 1992a, p.173.
55 사실 볼프가 더욱 주목한 것은 이 완전성을 향한 도상에 신이 개입하지 않는다는 점이다. "내가 여기서 덧붙이고 싶은 말은 공자가 이런 완전한 사람을 소개하면서, 신에 대한 의무는 전혀 언급하지 않고 있다는 점이다." Christian Wolff, op.cit., 1985, p.165.

5. 행복의 공동체로서의 국가

한편 볼프에게 완전성의 결과는 행복[56]으로 귀결된다. 완전성은 신의 선물로 단번에 주어진 것이 아니라 선과 악을 분명히 식별하는 지식과 이에 따른 자유로운 선택에 따른 실천을 통해 즉 이성을 바탕에 둔 도덕적 실천을 통한 매일의 진보과정을 거쳐 획득하는 것이다. "인간에게 있어 최상의 선은 완전성을 향한 계속적이고 끊임없는 진보로 이루어져 있다."[57] 볼프는 중국 철학자들과 자신의 의견이 같다고 말하면서 인간이 완전성에서 매일 진보할 수 있으며, 또한 행복으로 진보해나갈 수 있음을 배워왔다고 말한다.[58]

완전성이 행복과 연결되어 있는 이런 구도에서 완전성은 정치적 차원에서 문제가 된다. 볼프에게 "지혜는 단지 행복의 학문[59]일 뿐이며, 이 행복은 오직 현명한 제도와 최고의 도덕의 상태에서만 향유할 수

---

[56] 여기에 볼프는 '행복'이라는 중요한 목표를 철학과 사회에 부가한다. 도덕의 문제는 이제 신 앞에서의 죄의 고백, 회심과 신을 향한 구도의 문제가 아니라 개인과 국가가 공동으로 추구해야할 '행복'의 문제가 된다. 볼프에게 행복은 개인의 도덕과 국가의 도덕을 연결할 중요한 축이었다. 독일 윤리학Deutsche Ethik으로 알려진 볼프의 윤리학의 제목은 '행복을 증진시키기 위해 행해진 인간 행위에 관한 이성적 사고Vernunfftige Gedancken Von Der Menschen Thun Und Lassen, Zu Beforderung Ihrer Gluckseligkeit'다. 제목을 통해 우리는 볼프 윤리학의 궁극적 목표가 '행복'에 있음을 확인할 수 있다. 공자가 예의 목표로 제시한 화和 역시 우리를 갈등과 투쟁에서 벗어나게 함으로써 궁극적으로 안정과 평화의 실현에 연결되어 있다. 이렇게 윤리적 실천의 결과를 사회적 행복에 두는 방식은 볼프와 공자 모두에게 공통적이라고 할 수 있다.

[57] Christian Wolff, op.cit., 1992a, p.178.

[58] Ibid., p.178.

[59] 볼프는 '행복의 학문'에 붙인 주에서 이것이 라이프니츠를 따른 견해임을 밝힌다. "라이프니츠는 국제법의 외교적 법규에 관한 그의 서문에서(Codex juris gentium diplomaticus(Hannover, 1693~1700, 2 vols.)) 행복의 과학이라는 이러한 지혜의 정의를 제안했다. 이는 단지 시민의 그리고 현세적 행복의 문제일 뿐이며, 정치적 사회들의 목표일뿐이다. 중국인들이 알았던 것은 단지 이것에 지나지 않는다." Ibid., p.158.

있는 것"⁶⁰이기 때문이다. 이에 따라 볼프의 윤리학은 실천적이며 동시에 행복주의적인 것이 된다. 더 나아가 이 행복은 단순히 개인의 상태와 감정 차원 문제에 한정되지 않는다. "최고의 완전성은 공동체에서만 도달될 수 있기"⁶¹ 때문이다.

볼프는 유교적 정치를 통해 이성을 기반에 둔 자신의 정치철학을 정당화하고자 했다. 볼프에게 중국은 이상적 통치 형태의 모델이었다. 볼프는 중국 철학의 목표가 좋은 정부의 건설에 있다고 주장한다.⁶² 이 세계는 완전성을 향한 도상에 있다. 인류가 자신의 도덕성을 실현하고 국가가 구성원의 행복을 위해 점진적으로 발전해가는 것은 궁극적으로 신으로부터 부여된 완전성에 좀 더 가까워지는 것이다. 우주가 완전한 것처럼 인간 세계 역시 완전해야 하며 실천철학은 그 완전성을 실현하기 위한 실용적 수단이 된다. 공동체를 인간의 완전성을 이루기 위한 수단으로 보는 볼프라면 수신의 차원에서 평천하로 점진적으로 완전도를 높여가는 중국의 개인-공동체의 구성 원리에 충분히 동조하고 공감했을 것이다.

볼프가 생각하는 실천철학은 가장 훌륭한 국가에서 가장 훌륭한 도덕을 가진 자들이 향유하는 행복과 관련되어 있다. 오직 최선의 국가에서 최선의 도덕을 가진 이들에게만 행복이 허용된다. 볼프는 지배자에게 요구되는 자질은 사람들을 행복하게 만드는 것이기 때문에 따라서 지배자에게는 지적, 도덕적 자질이 요구된다고 보았다.⁶³ 지배자는

60 Ibid., p.158.
61 쿠르트 프리틀라인, 강영계 역, 『서양철학사』 서광사, 1985, 212면.
62 Christian Wolff, op.cit., 1985, pp.220~221.
63 Christian Wolff, "On the Philosopher King and the Ruling Philosopher", *Moral Enlightenment*

어떤 상황에서도 공공의 복지와 안정public welfare and tranquility[64]을 추구해야 한다. 지배자는 어떤 경우에서도 공공의 행복이라는 경로에서 떠나서는 안 된다. 철학은 이를 위해 가장 유력하게 요청되는 방법이다. 볼프는 만일 철학보다 효과적인 구제책이 없다면 왕이 철학자이거나 철인왕이 통치해야 사람들이 행복할 수 있다고 생각했다.[65]

이 대목에서 볼프는 예에 특별히 주목하지 않았다. 그런데 같은 시기에 활동한 프랑스의 계몽사상가 몽테스키외Montesquieu, 1689~1755는 중국의 왕들이 어떻게 예치의 이념으로 공공의 안녕과 평화를 확보할 수 있었는지 간파한다.

> 중국의 입법자들은 종교·법·습속·생활양식을 혼동하였다. 이 모두가 도덕이었고, 이 모두가 덕성이었다. 이 네 가지 점에 관한 규정이 예禮라고 불리는 것이었다. 이런 예의 엄밀한 준수에 있어서 중국의 정부는 성공을 거두었다. (…중략…) 예가 인생의 모든 작은 행위까지 포함하고 있었기 때문에, 예를 엄밀하게 준수시키는 방법이 발견되었을 때, 중국은 잘 통치되었다.[66]

이 맥락에서 몽테스키외는 중국에서 예의 운용이 정치 질서의 안정을 가져왔다는 점을 인정한다.

: *Leibniz and Wolff on China*, Julia Ching and Willard G. Oxtoby tr., Nettetal : Steyler Verlag, 1992b, p.189.

64 Ibid., p.190.

65 Ibid., p.191.

66 몽테스키외, 권미영 역, 『법의 정신』, 일신서적출판사, 1991, 371~372면.

중국의 입법자들은 그 국민을 평온하게 생활시키는 것을 주된 목적으로 삼고 있었다. 그들은 사람이 서로 존경해야 한다는 것, 각자 남에게 힘입는 바가 크므로 어떤 점에서 다른 시민에게 의존하지 않는 시민은 없다는 것을 항상 느껴주기를 원했다. 그래서 그들은 예의의 규범에 최대의 범위를 주었다. (…중략…) (예의는) 부드러운 마음을 가지게 하므로 국민들 간에 평화와 좋은 질서를 유지시키고 냉혹한 정신에서 오는 모든 결함을 제거하는 데에 매우 적합한 수단이다. 사실 예의와 규범에서 벗어난다는 것은, 자기의 결함을 방치하는 수단을 구하는 일이 될 것이다.[67]

여기서 몽테스키외는 볼프의 관점을 세부적으로 부연하는 것처럼 보인다. 볼프는 예나 예치에 대해 구체적인 언급을 하지 않지만 결국 어려서부터 올바른 품성을 몸에 익히도록 하는 소학-대학의 교육 제도, 윗사람들에게 요구되는 모범적 행위,[68] 공포가 아닌 자발적 복종에 따른 도덕적 실천, 일상에서 수양의 과정을 통해 자신과 타인, 나아가 공동체의 행복과 완전성에 기여하는 방식 등을 거론함으로써 자연법적 예치 시스템의 대의와 부분을 나름대로 이해했다고 평가할 수 있을 것이다.

볼프는 윤리학과 정치철학을 하나로 묶는 전통적인 실천철학의 구

---

67 위의 책, 371면.
68 "중국인들은 집안의 가장이 되기 전에 자신의 행위와 일상을 규율하는 법을 배워야만 하며 정치에 나아가기 전에 집안을 잘 다스리는 법을 배워야한다. 내가 생각하기에 그렇게 여길만한 충분한 이유가 있다. 어떻게 자신을 다스리지 못하는데 가족을 다스릴 수 있는가? 친밀하게 아는 소규모의 사람들을 이끌만한 지식이 없는 상태에서 어떻게 많은 사람들을 이끌 수 있겠는가? 그러므로 명령을 내리자는 자는 반드시 다른 이들에게 그 자신이 모범이 되어야 하며 그가 내린 명령이 따를 만한 것이며 그것들이 행복을 증진시키기 때문에 지시된 것을 보여야 한다." Christian Wolff, op.cit., 1992b, p.177.

분법에 따르지만 실천철학의 목표를 행복에 두고 실천 철학의 전제를 본성의 힘에서 구하며, 실천철학의 정당성의 근거를 자연법에 정초시 킴으로써 종교를 벗어나 이성의 지도에 따르는 계몽주의적 절대 군주 국가[69]를 기획하고자 했다. 중국과 유학은 그의 철학적 기획의 가능성 을 타진해볼 수 있는 실질적인 사례였던 것이다.

6. 맺음말

연구의 중요한 전제 중 하나는 볼프의 중국열을 과장하거나 과잉해 석 하지 않도록 주의하는 것이다. 사실 볼프는 자신의 철학적 작업 외 에는 관심이 없었을 것이다. 계몽주의 시대에 이들이 중국으로부터 보고 싶었던 것은 종교의 그늘 없이도 인간이 합리적이고 이성적인 본

---

69 이 점에서도 볼프는 다산을 연상시킨다. 볼프는 군주제가 가장 바람직한 통치제라고 생 각했는데 이 점 때문에 보수적 사상가로 평가받기도 한다. 그러나 이러한 입장은 그가 시민계층이 충분히 성숙하지 않은 상황에서 군주에게 합리적 자문단이 있고 군주가 현 명한 자문을 받고 평가할 능력이 있다면 그것으로 충분하다고 생각했기 때문이다. 볼프 는 이러한 모범적인 통치 체제를 중국에서 발견한다. 군주가 철학자들의 자문을 받았다 는 점과 관료를 시험에 따라 선출했다는 점을 근거로 중국의 왕들이 지혜의 덕을 바탕으 로 이상적인 정부 형태를 유지할 수 있었다는 것이다. 볼프는 정치체가 아니라 정치 제 도의 개혁을 추구했다. 이때 정치 개혁을 추구하기 위해서는 귀족에 대항할 수 있는 강 력한 군주의 주권이 요구된다. 이은정, 앞의 글, 204~207면 참조. 그런데 이러한 볼프의 구상은 『경세유표』를 통해 왕권을 강화하고자 했던 다산의 기획을 연상시킨다. 많은 연 구자들이 『경세유표』에서 왕권 강화의 성격을 읽는다. 정약용이 제도 개혁의 주체를 왕 으로 내세우면서 모든 권한을 왕으로 수렴하고자 하였기 때문이다. 그러나 다산이 왕권 을 강화하고자 하는 것은 귀족 등이 전유하는 땅과 재부를 공정하게 분배하는 등 다양한 제도적 개혁을 위해서라고 할 수 있다. 그렇다면 정약용은 제왕적 왕권을 기획했다기보 다는 볼프와 마찬가지로 귀족 세력에 대항해 백성들의 안정된 삶을 위한 공적 시스템의 합리적으로 운영할 수 있는 제도 개혁의 힘을 기획했다고 보는 편이 맞을 것이다. 자세 한 것은 다음 논문을 참조. 김선희, 「경세유표의 경로들」, 『시대와 철학』 23-4, 2012.

성의 지도 원리에 따라 도덕적 실천을 하고 조화로운 공동체를 영위할 수 있다는 것이었고, 공자와 유교는 자신의 이론을 뒷받침할 하나의 사례에 불과했다. 중국과 유교는 그들이 원하는 모습을 비추어 주는 놀이동산의 거울일 수도 있을 것이다. 실제로 이들은 중국의 현실을 몰랐고, 어떤 부분은 왜곡해서 폄하했다. 그러나 적어도 이들이 예수회 선교사들의 매개적인 작업만을 통해 유교의 이념과 가치와 의의를 이해해보고자 노력했다는 점은 의의가 있다. 라이프니츠보다는 덜하지만, 볼프 역시 다른 문화의 이해를 통해 자신의 철학적 기획을 정당화하려는 개방성을 보이는 것이다.[70]

특히 중국의 예치 시스템이 근대 계몽주의자들에 의해, 주장의 근거로 발견되었다는 점에 주목할 필요가 있다. 개인의 본성에 의거한 덕성의 훈련과 사회적 실천으로 공동체의 조화와 국가의 질서가 확보될 수 있다는 근대 사상가들의 정치-국가 기획에서, 유학의 예치 시스템이 적절한 증거로 채택될 수 있다는 것은 전통적 논의나 각론의 시대적 변화가 아니라 외부의 관점에서 동아시아적 예치의 의미와 가능성을 새롭게 확인할 수 있도록 해준다. 도덕적 실천의 구조와 가능성을 외부의 초월적인 신학적 세계상에서 찾지 않고, 본성과 그 훈련, 그리고 사회적 관계에서의 노력을 통해 확보하고자 한 유학의 윤리학과 정치철학은 당대뿐 아니라 여전히 나름의 의미로 평가되기 때문이다.

---

[70] 사실 라이프니츠나 볼프뿐 아니라 계몽주의자들은, 드러나는 것보다 더 많이, 철학으로 소개된 중국의 유학을 통해 많은 계발을 받았다. 볼프는 그 계발을 분명하게 표출했다는 점에서 두드러질 뿐 계몽주의자들에 대한 중국과 유교의 영향이라는 점에서 새로울 것이 없음에도, 우리는 여전히 유럽이 온전히 독자적으로 현재에 이르렀다는 생각을 넘어서지 못하는 것일지도 모른다.

예와 자연법은 각각 역사적 분기에 따라 갈라지고, 사회적 배경에 따라 분기되어 온 대단히 넓고 확정하기 어려운 다양성을 가지고 있지만, 천-신의 존재와 그를 자각한 인간의 의무-당위를 하나로 연결하고 그 연결의 구현을 윤리적 자각과 실천에 둔다는 점에서 공통분모를 가지고 있다. 근대 계몽주의 사상가들은 자연법을 통해 인간의 본성을 물었고, 종교의 감시를 벗어난 독자적인 철학의 영역에서 이성적 인간들의 결사와 연대로 이루어진 공동체를 모색했다. 이런 맥락에서 근대 자연법론은 윤리학이면서 동시에 정치철학인, 다시 말해 실천철학의 틀 안에서 논의될 수밖에 없었을 것이다.

동아시아에서 천의 명령이자 인간의 규칙인 예가 정치의 원리로 작동할 때 이를 예치로 부른다. 예치란 천에 근거해서 통치의 정당성을 확보하려는 정치 이념이다. 그러나 실제적으로는 정치의 운용을 천의 권력과 권위에 기대는 것이 아니라 예에 참여하는 개인의 합리적 판단, 도덕적 실천에 기댄다는 점에서 예치는 인간을 예의 실천적 주체로 소환한다. 그러나 동시에 모든 것을 인간에게 맡겨 버리지는 않는다. 개별적 인간 하나하나가 자기 입법자가 될 수는 없기 때문이다.

이 점은 근대 자연법에서도 마찬가지다. 볼프는 자연법 논의에서 신을 배제하고자 했던 것으로 보이지만 신이 세계의 주인이며, 진정한 입법자라는 사실을 부정하지 않는다. 예나 자연법을 논하던 시대 동서양 사상가들은 도덕적 행위의 정당성이 신의 명령에 기인한다는 신명론神命論을 부정하고 도덕의 자율성을 강조하면서도, 처벌에 대한 공포나 보상에 대한 기대 없이 오로지 자기 안에 새겨진 본성의 힘을 따라 자발적인 도덕적 실천을 할 수 있다고 본 점에서 인간과 공동체에 낙관적 기대를 보여준다.

이제 이 낙관적 기대는 동서양 모두에서 더 이상 유효하지 않게 되었다. 이념과 도덕적 실천에 기대는 예와 자연법은 국가와 실정법으로 꽉 짜인 이 세계에는 용도 폐기된 개념일지 모른다. 자연법과 예가 성취하고자 한 세계가 실현되었기 때문일까? 자연법이 철학과 역사적 궤도를 공유했다면, 결국 이 질문은 아직은 작동하고 있는 철학이 맡아야 할 것이다. 동양의 예도 예외가 아니다.

참고문헌

원전

『예기』

『論語集註』

Christian Wolff, "Oratio de Sinarum philosophia practica", *Rede über die Praktische Philosophie der Chinesen*, Michael Albrecht tr., Hamburg : Felix Meiner Verlag, 1985.

_____, "The Practical Philosophy of the Chinese", *Moral Enlightenment : Leibniz and Wolff on China*, Julia Ching and Willard G. Oxtoby tr., Nettetal : Steyler Verlag, 1992.

단행본

몽테스키외, 권미영 역, 『법의 정신』, 일신서적출판사, 1991.

박상환, 『라이프니츠와 동양사상』, 미크로, 2005.

아리스토텔레스, 천병희 역, 『니코마코스 윤리학』, 숲, 2013.

주겸지, 전홍석 역, 『중국이 만든 유럽의 근대』, 청계 2003.

쿠르트 프리틀라인, 강영계 역, 『서양철학사』 서광사, 1985.

황태연, 『공자와 세계』 2, 청계, 2011.

和田小次郎, 『近代自然法學の發展』, 東京 : 有斐閣, 1953.

David E. Mungello, *Leibniz and Confucianism : the search for accord*, Honolulu, University Press of Hawaii, 1977.

Donald F. Lach, "The Sinophilism of Christian Wolff(1679~1754)", *Journal of the History of Ideas*, Vol.14, No.4, 1953.

Mark Larrimore, "Orientalism and Antivoluntarism in the History of Ethics : On Christian Wolff's", *The Journal of religious ethics*, Vol.28, No.2, 2000.

Robert Louden, ""What Does Heaven Say?" : Christian Wolff and Western Interpretations of Confucian Ethics", *Confucius and the Analects : New Essays*, Van Norden, W Bryan (ed), New York : Oxford University Press, 2002.

Wolfgang Drechsler, "Christian Wolff(1679~1754) : A Biographical Essay", *European Journal of Law and Economics*, 1997.

논문

김병곤, 「Thomas Aquinas의 중세 자연법 사상 : Aristotle철학의 스콜라적 변용」, 『한국 정치학회보』 29-1, 한국정치학회, 1995.

김선희, 「실천철학으로서의 유학 : 크리스천 볼프와 다산 정약용의 비교 연구」, 『한국실 학연구』 24, 한국실학학회, 2012.

_____, 「경세유표의 경로들」, 『시대와 철학』 23-4, 한국철학사상연구회, 2012.

김수배, 「칸트 철학의 선구자 볼프」, 『칸트연구』 5, 한국칸트학회, 1999.

심재우, 「동양의 자연법 사상」, 『법학논집』 33, 고려대 법학연구원, 1997.

안재원, 「볼프는 『중국인철학자공자』를 어떻게 읽었는가?」, 『인간·환경·미래』 제13, 인제대 인간환경미래연구원, 2014.

안종수, 「볼프의 실천철학과 中國儒學」, 『人文科學』 65, 연세대 인문과학연구소, 1991.

_____, 「서양 근세 철학자들의 신유학 이해」, 『동방학지』 98, 연세대 국학연구원, 1997.

_____, 「볼프와 유학」, 『哲學硏究』 77권, 대한철학회, 2001.

오병선, 「휴고 그로티우스의 법의 개념」, 『서강법학연구』 5, 서강대 법학연구소, 2003.

이문조·양삼석, 「근대 초기 자연법 사상의 전개」, 『사회과학연구』 13집 2호, 영남대부 설 사회과학연구소, 1993.

이은정, 「크리스티안 볼프, 중국 그리고 유교」, 『담론201』 11-1, 2008.

이향만, 「『중국철학자공자 *Confucius Sinarum Philosophus*』와 계몽철학 : 전례논쟁의 철학적 영 향과 형이상학적 보편주의」, 『신학과 철학』 17, 서강대 신학연구소, 2010.

정창록, 「실질주의 윤리설에 대한 칸트의 비판과 문제점」 『동서사상』 3, 경북대 동서사 상연구소, 2007.

음시淫詩인가 여교女教인가

구마자와 반잔熊澤蕃山, 이익, 정약용의 「이남二南」 해석 고찰

김배의

1. 머리말

일반적으로 동아시아나 세계의 다른 국가들에 비해 일본 여성들은 부드럽고 온순한 인상이라는 인식이 있다. 그러나 일본경제의 버블화가 두 번째 10년의 막바지에 접어든 2008년부터 일본의 미디어 속 여성의 이미지는 상당히 강인해졌고 심지어는 '여무사'의 이미지까지 등장하게 되었다. 예컨대 NHK의 대하드라마 중 2008년의 〈아츠히메篤姫〉, 2011년의 〈고우―공주들의 전국江─姫たちの戰國〉, 2012년의 〈여자 노부나가女信長〉와 〈오오쿠大奧〉, 2013년의 〈야에의 벚꽃八重の櫻〉 등이 있었으며, 2009년에는 여류 감독인 가샤 교코我謝京子가 뉴욕에서 일하는 일본 여성의 실제 모습을 그려 여성의 강인함과 자신의 주장을 나타낸 영화 〈엄마의 길, 딸의 선택母の道─娘の選擇〉이 있었다. 이 영화에서 극중 여

주인공은 더없이 강인하고 용감하며 지혜로운 이미지로 사람들의 찬사를 받는다.

사실, 21세기가 시작되던 2001년, 야마모토 히로부미山本博文는 『샐러리맨 무사도—에도의 돈・여자・출세サラリーマン武士道—江戸のカネ・女・出世』라는 책에서 사무라이는 이른바 '안 먹어도 이 쑤신다飯は食わねど高楊枝(양반은 안 먹어도 긴 트림)', '오기를 부린다痩せ我慢(야위어도 참는다, 얼어 죽어도 곁불은 안 쬔다)'는 말을 인용하여 에도江戸시대 사무라이들이 처했던 현실을 잘 보여주었다. 사무라이들은 녹봉을 위해 서로 알력 다툼을 해야 했고, 직위에서 쫓겨난 뒤에는 경제적 곤경에 빠져 그 처가 몸을 팔아 생계를 이어가야 했으며, 빚을 갚을 능력이 없는 경우에는 자살로 내몰렸고 행정관으로 전환한 경우에는 어쩔 수 없이 다양한 권력 투쟁에 휘말릴 수밖에 없었다. 그리하여 용맹하고 정직하며 염치 있고 명예와 절개 및 도의를 중시하는 등 역대 사무라이의 이미지와는 달리, 사무라이의 실제 운명이 권력, 돈, 여인 등과 깊이 연관되어 있음이 드러났다.[1] 이 책은 사무라이의 긍정적 이미지를 전복시킨 한편, 일본 여성이 막부 사무라이 시대에 성性, 권력, 돈을 연결하는 중요한 역할을 수행하였음을 더욱 분명히 보여줌으로써 마치 버블경제화로 접어드는 두 번째 10년의 일본 사회를 예언이라도 한 듯하다. 남성이 직장에서 경쟁과 해고의 위협에 내몰릴 때, 여성은 결국 가정에서 직장으로 진출하고 있으며 가정 생계의 한 부분이 되어 남성이 안, 여성이 밖이 되는 식으로 가정과 사회 구조가 바뀌고 있다. 동시에

1 山本博文, 『サラリーマン武士道—江戸のカネ・女・出世』, 東京 : 講談社現代新書, 2001.

남성은 강하고 여성은 부드러워야 한다는 기존의 가치관을 무너뜨리고 여성의 강인한 일면을 점차 드러내고 있다.

이와 동시에 눈길을 끄는 또 다른 흥미로운 현상은 2008년 우시쿠보 메구미牛窪惠의 『초식계 남자 '여성화된 남성'이 일본을 바꾼다草食系男子「お嬢マン」が日本を変える』란 책에서 지적하였듯 현재 일본의 젊은 남성들은 현재 초식동물처럼 온화하고 공격성을 갖지 않으며 일에 대해서도 더는 높은 열성을 갖지 않는다는 것이다. 그들은 오히려 유행하는 스타일로 꾸미고 아름다운 외모를 가꾸는데 열심이며 미적 감각이나 성격도 여성화되는 추세이다. 여성과 성에 대한 흥미와 결혼에 대한 바람도 높지 않다.[2] 이러한 일련의 현상은 일본 경제가 불경기에 진입한 세 번째 10년에 더욱 두드러지게 나타난다. 예컨대 2014년 2월 하쿠호도博報堂사에서 일본 사회의 '솔로남ソロ男'에 대해 인터넷 설문조사를 실시하였다. '솔로남'이란 20세에서 59세 사이 일본의 독신남성을 가리키는데 혼자 일하면서 살고 혼자서 자급자족하며 구속받지 않고 자유로운 형태의 삶을 영위한다. 그들은 자신의 흥미와 자신만의 소중한 시간을 중시하며 바쁜 업무와 고소득이 정기적인 휴일을 갖고 여유있는 생활을 할 수 있는 시간을 갖는 것만 못하다고 생각한다. 이러한 일군의 남성들은 나이에 상관없이 모두 '자유, 자립, 자급'의 인생 가치관을 중시한다. 하쿠호도사는 2014년 8월 14일 '솔로 활동계 남자 연구 프로젝트ソロ活動系男子研究プロジェクト'를 계획하고 현재 변화 중인 일본 남성들의 특성을 이해하기 위한 시도를 했다.[3]

2　牛窪惠, 『草食系男子「お嬢マン」が日本を変える』, 東京 : 講談社現代新書, 2008.

3　www.hakuhodo.co.jp/archives/newsrelease/18193(2015年5月15日).

이렇게 일본 남녀의 성격이 변하고 있는 풍조 속에서 하쿠호도사의 '젊은이연구소若者研究所' 소장 하라다 요우헤이原田曜平는 이미 2013년 10월 『달관세대さとり世代』라는 제목의 책을 출간한 바 있는데, 이 책에서 달관세대의 특징을 다음과 같이 지적한다. 욕심 없고, 연애에 흥미 없고, 여행가지 않고, 휴일에는 집에 틀어박혀 있고, 낭비하지 않고, 뜻이 맞지 않는 사람과는 사귀지 않고, 무의미한 노력과 충돌은 피하고, 원대한 뜻이나 꿈 따위는 없다는 것 등이다. 일본의 여성 또한 '달관한 듯' 점차 자유, 자립, 자급으로 향해가고 있다. 같은 시기 일본의 남성들은 2009년부터 '초식남草食男', '이쿠맨イクメン(육아에 적극적인 남성)', '도시락남便當男子(스스로 학교나 회사에 도시락을 싸서 다니는 남성)', '오토맨乙男(소녀 같은 남성)', 2010년 '이쿠맨イクメン', 2013년 '양산남日傘男子(양산 쓰는 남자)' 등 이른바 '여자력 남자女子力男子'의 방향으로 줄곧 발전해왔다.[4]

상술한 일본 남성의 성격으로 발전한 결과, 일본 여성의 교제와 결혼 상대 선택 조건 또한 원래 이상적인 대상이었던 고학력, 고소득, 고신장의 '삼고남三高男'에서 변하여 일에 대한 가치관, 돈에 대한 가치관, 성장환경이 서로 같은 '삼동남三同男', 혹은 수입도, 외모도, 성격도 평범한 '삼평군三平君'이 이상적인 결혼 상대가 되었다.[5] 일본의 어떤 TV 프로그램의 거리 조사에 따르면, '삼고남'을 원하는 여성이 34%인 반면, '삼평군'을 원하는 여성은 66%에 달했다. 그 이유는 '삼평군'이 여

---

4 原田曜平, 『女子力男子』, 東京 : 寶島社, 2015.
5 EZ Japan編輯部, 『日本年度新鮮事100選 : Nippon所藏日語嚴選講座』, 臺北 : EZ叢書館 出版, 2014, 64～65면.

성을 존중하고 가사와 양육을 기피하지 않으며 안정적으로 의지할 수 있기 때문이다. 이는 헛된 희망을 버리고 현실을 직시하여 실제적인 부분으로 돌아서서 일상생활의 작지만 확실한 행복을 추구하는 일본 여성들의 새로운 가치관이 나타난 것이다. 일본 여성이 '삼동남'을 이상적인 배우자로 생각하는 것은, 여성의 자의식이 태두된 이후 자신의 일과 관련된 문제를 이해해 줄 수 있고, 부부 중 어느 한 쪽이 실직하더라도 경제적으로 서로 지원해 줄 수 있으며, 같은 인식과 가치관을 공유하는 생명과 생활의 동반자를 희망하는 것이라고 볼 수 있다. '삼평군'을 이상적 상대로 여기는 것은 다른 여성이 배우자를 노리거나 빼앗아 가는 것에 대한 걱정을 할 필요가 없고, 상대적으로 고자세인 사회의 엘리트 남성이 가사와 육아를 분담하려 하지 않는 반면, 평범하지만 온유하며 자상하게 가족을 대하는 남편이자 아버지는 틀림없이 따뜻하게 존중해 줄 것이기 때문이다. 또한 현재 일본 여성이 추구하는 행복한 가정생활은 평등, 상조相助, 존중, 가정경제 공동부담 등 모든 문제의 측면에서 고려한 것이다.

2. 동아시아 유가 예교사회에서의 여훈서

—『시경』「이남二南」

오늘날 일본 여성들이 더 이상 부드러움과 온순함을 숭상하는 여성적 특징을 지니지 않게 된 것은 시대 발전의 조류에서 생겨난 변화의 결과인가, 일본 여성의 기존 이미지나 전통 일본의 여성 덕목에 대한 배반인가, 원래 일본에서 생겨난 전통 여성적 특징으로의 회귀인가, 아니면 일본 여성의 용감하고 의연하면서도 유순한 양면적 성격에서 한 측면이 두드러지게 나타난 것인가? 이 문제에 관해 우리는 근대 일본에서 진행되었던 사유에 대해 회고해보아야 할 것이다. 니토베 이나조新渡戶稻造는 1899년 영문으로 집필한 명저『무사도 : 일본의 정신Bushido : The Soul of Japan』의 14장「여성 교육과 그 지위」에서 무사의 나라 여성은 '가정성家庭性'을 갖추는 동시에 '용맹성'을 갖추어야 한다고 언급한다. 요리, 청소 등 일상 가사노동 외에 음악, 와카和歌(일본 전통 정형시의 한 종류), 무도舞蹈, 다도茶道, 문학, 예술 등을 포괄하는 학습은 모두 여성들이 반드시 익혀야 할 부드러운 성격의 기예들이다. 평생 동안 힘써야 할 학습은 한 걸음 더 나아가 '자아를 부정하고' 온전히 가정에 봉헌한다. 이 외에 무사 사회 속에서 일본 여성은 검술과 무예 또한 배워야 하는데 이는 스스로 자기 몸을 지켜 욕을 당하지 않기 위함이다.[6] 그러나 니토베 이나조의 책에는 무사 가문의 여성이 어떠한 여성적 덕목을 함양해야 하는지는 언급하지 않고 있다.

따라서 이 문제에 대해 한 걸음 더 나아가 생각해보기 위해 우리는 다음과 같은 문제를 제기해야 할 것이다. 일본에서 부드럽고 온순하며 정숙한 것을 덕을 갖춘 여성의 이미지로서, 남존여비를 가정과 사회윤리 관념으로서 '자아 부정'의 여성 덕목 양성교육이 언제부터 시작되었고 누구의 주장이었으며 어떻게 구성되게 되었나? 사실 근대로 접어들었다 해도『메이지 헌법明治憲法』은 여전히 여성의 정치, 경제적

---

6   Inazo Nitobe, *Bushido : The Soul of Japan*, Boston; Tokyo : Tuttle Pub., 2004. 張俊彦 譯,
     『武士道』, 北京 : 商務印書館, 1992, 79~88면에서 재인용.

권리를 인정하지 않고 있었다. 바로 이러한 국가의 고의적 남녀 차별과 불합리한 대우에 대항하여 메이지 44년1911 히라쓰카 라이테우平塚らいてう를 중심으로 여류 문학과 여성주의 단체인 '세이토우샤靑鞜社'가 조직되었다. 같은 해 9월 이 단체의 기관지인 『세이토우靑鞜』의 창간을 축하할 때, 히라쓰카 라이테우가 쓴 「태초에 여성은 태양이었다 元始, 女性は太陽であった」라는 글이 게재되었는데 이 글에서 다음과 같이 선언하고 있다.

> 태초에 여성은 실로 태양이었고 진정한 사람이었다. 지금 여성은 달이며 타인으로부터 태어나며 타인의 빛을 받아 빛을 내는, 마치 환자처럼 창백한 달이다. [7]

히라쓰카 라이테우는 일본 여성의 부드러움과 순종은 사실 원래의 상태가 아니며 자아를 부정하는 것은 일종의 병이라고 지적한다. 2년 후인 다이쇼大正 2년1913 1월, 히라쓰카 라이테우는 『주오코론中央公論』에 「나는 새로운 여성이다私は新しい女である」라는 글을 발표하여 사회적으로 감동을 불러일으켰다. 이어서 『세이토우』 신년호와 2월호에 '세이토우샤' 동인과 각계 명인들의 '신여성'에 대한 감상문을 연속 게재하였다. 3년 후인 다이쇼大正 3년1914에 『요미우리신문讀賣新聞』이 처음으로 여성판을 열었고 동시에 '생활 상담 전문란'을 개설했는데 이 전문란에는 마쓰이 시즈요松井靜代의 「슬픈 모순可悲的矛盾」이라는 글이 실렸는데 이는

---

7   上田正昭, 『古代日本女帝』, 東京 : 講談社, 1996에서 재인용.

아래와 같이 다이쇼大正시대 일본 여성의 사유 변화를 보여준다.

여성이 생각하기 시작한다는 것은 슬픈 일이다. 예전의 여성들은 (…중
략…) 자아를 희생하고 순종하며 어두운 곳에서 울기만 하면 대단한 여성
이었다. 그러나 그런 시대는 이미 끝났다.[8]

분명히 일본 여성의 자주의식 태두는 근대가 바꾸어 놓은 일이다. 그러
나 일본 여성은 또 언제 '태양같은' 여성에서 자아를 희생하고 순종하며 어
두운 곳에서 우는, 병적인 '달'과 같은 유형의 여성이 되었는가? 이미 메이
지 18년1855에 '동양의 나쁜 친구東洋惡友'를 버리고 탈아입구脫亞入歐를 주
창한 근대 일본의 저명한 사상가 후쿠자와 유키치福澤諭吉, 1835~1901가 저
술했던 『일본부인론日本婦人論』에서 근대 이전의 일본이 불교와 유교사상
으로 일본 여성의 윤리, 도덕 교육을 주입한 방식에 대해 비판했다. (도쿠
가와德川 시대의 여성 교육은) 유교주의의 흐름을 따르는 한편 불교의 색
채도 띠고 있어서 여자와 소인은 기르기 어렵다고 하거나 여자는 재덕이
없는 것이 곧 덕이라고 하기도 하며 오장五障(과거 불교에서 여성은 범천
왕梵天王 · 제석천帝釋天 · 마왕魔王 · 전륜성왕轉輪聖王 · 부처의 5가지는 될
수 없음을 이름), 삼종三從, 죄가 많은 여인의 몸이라고 하여 번번이 여성을
핍박하고 정숙과 근신의 의미를 강제로 주입시켰다. 여기에서 비롯된 여
성 교육은 귀와 눈, 코, 입을 막는 기능으로 빠졌고 각성에 이르지는 못했
다. 이러한 기세가 분명 여성 정신과 육체의 발전을 가로막았을 것이다.[9]

---

8 鹿野正直, 許佩賢 譯, 『日本近代思想』, 臺北 : 五南圖書出版公司, 2008, 「第五章 女性的
   疑問」, 84~85면에서 재인용.

후쿠자와 유키치는 근대 이전의 일본 여성 도덕은 정숙함과 근신이 주입된 것이며 이는 곧 히라쓰카 라이테우가 말한 병든 '달' 유형의 여성을 만들어 내었다고 하여 유교주의 여성 도덕 교육의 과실을 지적하고 있다. 후쿠자와 유키치는 남존여비의 유교적 가정 사회 윤리를 비판하였을 뿐만 아니라, 사실 메이지 32년1899에 이미 에도의 유학자 가이바라 에켄貝原益軒, 1630~1714이 지은 『여대학女大學』이란 책에 대하여 특별히 『여대학평론女大學評論』[10]을 지어 이른바 일본 신시대의 여성 윤리를 제시하였고 유교 윤리와는 다른 현대 여성의 도덕관을 제시하였다.

후쿠자와 유키치의 비판은 일본 에도시대 유학자들에 대한 것에서부터 시작된 것임이 분명하다. 그렇다면 『여대학女大學』 이외에 유교주의의 여성 도덕 교육 윤리는 어떤 유가儒家의 전적을 통하여 나왔으며 어떤 논리로 일본 여성 혹은 사회 전체에 주입되고 있는가? 봉건시기 여성은 자아를 부정하는 방식으로 가정을 위해 희생해야 한다고 주장한 니토베 이나조의 『무사도武士道』에는 진일보된 설명이 없다. 이 문제에 대해서는 기본적으로 일본의 전통적인 '여훈서女訓書'에서 고찰을 시작할 필요가 있다. 문학적인 것으로는 『겐지 이야기源氏物語』, 『이세 이야기伊勢物語』까지 거슬러 올라갈 수 있는데, 이러한 남녀 간의 사랑 이야기를 통해 여성의 감성을 펼쳐낼 수 있었으며 와카와 같은 문학에 대한 소양도 기를 수 있었다. 그리고 에도시대 무렵에는 한 걸음 더 나아가 유학자들이 중국의 유가 경전 중에 『시경詩經』의 「주남周南」

---

9   福澤諭吉, 『日本婦人論』, 東京 : 時事通信社, 1930, 13면.
10 福澤諭吉, 『女大學評論(附 新女大學)』, 東京 : 時事新報社, 1899.

과 「소남召南」을 여성 교육 전적에 특별히 포함시켜 일본의 전통 서사 문학과 함께 여성으로서의 도덕 함양에 도움이 되는 성현의 학문교육이 되었다. 에도시대 초기부터 『시경』의 「주남」과 「소남」을 끌어와 여성에 대한 가르침으로 삼은 대표적인 예로 구마자와 반잔熊澤蕃山, 1619~1691의 『여자훈女子訓』을 들 수 있다.[11]

필자는 구마자와 반잔의 『여자훈』을 대상으로 『시경』의 「주남」과 「소남」이 어떻게 여성 훈육에 들어가게 되었고 유가의 어떠한 예교관禮敎觀에 입각하여 여성 도덕교육의 형상화를 시도하였는지를 고찰할 것이다. 아울러 가까운 시기 조선 유학자 이익李瀷, 1681~1763의 『시경질서詩經疾書』 중 「이남」에 대한 해석을 비교 대상으로 삼아 17세기 중엽에서 18세기 전기까지 동아시아의 유학자들이 어떻게 '시교詩敎'를 조선과 에도시대 여성교화 교재로 삼았고, 여성 교화와 음시淫詩 사이에서 '이례주시以禮注詩'로 어떻게 『시경』의 경의經義를 해석하였으며, 그 목적은 어떠한 여성의 형상을 표방하는데 있었고, 어떠한 여성의 덕목을 형상화했는지를 고찰할 것이다. 나아가 조선 후기 실학자 정약용丁若鏞, 1762~1836의 『시경강의詩經講義』 중 「이남」에 대한 해석을 통해 1890년대 이전 동아시아 지역에서 조선이나 메이지 시기 일본이 유가 예교관 하의 '시교'로 여성을 교화한 것이 실상임을 재차 확인할 것이다. 마지막으로 일본 전통에서 이상적인 여성상이 유가식의 '달'인 여성인지 아니면 일본의 고대로부터 이어진 신도神道식 '태양신'인지를 설명하고자 한다.

---

11 熊澤蕃山, 『女子訓』(『日本敎育文庫・女訓篇』, 東京 : 誠進社, 1978, 129~200면).

3. 구마자와 반잔熊澤蕃山의 '시교'관과
「이남」의 여교女教적 해석

　　역대 일본의 여교女教는 『일본교육문고 · 여훈편日本教育文庫 · 女訓篇』에 수록된 여훈서에서 그 일단을 찾을 수 있다. 이 책은 총 21종의 여훈서를 수록하고 있는데, 그 규범의 대상은 결혼하지 않은 젊은 여성부터 기혼 여성과 자식이 있는 여성까지 포괄한다. 그 중 시대를 고증할 수 있는 가장 초기의 여훈서로는 가마쿠라鎌倉 시대 중기까지 거슬러 올라가는 『메노토노후미乳母の文』(일명 『庭訓』)가 있다. 그 내용은 준도쿠 천황順德天皇의 황후 안카몬인安嘉門院을 모신 아부쓰니阿佛尼가 쓴 것으로 히메기미姬君(역자 주 : 과거 일본 고위층들의 딸)들에 대한 충고가 주로 쓰여 있으며 여성 내관에 대한 훈계도 쓰여 있다.[12] 이를 통해 가마쿠라 시대 귀족 여성 교육의 일면을 엿볼 수 있다. 이 외에 귀족 여성 교육에 관련된 여훈서로 작자 미상이나 유모가 지은 것으로 추정되며 아시카가 막부足利幕府(1336~1573에 해당되는 시기로 무로마치室町시대로 통칭됨) 시기의 것으로 추정되는 『메노토사우시めのとのさうし』[13]가 있다. 또 다른 작자 미상의 책으로 내용은 일본 헤이안平安 시대 중기 쇼군將軍 후지와라노 토시히토藤原利仁의 첩실 테루코輝子 외 총 10인의 유명 여성들의 명언을 기록한 『부녀가언婦女嘉言』이 있다.[14]

　　그 내용은 주로 『일본보훈日本寶訓』에서 채록해왔다. 같은 아시카가

12　黑川眞道 編, 『日本教育文庫 · 女訓篇』, 4~26면.
13　黑川眞道 編, 『日本教育文庫 · 女訓篇』, 27~50면.
14　黑川眞道 編, 『日本教育文庫 · 女訓篇』, 1~3면.

시기 여훈서로 여성들의 화장법, 옷 입는 법도, 접객 시 드나들 때의 몸가짐 등 총 50조의 내용을 기록한『미노카타미身のかたみ』[15] 및 이시카가의 쇼군 지쇼우인慈照院 요시마사義政의 미타이토코로御臺所(역자 주: 과거 일본의 대신이나 쇼군의 정실 부인의 통칭함)를 위해 쓴 것으로 문학과 정무에 관련하여 느낀 바를 기록한『사요노네자메小夜のねざめ』[16]가 있다. 그 외에도『호우죠우겐안오보에가키北條幻庵覺書』는 일본 전국시대 당시 여성 교육의 모습을 기록했으며, 어떻게 시부모와 남편을 모시며 호칭은 어떻게 할 것인지, 혼인의 의례와 여러 사람들을 응대할 때의 몸가짐, 절일 의례를 진행하는 방법, 평생의 취미 등을 다루었다.[17]

여기에서 알 수 있듯이, 여훈서는 에도시대 이전부터 이미 일본 사회에 있었다. 앞서 언급한 여훈서 외에 에도시대 이전의 여교서는 어떠했는가? 요시다 쇼인吉田松陰의『여훈女訓』에 의하면 다음과 같다.

무릇 여교에는 대략 세 종류가 있다. 우선『겐지 이야기源氏物語』,『이세 이야기伊勢物語』와 같은 통속서가 있는데, 음일한 일을 가르침으로 삼으니 선사들이 깊이 탄식한 바가 있어 가르침으로 삼기에는 부족하다. 현재 지체 높은 대가에는 없고 보통 무사 계급이하에는 매우 적지만, 와카, 하이카이俳諧(역자 주 : 주로 에도시대에 성행한 일본 문학의 한 형식), 다도 같이 기예를 놀이 삼아 하는 것들이 간혹 있는데 이 또한 한 종류이다. 카이바라 선생의 책과 같이 심학자들의 책을 가르침으로 삼는 경우도 있는데 바르고

---

15 黑川眞道 編,『日本敎育文庫·女訓篇』, 51~76면.
16 黑川眞道 編,『日本敎育文庫·女訓篇』, 77~90면.
17 黑川眞道 編,『日本敎育文庫·女訓篇』, 91~97면.

좋다. 유순하고 조용하며 청빈하고 검소한 가르침이긴 하나 절개를 지키는 과단성 있는 가르침은 부족하다. 태평무사한 시기에는 여유가 있지만 변고의 시기가 되어 정절을 지키기에는 부족하다. 오로지 선사의 가르침만이 유순함을 그 쓰임으로 하고 과단으로 그것을 제약하니 둘 다 갖추었다고 할 만하다.[18]

에도시대 이전 여교서는 주로 『겐지 이야기』나 『이세 이야기』 등 남녀 간의 연애에 중점을 둔 통속문학작품이었다. 또한 구로다 마미치黑川眞道가 이 책의 권두에 쓴 「여훈편해제女訓篇解題」에서 알 수 있듯, 앞서 언급한 6권의 여훈서 외에 다른 여훈서는 대부분 에도 시대에 쓰였다. 그 중, 에도 초기 구마자와 반잔의 『여자훈』보다 이른 시기에 유가의 윤리로 부녀자를 교화한 것으로는 후지와라 세이카藤原惺窩가 명덕明德, 성誠, 경敬, 오상五常, 오륜五倫, 신도神道 및 유가와 불교를 절충한 도덕개념과 유학의 의제들로써 자신의 모친에게 보여주기 위해 지은 『치요모토쿠사千代もとぐさ』를 들 수 있다. 그러나 이 책은 어떤 유가 경전에 입각하여 논의를 한 것인지는 전하지 않는다.[19] 구마자와 반잔의 『여자훈』 서문에서는 다음과 같이 언급하고 있다.

이후로는 세풍世風이 쇠하고 여학女學이 폐하여 관녀官女와 이부吏婦의 부류는 오히려 학문이 있음을 몰랐는데, 우연히 펼쳐서 책을 썼다면 웃으며 사내의 기상氣象을 하는 것이요, 부도婦道를 가르치기를 바랐다면, 의심하

---

18 吉田松陰, 『女訓』, 黑川眞道 編, 『日本教育文庫·女訓篇』, 740면에서 재인용.
19 藤原惺窩, 『千代もとぐさ』 참고, 『日本教育文庫·女訓篇』, 108~127면에서 재인용.

여 풍류風流가 없을 것이다. 아! 여자女子가 과연 책을 쓰겠는가? 어찌 하여 불경佛經의 법어法語를 펼치겠는가! 과연 부도婦道를 받을 수 없는 것인가? 어찌 하여 거듭 절에 이르러 법法을 듣겠는가! 인도人道를 바로 알면 반드시 가르칠 수 있으며, 여자들은 반드시 배울 수 있기 때문에 반잔 선생이 이 글을 써서 훈계한 것이다. 선생께서는 세교世敎가 쇠퇴해짐을 깊이 우려하여 이 몇 권(① 「주남周南」, ② 「소남召南」, ③ 「대화서명大和西銘」, ④ 「혹문상或問上」, ⑤ 「혹문하或問下」, ⑥ 「석물어昔物語」, ⑦ 「감초鑑草」 등 모두 일곱 권이다)을 저술하고 『여자훈女子訓』이라고 제목을 붙였다. 그러나 선생께서는 수뢰준[屯]이 천산돈[遯]으로 변하는 괘를 받고, 그 책은 완전하게 갖추어지지 않아서, 마치 「주남周南」의 풀이가 겨우 「여분汝墳」장에 이르러 아직 결말을 맺지 못한 것과 같다. 이에 중씨仲氏에게 보완할 것을 명했다. 이에 중씨가 가만히 가업을 계승하는 일箕裘之業에 뜻을 두고 정결의 도貞潔之道를 넓히며 선생께서 평소에 이야기했던 뜻을 가려서 「여분汝墳」의 끝과 「소남召南」의 풀이로 삼았다. 선생께서 다음과 같이 말씀하신 적이 있다. "토쥬藤樹선생의 『감초鑑草』 같은 작품은 괴이怪異한 일로써 오랑캐가 말하는 불성佛性을 캐고 효제孝悌 명덕明德에 대해서 뒤섞인 말을 하는데, 이것이야말로 세풍世風이 성학聖學을 아직 알지 못하여, 부녀들이 불경의 말에 익숙할 뿐 아니라 기적에 빠져서 갑자기 그들로 하여금 성문聖門의 심법心法을 따르게 하기 어렵기 때문에, 오로지 이륜彝倫으로 인도하되 굳이 붉은 빛과 자줏빛을 절충할 필요는 없으며, 그들이 올바른 인정人情之正을 펴는데 이르도록 하면, 부인을 가르치고 이끄는 적중的中인 것이다.[20]

---

20 熊澤蕃山, 『女子訓』, 129면. "以降世風衰女學廢, 官女吏婦之類, 猶不知有學, 偶攤書典, 則笑爲男氣象, 希敎婦道, 則疑爲無風流, 嗟女子果不可攤書典乎? 何爲攤佛經法語哉! 果

본 인용에서 알 수 있듯, 구마자와 반잔의 『여자훈』은 여성을 인도人道와 부도婦道로 교화하고 이끌기 위해 지은 것이다. 또 이 저술 목적은 이후 중씨仲氏가 이어서 「이남」과 「여분汝墳」을 포함한 시 해석을 완성할 때, 「이남」을 여훈 교본으로 쓸 것임을 '정결의 도를 넓히며廣貞潔之道'에서 더욱 분명하게 밝히고 있다.

에도 초기 작품들이나 구마자와 반잔의 『여자훈』과는 시대적 선후에서 다소 차이가 있지만, 기본적으로 동시대 작품에 속하며 유가의 예교와 도덕 그리고 일부는 유가 경전의 경의로 여성을 규범화한 여교서로 앞서 서술한 카이바라 에켄의 『여대학』 이외에 에켄의 『여논어女論語』, 나카에 토주中江藤樹의 『카가미쿠사鑑草』가 있다. 특히 『카가미쿠사』는 기본적으로 유학이 아직 보급되지 않은 일본 사회의 상황에서 쓰여진 책이었기 때문에 효제명덕孝悌明德 등 유가적 도덕 윤리를 괴력난신怪力亂神의 일들을 통해 전달한 것이다. 학자들의 연구에 의하면, 이러한 유형의 책은 중국의 여훈을 직접 본으로 삼은 것이라고 할 수 있다. 또 다른 유형의 에도 초기 여훈서들은 중국의 여훈을 모방하거나 편집해서 번역한 것에 다시 신도와 불교의 교의를 가미한 것이다.[21] 그 예로 들 수 있는 것이 아사이 료우이淺井了意의 『본조여감本朝

不可受婦道乎? 何爲荐詣寺聞法哉!正知人道必有可敎, 女子必有可學, 而所以蕃山先生有此書訓也. 先生深憂世敎之陵夷, 著斯數卷(一周南, 二召南, 三大和西銘, 四或問上, 五或問下, 六昔物語, 七鑑草, 凡七卷), 名曰『女子訓』. 然先生膺屯之蹶, 其書不全備, 如「周南」解, 纔至「汝墳」章未成尾. 乃令仲氏補之. 於茲仲氏竊志箕裘之業, 廣貞潔之道, 採先生平日所論之意, 以爲「汝墳」之末及「召南」之解. 先生嘗曰: 如藤樹先生『鑑草』之作, 則以怪異之事跡胡談之佛性, 雜說於孝悌明德, 是乃世風未識聖學, 婦女啻熟佛語泥奇跡, 俄爾叵令聆聖門之心法, 故專啓迪彝倫, 不必折衷朱紫, 其至陳人情之正, 則敎導婦人之的中也."

21 李卓吾, 『日本家訓硏究』, 天津 : 天津人民出版社, 2006, 254~274면, 「第四章 日本女訓硏究」 참조.

女鑑』[22]과 구로사와 히로타다黑澤弘忠의 『본조열녀전本朝烈女傳』[23]이다.

　필자는 에도 초기에 집필된 이러한 유형의 책들이 직접 중국의 여성 교화용 여훈서들을 참고한 것이며 중국 유가 경전의 교의만 참고했다고 생각한다. 그 중, 『시경』이 에도시대 귀족 여성들의 교육 서적에 들어갈 수 있었던 원인은 다음 세 가지라고 생각한다.

　① 에도시대에 주자학이 흥성했고 이러한 학술적 풍조에서 주희의 저작인 『시집전』 또한 중요시 되었다.
　② 『시경』의 서정적인 성격과 '가나假名' 이야기 문학에는 공통점이 있었다.
　③ 고대 동아시아의 유가경전 해석에서 『시경』은 원래 여성의 덕성을 함양할 수 있는 요소가 있었다. 『시경』 「이남」에서는 '성정지정性情之正'을 얻을 수 있는데, 후비의 덕실德實은 부덕婦德의 으뜸이 된다.

　이후 요시다 쇼인吉田松陰이 『겐지 이야기』와 『이세 이야기』를 음란한 통속서로 여긴 반면, 구마자와 반잔은 『겐지 이야기』와 같은 남녀 간의 연애를 다룬 책이 『시경』 「국풍」과 같다고 하여 긍정하였다. 그 정情은 비록 부정하나 경계의 본보기로 삼을 만하다고 본 것이다. 그러므로 독자들이 이야기 문학의 음란한 겉모습에만 집착하는 것은 적절하지 않았다. 구마자와 반잔은 다음과 같이 언급하고 있다.

22　淺井了意, 『本朝女鑑』, 黑川眞道 編, 『日本敎育文庫·孝義篇下』, 東京 : 日本圖書センター, 1977, 89~278면에서 재인용.
23　黑澤弘忠, 『本朝列女傳』, 黑川眞道 編, 『日本敎育文庫·孝義篇下』, 27~471면에서 재인용.

세상의 학자들은 『겐지 이야기源氏物語』를 음란淫亂하여 절개가 없는 책이라고 여겼는데, 아마도 인정人情이 올바른지 올바르지 않은지를 깨달을 방법이 없음을 두려워한 듯하다. 이런 것이 『시詩』의 깊은 취지이다. 중화와 일본, 옛날과 지금 인정이 서로 같기 때문에 시가 인도人道에 유익한 점도 적지 않았다. 『겐지 이야기源氏物語』는 화국和國의 풍속과 인정을 말하는 것으로, 고대의 질박한 풍속이 예악을 얻었음을 보여주는 책이다. 그러므로 인심의 느낌人心之感을 억누르는 경우가 많았으나, 호색好色의 이야기야말로 겐지源氏의 피부皮膚다. 다만 이치를 알고 사물을 깨달아도 심정心情을 통하지 않으면, 도道는 역시 행하기 어려우니, 시가詩歌 역시 유익함이 적은 것이다. 그러므로 사다이에定家 경卿(후지와라노 사다이에藤原定家, 1162~1241)이 말했다. "와카和歌에는 스승도 장인도 없으나, 마음이 고풍古風에 물들어 옛 사람의 말씀을 배우는 것이다." 「이남二南」을 보면, 곧바로 성대聖代를 만나는 것과 같고, 『겐지 이야기』를 보면, 마치 왕대王代의 풍風에 노니는 것과 같다.[24]

반잔의 『시경』과 「이남」에 대한 이러한 인식은 『모시서毛詩序』와 주자의 『시집전』에 근거하고 있음이 분명하며, 다시 일본 고유의 풍토, 역사, 습속, 가치 등을 절충하여 이루어진 것이다. 주자는 다음과 같이 말했다.

---

24 熊澤蕃山, 『女子訓』, 198~200면. "世之學者, 以『源氏物語』爲淫亂不節之書, 恐怕無法知曉人情之正與不正的. 此種『詩』之奧旨. 中夏日本, 古今人情相同, 故詩之有益於人道者亦不少. 『源氏物語』言和國之風俗人情, 示古代質素之風, 得禮樂之書也, 故多摧人心之感, 而好色之物語, 乃源氏之皮膚也. 唯知理覺事, 而不通心情, 道亦難行, 則詩歌亦少益. 故定家卿(藤原定家)言 : 和歌無師匠, 惟心染古風, 學前人之言語也. 若見「二南」, 直如逢聖代; 若見『源氏物語』, 如遊王代之風."

사람이 나면서 고요한 것은 하늘의 성天之性이요, 사물에 감응하여 움직이는 것은 성의 욕구性之欲다. 무릇 일단 욕구가 있으면 사유화하지 않을 수 없고, 일단 생각이 있으면 말이 없을 수 없으며, 일단 말이 있으면 말이 다 표출되어 탄식과 영탄으로 발현된 나머지가 반드시 자연의 음향과 절주節奏가 있어서 그칠 수 없는 것이다. 이것이 시詩가 만들어지는 까닭이다. 질문: "그러므로 그 가르치는 까닭은 무엇입니까?" 대답: "시는 인심人心이 사물을 느껴서 말로 표출된 여운이다. 마음의 느낌에 사정邪正이 있기 때문에 말의 형상에 시비是非가 있는 것이다."[25]

주자는 사람의 마음이 외물에 대해 느낀 바가 있어서 그 정情이 움직인動 후에 시가가 지어지는데, 마음은 성과 정을 통섭하며 성은 마음의 본체이고 정이 발하는 것이 곧 마음의 작용이라서 양자가 서로를 이루어지게 한다고 보았다. 정의 특징은 곧 움직임이기 때문에 외물을 느낄 수 있게 되면 움직인다. 또한 주자는 『시집전』「서」에서 "사물에 감응하여 움직이는 것은 성性의 욕구다"라고 했다. 다시 말하면, 사람의 마음이 외물을 느껴 발흥한 감정은 측은惻隱, 수오羞惡, 사양辭讓, 시비是非의 사단四端의 도덕적 감정 중 어느 것이든, 혹은 희喜, 노怒, 애哀, 구懼, 애愛, 오惡, 욕欲의 정서적 감정 중 어느 것이든 사실 모두 '시가'가 생산되는 근원이다. 마음에서 감정이 생겨나고 다시 말과 소리 및 노

---

25 朱熹,『詩集傳』, 朱傑人 等主編,『朱子全書』第1冊, 上海 : 上海古籍出版社, 2010, 350면
「詩集傳序」. "人生而靜, 天之性也; 感於物而動, 性之欲也. 夫旣有欲矣, 則不能無私; 旣有
思矣, 則不能無言; 旣有言矣, 則言之所不能盡, 而發於咨嗟詠嘆之餘者, 必有自然之音響
節奏而不能已焉. 此詩之所以作也. 曰 : 然則其所以教者何也? 曰 : 詩者, 人心之感物而形
於言之餘也. 心之所感有邪正, 故言之所形有是非."

래를 통해 감정이 표현된다. 이는 주자가 보기에 더없이 자연스러운 발전과정인 것이다. 정情이 발하고 적절히 절제할 수만 있으면 선善하다고 하겠다. 그러나 사람이 타고난 기질에는 청탁淸濁, 혼명昏明, 심천深淺, 후박厚薄이 있어서, 외물과 서로 교감하여 (감정이) 일어난 후에 소리로 읊거나 노래로 불려 표현되면 '정正과 사邪', '시是와 비非'가 있는 차이가 나타나게 된다. 다시 말해 소리와 시가는 삿되기도 하고 바르기도 하다. 관건은 '천성'과 '외물'의 교감과 호응에 있다. 따라서 삿되고 부정한 '음시淫詩'가 나올 수 있는 것도 그 조건이 '환경의 외물'과 사람들의 부정한 '기질적 천성'에 있는 것이다.

이렇듯 주자의 '음시설'은 공자가 말한 '정성음鄭聲淫'과 관계가 있지만, 기본적으로 그의 이학理學 사상의 산물이기도 하다. 정성鄭聲이 '음淫'한 관건은 바로 다음과 같다.

정성鄭聲은 모두 여자가 남자를 유혹하는 말이다. (…중략…) 정나라 사람들은 거의 탕연蕩然하여 다시 부끄러움과 후회의 싹이 없어질 것이다.[26]

부인이 남자를 희롱하는 경향이 많았기 때문에 성인聖人이 정성鄭聲을 더욱 싫어했다.[27]

삿되고 부정한 '음시'와 정情과 예禮에 맞는 '성정性情의 바름'을 얻은

---

26 朱熹, 『詩集傳』 卷4, 481면. "鄭皆爲女惑男之語 (…중략…) 鄭人幾於蕩然無復羞愧悔悟之萌."
27 (宋)黎靖德 編, 王星賢 點校, 『朱子語類』 卷80, 北京 : 中華書局, 1986, 2068면. "多是婦人戲男子, 所以聖人尤惡鄭聲."

남녀가 함께 부르는 사랑의 노래는 어떻게 다른가? 주자는 다음과 같이 말했다.

오직 「주남周南」과 「소남召南」은 문왕文王의 교화를 직접 입어서 덕德을 이루었으니, 사람들이 모두 그 성性과 정情이 바르게 될 수 있었다. 그러므로 그것이 말로 표현되면, 즐거워도 지나치게 치우치지 않았으며, 슬퍼도 상할 정도에 미치지 않았다. 따라서 두 편만 유독 『시詩』의 정경正經으로 삼는 것이다. 「패邶」부터 아래로는 그 나라의 치란治亂이 같지 않았고 사람의 현부賢否도 달랐으며, 그 감발感發하는 바가 사정邪正과 시비是非가 고르지 않았으니, 이른 바 '선왕지풍先王之風'은 여기에서 변하게 된 것이다.[28]

주자가 보기에 「이남」 속 남녀와 관련된 시는 모두 '성정性情의 바름'을 얻은 것이다. 「패풍邶風」 이후의 「국풍」들은 비록 삿되고 부정한 '음시'가 그 중에 있지만, '바람직한 시正經之詩' 또한 그 중에 있다. 다시 말해, '음시'는 분명 삿되고 부정한 남녀의 애정시이지만 남녀의 애정시가 모두 삿되고 부정한 '음시'라고 할 수는 없다는 것이다. 「이남」을 비롯한 변풍變風 중 '정경正經'시 같은 시들이 바로 그러하다.

구마자와 반잔은 『겐지 이야기』 같은 '음일淫佚'한 통속서들이 겉은 '음일'하지만 그 속의 정情은 '사리를 깨달은 것'이라고 할 수 있으나, 음일한 남녀 간 정 배후의 사리를 깨닫지 못하면 사람들이 도道를 행하기

---

28 朱熹, 『詩集傳』 「詩集傳序」, 351면. "惟 「周南」, 「召南」親被文王之化以成德, 而人皆有以得其性情之正, 故其發於言者, 樂而不過於淫, 哀而不及於傷, 是以二篇獨爲詩之正經. 自 「邶」以下, 則其國之治亂不同, 人之賢否亦異, 其所惑而發者, 有邪正是非之不齊, 而所謂先王之風者, 於此焉變矣."

는 매우 어렵다고 보았다. 이러한 생각은 『겐지 이야기』를 음시로 보는 것이자 주자를 계승한 견해이다. 주자는 '부정한 것을 들어 경계로 삼았다擧其不正者以戒之'고 하여 이른바 삿되고 부정한 음시 또한 징계의 본보기가 될 수 있다는 생각을 했다. 그래서 구마자와 반잔이 『겐지 이야기』 같은 음일한 책들 또한 성인의 도를 더해주는 바가 있다고 한 것이다. 여기서 『시경』의 '정경'인 「이남二南」이든 『시경』의 '음시'이든 구마자와 반잔은 분명 '시교'의 입장에서 인식하고 있음을 알 수 있으며, 좋은 「이남」이든 나쁜 '음시'든, 전자는 사람의 선한 마음을 감화하여 발현시키는 본보기가 된다는 점에서, 후자는 사람의 안일한 마음을 징계하는 기능이 있다는 점에서, 사람이 '성정의 바름'을 얻을 수 있도록 작용한다고 보고 있음을 알 수 있다. 이러한 인식은 사실 공자가 말한 '사무사思無邪'에 대한 주자의 주해이다. 주자는 다음과 같이 언급했다.

> 무릇 시詩의 언어는 좋은 경우에는 사람의 착한 마음을 감발感發시킬 수 있으며, 나쁜 경우에는 사람의 음탕한 뜻을 징창懲創할 수 있으니, 그 쓰임은 사람으로 하여금 그 정情과 성性이 바르게끔 귀결되도록 하는 데 있을 뿐이다.[29]

이처럼 구마자와 반잔에게는 삿되고 부정한 '음시'도 징벌의 효과를 얻을 수 있었다. 하물며 '성정이 올바른' '정경'인 「이남」에서 얻을 것이 없겠는가? 이 때문에 「이남」을 일본 여훈의 교본으로 삼은 것은 더할

---

29 朱熹, 『論語集注』, 收入 『四書章句集注』 卷1, 北京: 中華書局, 1983, 53면, 「爲政」. "凡詩之言, 善者可以感發人之善心, 惡者可以懲創人之逸志, 其用歸於使人得其情性之正而已."

나위 없이 적합한 것이었다고 할 수 있다. 따라서 주자와 구마자와 반잔은 남녀 간의 삿되고 부정하며 음일한 도덕적 사실을 비판하면서도 '음시'가 독자에게 유발하는 도덕의 감화 작용이 오히려 '사무사思無邪'의 도덕적 실천 노력이 된다고 보았다. 이러한 시각에서 볼 때 '사무사思無邪'는 『시경』에 '음시'가 존재하지 않는 근거가 아니라 음시가 『시경』 속에서 도덕 감화의 실천 증거로 여전히 남아있어야 할 이유인 것이다. 이렇게 보면 비로소 '시교'작용을 확보할 수 있고 경서로서 『시경』이 사회교화적 기능을 지속해 나아갈 수 있음을 알 수 있다.

다음은 반잔의 「이남」에 대한 해석을 실례로 들어 「이남」이 어떻게 여훈교본이 되었는지 설명하겠다.

「주남周南 한광漢廣」

남쪽에 높은 나무 있으나	南有喬木,
쉴 수가 없네	不可休息.
한수에 나들이하는 여자 있으나	漢有游女,
유혹할 수 없네	不可求思.
한수는 넓구나	漢之廣矣,
헤엄칠 수 없네	不可泳思.
장강은 길구나	江之永矣,
뗏목을 띄울 수 없네	不可方思.
높다랗게 뒤섞인 땔감	翹翹錯薪,
그 회초리나무를 베네	言刈其楚.

그녀가 시집갈 때에	之子于歸,
그 말을 먹여준다네	言秣其馬.
한수는 넓구나	漢之廣矣,
헤엄칠 수 없네	不可泳思.
장강은 길구나	江之永矣,
뗏목을 띄울 수 없네	不可方思.

높다랗게 뒤섞인 땔감	翹翹錯薪,
그 산쑥을 베네	言刈其蔞.
그녀가 시집갈 때에	之子于歸,
그 망아지를 먹여준다네	言秣其駒.
한수는 넓구나	漢之廣矣,
헤엄칠 수 없네	不可泳思.
장강은 길구나	江之永矣,
뗏목을 띄울 수 없네	不可方思.

　　반잔은 「한광漢廣」을 해석할 때 기본적으로 주자의 『시집전』의 주해를 따랐다. 그러나 주자 주해 중에는 상세하지 않은 부분도 있다. 예컨대 협叶운에 대한 설명을 모두 빼버린다거나 한수漢와 장강江의 물에 대한 설명을 빼버린다거나 하는 것이다. 또 주자가 시를 주해하는 설명을 옮겨 쓰기도 한다. 그러나 반잔은 이 시를 해석하는 과정에서 이 시의 작법이 '흥이비興而比'임을 강조한다. 그리고 주자가 말한 아래의 내용에 기초하여 해석을 진행한다.

문왕文王의 교화는 가까운 곳으로부터 먼 곳으로 먼저 강수江와 한수漢 사이에 이르러 그 음란한 풍속을 변화시킬 수 있었기 때문에 그 나들이하던 여자를 사람들이 바라보면서 그가 단아하고 장엄함端莊靜一을 알게 되고, 다시 옛날에 구할 만했던 것이 아니다. 높은 나무로써 흥興을 일으켜서, 강수와 한수를 비유比하여 반복적으로 영탄한 것이다.[30]

그 해석은 일목요연하게 주자의 견해에서 어긋남이 없다. 그러나 반잔은 강수江와 한수漢 유녀의 음란한 풍속을 강수江와 한수漢의 제방에 놀러나와 꽃과 풀을 따는 여인들로 보고 다음과 같이 구체적으로 묘사했다.

잘 차려 입고 나들이 나왔는데, 거동과 몸짓이 교태로 아리땁고 말도 간드러지고 부드러워서 마침내 음부淫夫를 불러들인다.[31]

강수江와 한수漢 일대에서 문왕 후비의 덕에 감화를 받은 후 나들이 하던 부녀자들은 더 이상 차림새를 중시하지 않았고 말도 간드러지게 하거나 교태를 부리면서 하지 않았으며 '단정하고 장엄하게端莊靜一' 변하여 예전에 가볍게 보이던 모습과는 완연히 달라졌다. 이어서 반잔은 다음과 같이 더욱 강조하고 있다.

---

30 朱熹, 『詩集傳』卷1, 「漢廣」, 409면. "文王之化, 自近而遠, 先及於江漢之間, 而有以變其淫亂之俗. 故其出遊之女, 人望見之, 而知其端莊靜一, 非復前日之可求矣. 因以喬木起興, 江漢爲比, 而反復詠嘆也."

31 熊澤蕃山, 『女子訓』, 157면. "盛裝出遊, 儀態嫵媚, 言語嬌柔, 遂招來淫夫."

예의禮義가 갖추어지면, 현연顯然하여 혼인을 구하지 않으면 얻을 수 없고, 문왕의 후비后妃가 지닌 덕과 은혜는 「갈담葛覃」, 「권이卷耳」, 「규목樛木」, 「종사螽斯」 따위의 시에서 말하는 바와 같으니, 그 풍화風化가 가까운 곳에 비롯되어 먼 곳에 이르러서, 강수江와 한수漢의 음풍淫風이 변하여, 부인과 여자가 부지불식간에 그 덕을 마음에 옮겨서 그 몸이 단정하고 장엄하니, 전날의 압근狎近한 것과는 다른 것이다.[32]

그리고 이 시의 2장 부분에 대해 반잔은 또 다시 다음과 같이 강조한다.

처음 강수와 한수의 여자를 보고 가벼이 비난하고 쫓아다닐 수 있다는 심상心想을 처음 일으켰던 것이다. 그러나 여덕女德이 단정하고 장엄하여 그것이 구해서는 안됨을 알고, 마침내 예의禮義를 따를 수 있었으니, 이른바 '정情에서 발하는 것은 백성의 성民之性이요, 예의에서 그치는 것은 선왕의 은택先王之澤이다'라는 것이다.[33]

여기서 우리는 다음과 같은 대목에 주목할 필요가 있다. 반잔은 강수江와 한수漢의 부녀자들이 문왕 후비의 덕에 감화를 받기 전과 받은 후에 옷차림, 몸가짐, 말과 행동거지에 어떤 변화가 있었는지를 구체적으로 설명했다. 이렇게 구체적으로 설명한 이유는 반잔이 '단정하고

---

32 熊澤蕃山, 『女子訓』, 157면. "禮義備, 顯然不求婚則不得, 文王后妃之德惠, 如「葛覃」, 「卷耳」, 「樛木」, 「螽斯」之詩所言, 其風化由近及遠, 江漢之淫風變, 婦人女子不知不覺移其德於心, 其體端莊靜一, 則不可如前日般狎近."

33 熊澤蕃山, 『女子訓』, 158면. "初見江漢女子, 起初心想可以輕易搭訕追求, 然女德端莊靜一, 知其不可求, 終究得遵循禮義. 所謂「發乎情, 民之性也, 止乎禮義, 先王之澤也」是也."

장엄한端莊靜一' 여성의 덕이란 반드시 단정하고 장엄한端莊靜一 '여성의 몸'이 전제되어야 한다고 생각했기 때문이다. 다시 말해 '몸'의 행위와 말의 단정함은 곧 '도덕'의 단정함을 구체적으로 표현한 것이다. 반잔은 여기서 '여덕女德'을 부녀자의 외재하는 '신체'의 언행에 기초하여 확립하였다. 주자의 '음시설'이 지닌 의미를 그 근원에서 말하자면, '성性'이 아직 길러지지 않아서 '정情'이 쉽게 외물과 교감하여 방탕해지며 결국 '마음心'의 지각이 뚜렷하지 않고 잘못을 범하게 되는 결과를 초래하게 되는데, 이러한 상황으로 인해 '음시淫詩'가 지어진다는 대목은 주목할 만하다. 바로 이처럼 『시경』의 음시를 대하기 때문에 독자는 '음시 읽기'를 통해 도덕 실천 의지의 발흥을 어떻게든 스스로 확보할 수 있게 된다. 물론 '마음'의 바른 지각을 선용하고 '마음'의 이성적 제약을 강화해야만 '음淫을 보고 음淫을 멈추는觀淫止淫' '시교'효과를 거둘 수 있고, 그에 따라 시 읽기의 '예교禮敎' 효과도 이루게 된다.

　그러므로 '음시'가 '예교'의 기능을 완수하게 되는 조건은 '몸'이 아니라 주자가 말한 '심성心性'에 있다. 그러나 구마자와 반잔은 『시집전』의 주석을 따라 시를 해석하면서도 '주자'의 시 읽기 방식을 '심법心法'에서 '형체形體'로 바꾸었다. 만약 주자의 독시법이 독자가 '내심內心'을 향하도록 힘을 쏟는 것이라면,[34] 반잔의 독시법은 독자가 '외형外形'을 향하도록 노력하고 있다고 할 수 있다. 주자는 오직 '마음心'이 정情과 성性을 주재할 수 있는 상황이라야 '심성心性'이 맑아지며 '성정性情'이 바르게 되고, 그렇게 되면 자연스럽게 '예교禮敎와 도덕道德을 엄수할 수 있게

34　朱子曰, '若只就事上無邪, 未見得實如何. 惟是 「思無邪」, 方得. 思在人最深, 思主心上.' 黎靖德 編, 『朱子語類』 卷23, 538면 참고.

되어 바른 길로 돌아올 수 있다고 했다. 즉, 독자는 '음시'가 드러내고 있는 정치, 사회, 가정, 남녀 사이의 감정 등 윤리 도덕의 문제들을 접하게 될수록 독자의 마음속에 이러한 부도덕과 불륜을 경계하게 되고 나아가 자신의 행실을 '예법'에 맞도록 하기 위해 단속하고 절제하게 된다. 이렇게 이른바 '스스로 경계하는' 도덕 교화 작용에 이르게 되는 것이다.[35] 주자와는 달리, 반잔은 외재하는 '몸形體'을 중시하여 '덕德'을 이룬다는 인식에서 '예의禮儀(옷차림, 용의, 말투)'로 '마음心(내재하는 정신)'을 다스린다고 할 수 있었을 것이라고 필자는 생각한다. 이처럼 '덕德'이 가르치는 바는 이미 '마음心'에 있는 문제가 아니라 '몸身 / 체體'에 있는 문제인 것이다. 그래서 반잔은 「한광」의 3장을 해석할 때 강수江와 한수漢의 여자들이 화려하게 꾸미지 않은 이유를 상세하게 설명했다.

여자가 머리모양을 잘 다듬고 옷차림을 가지런히 하는 것은 바로 집안에서 부모님을 모시다가 시댁에 이르면 시부모님을 모시는 예의禮義이다. 밖에 나갈 때에는 옷을 잘 차려 입어 남들의 감상물이 되는데, 마음 속으로 그것을 싫어한다. 외출할 때는 거친 옷차림을 하는 것이 마땅하며 남의 주의를 끌지 않는 것이 바로 부인들이 마음쓰는 곳이다. (…중략…) 문을 나서서 뽕을 따는 자는 마음 써서 남의 주목을 끌지 않는 것인데, 어찌 하여 더구나 이처럼 들녘이나 강둑에 이르러 짝을 끌고 문을 나서서 꽃을 따고 풀을 캔단 말인가? 응당 거친 적삼과 베옷을 입어야 하는 것이다. 외출하여 마음을 흩뜨리며 꽃 등을 감상하는데, 만약 참으로 꽃을 감상하려고 한다

---

35 주자가 시교의 기능을 말한 것은 바로 다음 부분이다. "好底詩, 便吟詠, 興發人之善心; 不好底詩, 便要起人羞惡之心." 黎靖德 編, 『朱子語類』 卷23, 542면 참고.

면 이렇게 마음을 써야 하는 것이다. 경성京城에 꽃이 만개하고 단풍이 붉게 물드는 때에 남녀가 모두 외출하여 감상하는 경우, 어떤 촌놈이 역시 이때에 상경上京하였는데, 나들이 나온 부녀의 몸과 몸짓이 마치 만들어진 듯한 장식과 의상과 같으니, 꽃을 감상하는 것을 즐거움으로 삼는 것이 아니다. 도대체 사고가 어떠하길래 남들의 볼거리가 되는 것인가? 더욱 심하는 것은 몸에 착용한 '꽃을 감상하는 작은 옷소매賞花小袖'의 화복和服을 수식하는 아름다움이다. 그러나 실제로는 이것이 음풍淫風임을 알지 못한다. 대개 이런 때에 남자들 중 승속僧俗이 섞여 있는데, 이는 꽃을 감상하기 위한 구실을 대는 것이고, 문을 나서서 여자를 감상하는 것이다. 밖에서 그것을 보면, 꽃을 감상하는 남녀는 모두 음심淫心이 없지만, 심중에서는 색色을 찾는다고 말할 수 있다.[36]

우리는 여기에서 『상서』의 '예로 마음을 다스린다以禮制心'[37]는 부분과 『예기』의 '덕이란 그 몸에서 얻는 것이다德者, 得於身也'[38]라는 부분을 보는 듯하다. 반잔은 『시경』을 여훈의 교본으로 삼았으나 시교의 실천에 힘을 기울일 대상을 주자가 말한 '마음'이 아니라 '몸'으로 바꾸어

---

36 熊澤蕃山, 『女子訓』, 158~159면. "女子治髮型, 整衣裝, 乃在家侍父母, 至夫家侍夫舅姑之禮義也. 外出時盛裝, 成爲他人之觀賞物, 心中惡之. 外出宜著粗衣, 不引人注意乃婦人用心處. (…중략…) 出門採桑者, 用心不引人注目. 何況若是至野外河堤, 攜伴出門摘採花草, 也應粗衫布衣. 外出散心, 賞花等, 若眞是要賞花, 就要有此用心. 京城花開楓紅時, 男女皆有外出觀賞者, 或有鄕巴佬亦於此時上京, 出遊婦女之形體儀態, 若做造型, 裝飾衣裳, 則非以賞花爲樂, 而是思考如何被人觀賞. 更有甚者, 身穿「賞花小袖」和服扮美麗, 其實不知此乃淫風也. 蓋此時男人中僧俗相混, 乃藉賞花之藉口, 出門觀賞女子也. 從外觀之, 賞花男女皆無淫心, 然心中可謂求色."
37 『尙書·商書·仲虺之誥』曰, '以義制事, 以禮制心.' 『十三經注疏1 周易·尙書』, 臺北 : 藝文印書館, 1989, 112면上.
38 『禮記·鄕飮酒義』, 『十三經注疏5 禮記』, 臺北 : 藝文印書館, 1989, 1005면上.

놓았다. 더구나 이렇게 '몸'을 중시한 독시법이 추구하고 찬양한 예교는 부녀자의 몸가짐, 말투와 행동거지, 용모와 꾸밈에 대한 전면적인 제재였으며, 그것을 가정 내의 윤리 도덕과 결합하여 여성의 외재적 '용모'로 '음심淫心'의 유무를 판단하게 되는 것이다. 이러한 가운데 '성정性情'의 '정正 / 사邪' 여부는 이미 반잔 독시법이 주목하는 지점이 아닌 듯하다.

반잔이 '정情'을 회피하는 것은 「주남周南·여분汝墳」을 해석할 때 더욱 확실히 보인다.

저 여수의 강둑을 따라서	遵彼汝墳,
그 가지와 줄기를 베었어요	伐其條枚.
군자를 아직 뵙지 못했더니	未見君子,
마치 굶주린 듯 허기지네요	惄如調飢.

저 여수의 강둑을 따라서	遵彼汝墳,
그 가지와 싹을 베었어요	伐其條肄.
군자를 이미 뵙고 나서는	既見君子,
나를 멀리 내치지 않으시네요	不我遐棄.

방어는 꼬리가 붉어졌는데	魴魚赬尾,
왕실은 마치 불타는 듯하네요	王室如燬.
비록 불타듯 가혹하지만	雖則如燬,
부모처럼 아주 가까이 있네요	父母孔邇.

주자는 이 시의 1장에 대해 다음과 같이 해석했다.

여수 주변의 나라들도 문왕의 교화를 먼저 입었으므로, 부인들이 그 군자(남편)이 부역에 갔다가 돌아오는 것을 기뻐하여, 그가 아직 돌아오지 않았을 때 그리워한 정이 이와 같았음을 기록하고 뒤좇아 노래한 것이다.[39]

반잔은 주자 주注의 기초 위에서 시 속 부인의 남편이 없는 기간을 상세히 설명한다. 부인은 세 끼 밥을 짓기 위해 스스로 땔감을 마련해야 했지만 남자처럼 일할 힘은 없기 때문에 앞의 강둑에서 나뭇가지를 꺾어 땔감을 마련한다. 또한 이 부인은 다음과 같이 해야 했다.

시부모님을 봉양하고 아이를 양육하면서 그 남편이 돌아올 것을 기다리는 심정은 무어라 표현할 수 없는 것이며, 마치 굶주리는 자와 마찬가지로 절박하고 진실한 것이다. 그 남편이 아직 돌아오지 않았을 때 그리워하는 정이 이와 같았다.[40]

주자의 주해에 비해 반잔은 남편이 부역으로 집에 없음을 분명히 밝히고 있다. 집안에 있는 부인의 의무는 부인으로 감당하기 힘든 가정 내의 일들을 처리해야 하는 것 외에도 시부모를 봉양하고 자식을 양육해야 하는 것이다. 반잔이 주목한 부분은 부인의 '가정 내 의무'이다.

---

39 朱熹,『集傳』卷1,「汝墳」, 409~410면. "汝旁之國亦先被文王之化者, 故婦人喜其君子行役而歸, 因記其未歸之時思望之情如此, 而追賦之也."

40 熊澤蕃山,『女子訓』, 159면. "奉養舅姑, 養育孩兒, 其等待丈夫歸來的心情, 莫可奈何, 宛若飢餓者一般迫切眞實. 其夫君未歸時, 思望之情如此."

현재 이 부인은 이 가계의 부담을 지고 있기 때문에 남편이 돌아오기를 간절히 기다리고 있다. 주자의 주에서는 이 부인에게 '그리워하는 정思望之情'이 있다고 했다. 그 정은 사모하는 남녀 간의 정일 것이며 또한 삶이 고생스럽고 걱정스러운 '비참한 운명苦情'일 수도 있을 것이다. 그러나 반잔은 이 부인의 '그리워하는 정思望之情'을 여성이 누군가의 부인이자 며느리이자 어머니로서 최선을 다해 지켜야 하는 윤리적 의무로 바꾸었다.

이어서 주자는 이 시의 2장을 다음과 같이 해석하였다.

> 그 줄기를 베고 다시 그 싹을 베었으니 한 해가 지난 것이다. 이에 이르러서야 그 남편의 귀가를 보았는데 그가 나를 멀리 내치지 않음을 기뻐한 것이다.[41]

반잔은 주자 주의 '그가 나를 멀리 내치지 않음을 기뻐하였다喜其不遠棄我也'에 기초하여 하인이 문왕 후비의 덕에 감화를 받은 것이 드러난 것이라고 하였다.

> 완전함은 돌아온 남편의 마음에 무슨 생각을 하는가에 있는 것이 아니라 다만 스스로 한가지로 노력하는 것에 있는 것이다. 마음으로 지금 남편이 변심해서 정을 옮겨 다른 이를 사랑하다가 되돌아와서 집으로 왔다고 생각한다면, 이는 얼마나 어렵고 진귀한 일인가! 부인이 이런 생각을 할 수

---

41 朱熹, 『詩集傳』 卷1, 「汝墳」, 410면. "伐其枚而又伐其肄, 則踰年矣. 至是乃見其君子之歸, 而喜其不遠棄我也."

있다면 바로 성정의 바름性情之正을 표현하는 것이다. (…중략…) 여분汝墳

의 여女가 스스로 땔나무를 버릴지 취할 지를 말하면 우리들은 그가 서인庶

人의 처인지를 알 수 있다. 그러나 서인의 처가 이 시를 지을 수 있다면 이

는 성인의 교화를 받아들인 데서 비롯되는 것이기 때문에 그가 비록 비천

한 여자라고 해도 그 행동은 현명한 여자와 동등한 것이다.[42]

다음이 반잔 해석의 핵심이다. 부역을 위해 3년 동안 집을 떠나있는
남편은 사랑이 변하지 않고 원래의 집으로 돌아왔고 부인은 이에 감격
하여 이를 소중하다고 생각하니 이것이 바로 '성정의 바름性情之正'이
다. 여자로서 이러한 생각이 있을 수 있지만 그가 지위가 낮은 서민 여
성이라 하더라도 그 행실이 '현명하다賢'고 칭할 만하다. 즉, 반잔이 주
목하고 있는 것은 서로 여러 해 떨어져 있다가 다시 만난 후의 부부의
'정'이 좋아질 수 있는지 여부의 문제가 아니다. 남편이 밖에서 (있었을
지도 모를 다른 사랑의) 감정적 문제를 따져 묻지 않고 남편을 질투하지
도, 다른 여자에게 질투하지도 않는 것이 '현숙한賢' 부부 윤리의 모범
임을 들어 아내된 사람에게 요구하고 있는 것이다. 반잔은 이어서 에
도시대 당시 무사 계급 이상의 부녀자들이 스스로 뜻을 세워 선각자들
에게 묻고 성현들의 경전을 읽을 것을 호소하면서 그렇게 한다면 곧
그 행실이 터무니없고 수치스러운 지경으로 빠지지는 않을 것이라고
했다. 따라서 여성은 자신이 여성이라는 이유로 자포자기하여 '못 배

---

42 熊澤蕃山, 『女子訓』, 160면. "完全不在乎歸來丈夫心中做何想, 只是自己一味地努力, 心
   想如今丈夫沒有變心移情別戀回到家中, 是何等難得珍貴的事啊!婦人能這麼想, 就是性情
   之正的表現. (…중략…) 汝墳之女說自己去取薪, 我們知道其應該是庶人之妻. 但是庶人
   之妻能作此詩, 是因爲受到聖人教化, 故其雖是卑賤之女, 但其行動等同賢女."

운지도 모르는不知不學' 지경이 되어서는 안 되었다. 이렇게 보면 반잔에게 있어 에도의 부녀자들이 반드시 『시경』과 같은 유가 경전의 의미를 읽어야 하는 이유는 바로 스스로 발전하여 아내로서, 며느리로서, 어머니로서의 책임을 다 하고 남편을 의심하지 않고 질투하지 않는 '현숙한賢' 여성이 되는 데에 있었다.

주자가 「이남」의 시 중 남녀의 말을 찬양한 것은 '성정의 바름性情之正'이라는 전제에서 「이남」 속 남녀의 말이 남녀 간의 '정情'을 이야기하고 있다는 것을 인정한 것이다. 그러나 반잔 해석의 핵심은 '정情'에 있지 않다. 이러한 점은 「여분」 3장에 대한 해석에서 더욱 명확히 알 수 있다. 주자는 이 장에 대해 다음과 같이 주해하고 있다.

> 이것이 『서序』의 이른 바 "부인이 그 남편의 위문하면서도 바르게 잘하기를 면려한 것이다"이니, 대개 비록 그 이별이 오래되고 그리움이 깊더라도 서로 고해서 말하는 방식은 오직(다른 본에는 '오히려'로 되어 있다) 임금을 존숭하고 윗사람을 친근히 하는 뜻이 있으나, 정답고 아끼며 함부로 친압하는 사사로움은 없으니, 그 깊은 덕택과 아름다운 풍화風化는 모두 볼 만하다고 할 수 있다.[43]

주자가 말한 '오직(오히려) 임금을 존숭하고 윗사람을 친근히 하는 뜻이 있으나 정답고 아끼며 함부로 친압하는 사사로움은 없는' 『모시서

---

43 朱熹, 『詩集傳』 卷1, 「汝墳」, 410면. "此 『序』所謂 : 「婦人能閔其君子, 猶勉之以正」者, 蓋曰雖其別離之久, 思念之深, 而其所以相告語者, 獨(一作 「猶」)有尊君親上之意, 而無情愛狎昵之私, 則其德澤之深‧風化之美皆可見."

毛序』에 기초하여, 「이남」 속 남녀의 말이 '성정의 바름性情之正'을 얻었다는 인식하에, 여汝 땅이 이미 문왕文王의 덕풍에 감화되었기 때문에 원래부터 가정 내에서 '성정의 바름'을 지키고 있는 부녀자가 남편이 돌아온 후에도 이성적으로 그 감정을 조절하여 부부간에 낯간지럽게 부르며 나누는 사적인 애정을 숭상하지 않는다. 이러하기 때문에 나라나 부모 같이 대국적인 부분을 고려하는 마음이 생길 수 있는 것이다. 혹은 이 부인은 비록 남편이 다시 부역을 가면 자신을 버릴까 하는 걱정을 하지만 '성정의 바름性情之正'을 얻었기 때문에 남편이 다시 자기를 버리고 가버릴까 하는 걱정을 노골적으로 드러내지 않고 부모에 관한 말을 하여 남편이 효도를 다하도록 일깨운다.

이 장에 대한 주자의 해석은 「이남」이 성정의 바름을 얻어서 '말로 나온 것이 즐거우나 정도를 지나치지 않는다發於言者, 樂而不過於淫'[44]는 생각과 일치한다. 즉, 「이남」 시 속 남녀가 그리는 마음은 시를 읽는 사람으로 하여금 '현능한 사람을 보면 본받고 싶어하는 마음見賢思齊'을 불러일으킬 수 있게 하며 독자의 도덕심에 감화를 주어 그것을 실천하는 긍정적 효과를 유발할 수 있는 것이다. 주자는 이것이 바로 정확한 독시법이라고 생각하였다.

시詩를 읽는 법은 그저 깊이 읽고 의미에 젖으면, 자연히 화기和氣가 가슴으로부터 흘러나와서 그 오묘한 곳을 얻어서 말할 수 없습니다. (…중략…) 차곡차곡 정리하여 이 마음이 환하고 평온하여 한 글자도 세우지 않지만

---

44   朱熹, 『詩集傳序』, 『詩集傳』, 351면.

빈 마음을 관리하여 그것을 읽는데 잠깐동안 밀치락달치락하는 가운데 자연히 저 도리를 추출할 수 있어야 한다. 따라서 '이것으로 마음을 씻는다以此洗心'고 한 것은 바로 이 도리로써 저 심리心理의 사물을 다 씻어내면 혼연渾然하여 모두 도리道理인 것이다.[45]

동시에 이는 주자 '음시설'의 핵심 가치이다. 「이남」이 즐거우나 넘치지 않고樂而不淫, 슬퍼하나 상하지 않는哀而不傷 '정경正經'이든 변풍變風 속의 '음시淫詩'이든 성인이 『시경』에 둘 다 남겨둔 까닭은 바로 그것이 바로 '선을 권할 수 있고 악을 경계 할 수 있는'[46] '시교詩敎'작용을 갖추었기 때문이다. 주자가 '음시'를 빼버리는데 반대한 이유도 바로 이 점이다.

공公이 보자마자 거취去取를 망생妄生하여 자기 마음대로 방자하게 구는데, 이것은 어떤 도리를 밝혀야 하는 것인가? 공이 다시 말했다. 사람의 독서는 장차 무엇을 써야 하는가? 독서에서 귀하게 여기는 바는 그 도리를 이해하여 자신을 반성하고 남에게 유익하게 하는 것일 뿐이다.[47]

일단 잠시 『모시서』와 주자 주의 억지스럽고 불합리한 부분에 대해

---

45 朱熹, 『朱子語類』 卷80, 「詩一論讀詩 解詩」, 2086면. "讀詩之法, 只是熟讀涵味, 自然和氣從胸中流出, 其妙處不可得而言. (…중략…) 須是打疊得這心光蕩蕩地, 不立一個字, 只管虛心讀他, 少間推來推去, 自然推出那個道理. 所以說「以此洗心」, 便是以這道理盡洗出那心理物事, 渾然都是道理."

46 朱熹, 『朱子語類』 卷80, 「詩一論讀詩 解詩」, 2092면.

47 朱熹, 『朱子語類』 卷80, 「詩一論讀詩 解詩」, 2092면. "公纔看著便妄生去取, 肆以己意, 是發明得箇甚麽道理? 公且說, 人之讀書, 是要將作甚麽用? 所貴乎讀書者, 是要理會這箇道理, 以反之於身, 爲我之益而已."

서는 논외로 하면, 우리가 확인할 수 있는 것은 주자 주가 이 장을 이렇게 해석하는 이유가 바로 '음시설'과 「이남」 속 남녀의 말이 '성정의 바름性情之正'을 얻었다는 인식에 기초하고 있기 때문이라는 것이다. 그래서 주자는 부인이 남편을 만난 후에 '오직 임금을 존숭하고 윗사람을 친근히 하는 뜻이 있을 뿐獨有尊君親上之意'임을 강조하였으며, 이것이 바로 '사무사思無邪'의 '시교'가 발휘된 것이다. 주자는 이러한 해석에서 『시경』이 '선을 권하는勸善' 적극적 교화 기능을 확보하는 동시에 '임금을 존숭하고 윗사람을 친근히 하는 것尊君親上'으로 남녀 간 사랑의 '함부로 친압하는 사사로움狎昵之私'을 치환했다. 또한, 주자는 여기에서 결코 '남녀의 정'을 끊어버린 것이 아니라 남녀의 사사로운 정이 어떻게 윤리 도덕적 차원의 관심으로 바뀔 수 있는지를 강조했다. 그러나 반잔은 이 장을 해석할 때 화제를 돌려 다음과 같이 말한다.

> 여자가 시집가서 시댁에 이르면, 설사 시부모님을 모시고 받드는 것이 매우 괴롭더라도, 이것은 부모님의 명命이므로 응당 괴로움을 견뎌야 한다는 점을 생각해야 한다. 이것이야말로 부모를 중하게 여기는 것이다.[48]

즉, 구마자와 반잔의 해석은 남녀의 '정'을 전혀 언급하지 않고 있다. 그래서 '정情'의 '정正 / 사邪' 여부의 문제를 바로 회피했다. 이는 이 시를 애정을 말하는 방향으로 해석하지 않고 '정情'이 '음란한淫' '비정상非'으로 흘러갈 가능성을 완벽하게 피한 것이다. 반잔은 부녀자가 지녀

---

48 熊澤蕃山, 『女子訓』, 161면. "女子嫁至夫家, 縱使侍奉舅姑甚苦, 亦須思及此乃父母之命, 故應堪忍辛苦. 此乃以父母爲重也."

야 할 인고의 미덕을 직접적으로 고취하면서 다시 이 인고의 미덕이야 말로 여성의 친부모가 중요하게 생각해야 할 것이라고 하여 시의 의미를 '극진한 효'와 '부모에 대한 보은'의 방향으로 해석하였다. '유순하고 정숙한', '인고와 자혜의', '의심도 투기도 하지 않는', '인내하고 효를 다하는' 여덕의 형상을 완벽히 세운 것이다. 그러나 남녀의 정은 거의 부정했으며, 남녀의 정이라 하더라도 봉건 윤리 도덕질서에 부합하는 '성정의 바름'이었을 뿐이다.

구마자와 반잔은 「이남」을 일본 여덕의 교본으로 삼았다. 그러나 앞서 언급한 바와 같이 「이남」에 대한 이러한 해석은 「여분」뿐이고 「여분」 이후의 시는 '중씨仲氏'라는 이름의 문도가 반잔의 평소 뜻을 헤아려 보충했다. 이제 필자는 『여자훈』의 「소남」에 대한 해석 내용을 고찰하고자 한다. 「작소鵲巢」라는 시에서 주자 주는 이 시 속 남국南國의 여인이 문왕의 감화를 받고 '조용하고 순일한專靜純一 덕'이 생겼다고 해석했다. 주자 주에 비해 『여자훈』은 슬기롭고利發 야무지며利口 재주있고有才 똑똑한有知 여성은 큰 흉과 화를 불러오기 쉽다는 것을 장황한 논리로 강조하며 일본 역사에서 그러한 여성의 사례를 증거로 들어 여성은 응당 유순하고 정숙하며, 조용하고 정숙하며, 정숙하고 자혜로와야 한다고 주장한다.[49] 「표유매摽有梅」를 해석할 때에는 후비의 덕이 바로 유심한정幽深閑靜임을 강조한다. 그렇기 때문에 여자는 주동적이 되는 것을 피하고 여성이 남성 앞에 있을 때는 더욱 그러해야 한다는 것이다.[50] 설령 「초충草蟲」에 대해서는 '사무사'의 덕이 부부

---

49 熊澤蕃山, 『女子訓』, 164~165면.
50 熊澤蕃山, 『女子訓』, 181~184면.

의 지극한 정임을 언급하지만 결국 또 부녀의 '정숙하고 순일하며 원한이 없는 정貞正純一, 無怨恨之情'이 부덕婦德임을 강조한다.[51]

이렇게 「이남」시 원문의 맥락에서 벗어나는『여자훈』의 해석은 일본의 역사적 사실과 구마자와 반잔, 중씨의 개인적 여교 도덕 윤리 규범에 대한 주장을 절충한 시가 해석이다. 에도시대『시경』독자 각각의 마음에 드는 감정이 없었다고 할 수 있겠는가?『여자훈』의 마지막에는 다음과 같은 대화가 기록되어 있다.

> 물음 : (『여자훈』) 「이남」의 해석 중에는 선유先儒의 주해注解 중에 보이지 않는 경우도 있는데, 세상 사람들은 이것이야말로 새로운 설이라고 생각합니다. 아무래도 의심스럽습니다.
>
> 답변 : 비록 그렇지만, 보이는 품절은 천변만화千變萬化하지만 이치理는 하나인 것이다. 성현聖賢이 가르치는 바는 학자學者가 배우는 바이니, 비록 그 취지가 각각 차별이 있긴 하지만, 그 덕德에 들어가도록 돕는다는 점에서는 이것도 마찬가지입니다. 어찌 굳이 일정한 것에 구애되어 변통變通을 배척하겠는가?[52]

이 문답에서 보건데, 필자는 구마자와 반잔이 「이남」시를 남녀의 사모하는 정으로 '시'를 풀이하는 방식 외에 에도 초기 주자학이 널리 퍼짐에 따라 더욱 엄격한 '시교'관을 형성함으로써 '음시설'의 표출을

---

51 熊澤蕃山,『女子訓』, 172면.
52 熊澤蕃山,『女子訓』, 199면. "問 : (『女子訓』)「二南」之解釋中, 有未見於先儒注解中者, 世人以爲此乃新說, 恐有疑之? 答 : 雖然, 所見之品千變萬化, 但理則一也. 聖賢之所教, 學者之所學, 雖其旨趣各有差別, 然其爲入德之助, 此則一也. 何必泥於一定, 而排斥變通乎?"

제약한 것이라고 생각한다. 바로 『시경』의 경서로서 사회 교화 기능을 지키고자 했기 때문에 '시교'의 극단적 발전은 '성정이 바른' 남녀의 말이라도 모두 남녀의 사사로운 정으로 풀이되지는 않도록 변화하였다. 또, 목적이 '정경正經'인 「이남」을 여덕의 교본으로 삼으려는 데에 있었기 때문에 '성정의 바름'이라는 것은 유순하고 정숙하며, 인고하고 자혜로우며, 의심도 투기도 하지 않고, 인내하고 효를 다하는 정숙한 덕의 여성 형상으로 이끌어야 했다. 또한 부녀자의 몸가짐, 말과 행동거지, 옷차림과 꾸밈은 전면적으로 통제할 것을 요구했고 이러한 것들을 집안의 도덕윤리와 결합시켰다. 이는 '시교'에 대한 반잔의 계승과 보호이자 주자 '음시설'에 대한 초극인 한편 에도 초기 주자학의 흥성이 유가 예교사상의 규범하의 여덕을 요구한 것이다.

이렇게 유순하고, 조용하며, 단정하고, 정숙한 여성의 형상은 확실히 '자신을 희생하고 순종하고 몰래 눈물지어야 대단한 여성'이라는 히라쓰카 라이테우의 말과 일치한다. 그 형상은 틀림없이 음성陰性의 달이다. 에도시대 당시 일본 무사 이상 계급의 부녀자들이 자아의 뜻을 세우고 선각자들에게 묻고 성현들의 경전을 읽을 수 있었다면 그 행위가 터무니없이 부끄러운 줄 모르는 지경에는 이르지 않을 것이라는 반잔의 호소로부터 중씨가 말한 과거 일본에 많았던 슬기롭고, 야무지며, 재주 있고, 똑똑한 여성을 다시 견주어보면, 에도시대 이전 일본 여성의 형상은 분명 반잔이 '정경'인 「이남」으로 빚어내고자 했던 음陰적이고 부드러운 '달'형 여성의 형상과는 차이가 있다. 이를 통해 일본에서 '여교'의 근세적 변형을 볼 수 있다. 후쿠자와 유키치가 말한 유교주의의 '여성 심신 발전 방해'라는 일본 여성 윤리 도덕 교육은 에도 초기 구마자와 반잔의『여자훈』에 분명 거침없이 드러나 있다. 그러나 여성의 심신상 발전을 방해하는 이러한 여교는 당시에는 '정확하고正確' '이치에 맞아서合理' '더는 정당할 수 없이 당연한正當' 여성 교육이었을 것이다. 후쿠자와 유키치의 비판이 19세기 말 일본의 '여교'가 근대에 전환하던 과정 중에 다시 한 번 변모할 예고임을 알 수 있다.

4. 이익과 정약용의 '시교'관 및 「이남」의 여교 해석

앞에서 기술한 일본 에도 초기 구마자와 반잔이 「이남」의 시를 해석할 때 남녀의 사사로운 정을 부정한 독시의 경향은 조선 유학자 이익과 정약용의 「이남」 해석에서 더욱 분명히 나타난다. 필자는 이 절에서 조선 실학파 중 이른바 '경세파經世派'[53]인 성호 이익의 『시경질서』와 다산 정약용이 정조대왕에게 답한 『시경강의』의 「이남」 시에 대한 해석을 통해 이들이 어떤 '시교관'으로 '음시설'을 넘어섰는지 그리고 이들이 「이남」에서 주자가 말한 '성정의 바름을 얻은得性情之正' 남녀 간 사랑 노래를 받아들일 수 있었는지를 고찰하겠다. 이를 에도 초기 일본 유학자들의『시』읽기의 비교 대상으로 하여 17세기에서 19세기 말 동아시아『시경』해석과 유가 봉건 예교 사회에서 여교 교육의

---

53 이우성의 「한국실학연구의 현황과 동북아시아 삼국의 연대의식」(『中國文化研究』9, 北京語言文化大學, 1995, 20~23면)과 이종호의 「성호학파 중심의 한국 실학사상과 퇴계학」(『東岳論叢』1998, 81면)에서 18세기 조선 실학파를 셋으로 구분하고 있다. 첫째는 18세기 전반의 '경세학파', 둘째는 18세기 후반의 '이용후생학파', 셋째는 19세기 전반의 '실사구시학파'이다. 그 중 경세학파가 '성호학파'로 이익이 그 대표이며 한국 실학의 첫 번째 학자로 꼽힌다.

한 측면을 밝히는 시도를 하겠다.

현재 학계에서 이익의 『시경질서』에 대한 연구는 이미 그 성과가 적지 않아 참고할 만하다. 김흥규 교수는 이익의 『시경』설에는 주자에 대한 비평이 많으나 주자의 의리로 『시』를 해석하는 방식이라 기본적으로 주자 『시경』학의 연장[54]이라고 본다. 심경호 교수는 종합적 연구의 시각을 채택하여 『시경질의』에만 국한하지 않고 이익의 전체적인 『시경』학으로부터 이익이 음시에 반대하였고 '생시笙詩'라는 말을 주장했으며 『시경』의 교화 기능에 입각하여 '사무사思無邪' 등을 해석한 것이 이익 『시경』학의 특색이라 보았다.[55] 최석기 교수는 이익의 『시경』에 대한 학설을 상세히 고증하여 152편에 달하는 시에 대해 독자적인 견해를 제시했는데 이익의 『시경』 해석상 독특한 관점은 '현인을 구하여 백성을 다스린다求賢治民'는 시각에 시를 해석하는 종지가 있음을 지적하였다.[56] 백승석도 이익이 주자 주를 참고하여 경전 연구의 목적이 현실사회에 실제로 쓰기 위함에 있으며, 『시』를 풀이하는 데 있어 자구의 함의에 주의를 기울였고, '사무사'의 측면에서 음시를 보기 때문에 '알면 즉시 현인을 구한다知卽時求賢'는 시의 의미를 많이 도출했으며, 이익은 시어 속에 '정형政刑'과 '덕례德禮'를 둘 다 중시하는 경세의 의미가 내포되어 있다고 보았음을 지적하였다.[57] 백승석 교수는 또 『시경질의』가 대담하게 의문을 품고 열심히 탐구하며大膽懷疑, 認

---

54 김흥규, 『조선 후기 시경론과 시의식』, 고려대 민족문화연구소, 1995, 101면 참고.
55 심경호, 『조선시대 한문학과 시경론』, 일지사, 1999, 510~516면 참고.
56 최석기, 「성호 이익의 시경학」, 성균관대 박사논문, 1993, 86면 참고.
57 白承錫, 「李瀷及其『詩經疾書』」 『古典文學知識』, 199 第1期(이후 이익, 백승석 교주, 『詩經疾書校註』, 南京 : 江蘇教育出版社, 1999에 수록), 4~10면 참고.

116 조선시대 예교담론과 예제질서

眞探究, 멀게는 한·송을 이어받고 가까이는 새로운 기풍을 계승하여遠紹漢宋, 近承新風, 시야를 넓히고 전체적이고 깊이 들어가서視野開闊, 全面深入, 널리 창신하고 쓸모 있게 하여 청대의 유학자들과도 절묘하게 맞으며博創致用, 妙契淸儒, 연구한 바를 견주어 새로운 경지를 열고比較硏究, 別開一境, 겸허히 학문을 좋아하여 아랫사람에게 묻기를 부끄러워하지 않는謙虛好學, 不恥下問 가치가 있다고 하였다.[58]

홍콩학자 노명동은 이익의 『시』 해석에서 가장 큰 특색이 '예로 시를 주해함以禮注詩'에 있음을 지적하고 '시를 읽는 올바른 방법讀詩正法'이 '장을 잘라 현인을 구하는 뜻을 취하는 것斷章喩取求賢之義'에 있다고 보았으며 이러한 '시를 읽는 올바른 방법讀詩正法'에 이익의 정교관政敎觀을 기탁하였음을 지적하였다. 또한 이익은 '정성鄭聲'을 '정시鄭詩'라고 한 주자의 오류를 부정하는 방식으로 '음시'를 이해했다고 설명했다.[59] 김수경은 위의 한국 학자들의 연구에 기초하여 이익의 『시경』 연구가 체험과 과학적 실천을 중시하는 특징이 있고, 선진시기 문헌으로 『시』의 의미를 상호증명하게 함으로써 문학적 측면에서 『시경』을 비평하였으며, '경세치용'의 경전연구 태도를 중시하였음을 지적하였다.[60]

「이남」의 남녀 간 노래를 다룬 '정경正經'에 대해 이익은 어떤 태도를 취하고 있으며 어떻게 해석하고 있는지 등의 부분에 대하여 필자는 「여분汝墳」과 「초충草蟲」 두 편의 시에 대한 주해를 통해 고찰하고자 한

58 白承錫, 「『시경질서』의 학술문헌적 가치」, 『中國語文學』 58, 2011, 5~21면 참고.
59 盧鳴東, 「『詩敎』與「禮敎」: 朝鮮李瀷 『詩經疾書』中「以禮注詩」的思想內涵」, 『동양예학』 9, 경북대 동양예학출판회, 2002, 207~242면; 「從朱熹「淫詩說」看朝鮮李瀷的「讀詩正法」」, 『동아인문학』 5, 영남대 인문학회, 2004.6, 127~149면 참고.
60 金秀炅, 『韓國朝鮮時期詩經學硏究』, 台北: 萬卷樓圖書股份有限公司, 2012, 195~207면.

다. 우선 「여분」에 대한 이익의 주석은 다음과 같다.

　부인이 반드시 땔나무 하는 것을 일삼는 것은 아니지만, 날마다 남편이
돌아오기를 기다리는데, 이를 미루어 보면, 마치 「소남召南」의 '저 남산을
올라가서陟彼南山'와 같다. '마치 굶주린 듯 허기지네요怒如調飢'는 마치 굶주
려서 먹기를 기다리는 상황과 같다. (…중략…) 나라가 장차 망하려 할 때
에는 마치 물고기가 환난이 뒤에 있는데도 스스로는 모르는 것과 같다.[61]

　앞서 언급한 바와 같이 주자는 『모시서』의 기초와 「이남」의 남녀를
다룬 노래가 '성정의 바름'을 얻었다는 인식을 가지고 있었다. 여汝땅
은 이미 문왕의 덕풍을 입었으므로 가정 내에서 '성정의 바름'을 얻은
부녀자들을 원래부터 간직하고 있었고 남편이 돌아온 후에도 이성적
으로 그 감정을 다스릴 줄 알며 낯간지러운 부부간, 남녀간의 사사로
운 정을 풍습으로 삼지 않았다. 나라와 부모 등 큰 국면을 생각하는 마
음이 있었고 그래서 주자는 "아직(오히려) 임금을 존숭하고 윗사람을
친근히 하는 뜻이 있으나 정답고 아끼며 함부로 친압하는 사사로움은
없다"라고 주해했던 것이다. 그러나 이익의 해석은 시작부터 「여분」
의 앞 두 장이 아내를 그리워하는 마음을 묘사하고 있음을 인정하는
것 같다. 그러나 그는 시에서 가지를 치고 다시 자란 가지 또 치는 것
은 부인이 정말 여하汝河의 둑에서 땔감을 하고 있는 것이 아니라 그리

61　李瀷, 白承錫 校註, 『詩經疾書校註』, 南京 : 江蘇教育出版社, 1999(이하 『詩經疾書校註』로
　　표기). "蓋婦人未必以薪樵爲事, 日望夫還, 托此而往, 如 「召南」之 「陟彼南山」也. 「怒如調
　　飢」, 如飢之待哺也. (…중략…) 國之將亡, 如魚禍患在後而不自知也."

운 마음이 깊어서 부역을 나간 남편이 집으로 돌아오기를 매일 기다리고 있기 때문에 땔감을 하는 것을 핑계로 여하汝河의 둑에 나가 바라보는 것이라고 주장한다. 만약 이러한 해석에서 보자면 이익은 「여분」이라는 시의 앞 두 장이 '남녀의 사랑노래男女之情詞'라고 말하는 듯하지만 문제는 이익이 「여분」 속 부인의 언행을 「소남」의 '척피남산陟彼南山'이라는 구절과 같다고 말한 것이다.

다음은 「소남」의 '척피남산'이란 「초충」의 두, 세 번째 장 첫 구에 있는 구절이다.

찌르찌르 풀벌레	喓喓草蟲,
풀쩍풀쩍 메뚜기	趯趯阜螽.
군자를 뵙지 못해	未見君子,
걱정스런 마음 그득	憂心忡忡.
다시 뵐 수 있을까	亦旣見止.
다시 뵐 수 있다면	亦旣覯止,
내 마음이 놓일 텐데	我心則降.

저 남산에 올라가서	陟彼南山,
고사리를 뜯는다네	言采其蕨.
군자를 뵙지 못해	未見君子,
걱정스런 마음 애닯고	憂心惙惙.
다시 뵐 수 있을까	亦旣見止.
다시 뵐 수 있다면	亦旣覯止,

| 내 마음 기쁠 텐데 | 我心則說. |

저 남산에 올라가서	陟彼南山,
고비를 뜯는다네	言采其薇.
군자를 뵙지 못해	未見君子,
내 마음 서글픈데	我心傷悲.
다시 뵐 수 있을까	亦旣見止.
다시 뵐 수 있다면	亦旣覯止,
내 마음이 가라앉을 텐데	我心則夷.

주자는 「초충」을 다음과 같이 해석한다.

남국南國이 문왕文王의 교화를 입어, 제후의 대부가 밖에 나가 나랏일을 하자, 그 아내가 홀로 머물며 시물時物의 변화를 느끼고 그 남편을 이처럼 그리워했으니, 또한 「주남周南」의 「권이卷耳」와 같다. (…중략…) 산에 오르는 것은 남편을 바라는 것을 가탁한 것이다.[62]

매일 땔감을 구한다는 핑계로 여하汝河의 둑에 나가 남편이 오는지 바라보고 있다는 이익의 해석은 원래 기본적으로 「여분」과 「초충」에 대한 주자의 해석을 결합시킨 것이다. 그러나 이익은 천하를 덕화德化한 「이남」의 시가 남편을 그린다거나 집을 홀로 지키고 있는 아내가

---

62 朱熹, 『詩集傳』卷1, 「草蟲」, 413면. "南國被文王之化, 諸侯大夫行役在外, 其妻獨居, 感時物之變而思其君子如此. 亦若 「周南」之 「卷耳」也. (…중략…) 登山蓋託以望君子."

남편의 귀가를 기쁘게 바라는 '남녀의 사랑노래'라는 것을 받아들일
수 없었던 듯하다. 그래서 「초충」의 취지가 '현인을 갈급하는 뜻'이라
고 주장하였다.

　　보았으나 뵈지 않는 것은 눈여겨 보았으나 마음으로 깨닫지 못하는 것이
다. 보았으나 만나지 못하는 것은 마음으로 깨달았으나 뜻을 살피지 못한
것이다. 『가어家語』에서 이 선善을 좋아하는 증거를 인용하였으나, 「채미采
藢」와 「채빈采蘋」 사이에 있어서, 『좌전左傳』과 「춘관春官」과 더불어 서로
비추는데, 현인賢人을 갈급하는 뜻과 비슷하다. 이것도 시를 읽는 차례인
것이다.[63]

　　이 인용에서 보건데, 이익이 「여분」과 「초충」 두 시의 의미를 모두
'현인을 갈급하는 뜻'으로 풀이한 것은 우선 두 시 모두 남국南國에서 홀
로 집을 지키는 부인이 부역나간 남편을 그리는 마음을 간직하고 있다
고 한 주자의 말에 의거한 것이다. 그러나 이익은 한 걸음 더 나아가
『공자가어』 「오의해五儀解」에서 '내가 듣기로 군자는 내기博를 하지 않
는데 이유가 있습니까?'라고 한 노魯 애공哀公의 물음에 대해 공자가 「초
충」의 '군자를 뵙지 못해 걱정스런 마음 애닲고 다시 뵐 수 있을까 다시
뵐 수 있다면 내 마음이 기쁠 텐데未見君子, 有心忡忡, 亦旣見止, 亦旣覯止, 我心
則說'라는 구절을 들어 고대의 성왕이 '선도善道를 좋아하는 정도가 이와

63　『詩經疾書校註』, 24면. "有視而不見者, 目寓而心不覺也. 有見而不覯者, 心覺而意不察
　　也. 『家語』引此好善之證, 而在 「采藢」, 「采蘋」之間, 與『左傳』「春官」相照, 亦似乎急賢人
　　之義, 此又讀詩之例也."

같았다好善道甚也如此'라고 설명했다. 이어서 이익은 시의 편장 배치 순서를 근거로 「초충」이 「채번采蘩」과 「채빈采蘋」 두 시 사이에 들어가야 한다고 보았고 이 두 시가 '사람을 쓰는 방법用人之法'과 '사물이 하찮을 수록 쓰임은 중요할 수 있음物逾賤而用可重也'을 말하고 있으므로 「초충」은 현인을 급히 찾고 중용함을 말하는 시임에 틀림없다고 본 것이다.

이익은 다시 『좌전』「양공 27년」 자전子展이 「초충」을 읊자 조맹趙孟이 '좋도다, 백성의 주인이여!善哉, 民之主也!'라고 한 것과 『주례周禮』「춘관春官・악사樂師」에서 '대부는 네가래를 캐어 절조로 삼고大夫以采蘋爲節, 사士는 흰쑥을 캐서 절조로 삼는다士以采蘩爲節'라고 한 것을 들어 「초충」이 '현인을 갈급하는' 시임을 확인시키고자 설명했다. 「여분」과 「초충」이 같다고 한다면 「초충」 시의 의미는 '현인을 갈급하는 뜻'이지 '남녀의 사랑노래男女情詞'가 아닌 것이다.

그러나 주자는 또한 「초충」이 「주남」의 「권이卷耳」와 같다고 하며 「권이」를 다음과 같이 풀이하였다.

> 이것도 후비后妃가 스스로 지은 것이니, 이를 통해 그 정숙하고 전일專一함이 지극함을 볼 수 있다. 어찌 문왕文王이 조회朝會하고 정벌征伐하는 때를 당하여 유리羑里에 유폐되었던 날에 지었겠는가?[64]

다시 말하면 주자는 「권이」, 「여분」, 「초충」을 문왕, 제후, 대부, 사 계급 등의 남편들이 군역이나 부역으로 밖으로 나가있기 때문에 후비,

---

64 朱熹, 『詩集傳』卷1, 「卷耳」, 406면. "此亦后妃所自作, 可以見其貞靜專一之至矣. 豈當文王朝會征伐之時, 羑里居幽之日而作歟?"

부인, 아내들은 홀로 집에 남아 남편을 그리며 도꼬마리나 고사리를 캔다는 핑계로 산에 오르거나 땔감을 한다는 핑계로 강둑에 가서 남편을 그리워하는 마음을 쓴 시라고 본 것이다. 그런데 이익이 「초충」과 「여분」을 '남녀의 사랑노래男女情詞'가 아니라 '현인을 갈급하는 뜻'으로 풀이한다면 「권이」의 시의는 어떻게 해석할 것인가? 이익이 「권이」를 해석한 앞부분에서 다음과 같이 언급했다.

> 「권이」는 혹자는 현인을 찾는 작품이라고 하는데 사실에 가까우니, 후비后妃가 지은 것이 아니다. 도꼬마리卷耳가 길 옆에 났으니, 마치 쉽게 찾았으나 오히려 많이 얻을 수 없을 듯이 해야 하거늘, 하물며 현인이 먼 곳에 있는 경우임에랴?65

이익은 시작부터 「권이」를 '후비의 뜻이니, 마땅히 임금이 현인을 찾고 관직을 살피는 것을 돕고 신하된 자의 수고를 알아야 한다'66라고 한 『시서詩序』의 해석을 긍정하고 있다. 이는 후비가 문왕을 그리워하는 것이라고 본 주자의 해석을 완전히 부정하는 한편, 「권이」, 「여분」, 「초충」이 시의가 서로 같은 일련의 시라는 주자의 개념을 따라서 결국 「권이」도 '현인을 들이고 인재를 구하는' 시로 이해를 한 것이다. 이익은 다음과 같이 말하였다.

---

65 『詩經疾書校註』, 9~10면. "「卷耳」或謂求賢之作者近是, 非后妃之作也. 卷耳生於道旁, 宜若易求猶不能多得, 況賢人在遠者耶?"
66 『十三經注疏 2 詩經』, 臺北 : 藝文印書館, 1989, 33면上. "后妃之志也, 又當輔佐君子求賢審官, 知臣下之勤勞."

권이가 길 옆에 났으니, 마치 쉽게 찾았으나 오히려 많이 얻을 수 없을 듯이 해야 하거늘, 하물며 현인이 먼 곳에 있는 경우임에랴? 높은 돌산崔嵬은 가장 높은 것이니, 그것을 바라보면 볼수록 멀어지고, 오르면 오를수록 더욱 높아진다. 대뢰大罍와 소굉小觥은 모두 손님을 접대하는 도구이니, 먼 곳의 사람을 기다려도 오지 않아서 걱정스런 마음이 그득하여 먼저 술을 따른 뒤에 먼 곳에서 오길 기다리는 것이다. 우선姑이라고 했으니, 그 기다림을 그치지 못하는 것이다. 일단 얻을 수 없으면, 다시 산마루에 오르고 흙산에 오르는데, 그 다음을 생각한 것이다. 말이 병들고 마부가 앓는다는 것은 아랫 사람들이 현인을 나아가게 할 수 없음을 책망한 것이다. (…중략…)「권이」시는 그 뜻이 원대하다.[67]

이익의 이러한 시 해석 방법은 이미 시어의 맥락에서 벗어나 있다. 도꼬마리, 땔나무의 가지, 고사리와 같은 것에서 실제로 '현재군자賢才君子'의 형상을 연상할 수 없다면「초충」의 '저 남산에 올라가서陟彼南山', '군자를 뵙지 못해未見君子'라는 시구를 재위에 있는 임금이 '현인을 갈급해하는 듯한 의미似乎急賢人之義'라고 풀이하는 것은 더욱 그러하기 때문이다. 이렇듯 이익은 그 전에 언급한 '날마다 남편의 귀환을 바라는 것을 이를 이유로 나가는婦人是因日望夫還, 托此而往' '부인'을 '재위에 있는 임금在位者'과 같이 보는 것이 아니라면 '날마다 남편이 돌아오기를 바라는 것日望夫還'이 '현인을 급히 구하는 것急求賢人'이 된다고 보았다.

---

67 『詩經疾書校註』, 10면. "卷耳生於道旁, 宜若易求猶不能多得, 況賢人在遠者耶? 崔嵬, 高之極, 望之愈遠, 陟必愈高. 大罍小觥, 皆待賓之具, 望遠人而不至, 憂心忡忡, 先酒而候遠. 言姑則其望之也不休. 旣不可得則又陟岡, 陟砠, 思其次也. 馬病, 僕痡, 責群下之不能進賢也.(…중략…)「卷耳」之詩, 其義遠矣."

분명한 것은 이것이 이익이 시적 자아의 내면을 해석하는 모순이며 그 이유는 '음시설'을 인정하지 않는 것에서 기인하는 것이라는 점이 다. 따라서 당연히 주자가 말한 시대와 사물의 변화를 따라 도덕 기풍 이 하층을 변화시킨 후에 생겨난 '변풍變風'이라는 노래 ─ '음시'도 인 정하지 않는 것이다. 이러한 시해석이 남녀의 정을 끊어버리는 방식은 극단적으로 발전하는 바람에 설령 독자로 하여금 그것을 읽으면 '현인 을 그리는 마음思其賢'을 불러일으키는 「이남」의 '정경'이라 할지라도 이익은 이를 받아들일 수 없게 되었다.

이익의 이러한 입장은 「표유매摽有梅」에 대한 해석에서도 엿볼 수 있 다. '나를 찾는 남자들求我庶士, 길일에 오세요迨其吉兮', '나를 찾는 남자 들求我庶士, 지금 오세요迨其今兮', '나를 찾는 남자들求我庶士, 약속이라도 해주세요迨其謂之'라고 하며 여성 스스로 짝을 부르는 이 구절을 주자는 다음과 같이 해석한다.

남국은 문왕의 교화를 입어서 여자가 정숙하고 신실함으로 자기 몸을 지 킬 줄 알아서, 자신이 시집가는 것이 때를 놓쳐서 강포한 자가 욕보일까봐 두려워하였다. 그러므로 '매실이 떨어져서 나무에 남아있는 것이 적다'고 말하여 때가 지나버려 너무 늦었다는 것을 보여주고, '나를 찾는 남자들 중 에는 틀림없이 이 길일吉日에 찾아오는 이가 있으리라!'고 한 것이다.[68]

---

68 朱熹,『詩集傳』卷1,「摽有梅」, 416면. "南國被文王之化, 女子知以貞信自守, 懼其嫁不即 時, 而有强暴之辱也, 故言梅落而在樹者少, 以見時過而太晚矣, 求我之衆士, 其必有及此 吉日而來者乎."

이익은 일단 주자 주를 기초로 이것이 『주례·추관周禮·秋官』의 흉황살례凶荒殺禮 현상임을 인정한다. 또한 이익에 의하면, 『주례』에서 중춘仲春인 2월을 혼인의 기간으로 하고 이 시기에는 사통하여 도망가는 것을 금하지 않는다. 그러나 남녀가 결혼 적령기인데 아직 혼인을 하지 못했다면 이러한 남녀는 중춘이라는 시기에 국한될 필요는 없다. 남자의 집에서 길일을 받아 바로 여자의 집에 알리면 되고 여자 집에서는 납길納吉, 문명問名, 납징納徵, 청기請期 등의 혼례의식을 행하면 된다. 이익은 이를 규수가 이성을 그리워한다는 주해를 붙이고 이 시를 「소남」의 또 다른 시인 「야유사균野有死麕」을 참고해 보아야 한다고 주장했다. 그러나 주자가 말한 것처럼 규수가 스스로 지은 것은 아니고 시인이 형용해 낸 것이라고 해석했다. 그렇다면 시인은 이 규슈가 이성을 그리는 시로 무엇을 형용하고자 한 것인가? 이에 대해 이익은 다음과 같이 말한다.

군신君臣이 서로 찾는 말이라고 하는 설도 있다. 무릇 인정人情이 지극한 곳은 남녀보다 더 절실한 것이 없기 때문에 이것으로 비유한 것이다. 성왕聖王의 치세에는 사士가 나라에서 찾는 것이 마치 나라가 현인을 구하는 듯하기 때문에, 시인이 「표유매摽有梅」로 다음과 같이 경계한 것이다. "저 초야草野의 군자는 날마다 정초旌招로 초빙하는데, 신중하여 눈길을 돌리거나 늦는 바람에 기회를 잃지 않는다. 임금은 인정이 이와 같음을 알고 때에 맞추어 현인을 찾아야 한다.[69]

---

69 『詩經疾書校註』, 33면. "一說君臣相求之詞. 凡人情至處, 莫切於男女, 故以此爲喩. 聖王之世, 士求於國, 如國之求賢, 故詩人以摽梅警之曰：彼草野之君子, 日望旌招之聘, 愼無腕

혹시 위와 같은 이유라면 이익은 이미 「여분」에서 여하汝河의 강둑에 가서 땔나무를 하던 홀로 집을 지키던 부인을 이미 인정한 것이 분명하다. 아울러 이익은 주자 주의 기초 위에 이 부인이 사실은 땔나무를 하기 위해 여하汝河의 강둑에 나간 것이 아니라 그 목적이 '남편이 돌아오기를 바람日望夫還'에 있음을 짐작하고 있었다. 이렇게 시를 해석한 것을 보면, 이익은 기본적으로 이 시가 남편을 그리는 부인의 마음을 표현한 '남녀의 노래'임에 이미 동의하고 있었다. 그런데 「소남召南」의 저 남산에 올라가서陟彼南山와 같이'라는 구절을 즉시 보충할 것을 생각지 못하여 전후 맥락을 연결시키지 못하게 된 것이다. 그러나 이러한 견강부회 때문에 이익은 『시경』에 음시가 없다는 주장을 견지하게 된다. 여기서 알 수 있는 점은 이익이 남녀 간 사랑 노래를 엄격히 막았고 「이남」의 성정의 바름을 얻은得性情之正 '정경'도 거기에 포함된다는 것이다. 이처럼 이익은 주희가 말한 음분지시淫奔之詩가 사실은 음분淫奔한 이들이 스스로 그 일을 진술한 음시가 아니라 남녀에 빗대어 군신의 관계를 쓴 시작詩作이라고 하여 자신이 주장한 바를 견지하고 있다.[70]

晚而失期也. 人主宜知人情之如此, 及時而求賢也."

[70] 『시서』에서는 6편만 음시로 예를 들고 있으나 주자의 『시집전』은 음시가 30편이라고 보았다. 노명동盧鳴東의 「朱熹「淫詩說」看朝鮮李瀷의 「讀詩正法」」에 의하면, 『시집전』이 인정한 30편의 음시 중 24편은 임금과 현신을 제재로 한 시이고 나머지 4편인 「용풍鄘風・상중桑中」, 「위풍衛風・맹氓」, 「왕풍王風・대차大車」, 「정풍鄭風・장중자將仲子」는 음란한 말이 있으나 이익은 이 4편도 교화를 밝히거나 나라를 다스리는 도와 관련이 있다고 보았다. 이익은 제양공齊襄公이 노나라 문강文姜에게 음행을 한 「제풍齊風・동방지일東方之日」과 진령공陳靈公이 하희夏姬에게 음행을 한 「진풍陳風・주림株林」만이 음시임을 인정했다. 또한 「상중桑中」에 대해 "淫風則已盛矣, 聖人採之者, 乃以其人之可戒也"(『詩經疾書校註』, 78면)라고 했으며 「맹氓」에 대해 "爲垂戒而採之"(『詩經疾書校註』, 96면)라고 했다. 이로써 이익의 국풍론과 『시경』에 음시가 없다는 설은 내재적 모순성을 지님을 알 수 있다.

또한 주자는 '음淫을 나타냈으나 생각은 음淫하지 않다見淫而思不淫'라고 한 징계설懲創說로 '시교'의 완정성을 유지하려고 했거나 '현능한 자를 보면 본받고 싶어하는見賢思齊' '정경'의 남녀 간의 예교 교화로 인륜 도덕을 이어보고자 시도했다. 이와는 달리 이익은 공자孔子가 말한 '사무사思無邪', 공자산시설孔子刪詩說, 채시설採詩說,71 '정시鄭詩'가 '정성鄭聲'이 아니라는 입장72을 고수하였다. 그리하여 '정교政敎'로 남녀의 '예교禮敎'를 대체한 것이며 '예교의 시교禮敎之詩敎'가 연결하는 인륜 도덕 규범을 현신賢臣이 정치를 돕고, 임금이 현인을 급히 구하는 '정교의 시교政敎之詩敎'로 옮겨가고자 시도했다. 따라서 「이남」을 남녀의 사랑 노래로 해석한 것이다. 이익의 이러한 시 해석 방향은 경세치용의 실학적 풍격을 충분히 보여줄 뿐 아니라 주자음시설에 대한 이러한 수정을 「이남」 '정경正經'이나 음시의 풀이로 옮기는 것이었다. 이러한 시들의 의미가 남녀 사랑노래가 아니라는 주장이 바로 이익의 '시를 읽는 올바른 방법讀詩正法'이었다. 결국 「이남」 후비의 덕에 의한 '여성 교화'는 이익의 '올바른 시 읽기讀詩正法'의 해석에서 모두 현인이 바름을 돕고 위험에서 구해주는 '정교政敎'인 것으로 되어버렸다. 그러나 이는 결코 이익이 '예교'를 중시하지 않는다는 것이 아니라73 어떻게 「이남」의 남

---

71 『詩經疾書校註』, 121면. "詩之所採, 不過就其間取出類美行, 及尊貴婦女之失倫可戒者, 而與聲不同, 雖有委巷穢亂皆在所棄也."
72 『詩經疾書校註』, 78면. "子曰: 『鄭聲淫』聲, 音也, 而未曾言詩."
73 『시경질서』의 '예교'사유는 시에 주해하는 방식으로 말하자면 기본적으로 '예로 시를 주해하며以禮注詩' 그 목적은 예제를 통하여 국가 통치의 도를 안정화하는 것에 있다. 그러므로 '견현사제見賢思齊'의 '정경'이나 '음한 것을 보고 음하지 않은 것을 생각한다見淫而思不淫'는 음시를 인정하지 않는 것이다. 이익의 '이례주시以禮注詩'에 대해서는 노명동盧鳴東의 「『詩敎』與『禮敎』: 朝鮮李瀷『詩經疾書』中「以禮注詩」的思想內涵」에서 상세하게 분석하고 있어 많은 것을 참고할 수 있다.

녀 간 사랑노래를 임금이 현인을 구하는 '정교政教'로 해석하는지를 설명하는 것이다. 남녀 간 사랑 노래를 임금이 현인을 간절히 구하는 것이라고 무리하게 해석하는 이익의 '해시정법解詩正法'은 '정성鄭聲'의 음시 「풍우風雨」에도 적용되어, 음분淫奔을 하는 여성이 그것을 약속한 사람으로 인해 기쁘다는 것을 해석할 때 이익은 이 시에도 여전히 앞서 언급한 시들과 같은 식으로 '꼭 전부 음녀가 지은 것이라고 할 필요는 없다未必皆淫女之作'고 하면서 '세상을 구할 재목─군자救世之材具─君子'라고 보았다. 이익은 다음과 같은 생각을 감추지 못하고 언급했다.

이 편을 읽을 때마다 성절聲節이 은근격앙殷勤激昂하여, 모르는 사이에 감탄하게 된다.[74]

'사무사'에 근거하여 주자의 '음시'를 부정하거나 「이남」 속 성정의 바름을 얻은 남녀의 사랑 노래를 부정하는 이익의 '시를 읽는 바른 방법'은 시에 대한 해석을 '남녀의 예교'에서 '간절히 현재를 구하는 정교'로 바꾸어 도출하였다. 이는 이익의 '경세실학'의 핵심정신을 말해주는 것 외에도 시를 읽는 데에 있어 귀하게 여길 부분이 '용시用詩'의 전개에 있음도 말하고 있다.[75] 동시에 그것은 『시서詩序』로 경을 풀이하는 시경 해석을 비판하면서도 주자 '음시설'과는 다른 '은근격앙殷勤激昂'의 새로운 '시교詩教' ─ '정교政教'였던 것이다. 이익의 '은근격앙殷勤

---

74 『詩經疾書校註』, 140면. "每讀此篇, 聲節殷勤激昂, 不覺感嘆."
75 이익 독시의 귀중한 부분은 용시用詩에 있다는 것은 기본적으로 육의六義를 해석하는 것에서부터 비롯되었을 수 있다. "凡詩之用, 有六義也", '然六者皆以用, 不以體'(『詩經疾書校註』, 3면).

激昂'한 새로운 시교는 이후 조선 후기 경세실학자 다산 정약용에 의해 '온유격절溫柔激切'의 시교로 계승되고 발전된다.[76]

정약용에 관련된 연구는 학계의 연구 성과가 상당히 풍부하며 비교적 초기 연구로 김기철金基喆의『정조와 정약용의 시경문답 연구』가 있다. 이 연구는『시경강의』의 저술 과정 및『시서』, 육의六義, 이남二南, 채시설採詩說 등에 관한 다산의 견해를 전면적으로 고찰하고 있으며 이어서 다산의 시 해석 원칙, 시 해석 유형 및 시 해석의 결점 등을 설명하였다.[77] 김수경 교수의 연구에 의하면 다산의『시경강의』에 대한 한국학계의 연구성과는 크게 두 측면으로 귀납할 수 있다. 하나는 다산의『시경』학과 사언시에 관련된 것이고 다른 하나는 국풍론이나『시서』관, 비흥론比興論 등『시경』학의 주요 쟁점에 대한 다산의 관점에 관한 것이다.[78] 그 중 대표적인 연구로 최신호의「정다산의 문학관」이 있는데, 이 연구는 다산의 '『시경』시법에 대한 존중'을 지적했다.[79] 김흥규는 다산 시학관과『시경』관 사이의 연관성에 주의하여 다산『시경』학의 특징을 '온유격절溫柔激切'로 규정하였다.[80] 심경호는 다산 국풍론의 내부적 모순을 분석하는 한편 다산 시론과 신구 시설을 정리했고 국풍의 여러 시의 작자와 미자론美刺論(시경 속 찬미와 풍자에 관한 논의)

---

76 김흥규는「성호 이익의 시경론」(『현상과 인식』5-1, 2005, 48~78면)에서 다음과 같이 주장한다. "이익은 윤백호尹白湖 박세당朴世堂을 계승하였으며 다산의『시경』해석에 영향을 주었다. 이익이 조선 경세 실학과『시경』해석 발전사상 선학을 계승하고 후학을 계몽한 중요한 인물이라고 할 수 있겠다."

77 金基喆,「朝鮮正祖大王與丁若鏞問答詩經之研究」, 臺北 : 國立臺灣師範大學國文研究所 博士論文, 1991.

78 金秀炅, 앞의 책, 210면.

79 최신호,「정다산의 문학관」,『한국한문학연구』1, 한국한문학연구회, 1976.

80 김흥규,『조선 후기 시경론과 시의식』, 1995, 213면.

의 차이를 정리했으며 나아가 다산 국풍론을 정리하고 청대 유학자 모기령의 영향을 받았음을 밝혔다.[81] 김수경은 다산의 '탁우심원託寓深遠'의 흥관興觀과 다산 흥관興觀 의 변천 과정을 연구하여[82] 다산의『시경』연구 방법을 다음과 같이 지적했다. ① 주희를 돌파하여 여러 학자의 견해를 두루 헤아려 참고한다突破朱熹, 參酌衆家, ② 고거의 방법을 운용하여『시경』을 해석한다運用考據方法解『詩』, ③ 선진시기『시경』을 인용한 뜻을 밝히는 것에 주의를 기울인다注重闡發先秦引『詩』之義, 성호 이익의『시경』학의 계승, 발전시킨다對星湖『詩』學的繼承與發展.[83] 이영호 교수는 다산과 신작申綽의『시경』학과『역경』학을 비교하여 조선 후기 경세학자와 훈고학자의 경학연구와 주자학 사이의 관련성을 드러내고 있으며 실학파 경학에 공존하는 주자 정신의 긍정적 수용과 자기만의 독특한 경설經說을 제시하고 있다.[84]

이러한 선행 연구 성과들에 의하면, 다산은 조선 경세실학의 대가로서 그의『시경』학은 이익의『시경』학 연구를 계승하고 있다. 또한 주자의『시집전』만을 존숭하지 않고 여러 학자의『시경』에 대한 학설을 널리 채용하는 방식으로 전향하였다. 그러므로 다산은 공자의 '시무사'라는 말과 '정성鄭聲'과 '정시鄭詩'는 다르다는 것에 근거하여 주자의 음시설을 부정하고 청대 유학자 특히 모기령의『시경』설의 영향을 깊

---

81 심경호,『조선시대 한문학과 시경론』, 일지사, 1999, 555~585・586~597면; 沈慶昊,「「丁
    若鏞的『詩經』論與淸朝學術的關係 : 以繼承, 批判毛奇齡學說爲例」. 黃俊傑 編,『東亞視野
    中的茶山學與朝鮮儒學』, 臺北 : 臺大出版中心, 2006, 115~151면 참고.
82 金秀炅, 앞의 책 참조.
83 金秀炅, 앞의 책, 221~229면.
84 이영호,「다산과 석천의 시경학과 역경학에 대한 일고찰」,『동양철학연구』76, 동양철학
    연구회, 2013, 38~60면.

이 받았다. 또한 이익이 '현재를 간절히 찾는急求賢才' '해시정법解詩正法'
으로 『시경』을 해석한 것과는 상대적으로 다산은 『시경』의 진고간금
陳古諫今의 기능을 강조하며 '풍간諷諫'의 관점에서 시를 해석하였다. 이
를 통해 당시의 폐단을 다스리고자 했고 사회의 모순에 대한 비판을
시도하였다. 그러므로 이익의 '현재를 간절히 찾는' '은절격앙'의 새로
운 시교詩敎이고 다산은 '시대의 상황을 풍간하는諷諫時局' '온유격절'의
새로운 시교이다.

　이 글은 이익의 『시경질서』에 이어 다산 『시경강의』의 「이남」 해석
을 일본 에도시대의 『시경』 「이남」 해석의 비교 대상으로 삼을 것이다.
그 이유는 이익의 『시경질서』와의 계승 관계 이외에 『시경강의』 중 시
기가 가장 이른 부분이 초기 건륭 신해년1791 9월 『시경』 조문 800여 장
에 대한 정조의 물음에 답한 것으로 1809년에 다산이 다시 그 답을 『시
경강의』 22권으로 정리했는데 이것이 현재까지 전하는 『시경강의』이
기 때문이다. 1810년에 다산은 따로 『시경강의보유詩經講義補遺』 3권을
저술하여 강의 문답간의 부족한 부분을 보충하였으며 선진先秦 양한兩漢
의 전적 중에서 '일시逸詩'를 집록하여 분석하였다. 다산이 1836년에 별
세하였으므로 필자는 『시경강의』를 19세기 중엽 이전 조선 『시경』 해
석의 중요한 대표작으로 볼 수 있다고 생각한다. 또한 다산 서거 1년 전
인 1835년은 후쿠자와 유키치福澤諭吉가 태어난 해이므로 우리는 『시경
강의』를 통해 확연히 근대로 진입하고 있는 전단계에서 조선의 『시경』
「이남」 해석이 여전히 일정 정도 전통적 해석의 공통점을 지니고 있는
지 아니면 이미 변화의 기미가 나타나는지를 확인해 보지 않을 수 없다.
또한 그 속에서 당시 조선의 '여교女敎' 문제와 부녀자가 처했을 상황을

관찰할 수 있을 것이다.

다산『시경강의』시 해석의 전통적 공통점은 '국풍'의 여러 시를 풀이하는 것에서『모서毛序』를 따르거나『시집전』을 따르는 것이라는 부분에서 그 한 측면을 살펴볼 수 있을 것이다. 필자는 심경호 교수의『조선시대 한문학과 시경론』의「부록」에서 정리한『시경강의』,『시경강의보유』와 윤정기尹廷琦의『시경강의속집詩經講義續集』을 통하여 다산은「국풍」의 작자와 미자美刺와 관련하여『모서毛序』나『시집전』등의 신구 시설詩說과 어떻게 다르게 자료를 정리하고 있는지를 보고 이 글의 앞에 언급한「이남」의 경우에 초점을 맞추어 다산의 '시교관' 및 '정경', '음시', '여교'에 대한 관점을 개략적으로 고찰하겠다. 또한 이를 통해 19세기 중엽 이전 조선의『시경』「이남」해석 상황을 살펴보겠다.

앞서 구마자와 반잔과 이익의「이남」시에 대한 해석을 고찰할 때 제시한 실증의 기초를 두 유형으로 나눌 수 있다. 하나는 주자『시집전』에서 남편은 부역을 하러 밖으로 나가고 혼자 사는 부녀자의 정회를 쓴 시라고 한「여분」,「초충」,「권이」같은 시들이고 다른 하나는 주자『시집전』에서 남국南國이 문왕의 덕에 교화되어 여성들의 덕성이 단정하고 정숙해져서 스스로 정절을 지킨다는「한광」,「표유매」,「야유사균」과 같은 시들이다. 심경호 교수의 견해에 의하면 다산은 첫 번째 유형의 시들을 다음과 같이 해석하였다.「여분」이라는 시에 대해 다산의『시경강의』는『시집전』을 따르고 있다. 그러나『시경보유』에서는 탐관오리를 풍자하는 것으로 고쳤다. 여기에서 주자의 주를 따른다는 것은 다산이 정조의 저의를 부정함을 가리킨다. 즉, 부녀자는 땔나무를 해서는 안 되므로 이 시는 군자가 하지 말아야 할 벼슬을 풍유한 것이라는 해석이다. 다산은 먼저 『한시외전韓詩外傳』의 '사록仕祿'의 설을 들어 '녁여조기惄如調飢'가 이별의 아픔을 가리킨다고 설명하고 다시 정조의 이 설명과 문왕의 교화가 서로 관련이 없음을 설명하였다.[85] 그래서 가족들이 홀로 사는 부인의 노고를 위로하며 '문왕의 덕이 부모와도 같아서 바라보면 가까이 있지만 또한 그 노고를 잊어버리기도 하는구나'라고 했다는 것이다.[86] 그러나 다산은 『시경보유』에서 시 중 '방어는 꼬리가 붉어졌는데魴魚赬尾'의 뜻을 다음과 같이 보충하였다.

　탐관오리貪官汚吏가 방자하게 마구 탐욕스러운 것은 망국亡國의 상象이다. 소민小民이 '마치 굶주린 듯 허기지네요惄如調飢'는 탐욕스런 관리가 살찌우는 방식을 말하는 것이다.[87]

「초충」에 대해서 『시경강의』에서 『시집전』을 따르면서 다음과 같이 언급하였다.

　부인이 군자를 생각하는 것은 사물을 보고 마음이 상하여 느끼는 바가 친절한 것이다.[88]

85　丁茶山, 『詩經講義』, 『한국경학자료집성』 9, 성균관대 출판부, 1995에서 인용, 42〜43면.
86　丁茶山, 『詩經講義』, 42〜43면. "文王之德如父母然, 望之甚近, 亦可以忘其勞矣."
87　丁茶山, 『詩經講義』, 527면. "貪官汚吏縱恣橫斁亡國之象也. 小民惄如調飢, 談貪吏之所以肥也."
88　丁茶山, 『詩經講義』, 50면. "婦人之念君子者, 覽物傷心, 所感親切."

이에 『시경보유』에서 다산은 특별히 『좌전』 「양공 27년」 정백鄭伯이 수롱垂隴에서 조맹趙孟을 대접했을 때 자전子展이 「초충」이라는 시를 읊은 부분을 보충하여 이 시를 읊고 인용한 방식이 '단장취의斷章取義'임을 설명하였다. 「권이」에서 후비가 높은 곳에 올라 멀리 바라본 일에 대해 정조가 물었을 때 다산은 다음과 같이 대답하였다.

　말을 타고 산에 오르는 것은 참으로 부인이 할 일이 아닌데, 태사太姒는 정숙靜淑한 덕德이 있었으니 마땅히 이런 일은 없었을 것이다. 『소서小序』의 설명에서 '현인을 찾고 관위官位를 살핀다'고 한 말은 틀림없이 근거한 바가 있을 것이다. (…중략…) 『소서』는 「권이」를 후비의 뜻을 읊은 시라고 했는데, 고례古禮에서 「권이」를 규방閨房의 음악으로 여긴 것은, '현인을 찾고 관위를 살피는' 의리를 후비가 마땅히 알고 있었음을 일컫는 것이다. 그 시는 후비가 지은 것이 아니다.[89]

『시경보유』에서 다산은 양신楊愼의 '언덕을 오른다는 것은 문왕이 그곳에 오른다는 것이다陟岡者乃文王陟之' 등의 견해를 들어 다음과 같이 밝혔다.

　승암升菴(양신)의 설도 틀렸다. 현인을 찾고 관위를 살피는 의리는 고쳐서는 안된다.[90]

89　丁茶山, 『詩經講義』, 29~30면. "乘馬登山, 誠非婦人之事, 太姒有靜淑之德, 宜無是也. 『序』說之言, 求賢審官, 必有所據. (…중략…) 『小序』以「卷耳」爲后妃之志, 古禮以「卷耳」爲房中之樂者, 謂求賢審官之義, 后妃宜知之也. 若其詩則非后妃之作也."
90　丁茶山, 『詩經講義補遺』, 525면. "升菴之說亦非也, 求賢審官之義不可改."

「이남」을 부인이 그리워하는 것이라고 본 주자에 대해 위와 같이 해석한 다산의 견해에서 보건데 「여분」과 「초충」에 대한 해석은 표면적으로는 분명 주자의 『시집전』을 따르고 있지만 주자가 말하지 않은 '말을 타고 산에 오르는 것은 진실로 부인의 일이 아니다. 태사께서는 정숙한 덕이 있으시므로 이러한 일은 분명 없었다乘馬登山, 誠非婦人之事, 太姒有靜淑之德, 宜無是也'라는 점을 강조하고 있다. 주자는 이는 '가탁假託'의 말이지 후비가 높은 곳에 오른 일이 실제로 있었던 것이 아니라고 보았으나 정조가 이에 대해 의문을 제기하여 다산이 신중히 그 일을 부정한 것이다. 즉, 정숙한 여덕을 갖춘 분이 이처럼 말을 타고 높은 곳에 오르는 일이 어떻게 있을 수 있었겠냐는 것이며 이는 고대 중한 양국의 사회현실적 규범에서 보건데 당시 예교 규범에서 여성의 행위 규범으로 엄히 삼가야 할 일이었다는 것이다.

「한광」에서 장강江과 한수漢 일대 처녀들이 나가서 놀 수 있었던 것은 정조에게 있어 '여성은 중문을 엿볼 수 없으며 부인은 하당에서 맞이하거나 배웅하지 못한다女子不窺中門, 婦人送迎不下堂'는 조선의 일반적인 예절과는 달랐다. 따라서 이해가 되지 않는 상황인 것은 사실 중국이나 조선이나 서로 마찬가지였다. 정조의 이러한 의혹에 대해 다산의 대답은 주자의 주를 벗어나는 것이 결코 없으나 '천한 자賤者'의 예가 아닐까 하여 '여성은 중문을 엿볼 수 없으며 부인은 하당에서 맞이하거나 배웅하지 못한다女子不窺中門, 婦人送迎不下堂'는 예절을 재차 강조한 것이다. 그러므로 시 속에서 나와 노는 여성은 천한 여자인 것이고 천한 여성이 되는 것은 범해서는 안 되는 잘못이니 문왕의 덕의 감화가 깊음을 충분히 보여준 것이다.[91] 우리는 다산의 이러한 해석에서 부녀자의 활동과 행위에 대한 사회 예교의 규범에 사회 지위의 귀천, 고하에 따른 차이가 있음을 알 수 있다. 뿐만 아니라 당시 정조가 '노는 것遊'을 부녀자의 '음淫'행으로 인식했다는 것도 확인할 수 있다. 이 점에서 부녀자가 화려하게 꾸미고 외출하여 꽃이나 단풍, 불꽃놀이 등의 활동을 할 수 있었던 에도 초기 일본 사회와 비교해보면 상당히 큰 차이가 있었음이 확실하다. 따라서 조선과 일본이 모두 『시경』을 여덕의 전범이나 교본으로 삼았다고 하더라도 그 해석상 차이가 있는 것은 당연한 것이다. 그래서 반잔은 나가서 노는 행동을 중시했던 것이며 반면 정조와 다산은 지체높은 집안의 부인이 나들이를 가는 법은 없다고 본 것이다.

여기서 우리가 주목해야 할 것은 다산이 「여분」과 「초충」을 해석할 때 주자 주를 따른다고는 했으나 그 해석 내용에 이익의 시 해석을 상당히 의식하고 있다는 것을 명확히 볼 수 있다는 것이다. 예를 들어 「여분」을 해석함에 있어 다산은 이익이 언급한 『한시외전』 '사록仕祿'의 설을 들어 '녁여조기惄如調飢'가 이별의 아픔을 가리킨다고 설명한다. 또, 「초충」을 해석할 때, 다산은 이후 『시경강의보유』에서 특별히 『좌전』 「양공 27년」 정백이 수롱垂隴에서 조맹을 대접했을 때 자전子展이 「초충」이라는 시를 읊은 일을 보충하였다. 이것은 이익이 이 시를 해석할 때 이 일을 인용하여 이 시의 요지가 현인을 급히 구한다는 설명을 시도하였다. 다산은 이익처럼 이 시를 해석하지는 않지만 왜 '단장취의' 하여 시를 읊은 것이라고 하는지를 설명하였다. 「권이」에 대

---

91 丁茶山, 『詩經講義』, 41~42면.

해서 다산은 『시서』를 따라 이 시는 후비가 현인을 구하여 정치를 살피는 것을 찬미하는 것이라고 했으나 이 시는 '후비가 지은 것이 아님'을 설명하였다. 이는 분명히 주자주에 대해 언급한 것이다. 또 다산은 이후에 『시경강의보유』에서 '현인을 구하여 정치를 살피는' 시의를 변함없이 밝히고 있다. 이는 주자 『시집전』에 반대하는 동시에 이익을 지지한다는 두 측면을 표명하는 것이다.

「표유매」에 대한 해석에서 다산은 『노시魯詩』를 따라 여자의 아버지가 여러 남자들 사이에서 사위를 고른다고 보았으나 정조가 물은 '육례의 기일을 청하는請期六禮' 문제에 답할 때에는 이익과 동일하게 '흉겸예살凶歉禮殺'에 따라 해석하여 그것이 예를 잃지 않은 것이라고 설명한다. 다산이 당초 「야유사균」에 대해 답할 때 『시경강의』에는 원래 주자주의 해석을 따르기는 했으나 다음을 강조한다.

봄을 품었다면 음란한 여인이고, 옥과 같다면 정숙한 여인이다. 유인한다면 예를 무너뜨리는 것이요, 띠풀로 싼다면 공경을 다하는 것입니다. 이것은 예가 아닌 물건으로는 그저 봄바람이 난 여인을 유인할 수 있을 뿐이고, 공경을 다하는 예물이라야 비로소 옥과 같은 여인을 맞을 수 있음을 말하는 것입니다.[92]

심지어 나중에 『시경강의보유』에서 다산은 또 다시 『좌전』에 정백이 조맹을 대접했을 때 자피子皮가 「야유사균野有死麕」의 마지막 장을

---

92 丁茶山, 『詩經講義』, 66~67면. "懷春則淫女也; 如玉則貞女也. 誘之則敗禮也; 純束則致敬也. 言非禮之物, 只可誘懷春之女, 致敬之贄始可聘如玉之女也."

읊은 것에 근거하여 이 시의 시의가 '예가 없음을 싫어함惡無禮'이라고
했다.[93] 다산은 이 두 시를 해석하면서 표면적으로 보면 물론『노시魯
詩』나『시집전』을 따르고 있지만 시 해석의 중심이 '예제'임을 설명하
고 있으며 시 해석의 목적이 바로 '예를 잃지 않음不失禮'에 있음이 확실
하다. 이러한 측면에서 다산이 「이남」의 시들을 해석하는 초점은 '성
정의 바름'을 얻은 '정경'이 어떻게 '현능한 사람을 보면 본받고 싶어하
는見賢思齊' 도덕 의식이나 '음시'가 어떻게 시를 읽는 사람으로 하여금
'음을 보고 음하지 않음을 생각見淫以思不淫'하게 하는 징계의 효과를 유
발할 수 있는가의 여부에 있지 않다. 다산은 봉건 왕조의 예교가 있는
사회에서의 '예제' 규범에 중점을 두고 완벽한 '예제'를 통해 인륜의 강
상과 국가의 치도를 지키고 싶어한 듯하다.

5. 맺음말 : 근대 여교—너 자신을 아는 신여성

일본 에도시대 초기 구마자와 반잔은『시경』을 여훈 교본으로 삼았
으며 시교 작업의 실천 대상을 주자가 말했던 '마음'이 아닌 '몸'으로 옮
겼다. 이처럼 '몸'을 중시하는 시 읽기에서 추구하고 표방하는 예교는
여성의 몸가짐, 언행, 차림새를 전면적으로 제한하는 한편, 이를 가정
내의 도덕 윤리와 결합하는 동시에 여성의 외재하는 '모습形貌'으로 '음
심淫心' 유무를 판단하는 것이었다. 이 사이에 위치한 '성정'의 '정사正

---

93 丁茶山,『詩經講義補遺』, 531면.

邪'여부는 이미 반잔의 시 읽기가 관심을 두고 있는 핵심이 아니었다. 대체로 구마자와 반잔은 첫 번째 유형이든 두 번째 유형이든 그 해석이 모두 주자의 주에 기초하고 있으며 엄격한 '시교'관을 형성하여 '음시설'이 드러나는 것을 제약하였다. 바로 '경서經書'로서 『시경』의 사회 교화적 기능을 지킬 수 있었기 때문에 '시교'의 극단적인 발전은 결국 '성정이 바른' 남녀의 노래로 변하였고 모두 남녀의 사사로운 정男女私情으로는 풀이하지 않았다. 또 '정경' 「이남」을 여덕의 교본으로 하려는 목적이 있었기 때문에 이른바 '성정의 바름'은 '유순하고 정숙하며', '인고하고 자혜로우며', '의심도 투기도 하지 않고', '인내하고 효를 다하는' 현숙한 덕의 여성 형상을 지향해야 했다.

구마자와 반잔과 서로 가까운 시기의 조선 유학자 이익의 '독시정법讀詩正法'은 '사무사思無邪'에 근거하여 주자의 '음시'를 부정함으로써 「이남」이 성정의 바름을 얻은 남녀의 사랑 노래라는 것을 부정하였다. 이익의 해석은 '남녀의 예교'를 '급히 현재를 구하는 정교急求賢才之政教'로 바꾸는 결과를 도출했는데, 이는 이익 '경세실학'의 핵심 정신 이외에도 시 읽기의 귀중함이 '용시用詩'에 있음을 보여준 것이라 할 수 있다. 이익은 이렇듯 『시서』로 경전을 해석하는 역대의 방식을 비판함으로써 주자 '음시설'과는 다른 '은근격앙殷勤激昂'의 새로운 '시교', 즉 정교를 정립하였다. 이러한 '은근격앙'의 새 시교는 이후 다산 정약용이 계승하여 '온유격절溫柔激切'의 시교로 발전시키게 된다. 다산은 「이남」의 시들을 해석할 때 비록 주자의 주를 따른다고 말했지만 이익의 시 해석 방식과 내용을 상당히 의식하고 있었음이 분명히 보이며 심지어 주자 『시집전』의 주장에 반대하고 이익의 시설詩說을 지지하였다. 그의 시

해석의 핵심은 '예제'에 있으며 시를 해석하는 목적은 바로 '예를 잃지 않기' 위함이었다. '예제' 규범에 주목하여 '예제'를 통해 인륜의 강상과 국가의 치도를 지키고자 했던 것이다.

구마자와 반잔이 에도시기에 『시경』을 여덕 교육의 전범 혹은 교본으로 삼은 것은 확실히 후쿠자와 유키치가 말한 대로 유가주의의 흐름이었으며, 심신상 일본 여성을 발전시키는 교육을 방해했고, 또한 히라쓰카 라이테우가 말한대로 일본 여성을 태양신에서 유순한 달과 같은 성격으로 왜곡한 여덕교육이었다. 후쿠자와 유키치와 히라쓰카 라이테우의 비판과 지적이 맹목적이지는 않은 것으로 보인다. 이렇게 『시경』「이남」을 여덕 교본으로 삼은 교육은 기본적으로 주자의 '현능한 사람을 보면 본받고 싶어한다'는 생각을 따르고 있으나 주자의 '음시설'에 대해서는 두려움을 갖고 매우 조심스럽게 경계하였다.

더욱 심한 것은 '시교'를 인륜의 경계로 삼은 그 의도이다. 이는 주자보다 지나쳤지, 결코 못하지는 않았다. 이 부분에 대해 조선시대의 '예교'는 더욱 극단적인 형태로 발전하게 되었다. 간단히 말하면 성정의 바름을 얻은 '정경正經' 속 남녀의 노래조차도 용인하지 않았으며 '급히 현재를 구하는急求賢才' 경국의 치도 혹은 '풍간諷諫'의 시대 비판으로 바꾸어 해석하는 데 힘을 기울여 남녀의 노래라는 해석을 없애고자 했다. 이렇듯 어느 정도 '시교'를 가지고 있거나 '단장취의斷章取義'를 통해 무리하게 『시경』을 해석하는 방식은 조선 유학이 발전해 온 일면들인데, 거기에는 ① 주자 주에 반대하고 여러 학자들의 주해를 채택하는 경향, ② 역대로 주자학이 대세를 이루었던 국면의 전환, ③ 실학의 점진적 흥성과 발전 등 조선 유학의 대체적 발전 방향이 있다.

이밖에도 이러한 시 해석법에 대하여 『시경』학의 의제라는 문제의 성질로부터 보자면 다음과 같은 학술적 문제들을 반영하고 있다. ① 『시서』는 믿을 수 있는가? 『시서』를 시를 해석하는 근거로 삼을 수 있는가? ② 주자 '음시설'은 성립될 수 있는가? ③ 공자 '산시刪詩'설 및 공자가 말한 '사무사思無邪'는 시 해석의 판단 기준이 될 수 있는가? ④ '정성鄭聲'은 '정풍鄭風' / '정시鄭詩'와 같은가? ⑤ 『시경』의 '경전으로서의 권위經典權威性'를 지키기 위해 '시교'를 유지해야만 하는가? 그렇다면 불변하는 '시교'라는 것이 있는가? ⑥ 시 해석 방법에서 『시경』 속 시들의 편집 순서 속에 '미언대의微言大義'가 정말 있는가? ⑦ '단장취의斷章取意'는 '해시정법解詩正法'이 될 수 있는가? 아니면 먼저 확고한 '시지詩旨'를 확립해야 시를 해석하는 '바른 방식正法'이 되는가? 각각의 문제들은 모두 우리가 일본과 조선의 유학과 경학을 생각할 때 중요한 문제의식들이며, 기본적으로 동아시아 유학, 경학, 『시경학』 연구가 연관되는 본질적인 문제들이다.

그런데 상술한 이러한 연구 의제들은 또한 유교가 『시경』을 여덕의 전범이나 교본으로 삼을 때 여성교육의 내용, 여성의 도덕규범, 여성의 행위규범 혹은 여성의 감정적 가치를 평가하는 등의 문제와 연관시켰음을 반영하고 있다. 우리가 후쿠자와 유키치의 유교식 여교 교육 비판을 일본 여성 교육에 대한 근대적 전환의 선구적 선언으로 본다면 후쿠자와 유키치의 비판은 또한 근대 일본의 '여교'가 장차 여성을 자주적으로 발전시키고 여성 자신의 생활과 생애, 생명과 인생을 발전시켜 나가는 방향으로 향할 것임을 예고하는 것이다. 이는 곧 '너 자신을 아는' '신여성'[94]으로의 발전이다.

이러한 경향은 1890년대 무렵부터 일본에서 '기이한 여성奇女子'이 점차 다양하게 출현한 일에서도 그 증거를 찾을 수 있다. 예컨대, 메이지明治 33년1900에 29세의 요시오카 야요이吉岡彌生, 1871~1959와 그 남편 요시오카 아라타吉岡荒太는 일본 최초의 여성 의료 학교인 '동경여의학교東京女醫學校'(지금의 '도쿄여자의과대학東京女子醫科大學)을 설립하였다. 메이지 22년~23년1889~1990에는 총리대신總理大臣 이토 히로부미伊藤博文의 금전지원을 받은 예기藝妓 야코貞奴, 1871~1946가 승마, 당구, 도박 등 고급 오락에 열중하는 한편, 이토 히로부미가 그녀에게 사준 수영복을 입고 가나가와현神奈川縣의 오이소大磯 해안에서 몸매를 드러내었다. 메이지 32년1899부터 야코와 남편인 가와카미 오토지로川上音二郎의 극단이 미국의 샌프란시스코, 시카고, 보스턴, 뉴욕, 워싱턴, 영국의 런던, 프랑스의 파리 등지의 세계 대도시에서 가부키歌舞妓와 서양의 희극을 결합한 무대극을 공연하였고, 야코는 유럽과 미국에 명성을 떨친 최초의 일본 여배우가 되었다. 메이지 32년1899에는 이후 근대 일본 문단의 유명한 여류 연애시인이 되는 요사노 아키코與謝野晶子, 1876~1942 (본명은 호 아키코鳳晶子, 필명은 호 쇼쇼鳳小舟)가 '관서청년문학회關西青年文學會'의 기관지에 낭만주의 신시와 단카短歌를 투고하였다. 이듬해 아키코는 이후 남편이 되는 요사노 텟칸與謝野鐵幹과 알게 된 후 텟칸과 사랑

---

94 '신여성'이라는 말은 최소한 두 가지 의미를 갖는다. 하나는 기존의 도덕체제에 대한 충격이다. '신여성'이라는 말이 생겨난 '신부녀협회新婦人協會'는 다이쇼 11년1922에 시위를 통해 당시 '차안경찰법 제2항'의 '여자와 미성년자는 청의의 논의 시에 정국의 정단 연설회에 내려올 수 없으며 또한 정론 연설회의 발기인이 될 수 없다女子及未成年者, 不准廳議論時下政局的政壇演說會, 亦不准成爲政談演說會發起人'는 조목에서 '여자'라는 두 글자를 지워버렸다. 이 협회는 또한 당시 폐쇄적이었던 가정 내 여성에게 자유를 쟁취하고 기존의 도덕체계를 전복시키게 했다.

에 빠져 잡지 『명성明星』에 이어서 연재하였다. 아키코는 아래와 같은 연가戀歌를 썼다.

> 나의 가느다란 팔로
> 살포시 감싸 안은
> 병상 위 당신의 목덜미
> 당신의 뜨거워진 입술에
> 나의 입술을 맞춥니다. [95]

1901년 1월, 아키코와 처자가 있었으나 혼약은 하지 않은 요사노 텟칸은 교토京都에서 따로 만났으며 두 사람은 이날 저녁 사제관계를 넘어 남녀관계가 되었으며 다음날 함께 또 하룻밤을 보냈다. 2월에 아키코는 텟칸에게 보낸 편지에 사랑 노래를 한 수 덧붙여 보냈는데 내용은 다음과 같다.

> 나는 (교토) 쿤다의 봄
> 당신의 이틀 밤의 아내
> 다음 생에 만나기 전에
> 절대 잊지 마시길[96]

한편, 메이지 30년대부터는 일본 마술의 여왕인 '천일극단天一劇團'의

---

95 단카 원문: "病みませるうなじに纖きかひな捲きて熱にかわける御口を吸はむ."
96 단카 원문: "君さらば栗田の春のふた夜妻またの世まではわすれぬたまへ.."

슈쿄쿠사이 덴카츠松旭齋天勝, 1886~1944는 무대에서 얇은 비단으로 만든 일본 전통 복을 입고 날개옷춤羽衣舞을 추었다. 메이지 34년1901 7월에는 덴카츠가 극단을 따라 미국 샌프란시스코로 가서 마술 공연을 연후 크게 환영을 받은 후 유럽 각국에 순회공연을 갔다.

여의사 원장, 전통적인 여성과는 달리 사람들 앞에 얼굴을 드러낸 여배우, 대담하게 사랑을 전하여 구애하는 여류작가, 세상에 뛰어들어 기예를 파는 여성 마술사, 어느 하나도 『시경』 「이남」의 여교에는 부합하지 않은, 모두 근대의 영락없는 '신여성'이다. 그들은 이미 더 이상 유약한 달이 아니다. 시간의 선후 순서로 보자면 후쿠자와 유키치의 유가식 전통 여교에 대한 비판은 마치 이러한 여성의 출현을 예언이라도 한 듯하다. 동시에 만약 우리가 후쿠자와 유키치의 비판을 21세기 오늘날 일본 여성의 자의식이 태두한 후 그 삶의 가치가 스스로 한 개인으로 자주화를 향해 발전하여 결혼에서 더 이상 '삼고남三高男'을 좇아 자신의 삶을 상대에게 의지하지 않게 된 것에 연결시켜 본다면, 이러한 변화의 근원은 100년 전 후쿠자와 유키치가 될 것이다.

그리고 이러한 변화는 분명 동아시아 전통에서 『시경』의 '시교'를 여덕 교육의 가치로 삼은 전통적 속박을 던져버린 것에서 비롯된다. 이로써 일본 여성들은 야마토大和 민족의 '시원'인 '태양신'의 특징을 회복할 수 있었다. 여성은 반드시 '그녀' 자신이 되어야 하는 동시에 '그녀' 자신이 그 민족과 민족의 역사 및 문화의 창조자임을 긍정하고 실천해야 한다.[97]

---

97 2014년 10월 야마나 미와코山名美和子의 『乙女でたどる日本史히로인(소녀)으로 더듬어가는 일본사』라는 책이 출간되었다. 책의 제목 속 "乙女"라는 단어에 특별히 '히로인(여성 영웅)'

일본에서 근대 여교가 변화한 것과는 달리, 19세기 중엽까지 『시경』을 전범이자 교본으로 삼는 조선시대의 유가식 여덕 교육은, 이익과 정약용의 사례에서 잘 나타나듯이, '남녀의 사사로운 정男女私情'을 부정하고 '음시설淫詩說'을 거부하며 『시경』의 시의詩旨가 남녀의 예교로 인륜을 유지하는 것에 있다고 보는 것을 엄금하고 반드시 현재賢才를 급히 구하거나 나라를 위해 풍간諷諫하는 등의 국가의 치도로 정해졌다. 시 해석으로서의 '미언대의微言大義'와 시 학습으로서의 '시교詩敎'로서 말하자면, '여성'성은 남성의 봉건적 정치 세계를 위해 가려진 것이다.

그렇다면 이러한 여성들이 히라쓰카 라이초우가 말한 "다른 이의 빛을 받아 빛날" 기회도 없었다면 어떻게 미약한 달빛이나마 가질 수 있었을까? 이러한 여성들은 또 어떤 계몽을 받은 것일까? 어떤 자세로 예교 규범하의 여덕 제약으로부터 나온 것일까? 또 어떻게 '너 자신을 아는' 근대 여성으로 발전해가는 여정을 전개한 것일까? 이러한 문제들을 분명히 규명하려면 조선 유학의 현대화 문제를 연구하는 과정에서 『시경』학의 여교 문제를 집중적으로 연구해야 할 필요가 있다.

메이지 44년1911 9월 히라쓰카 라이테우는 여성주의를 주장하는 '세

이라고 독음을 표기했는데 이 책의 표지에 '일본의 역사는 여자가 만들었다日本の歷史は女が創っていた'는 선전 문구가 있다. 그 내용은 신화시대부터 현대에 이르기까지 일본 역사 속 80명의 여성을 망라하여 여성을 통해 또 다른 일본의 역사를 전달하고자 했다. 이 책의 첫 장에는 왕족의 여성을 지도자로 삼는 내용이 수록되어 있는데, 그가 바로 최초 건국시기 일본의 대표적 여성 영웅 중 가장 으뜸인 여성, 곧 태양신앙에서 태어난 일본의 여왕 '히미코卑彌呼'이다. 이어서 두 번째에 수록된 인물은 일본의 역사 기록에 일찍이 친히 병사를 이끌고 삼한三韓을 정벌하고 일본 국내를 통일했다고 하는 '진구황후神功皇后'이다. 이어서 일본 최초의 여제인 '스이코 천황推古天皇', 율령국가로서 일본의 기초를 세운 '지토천황持統天皇' 등이 차례로 나온다. 이 책에 수록된 일본 여성들을 한마디로 하자면 구마자와 반잔이 기피했던 영리하고 야무지며 재주 있고 지혜로운 여성들인데, 이들은 모두 강건하고 굳센 태양신의 형상이기도 했다.

이토우샤靑鞜社'를 최초로 창설하고 그 기관지인 『세이토우靑鞜』 창간호에 실은 「태초에, 여성은 태양이었다元始, 女性は太陽であった」라는 글에서 다음과 같이 말하였다.

여성이 한 모든 것은 지금 비웃음을 사기만 할 것이다. 나는 잘 안다. 비웃음 뒤에 숨어있는 어떤 것을. 나는 조금도 두렵지 않다. (…중략…) 여성은 실로 역겨운 존재인가? 아니다, 아니다, 진정한 사람이다─ (…중략…) 우리는 실로 온 마음을 다 하였는가? 아! 누가? 누가 만족할 수 있겠는가? 나는 여기에서 여성을 위해 더 많은 불만을 더할 것이다. 여성은 실로 이처럼 무력한 존재인가? 아니다, 아니다, 진정한 사람이다─[98]

이러한 근대 일본 '신여성'의 외침은 유교주의의 흐름이 여성의 심신 발전을 가로막았다는 후쿠자와 유키치의 비판이 있은 뒤 약 10년 후의 목소리였으며 지금으로부터 불과 100년밖에 되지 않은 것이다.

---

98 平塚らいてう, 「元始, 女性は太陽であった」, 『靑鞜』 創刊號, 靑鞜社, 1911. "女性做的一切, 目前只會招致嘲笑. 我深知, 隱藏在嘲笑背後的某種東西. 我一點也不害怕. (…중략…) 女性眞的是令人嘔吐的存在嗎? 不, 不, 眞正的人是─ (…중략…) 我們眞的竭盡所有心力了嗎? 啊!誰? 誰會滿足呢? 我在此將爲女性增添更多不滿. 女性眞的是如此無力的存在嗎? 不, 不, 眞正的人是─."

참고문헌

『十三經注疏 2 詩經』, 臺北 : 藝文印書館, 1989.

淺井了意, 『本朝女鑑』, 黑川眞道編, 『日本敎育文庫. 孝義篇下』, 東京 : 日本圖書セン
　　　ター, 1977.

朱熹, 『朱子全書』, 上海 : 上海古籍出版社, 2010.

(宋)黎靖德編, 王星賢點校, 『朱子語類』, 北京 : 中華書局, 1986.

朱熹, 『論語集注』, 收入『四書章句集注』, 北京 : 中華書局, 1983.

丁茶山, 『詩經講義』, 『한국경학자료집성』 9, 성균관대 출판부, 1995.

김흥규, 『조선 후기 시경론과 시의식』, 고려대 민족문화연구소, 1995.

＿＿＿, 「성호 이익의 시경론」, 『현상과 인식』 5-1, 2005.

심경호, 『조선시대 한문학과 시경론』, 일지사, 1999.

이영호, 「다산과석천의 시경학과 역경학에 대한 일고찰」, 『동양철학연구』 76, 동양철학
　　　연구회, 2013.

이우성, 「한국 실학연구의 현황과 동북아시아 삼국의 연대의식」, 『中國文化硏究』, 北京
　　　語言文化大學, 1995.

이종호, 「성호학파 중심의 한국 실학사상과 퇴계학」, 『東岳論叢』, 1998.

최석기, 『성호 이익의 시경학』, 성균관대 박사논문, 1993.

최신호, 「정다산의 문학관」, 『한국한문학연구』 1, 한국한문학연구회, 1976.

金基喆, 「朝鮮正祖大王與丁若鏞問答詩經之硏究」, 臺北 : 國立臺灣師範大學國文硏究
　　　所 博士論文, 1991.

沈慶昊, 「丁若鏞的『詩經』論與淸朝學術的關係 : 以繼承, 批判毛奇齡學說爲例」, 黃俊
　　　傑 編, 『東亞視野中的茶山學與朝鮮儒學』, 臺北 : 臺大出版中心, 2006.

白承錫, 「李瀷及其『詩經疾書』」, 『古典文學知識』, 199 第1期; 이익, 백승석 교주, 『詩經
　　　疾書校註』, 南京 : 江蘇敎育出版社, 1999.

＿＿＿, 「『시경질서』의 학술문헌적 가치」, 『中國語文學』 58, 2011.

盧鳴東, 「「詩敎」與「禮敎」 : 朝鮮李瀷『詩經疾書』中「以禮注詩」的思想內涵」, 『동양예
　　　학』 9, 경북대 동양예학출판회, 2002.

_____, 「朱熹「淫詩說」看朝鮮李瀷的「讀詩正法」」, 『동아인문학』 5, 영남대 인문학회, 2004.

金秀炅, 『韓國朝鮮時期詩經學硏究』, 台北 : 萬卷樓圖書股份有限公司, 2012.

李卓主, 『日本家訓硏究』, 天津 : 天津人民出版社, 2006.

原田曜平, 『女子力男子』, 東京 : 寶島社, 2015.

鹿野政直著, 許佩賢譯, 『日本近代思想』, 臺北 : 五南圖書出版公司, 2008.

福澤諭吉, 『女大學評論(附. 新女大學)』, 東京 : 時事新報社, 1899.

_____, 『日本婦人論』, 東京 : 時事通信社, 1930.

山本博文, 『サラリーマン武士道―江戸のカネ. 女. 出世』, 東京 : 講談社現代新書, 2001.

上田正昭, 『古代日本女帝』, 東京 : 講談社, 1996.

牛窪惠, 『草食系男子「お嬢マン」が日本を変える』, 東京 : 講談社現代新書, 2008.

熊澤蕃山, 『女子訓』, 收入 『日本敎育文庫・女訓篇』, 東京 : 誠進社, 1978.

EZ Japan編輯部 : 『日本年度新鮮事100選 : Nippon所藏日語嚴選講座』, 臺北 : EZ叢書館出版, 2014.

Inazo Nitobe, *Bushido : The Soul of Japan*, Boston・Tokyo : Tuttle Pub., 2004; 張俊彦 譯, 『武士道』, 北京 : 商務印書館, 1992.

www.hakuhodo.co.jp/archives/newsrelease/18193(2015年5月15日).

시례時禮와 권도權道

예禮 · 권權 · 도道에 대한 동아시아의 인식논리

함영대

1. 예제, 또는 시례와 권도

조선 후기의 걸출한 학자 다산 정약용1762~1836은 자신의 가례 연구
를 총집하여 간결하게 정리한 『사례가식四禮家式』에서 예제禮制를 교정
하는 어려움을 이렇게 토로한 바 있다.

제례를 바로잡기 어려운 것은 나라의 풍속을 바꾸기 어렵기 때문이다.
상례를 바로잡기 어려운 것은 부형과 종족들의 의논이 많기 때문이다. 혼
례를 바로잡기 어려운 것은 양가에서 좋아하고 숭상하는 것이 다르기 때
문이다. 그러나 관례만은 바로잡기가 좋다. 이는 주인에게 달렸으니 누가
이것을 막을 수 있겠는가? 다만 고례의 관례는 의식절차가 복잡하고 많아
서 오늘날 사람들이 이것을 그대로 따르기가 쉽지 않다.[1]

정약용의 고민은 크게 두 가지이다. 하나는 당대 분위기와 관련된 것으로 당대 시류를 교정하려는 시도를 담고 있는 예학서의 경우 이미 시행되고 있는 기존 예제의 저항을 받게 되기 때문에 교정이 쉽지 않다는 것이다. 또 하나는 당대의 저항을 받지 않는다 하더라도 예는 실제 시행을 고려하지 않을 수 없기 때문에 표준적인 예제라도 기존에 정해진 것은 당대 사정에 맞게 고치지 않을 수 없다는 것이다. 이 때문에 정약용은 예제를 교정하는 어려움과 또 교정하지 않을 수 없는 당위를 고민했던 것이다.

그런데 이러한 어려움도 불구하고 예제의 개혁을 기획한 것은 예에 대한 확고한 의식이 그의 뇌리 속에 자리잡고 있었기 때문이다. 그는 예란 천지天地의 정情으로 하늘에 근본하고 땅을 본받아 그 사이에서 시행되는 것이며, 성인聖人이 이것을 특별히 문식文飾한 것이라고 생각했다.[2] 그리고 이러한 정약용의 생각은 유가 예제의 의의를 수용한 동아시아 사인士人들 사이에서 보편적으로 수긍되었던 것이다.

예는 당초 제기에 제수를 놓고 신들에게 제사를 지낸다거나 조상의 혼령에 대한 묘제의식을 지낸다든가 하는 개개의 구체적인 의용儀容 및 그 총체에 대한 명칭이었을 뿐이다. 예가 하나의 인간 사회의 질서 원리로서 위상이 덧붙여지게 된 것은 춘추전국시대 이후의 일로 파악되고 있다.[3]

---

1   丁若鏞, 『嘉禮酌儀』「冠禮」. "祭禮未易正, 以國俗難變也, 喪禮未易正, 以父兄宗族多議也, 婚禮未易正, 以兩家好尙不同也, 唯冠禮, 最宜釐正, 是在主人, 孰能禦之, 但古之冠禮, 繁縟備文, 今人未易遵用." 정약용의 『四禮家式』에 대한 해제解題와 번역飜譯은 전성건 譯註, 『茶山 丁若鏞의 四禮家式』, 사람의무늬, 2015 참조.
2   丁若鏞, 『喪禮四箋』「序」. "禮者 天地之情也, 本於天, 殽於地, 而禮行於其間, 禮者 天地之情, 聖人特於是爲之節文焉已."

예의 관념은 춘추시대에 이미 확고하게 자리잡혀 있었다. 정鄭나라 자산子産의 예 인식은 춘추시대에 예에 대한 인식의 단면을 가장 잘 보여주는 것이다. 그는 예를 천지인天地人의 보편적인 법칙으로 이해하여, 하늘이 세운 기준이자 지상에서 실현해야할 올바른 가치로, 백성들이 실천해야 할 것으로 보고, 예는 천지의 올바른 표준을 백성들이 실천하여 본받는 것이라고 주장했다.[4] 예는 천지자연의 질서에 근거하므로 예규범의 가치는 시세時世의 변화에 좌우되지 않는다는 선언에 다름 아니다.

이를 좀 더 구체적인 사회질서이자 도덕규범으로 발전시킨 이들은 유가였는데 공자는 자신이 표방한 최고의 가치인 인仁의 실천방법으로 극기복례克己復禮를 제시했다. 예가 아니면 보지도 듣지도, 말하지도 행동하지도 말라고 하여 사람이 인을 실천하는 제1준칙으로 예를 내세웠다.[5] 이를 인간의 본성적 차원으로 전환시킨 맹자는 사람이 본성적으로 타고난 덕을 인의예지仁義禮智라고 하여 예를 인성에 내재하는 덕성으로 이해했다.[6] 순자는 선왕이 예의를 제정하고 직분을 설정하여, 인간의 욕망을 컨트롤하려 했던 것이라고 주장하면서[7] 인간이

---

3   동아시아에서 예에 대한 인식과 논의의 변화는 溝口雄三 等編著, 김석근 외역,『中國思想文化事典·禮』, 민족문화문고, 2003, 451~465면

4   『春秋左氏傳』「召公 25年」. "夫禮, 天之經也, 地之義也, 民之行也, 天地之經, 而民實則之." 중국 고대 사상문화에서의 禮治에 대해서는 陳來, 陳晟秀·高在錫 譯,『中國古代思想文化의 世界』, 成均館大 出版部, 2008, 358~437면 참조.

5   『論語』「顏淵」. "顏淵問仁. 子曰:'克己復禮爲仁. 一日克己復禮, 天下歸仁焉. 爲仁由己, 而由人乎哉?'顏淵曰:'請問其目.'子曰:'非禮勿視, 非禮勿聽, 非禮勿言, 非禮勿動.'顏淵曰:'回雖不敏, 請事斯語矣.'"

6   『孟子』「告子上」. "惻隱之心, 人皆有之; 羞惡之心, 人皆有之; 恭敬之心, 人皆有之; 是非之心, 人皆有之. 惻隱之心, 仁也; 羞惡之心, 義也; 恭敬之心, 禮也; 是非之心, 智也. 仁義禮智, 非由外鑠我也, 我固有之也, 弗思耳矣."

7   『荀子』「禮論」. "禮起於何也? 曰, 人生而有欲, 欲而不得, 則不能無求, 求而無度量分界,

타고난 본성의 악함을 계도하는 방편으로 예에 대한 교육을 강조했다.

한편 유가의 예학을 계승하여 한漢 초기 예제를 정한 숙손통叔孫通은 "예는 시세時世의 인정에 따라 그것을 절문節文하는 것이다"고 하여 고례를 참작하고 시례를 고려하여 당대의 환경에 걸맞는 예의 의절을 바탕으로 예제를 구축했다.[8] 이것은 정자산이 언급한 예에 대한 최초의 인식, 곧 하늘의 기준과 땅의 보편가치天經地義를 시대의 상황에 걸맞게 '절문節文'이라는 가변적이고 융통성 있는 가치로 전환한 것이다.

이는 예의 원리와 현실적 처지에 걸맞은 예의 규칙이라는 이중구조를 현실적 조건에 맞추어 원활하게 절충한 것이다. 만일 예의 원리와 예의 구체적인 적용 내지 실천이 유기적으로 연관되지 못하거나 그 조합의 비중을 적절하게 조정하지 못할 경우 적지 않은 충돌이 발생한다. 이러한 예의 원리와 예제의 실현 사이에서 발생하는 중층구조重層構造의 긴장감은 예제를 현실세계에서 구현할 때마다 상존하는 예의 핵심 논점이 된다.

이와 관련하여 『맹자・이루상』 17장은 예의 근본정신과 상황에 따른 변통적 적용이라는 문제에 대한 동아시아의 인식논리를 검토하는 데 요긴하다. 우리는 상례常禮와 권도權道에 대한 입장의 차이를 선명하게 드러내 놓고 대담하는 전국시대의 두 재변가 순우곤과 맹자의 대

則不能不爭. 爭則亂, 亂則窮, 先王惡其亂也, 故制禮義以分之, 以養人之欲, 給人之求, 使欲必不窮乎物, 物必不屈於欲, 兩者相持而長, 是禮之所起也. 故禮者, 養也"; 「性惡」, "今人之性惡, 必將待師法然後正, 得禮義然後治. 今人無師法, 則偏險而不正, 無禮義, 則悖亂而不治, 古者聖王以人之性惡, 以爲偏險而不正, 悖亂而不治, 是以爲之起禮義・制法度, 以矯飾人之情性而正之, 以擾化人之情性而導之也. 始皆出於治, 合於道者也."

8 『史記』「劉敬・叔孫通列傳第」, "叔孫通曰: '五帝異樂, 三王不同禮. 禮者, 因時世人情, 爲之節文者也. 故夏・殷・周之禮所因損益可知者, 謂不相復也. 臣願頗采古禮與秦儀雜就之.' 上曰: '可試爲之, 令易知, 度吾所能行爲之.'"

화에 대한 주석을 통해 시례와 권도에 대한 동아시아의 시각을 간취할 수 있을 것이다.

순우곤은 남녀가 직접 물건을 주고받는 것이 상례가 아니지만 형수가 물에 빠진 것과 같은 위급상황에는 직접 손을 잡고 구할 수밖에 없듯 천하가 물에 빠진 듯한 난세에는 원칙만을 고수할 것이 아니라 변통이 필요하다고 주장했다. 맹자는 천하를 구제하는 것은 물에 빠진 형수를 구하기 위해 손을 잡는 것과 같은 권도로 할 것이 아니라 원칙적인 정도를 통해서만이 가능하다는 입장을 견지했다.[9]

이 대화는 전국시대라는 난세를 안정시킬 방법과 출사에 대한 두 유세객의 입장 차이를 보여주는 것에 불과하다. 하지만 예화로 삽입된 내용이 예의 근본과 상황에 따른 예의 적용, 그리고 더 큰 문제해결의 원칙으로서의 도라는 예학의 핵심논리를 담고 있어 대화의 긴장감이 높고 문제의식 역시 치열하다. 그 결과 적지 않은 동아시아의 학자들이 이 문제에 대해 다양한 해석을 제시하면서 상도로서의 예와 변통으로서의 권에 대해 고민했고, 나아가 권을 보편원리인 예와 도의 관계 속에서 어떻게 위치시킬 것인가에 깊은 관심을 가졌다. 아울러 정당한 방법으로서의 권도와 권도를 수용하는 예제의 운용에 관심을 가졌다. 고례에 대비되는 이른 바 시례의 적용이다.

이 글에서는 동아시아 학자들의 이 논점에 대한 입장을 검토하면서 시대와 조응하는 예제로서의 시례와 그 방법론의 하나인 권도가 어떠

---

9 『孟子』「離婁上」. "淳于髡曰: '男女授受不親, 禮與?' 孟子曰: '禮也.' 曰: '嫂溺則援之以手乎?' 曰: '嫂溺不援, 是豺狼也. 男女授受不親, 禮; 嫂溺援之以手者, 權也.' 曰: '今天下溺矣, 夫子之不援, 何也?'"

한 인식논리로 정당화되는가를 짚어보았다. 동아시아에서 정치의 근본원리로서의 예와 그 구체적 실천으로서의 의절儀節에 대한 이해가 상황과 시대정신에 따라 어떻게 그 시야를 수정하는지에 대한 실제적 국면을 이 논점에 대한 해석상의 변화를 통해 확인할 수 있을 것이다.

2. 예禮, 권權, 도道

1) 남녀수수불친男女授受不親의 문제

논의의 중심이 되는 『맹자·이루상』 17장의 맥락을 세밀하게 살펴보는 것은 이 대화의 맥락을 충실하게 이해하는데 도움을 준다. 이 대담은 짧지만 반전이 있는 매우 재미있는 대화이다. 우선 일반적인 질문으로부터 특수한 사례, 다시 시사時事를 논하는 질문으로 이어지는 3단화법을 통해 맹자를 점점 더 자신의 논점으로 끌어오는 순우곤은 제자백가의 학술을 응집해 놓았던 직하학궁稷下學宮의 이름 난 학자이다. 제나라는 수도 임치臨淄의 직문稷門 아래 학궁을 건립하여 전국시대의 재사才士들을 모으고 그들에게 정치적 자문을 구했는데 순우곤 역시 당대의 학자로 초빙되어 일생동안 실직의 벼슬을 하지는 않았지만 열대부列大夫의 봉록을 받으면서 제나라의 위왕威王과 선왕宣王, 그리고 양혜왕의 정치 고문으로 활동한 바 있다. 골계 섞인 우화를 적절하게 활용하여 제나라 위왕이 연희에 탐닉하는 것을 멈추게끔 간언한 것은 그의 유세객으로서의 실력을 유감없이 드러낸 일화로 잘 알려져 있다.[10]

왕의 자문에 응할 정도로 명성이 있었던 그가 맹자에게 "남녀가 직접 주고받는 것이 예인가?"라고 물었던 것은 모르는 사실을 알려는 한 것이 아니었다. 사실 남녀간에 직접 주고받는 것을 하지 않는다는 것은 당시의 관습으로서는 상식적인 도덕률 가운데 하나였다. 당대의 예 관습이 총집된『예기』「방기坊記」의 기록에는 남자가 여색을 멀리한다는 관념을 실천하는 관습 가운데 하나로 남녀수수불친男女授受不親을 적시하고 있다.

> 군자는 색을 멀리하는 것을 백성들의 규율로 삼는다. 남녀 간에는 주고받는 것을 직접하지 않는다. (…중략…) 고모, 누나, 여동생이 출가한 후에 친정으로 오면, 남자는 그녀들과 같은 자리에 앉지 못하며, 과부는 밤에 오지 못한다. 부인이 질병에 걸렸어도 안부만 물을 뿐 그 질병에 관해서는 묻지 않는다. 이렇게 하여 백성들의 음란을 막는다. 백성이 음탕하면 종족까지 혼란스럽게 된다.[11]

그렇다면 순우곤은 물을 필요가 없는 것을 굳이 물은 것이다. 순우곤은 곧 이어 형수가 물에 빠졌을 경우에는 직접 손을 잡아 구제하지

---

10 『史記』「滑稽列傳」. "淳于髡者, 齊之贅婿也. 長不滿七尺, 滑稽多辯, 數使諸侯, 未嘗屈辱. 齊威王之時喜隱, 好爲淫樂長夜之飮, 沈湎不治, 委政卿大夫. 百官荒亂, 諸侯並侵, 國且危亡, 在於旦暮, 左右莫敢諫. 淳于髡說之以隱曰: '國中有大鳥, 止王之庭, 三年不蜚又不鳴, 不知此鳥何也?'王曰: '此鳥不飛則已, 一飛沖天; 不鳴則已, 一鳴驚人.'" 당대 직하학궁에 대한 연구와 순우곤에 대해서는 白奚, 이임찬 역, 『稷下學硏究』, 소나무, 2013; 김용옥, 『맹자─사람의 길』, 통나무, 2012, 413~414면 참조.

11 『禮記』「坊記」. "好德如好色, 諸侯不下漁色, 故君子遠色, 以爲民紀. 故男女授受不親, (…중략…) 姑姊妹女子子已嫁而反, 男子不與同席而坐, 寡婦不夜哭, 婦人疾, 問之, 不問其疾. 以此坊民, 民猶淫洗而亂於族."

않을 수 없지 않느냐고 묻는다. 상례와 불가피한 변례의 상황을 제시한 것이다. 그렇다면 처음의 질문은 두 번째 질문을 위한 복선인 셈이다. 맹자가 제후들을 답변하기 곤란한 상황에 빠뜨렸던 바로 그 논리적 대화법이다. 물에 빠져 죽어가는 형수는 당연히 손을 내밀어 구해야 한다. 인정에 당연한 것이기 때문이다. 하지만 이 경우 불가피하게 '남녀수수불친'이라는 상례常禮를 범하게 된다.

맹자는 그런 급박한 경우에도 손으로 형수를 구제하지 않는 것은 시랑豺狼이라며 신경질적인 반응을 보인다. 시랑은 가장 표독스러운 짐승을 지목한 것으로 시랑 같은 패악한 마음이라는 뜻이다. 맹자는 남녀가 직접 주고받지 않는 것이 '예'이지만 물에 빠진 형수를 구제하는 것은 '권權'이라고 주장한다. 자신의 대답을 정당화하기 위해 '권'이라는 좀 더 적극적인 상황윤리의 논리를 도입한 것이다.

변함없는 법과 같은 의미를 지닌 '예'와 대비하여 위급한 상황에 대한 상황윤리로서의 '권'의 개념적 내포에 대해서는 『맹자』와 『논어』에서 그 의미가 이미 제출된 바 있다. '권'은 우선 그 원형의 의미로는 무게를 측정하는 저울로서 상황의 경중을 헤아리는 기재이다.[12] 또 공자는 학문을 연마하여 도에 나아가고 자아를 확립하는데 나아가더라도 '권'에 대해서만큼은 쉽게 함께 하기 어렵다고 하여[13] 일반적인 예법을 초월해 도를 구현하는 방법으로서의 '권'을 지적한 바 있다. 공자의 설명을 빌면 '권'은 일반적인 경지를 넘어선 수준을 지닌 군자들이 구현할 수 있는 도의 또 다른 실현법이다.

---

12 『孟子』「梁惠王上」. "權, 然後知輕重."
13 『論語』「子罕」. "子曰 : '可與共學, 未可與適道; 可與適道, 未可與立; 可與立, 未可與權.'"

그런데 '권'이라는 논리를 통해 범례犯禮를 정당화하려는 맹자의 회심에 찬 대답은 사실 순우곤이 예상했던 것이다. 그는 마치 기다렸다는 듯이 곧 바로 맹자에게 촉구한다. 당신이 끊임없는 전란에 휩싸인 전국戰國의 상황에서 형수가 물에 빠진 것보다 더 급박한 천하가 물에 빠진 상황이라는 것을 안다면 형수에게 권도로 손을 내밀 듯 출사하여 전국의 통일에 역량을 발휘하라고 촉구한다. 지금은 권도를 사용할 비상시국이라는 것이다. 이것이 불가피하게 '권'을 사용해야 하는 변례의 상황으로 맹자를 도발한 순우곤의 궁극적인 의도였다. 그러나 맹자는 전란에 빠진 천하를 구제하는 것은 물에 빠진 형수를 구하듯 손으로 할 수 있는 것이 아니라 더 근원적인 정도正道로써 해야 한다는 뜻을 끝까지 고수했다.

결국 쉽게 벗어나기 어려운 논리적 질문을 통해 맹자의 출사를 권유한 순우곤의 기대는 이루어지지 못했다. 맹자의 입장이 너무도 확고했기 때문이다. 결론적으로 순우곤이 기획한 것은 맹자에게 자신의 의사를 관철시키지는 못한 채 무위로 돌아간 셈이다. 결국 두 유세객은 서로 다른 방법을 통해 혼란스러운 전국의 시대상의 타개책을 찾을 수밖에 없었다.

다만 이 대화에서 몇 가지 흥미로운 것은 도발적인 질문으로 대화를 유도한 순우곤이나 정예로운 논리로 대응한 맹자 모두 상례와, 상례가 아닌 변례로서의 권이 발생했을 때에 대해서 어느 정도 그 개념을 공유하고 있었고, 다양하고 구체적인 예제의 실현에는 권도가 요청된다는 것에는 은연중에 동의했다는 점이다. 그리고 당시가 권도를 사용해야 하는 급박한 상황이라는 점에도 일부 동의했다. 다만 그 구제 방법에 있어서 차이가 있었을 뿐이다.

이러한 두 사람의 대화에서 가장 관심을 끄는 것은 맹자가 제기한 '권'의 개념이다. 권은 보편 일반 법칙인 예와 대비해 보면 예의 섬세하지 못한 부분을 보완해 주면서 궁극적으로 그 행위의 결과가 도에 합치되게끔 하는 작용을 한다. 다만 맹자는 물에 빠진 형수에게 손을 내미는 것을 권이라고 하면서도 그것이 천하를 구제할 정당한 방법으로 생각하지 않았으며 그보다는 도를 고집했다. 적어도 맹자의 뇌리 속에서 권은 급박한 상황에 임시로 활용하는 것이고, 천하를 구제하는 원대한 규모에 대해서는 여전히 좀 더 근원적이고 방법으로는 도가 더욱 합당하다고 생각했던 것인지도 모른다.

이 두 사람의 대화를 검토하면서 동아시아 학자들은 이 논의에 대한 다양한 해석을 제출했다. 그 해석에는 예와 권, 또 도와 그 관계에 대한 그들의 생각이 촘촘하게 반영되어 있다.

2) 동아시아의 인식 논리

(1) 중국의 경우

한대의 주석자 조기趙岐, 108~201는 권은 경經에는 반反하는 것이지만 선善한 것이라고 판단했다.[14] 권은 경과 반드시 일치하는 것은 아니지만 권을 통해 선한 결과를 이끌어 낸다는 의미이다. 이러한 조기의

---

14 『孟子注』「離婁上」. "權者, 反經而善也."

주석에 대해 부연한 당대唐代『맹자정의』의 저자[15]는 권에 대해 보충 설명하기를 권은 일반적인 일이 아닌 특수한 상황變事에서의 구제책으로 그럴 수도 그렇지 않을 수도 있는 것으로 이해했다. 비록 경에는 반하지만 선한 결과를 초래하는 것으로, 권은 경중을 헤아려 사물에 따라 처변處變하는 것이라고 설명했다.[16] 경과 대비되는 권의 차이 내지 융통성을 인정하면서도 결과적으로는 선한 결과를 내는 것이라고 하여 권의 가치만큼은 존속시켰다.

이러한 한대와 당대의 해석을 좀 더 명확하게 규정하고 권의 의미를 예의 범주 속으로 포섭시킨 학자는 주자朱子, 1130~1200였다. 그는 권에 대해 이렇게 규정했다.

권權은 저울추錘를 일컫는 것이니, 저울추가 사물의 경중을 저울질함에 왕래하여 정확한 중中을 찾는데서 그 의미를 취한 것이다. 저울질하여 적중的中시키는 것, 이것이 바로 예禮이다.[17]

사실 주자의 권 자체에 대한 해석은 스승이었던 정자, 정이程頤, 1033~1107의 견해를 계승하여 약간의 견해를 더한 것에 불과하다.[18] 그런데 권의 의미를 예와 연결시켜 이해한 것은 매우 의미깊은 전환이다.

---

15 대개 孫奭, 962~1033으로 알려져 있지만 주자는 그의 저작설을 부정하는 등 그 저작의 진위를 의심했다.
16 『孟子注』「離婁上」. "夫權之爲道, 所以濟變事也, 有時乎然, 有時乎不然, 反經而善, 是謂權道也. 故權云爲量, 或輕或重, 隨物而變者也."
17 『孟子集注』「離婁上」. "權, 稱錘也, 稱物輕重而往來以取中者也. 權而得中, 是乃禮也."
18 『論語集注』「子罕」. "程子曰:'可與共學, 知所以求之也. 可與適道, 知所往也. 可與立者, 篤志固執而不變也. 權, 稱錘也, 所以稱物而知輕重者也. 可與權, 謂能權輕重, 使合義也.'"

권을 경과 대비시켜 합치시킨 스승 정자의 견해를 융통성이 있는 예로 조정한 것이기 때문이다.

일찍이 정자는 한유들이 '권'을 두고 "경經에는 반反하지만 도道에는 합合한다'는 견해에 대해 권이 권모술수로 흐를 폐단을 우려하여 비판하면서 권 자체가 이미 경經임을 역설한 바 있다.[19]

주자는 정자의 그 입장을 지지하면서도 한편으로는 권과 경은 마땅히 변별이 있어야 한다고 판단했다.[20] 상황의 논리인 권과 보편법칙인 경 사이에 존재하는 어느 정도의 불가피한 괴리를 간과할 수 없었던 것이다. 주자는 그 권의 범주가 지니는 경과의 간격을 어느 정도의 융통성을 적용할 수 있는 예로 대체했다. 그리고 이러한 대체는 순우곤과 맹자의 전체 대화 맥락과도 자연스럽게 조응하여 정자의 언급보다는 무리가 없다. 애초 이 대화의 쟁점은 예와 권이었다.

아울러 주자는 이 대화의 최종적인 귀결은 결국 자신을 곧게 하고 도를 지켜야 세상도 구제할 수 있는 것이지 도를 굽히고 남에게 끌려가는 것은 자신만 잃게 될 뿐이라고 하여[21] 도 자체의 가치는 그대로 온전히 보존되어야 할 것임을 강조했다.

한대에서 송대로 전환되는 국면에서 상황윤리인 권은 정자의 경우를 제외하고는 경經의 반열로까지 이해되지는 못했지만 경례經禮를 보완하고 좀 더 섬세하게 예제를 실현하는 원리로서 폭넓게 받아들여졌

---

19 『論語集注』「子罕」. "程子曰 : '漢儒以反經合道爲權, 故有權變權術之論, 皆非也. 權只是經也. 自漢以下, 無人識權字.'"
20 『論語集注』「子罕」. "愚按 : '先儒誤以此章連下文偏其反而爲一章, 故有反經合道之說. 程子非之, 是矣. 然以孟子嫂溺援之以手之義推之, 則權與經亦當有辨'."
21 『論語集注』「子罕」. "此章言直己守道, 所以濟時 ; 枉道殉人, 徒爲失己."

다. 한대의 유자들은 권이 분명 경은 아니지만 그 결과는 좋은 것이라고 했고, 당대의 유자들은 처변에 임하는 방책으로 권을 적극적으로 평가했다. 주자는 이를 예의 의미와 연관시켜 예란 바로 그렇게 권을 통해 저울질하여 중中을 획득하는 것이라고까지 주장했다.

주자가 다양한 예서禮書를 저술하면서 적극적으로 당대 현실에 적용할 수 있는 시례時禮의 측면을 주목하고 적극 반영한 것은 바로 이러한 권과 예에 대한 인식과 무관하지 않은 것으로 이해된다. 편찬자의 시비가 있지만 주자의 예관념을 적지 않게 반영하고 있는『주자가례朱子家禮』의 경우 그 서문에 고금의 전적을 궁구하고 변할 수 없는 대체를 근간으로 하되 얼마간의 수정을 가했다고 직시하였으며, 시행에는 쓸데없는 문식을 생략하고 근본과 실질에 힘써 공자가 촌스럽지만 내실 있는 선진先進을 따른다는 유의遺意를 지켰다고 지적한 바 있다.[22]

이는 고례의 번다한 문식을 시행을 고려하여 통하도록 정리한 것이다.『주자가례』에서 사당祠堂, 심의제도深衣制度, 사마씨거가잡의司馬氏居家雜儀 등을 서권序卷의 통례通禮에 반영하여 시의에 맞게 예를 창조·확산한 것 역시 같은 맥락에서 이해할 수 있다.[23]

지식인들의 경세적 포부가 시대를 휩쓸었던 명말청초의 분위기를 반영하는 황종희黃宗羲, 1610~1695의『맹자사설孟子師說』에서는 이 대목에 대한 관심이 예제에 대한 것이 아니라 출사出仕에 대한 것으로 전환

---

22 『朱子家禮』「序」. "嘗獨究觀古今之籍, 因其大體之不可變者, 而少家損益於其間 (…중략…) 至其施行之際, 則又略浮文務本實, 以竊自附於孔子從先進之遺意."『주자가례』에 대한 연구, 해제와 번역은 황원구,「朱子家禮의 형성과정」,『인문과학』45, 연세대, 1981; 정경희,「주자가례의 형성과 가례」,『한국사론』39, 1998; 임민혁,『朱子家禮』, 예문서원, 1999 참조.
23 전성건, 앞의 책, 2015, 32~33면.

된다. 그는 맹자가 순우곤과의 대화에서 도로 천하를 구제한다는 생각을 관철시킨 것은 백세 뒤에도 공리功利의 잘못과 인의는 반드시 그칠 수 없음을 강조하여 천하인심을 구원하려 했던 것으로 파악하여 맹자는 하루도 천하를 구제하지 않은 적이 없다고 평가했다.[24] 황종희에게 권과 예의 문제는 중요하게 여겨지는 직접적인 관심사가 아니었고, 그의 시선에는 다만 맹자의 출사가 지향하는 마음가짐의 포부가 포착되었던 것이다.

한편 대진戴震, 1724~1777은 예를 지당至當하여 바뀔 수 없는 법칙이라고 단언했다.[25] 예는 천지의 조리條理라고 지적하고 조리의 지극함을 알려면 하늘을 알아야 하는데 의문儀文과 도수度數는 성인이 천지의 조리를 보고 천하 만세의 법으로 정한 것이라고 그 의미를 강조했다. 특히 그는 예가 설정된 이유가 천하의 정을 다스리기 위한 것이라고 하면서, 예는 그 천하의 정이 넘치는 것을 마름질하고 그 부족한 것을 권면하여 천지의 중中을 알게 하는 것이라고 적시했다.[26]

천하지정天下之情의 과불급을 조절하여 그중을 알게 하는 것이 예라면 응당 보편법칙에 정통하고 그것을 굳게 지켜야 하지만 동시에 그 변화를 알지 못한다면 사물의 정밀한 뜻을 구분하고 표준을 정하는데 미흡할 수도 있다. 대진은 바로 이때에 권이 요청된다고 판단했다.[27]

---

24 黃宗羲,『孟子師說』「男女授受章」. "孟子距楊墨, 道性善, 不見諸侯, 不與小人言, 使百世之下, 知功利之非, 仁義之必不可已, 正是以道援天下, 援天下人心之溺耳. 故孟子無日而不援者也."

25 戴震,『孟子字義疏證』「權」. "禮者, 至當不易之則."

26 『孟子字義疏證』「仁義禮智」. "禮者, 天地之條理也, 言乎條理之極, 非知天不足以盡之. 卽儀文度數, 亦聖人見於天地之條理, 定之以爲天下萬世法. 禮之設所以治天下之情, 或裁其過, 或勉其不及, 俾知天地之中而已矣."

27 『孟子字義疏證』「權」. "雖守道卓然, 知常而不知變, 由精義未深, 所以增益其心知之明使

대진은 성인은 일상생활에서 천하 사람들의 감정을 통하게 하고, 천하 사람들의 욕구를 완수하게 하는데 이때 이것을 저울질하는 것이 권이라고 강조했다.[28] 일상 속에서 생생하는 천하의 정情을 실현시키고 천하의 욕구를 달성하여 개개인의 분리分理에 어긋나지 않게 하는 역할을 하는 것으로 권을 설정한 것이다. 이러한 설정은 권을 통해 생생하게 유동하는 일상의 자연스러움을 확보하고 그 변화를 긍정하려는 시도이다.[29]

대진의 이러한 변화와 권에 대한 적극적인 긍정은 이후 초순焦循, 1763~1820에 의해 더욱 발전적으로 계승되었다. 초순은 반경反經에 대한 해석을 부분적인 옹호에서 완전히 전환하여 반경을 통할 때에야 비로소 선해 질 수 있으며 그것이 권이라고 주장했다. 대개 경經은 법法인데 법은 오래도록 변하지 않으면 폐단이 생기므로 변화하지 않을 수 없는 것이며 그러한 변화가 있을 때에야 비로소 크게 순順해질 수 있다고 역설했다. 그것은 일월이 순환하고 사계절이 순환하는 것과 같은 것으로 예악 역시 오래도록 변하지 않으면 쇠미해 질뿐이라고 지적했다.[30] 변화와 순환에 대한 적극적인 옹호로, 이러한 논점에서 반경反經은 지선至善의 가치가 되고 당당하고 정당한 권의 의미를 지니게 된다.

全乎聖智者, 未之盡也, 故'未可與權'(…중략…) 權, 所以別輕重; 謂心之明, 至於辨察事情而準, 故曰, '權', 學至是, 一以貫之矣, 意見之偏除矣."

28 『孟子字義疏證』「權」"人倫日用, 聖人以通天下之情, 遂天下之欲, 權之而分理不爽, 是謂理."

29 『孟子字義疏證』「權」. "古今不乏嚴氣正性, 疾惡如讎之人, 是其所是, 非其所非; 執顯然共見之重輕, 實不知有時權之而重者於是乎輕, 輕者於是乎重."

30 焦循,『孟子正義』「離婁上」. "夫經者, 法也. 制而用之謂之法, 法久不變則弊生, 故反其法以通之, 不變則不善, 故反而後有善, 不變則道不順, 故反而後至於大順, 如反寒爲暑, 反暑爲寒, 日月運行, 一寒一暑, 四時乃爲順行, 恒寒恒燠, 則爲咎微, 禮減而不進則消, 樂盈而不反則放, 禮有報而樂有反, 此反經以所以爲權也."

초순은 권이 변화하여 통용되면서 도를 반복유지하게 하는 것이라고 평가했다. 특히 맹자가 제시한 권은 세도世道를 만회하고 인심을 바로잡으려는 취지가 있다. 이는 순우곤 등이 도를 굽혀 세속과 영합하는 권과는 구별되는 것으로 올바른 도를 통해 세상을 구제하려는 것이다. 초순은 이렇게 맹자가 표방하는 도는 권과 도가 거의 일치하여, 성현의 권은 곧 성현의 도가 된다고까지 주장했다.[31] 경經의 변화까지 옹호한 결과 경의 변화를 추동하는 권의 가치는 더욱 큰 가치를 지니게 되고 결국 성현의 권은 곧 도라는 진일보한 견해까지 제기했다.

처변處變에 대응하는 상황윤리로 인식되었던 권이 초순에 이르러서는 거의 도와 같은 평가를 받은 것이다. 이는 초순과 비슷하게 권을 경으로 인식한 정자의 경우보다도 진일보한 것으로 초순에 이르러 권은 유동하고 변화하는 국면에 대응하는 정당한 도로 평가받았다. 이는 변화하지 않는 보편원리로서의 경과 예와 대비하여 격변하는 세계에 올바르면서도 민감하고 조응할 수 있는 논리로서 권의 가치가 적극 재평가된 것이다.[32]

---

31 『孟子正義』「離婁上」. "此孟子論權與道合之義也. 權者, 變而通之之謂也. 變而通之, 所謂反復其道也, 孟子時, 儀衍之流, 以順爲正, 突梯滑稽, 如脂如韋, 相習成風, 此髡之所謂權也, 孟子不枉道以見諸侯, 正所以挽回世道, 矯正人心, 此卽孟子援天下之權也. 髡以枉道隨俗爲權, 孟子以道濟天下爲權, 髡謂孟子不枉道是不以權援天下, 不知孟子之不枉道, 正是以權天下, 權外無道, 道外無權, 聖賢之道, 卽聖賢之權也. 髡不知道, 亦不知權也."

32 이러한 주장은 당대 중국의 역사적 상황을 비추어 보았을 때에도 온전한 시대정신을 담보하고 있다. 특히 보편에서 개성으로, 하나의 일반 원리에서 다양성과 변화 가능성을 긍정한 방향은 예에 대한 인식논리에도 적지 않은 영향을 준 것으로 이해된다.

(2) 조선의 경우

여말선초麗末鮮初의 원대 성리학의 학습을 거쳐, 세종대에 입수된 영락대전본永樂大全本을 소화한 16세기 중엽 이후로 조선의 학자들은 주자의 학설을 근간으로 한 대전본大全本 사서삼경에 대한 이해를 심화시켰다. 아울러 주자집주는 물론 다양한 경로로 수입된 명청대 주석서에 대한 독서 역시 꾸준히 이어갔다. 그 결과 대전본에 대한 비판적 이해는 물론 명청대 주석서를 소화한 결과로 나타난 견해 역시 일정한 수준을 보여주었다. 특히 예와 권, 출처의 의리에 대한 내용을 담고 있는 이 논점에 대해서 조선의 학자들은 주자학적인 시각을 바탕으로 하면서도 몇몇 측면에서는 매우 곡진하고 개성적인 견해를 제시했다.

권득기權得己, 1570~1622는 급박한 상황을 구제하는 방편적인 도인 '권'에 대하여 깊이 고민했다. 그는 상정常情으로 남녀가 직접 수수해서는 안 되는 것을 알고, 또 물에 빠진 사람을 구하지 않을 수 없다는 것을 안다면 이는 권의 의미를 제대로 아는 것이라고 보았다. 권은 애당초는 그렇게 파악하기 어려운 것이 아니다. 대개 부득이 하면 작은 혐의를 피할 것이 없으나, 매우 부득이한 것이 아니라면 마땅히 예절을 삼가 지키는 것이 옳다고 판단했다. 그럴 경우에는 비록 부득이 하더라도 예절을 잃고 굴복해서는 안 된다는 것이다. 도적이 자신을 겁박하여 형수를 팔면 모두 무사할 것이라고 한다면 어쩔 것인가? 이것은 따르기 어려운 것이다. 이와 같이 모든 일과 상황에는 각각의 지선至善한 것이 있으며, 일이 비슷해 보여도 사리는 다른 것이 있다. 각각의 여건과 형편에 맞게 권형權衡을 추구해야 하는데, 그 방법은 마음을 평온하게 하고, 정밀하게 연구해야 하는 것이다. 권득기의 권에 대한 이해는 매우 침착하면서도 실질적이다. 그는 권의 의미를 깊이 알고 있었지만 반드시 매우 부득이하여 어쩔 수 없을 때에만 권을 사용해야 한다는 신중론을 제시했다. 각 일에서 지선을 찾고 권형을 추구해야 권의 올바른 이해와 실천이 가능하다는 것이다.[33]

이익李瀷, 1681~1763은 이 장을 두고 논의된 정자와 주자의 입장을 두루 읽고는 그 각각의 주장이 지닌 취지를 온당하게 이해하려고 노력했다. 이익은 정자가 『논어』를 해설하면서 언급한 '권은 다만 경經'이라는 주장은 '반경합도反經合道'의 주장을 비판하기 위한 것이었고, 주자 역시 그 취지를 이해했지만 그래도 권과 경은 구별해야 할 것이라고 말한 바 있음을 상기했다. 이익은 이러한 주자의 판단에 대해 "주자가 이미 권과 경을 구별하였다면 한유들이 주장한 반경합도의 주장도 잘못되었다 할 필요가 없다"고 지적했다. 정자 역시 권을 자기 편의대로 해석할 것을 염려하여 그렇게 강변한 것이기 때문이다. 성호는 공자와 맹자, 한유와 이천의 말한 바가 다 저마다의 이유가 있으며, 또 주자가 차이나는 의견을 병존시킨 이유를 성찰해볼 필요가 있다고 여겼다. 성호는 문자학에 대한 식견을 활용하여 원래 경과 권은 다른 것으로 경은 베를 짜는 것으로 베 한필을 짜고 나면 적지 않게 이동하는 것이며, 권은 저울추를 재는 것으로 저울을 잴 때에는 왕래하다가 그 적중

---

33 權得己, 『孟子僭疑』「離婁上·嫂溺章」. "權之義, 難識. 然以常情論之, 知授受之不可親, 而又知溺不可援, 則知權矣. 權亦初无甚難解者, 盖不得已則, 區區小嫌有不能避, 若非甚不得已, 則當謹守禮節. 雖不得已亦有不可屈處, 盖援之以手者, 爲救嫂於死也, 設或爲寇所劫, 使賣嫂與寇而已, 與嫂得兩全則可從乎? 然則蔡中之廢君, 非權也, 盖凡事事物物各自有至善之地, 雖或事同而理異, 亦莫不各有權衡, 但平心精究之自可見. 但世人蔽於私, 而不能察耳."

하고서 멈추는 것이므로 이 둘은 본래 한 자리에서 말할 수 있는 것이
아니라고 여겼다. 또 맹자는 예와 권을 상대한 것이며, 예는 경례를 말
하니 자연 권과는 구별된다고 보았다. 다만 서로 다른 형편과 처지에
서 바라봄으로써 각각의 다른 견해가 제출되었으나 그 각 입장을 고려
하면 모두 각각의 타당성이 있다고 판단했다.[34]

　　예전에는 단지 남녀가 주고받지 않는다는 예식禮式이 있을 뿐이니 이것
은 경經이다. 위급시에 손을 형수에게 주는 것을 어찌 경經에 합하지 않는
다고 하겠는가? 작은 혐의는 꺼릴 겨를도 없이 형수를 죽음에서 살리는 것
이 또 어찌 도道에 부합하는 것이 아니겠는가? 반경反經이라고 할 때의 경
은 다만 상常을 지적하여 변처變處에 이르는 것이요, 변처에 이르면 비록 상
常과는 다르지만 그것이 도에서 벗어나지는 않는다. 이것이 한유漢儒의 뜻
이다. 한편 형수가 물에 빠진 때를 당해서는 단지 구원하는 것이 합당하다.
그러므로 이미 변처에 이른 것이니 곧 바로 도에 부합한다. 이것은 바로 이
때의 상경常經이며 반경反經이라고 할 수 없다. 이것이 정자의 뜻이다. 비록
그렇지만 상常에 있는 것은 자연히 상이고 변變에 있는 것은 자연히 변이
다. 변에 있는 것으로 말하면 변에 처함이 비록 또한 이것이 상常이지만, 상
常에 있는 것으로 말하면 끝내 변變에 처處하는 것은 상常에 처하는 것이라
고 말할 수 없다. 그러므로 주자는 한유의 주장에 대해 십분 그 의미를 깨

34　李瀷, 『孟子疾書』 「離婁上」. "論語集註, 程子謂'權只是經', 深以'反經合道'之說, 爲非. 朱
子謂'程子非之, 是矣. 然以孟子'嫂溺, 援之以手'之義推之, 則權與經亦當有辨.' 朱子旣分
權·經爲二, 則漢儒反經合道之說, 未見有病. 故考之語類, 每以漢儒說爲當, 云'伊川只是,
恐無忌憚者借其說自便, 故有此論也.' 學者須理會得孔子孟子之旨, 及漢儒伊川所以不同,
及朱子所以兩存之義, 可也. 盖經如織布之經, 終㢌而不少移易, 權卽衡之權, 稱停往來, 而
就其中, 本非一段說話. 孟子分明以禮與權對擧, 則禮是經禮而與權別矣."

달아 양단을 두루 살핀 것이다.[35]

　한유와 정자, 그리고 주자의 이해에 대한 곡진한 설명은 그 각각의 논점에 대한 이익의 치밀한 사유를 보여준다. 이러한 논점들을 두고 자신의 입장을 제시하는 데서 그치는 것이 아니라 각각의 주장이 생성된 측면을 다각적으로 고찰한 것이다. 주장에 대한 이론적 평가라기보다는 그러한 각 주장이 지닌 이해의 시각을 되짚어 보자는 것이다. 논점에 대한 논리적인 평가에서 그치는 것이 아니라 상식과 실질적인 효율을 찾아보자는 것이다.

　이러한 관점을 견지했기 때문에 이익은 맹자가 주장한 자신은 손手이 아니라 도道로서 천하를 구제한다는 언급에 대해서도 깊이 그 정황을 살펴 해석했다. 이익은 공자나 맹자 역시 이미 권을 사용한 지가 오래되었지만 단지 자신을 굽혀 당시 군주들의 욕망에 부합하려고 하지 않았기 때문에 백성들이 그 은택을 입지 못하는 것이라 이해했다. 맹자의 마지막 대답인 "천하를 도로 구제 하겠다"는 말 속의 도에는 당대의 정치상황과 난세에 대응하는 근원적인 방침으로서의 경과 권이 모두 포함되어 있다고 판단했다. 그러므로 이익은 경과 권이 온전하게 모두 작동하지 않는 것은 도가 아니라고 여겼다.[36]

35　李瀷, 『孟子疾書』 「離婁上」. "古者只有 男女不受授 之禮, 此經也. 以手授嫂, 則豈非合經乎? 不暇恤於小嫌, 而免嫂於死, 又豈非合道乎? 反經之經, 只指常處而未說到變, 至於變則雖反乎常, 惟不離於道. 此漢儒之意也. 然當嫂溺之時, 只合援之, 故既至變處, 則方便合道, 只是此時之常經. 非反經也, 此程子之義也. 雖然, 處常自是常, 處變自是變, 在變言則處變, 雖亦是常, 而在常言則畢意是處變非處常也. 故朱子於漢儒說, 十分曉得而端叩竭"

36　李瀷, 『孟子疾書』 「離婁上」. "然則孔子孟子之周旋於權亦已久矣. 但不枉己以徇時君之欲, 故天下不被其澤, 非君子之無權也. 髡之見合下膠膝於權術盆中, 不知君子之權, 卽道而已. 故謂'天下溺'矣, 似當權廢先王之道, 比於授嫂. 孟子已知髡意蔽蹈之所在, 故只答曰'天

권의 상황에 대해 깊이 고민한 권득기와 권과 경, 예와 도의 관계에 대해 그 맥락이 놓인 각각의 상황을 그 형편에 맞추어 이해하려한 이익의 관찰은 곡진하게 경문의 맥락을 이해하고 자기 견해를 덧붙이려는 조선 학자들의 경전 해석의 깊이와 경향을 보여준다. 또한 '권'에 대하여 진지하게 토론하는 것은 이것이 이론적인 담론에서 그치는 것이 아니라 실제 자신이 주장한 것을 실천하려는 또 다른 지향이 있음을 짐작할 수 있다.

한편 이익의 입장을 비판적으로 수용한 최좌해崔左海, 1738~1799는 예에 대해서 좀 더 유연하게 생각한다. 그는 비록 남녀가 직접 주고받지 않는 것이 경례經禮이지만 물에 빠져 죽어가는 형수를 손으로 구하는 것 역시 중요한 문제라고 판단했다. 그러므로 최좌해는 예는 상황에 따라 변할 수 있다고 지적하고 권이란 바로 예가 변화하는 마땅하고 당연한 것이라고 평가했다. 그러므로 권은 예와 반대되는 명칭이 아니라고 생각했다.37 예의 융통성 있는 적용을 위해 권을 적극 활용하려는 시도로 이것은 결국 권을 예의 범주에 포섭시켜 이해하려는 것이다. 경례의 관점을 고수하여 강조하는 것이 아니라 예의 권도적 측면을 폭넓게 수용하자는 것이다.

최좌해는 유연한 시각을 견지하면서도 각 해석의 국면은 구분지어 이해한다. 물에 빠진 형수를 구원하는 것은 손을 잡아 구제하는 권도이지만 천하를 구제하는 것은 이런 방법으로는 곤란하다. 예교禮交와 정

下溺, 授之以道', 此道字包經權在中, 當經而經, 當權而權, 廢一則非道也. 其爲權, 惟不離於先王之道, 而背是又非權, 如人之於嫂, 當別而別, 當授而援, 不離於禮也."

37 崔左海, 『孟子竊意』「離婁下」. "因言不親授受, 固是經禮, 而救溺援手, 亦是所重爲在, 而禮隨而變也. 權字見禮變當然之宜爾, 亦非與禮反對之名."

당한 교유義接, 그리고 극진한 정성致敬을 다하는 실천이 있어야 할 수 있는 것이다. 예의가 바로 천하를 구제하는 수단이며, 이것이 없이 천하를 구제하려는 것은 손을 내밀지 않고 물에 빠진 자를 구하는 것과 같다고 이해했다.[38] 맹자의 취지를 옹호하는 것인데 각 국면에 대한 구체적인 이해가 돋보인다.

한편 정조正祖, 1752~1800는 분명 본문에서 예와 권이 서로 대비되어 제시되는 것에 착안하여 변함없이 일정한 경이 예라면 변화하는 권은 예가 아닐 것인데 왜 주자는 '권이 시중時中을 얻으면 예'라고 한 것인지 질문했다. 그런 논리면 한유들의 반경합도의 논리도 문제될 것이 없지 않은가 따졌다.[39] 이러한 질문은 주자의 집주에 대한 비판적 독서의 산물로 정자와 주자의 논리를 연관지어 모순 없이 이해하려는 기존의 입장과는 변별되는 비판적인 질문이다.

이에 대한 대답은 대체로 두 방면에서 제시되었다. 하나는 최상룡 1786~1849처럼 권이 예와 합치될 수 있다는 것과 경이 변하여 권이 될 수 있다는 것으로 이런 인식은 대체로 정자와 주자의 입장을 모순 없이 정합적으로 이해하려는 관점에서 전개된 것이다.[40] 다른 하나는 신교선申敎善, 1786~1858의 경우처럼 예와 권의 성격을 분리하여 예가 상

---

38 崔左海, 『孟子竊意』 「離婁下」. "援嫂者, 只有手可以行濟溺之權, 至於援天下者, 必須有禮交義接致敬之實, 然後可以有爲. 然則禮義者, 卽援天下之手也. 今欲無此而使援, 則是猶無手而責援溺也. 反欲以援嫂之手? 援天下得乎?

39 正祖, 『孟子講義』 「離婁上」. "此章 '男女授受不親'之禮, '嫂溺援之以手'之權, 對擧而互言之, 則可知經者爲禮, 權者非禮, 而集註云, 權而得中是乃禮也者, 何謂也? 然則漢儒反經合道之說, 未見其不是, 而程朱之深斥, 抑或爲過歟?"

40 崔象龍, 『孟子辨疑』 「離婁上」. "按孟子對權而言禮, 則是論語 '可與權'章集註所謂 '權與經亦當有辨'也. 此註所謂 '權而得中乃是禮也'者, 是合禮權爲一. 而程子所謂 '權只是經'也. 大抵言經之變而爲權, 則經與權一而二, 故於論語註引程子之語, 則言權經之有辨, 言權之合乎常, 則權與經二而一. 故於此章對禮言權處, 釋之以經權爲一. 朱夫子訓釋之意, 可見矣."

행常行의 정리正理라면 권은 경중을 저울질하여 중中을 취하는 것으로 이해하여, 형수가 물에 빠졌을 때에는 작은 혐의는 가벼운 것이고 물에 빠진 형수를 구제하는 것은 중한 일이다. 그 경중을 헤아려 마땅함에 처하는 것, 이것이 권이 시중을 얻어 예가 될 수 있는 이유라고 설명하는 것이다.[41] 하지만 엄밀하게 말해 이러한 논리는 신교선 그 자신이 인용하고 있는 채청蔡淸, 1453~1508의 논리보다 정교하지 못한 것이다. 채청은 『사서몽인四書蒙引』에서 예를 상례와 변례로 구분하여 권은 변례로서 예를 등지는 것이 아니라 도리어 곡진하게 예를 성취하게 해주는 것이라고 이해하여, 권은 예가 아니면 할 수 없는 것이라고까지 논리를 전개한 바 있다.[42]

이러한 인식논리는 물에 빠진 형수를 구하는 것처럼 만물을 사랑하는 것은 상경으로, 곧 권도를 행하는 것이 반경이 아니라 통경通經이라는 인식의 소산이다. 다만 일의 구체적인 행사에서는 권의 적용으로 인해 도에 더 가까워질 수 있다는 곽종석郭鍾錫, 1846~1919의 입장까지 나아가게 된다.[43] 다만 그는 천하를 구제하는 도에 대해서는 절대 변할 수 없는 것으로 효충·인민仁民·애물愛物 등의 가치는 절대 변할 수 없는 것인데 근대의 사람들은 이런 상경常經을 뒤집고 공리功利를 쫓는 것을 권이라고 한다고 개탄하기도 했다.

---

41 申教善, 『讀孟庭訓』. "禮者, 常行之正理也, 權者, 稱量輕重以取中之謂也. 嫂溺時, 避嫌爲輕, 拯溺爲重, 須稱量其輕重而處得其當, 此所謂權而得中是乃禮也."

42 申教善, 『讀孟庭訓』. "蒙引曰'禮與權二字有正道邪說之分, 盖權與經雖有辨, 其實權不離經, 權所以濟經也, 故曰'權而得中是乃禮也'. 只是於事之常者用常禮, 事之變者用變禮. 權只是禮之變者, 非有背乎禮, 乃委曲以成乎禮也. 故曰'權非禮道者, 不能也.'"

43 郭鍾錫, 『茶田經義答問-孟子』. "見溺必拯, 愛物之常經也. 拯溺嫂, 非反經也. 以手之權, 所以通經也. 所遇之境, 則非經也, 而所全之道則便是經. 所行之事則權之往來, 適中於道者也."

검토한 바와 같이 조선의 학자들은 권을 최대한 예에 속한 것으로, 도를 실현하는 중요한 매개체로 인식하여 그들 사이에 발생할 수 있는 모순을 최대한 줄이거나 또는 제시된 사례 자체가 이미 권이 아니라 상경이며 예라고 주장하여 문제의 소재 자체를 없애는 방향으로 논리를 구사했다. 이는 예나 경이 그 자체로 보편원리가 아니라는 것은 아니지만, 예나 경에 내재한 의미가 무엇인가에 더욱 천착하여 권이 가지는 의미를 그 둘과 잘 연관시켜 주었다고 볼 수 있다. 권이 곧 경이라거나 경도 반경反經해야 순해질 수 있다는 중국 학자들의 경우처럼 이론적으로는 최초 원개념을 전환시키는 참신한 해석까지 진전하지는 못했지만 실천의 구체적인 국면에서 권과 예, 도 사이의 개념 충돌을 막고 최대한 온건하게 권과 도의 가치를 온전하게 지켜내려 했다는 점이 흥미롭다.

정조의 경우처럼 권과 예를 엄연하게 구분하여 보려는 시각이 없지 않았지만 조선의 학자들은 대체로 권을 예에 포섭시켜 이해하려고 했으며, 심지어는 권의 상황을 상경으로까지 이해하려 했다. 권의 가치를 이해하면서도 최대한 경과 도가 가지는 고유한 표준적 의미를 고수하려 했다. 권의 권능을 극대화시켜 이해한 대진과 경의 과감한 변혁을 옹호한 초순의 논리까지는 나타나지 않았다. 이것은 기본적으로 경전에 대한 태도, 구체적으로는 주자집주에 대한 조선학자들의 근신 謹愼과도 무관하지 않은 것으로 이해된다.

(3) 일본의 경우

일본의 경우 덕천德川 막부에 주자학이 전래된 이후 송학에 의해 왜곡된 유학의 본연의 가치를 찾고자 하는 이른 바 고학古學의 기풍이 일어났다. 경전의 고의古義를 회복하고자 하는 이토 진사이伊藤仁齋, 1627~1705를 대종으로 하는 고의학과 고문사에 대한 정확한 이해를 주장하는 오규 소라이荻生徂徠, 1666~1728의 고문사학古文辭學은 주자학의 세계관과 논리를 부정하고 경전의 원의原義에 좀 더 깊은 관심을 가졌다.

이토 진사이는 당대唐代의 『맹자정의』에서 수용했던 반경합도의 주장과 권이 경의 미진한 부분을 구제한다는 주장을 모두 비판하고 경을 벗어난 도는 있을 수 없다고 일갈한다. 다만 예에 있어서 때로 곤궁처가 있어 그것을 권으로 통용시키는 것일 뿐 예는 경과 같이 도에 합치되는 것이라고 주장한다.[44]

이토 진사이는 예에서 어려운 것은 절문節文 · 도수度數의 번잡함이 아니라 짐작하고 손익하여 때에 맞게 조치하는 적의適宜함의 어려움에 있다고 지적했다. 고례古禮는 당대 현실에 맞지 않고, 중국의 예는 일본에 맞지 않으며, 그렇다고 세속에 통용되는 예禮는 본래 의의가 없다. 그러므로 그는 옛것을 표준으로 지금을 짐작하여 이 땅에 맞고, 이 땅의 인정人情에 합하여 위로는 조정으로부터 아래로는 여항에 이르기까지 준수하여 즐겁게 행하고자 한다면 예의 이치를 알아 손익할 수밖에 없다고 주장한다. 물론 그것은 명달한 군자만이 할 수 있는 것이다.[45]

---

44 伊藤仁齋, 『孟子古義』 「離婁上」. "先儒謂反經合道爲權, 或謂權以濟經之不及, 俱非也. 據此章, 權當以禮對之. 而不可以經對之也. 蓋禮有時而窮, 則權以通之, 及其合于道則, 一也. 豈反經而有道之可言哉?"

그러므로 이토 진사이는 권을 쓸 수밖에 없으니 그것은 시대의 고금과 가문의 빈천, 인물의 귀천과 일의 규모, 물건의 다과多寡에 각기 그 마땅함을 따르려면 일률적으로 제어할 수 없기 때문이다.[46] 그러므로 그는 개념만을 놓고 본다면 예는 때를 따라 손익하는 것이고 경은 만고에 바뀌지 않는 것이므로 맹자는 이 때문에 권을 때에 따라 손익하는 예와 대비하고, 경과는 대비하지 않았다고 지적했다. 다만 권의 본질적인 의미는 경이 미치지 못하는 것을 구제하는 정도에 그치는 것이 아니라 권은 매번 경經의 가운데 속해 있어 경과 떨어지지 않는다고 이해했다. 권은 그 범위가 개인이 할 수 있는 것으로 천하의 공공적인 성격을 지니는 도와는 구별된다는 것이다. 그러므로 이윤伊尹이 태갑太甲을 쫓아낸 것과 같은 정책적인 것은 권이라고 할 수 있지만 탕무방벌湯武放伐과 같은 것은 천하공공의 마음으로 하는 것이므로 권이 아니라 도라고 지적했다.[47] 그러므로 이토 진사이는 권에 대해 한유가 제기한 반경합도의 주장이나 송유의 '성인이 아니라면 권을 할 수 없다'는 주장을 모두 배격하고 도 자체가 가진 온전한 가치와 공공적 성격을 굳게 지키려 했다.[48] 권을 예의 범주에서 논의하여 경과 도와는 분명하

---

45 伊藤仁齋, 『語孟字義』「仁義禮智」. "(禮) 字義本分明. 然於禮之理, 甚多曲折, 非學明識達者, 不能識焉. 蓋禮之難知, 不在禮於節文度數繁縟難識, 而專在於斟酌之損益時措之宜, 何則? 古禮多不宜於今, 而俗禮亦不可全用. 漢禮多不通於本國, 而俗禮本無意義. 若欲準古酌今, 隨於土地, 合於人情, 上自朝廷, 下至於閭巷, 使人循守而樂行之, 則非明達君子不能作焉. 故聖人之所謂知禮者, 不在識名物度數之上, 而在知禮之理而能損益之也."

46 伊藤仁齋, 『語孟字義』「權」. "夫時有古今, 地有都鄙, 家有貧富, 人有貴賤, 事之千條萬緖, 物之大小多寡, 紛紛藉藉, 不可名狀, 無權以制之, 何以能得其當, 而合于道. 猶臨敵之將, 因勢制勝, 隨地排陳, 以奇爲正, 以正爲奇, 出入變化, 不可拘以一律. 故曰執中無權, 猶執一也, 言權之不可不用也."

47 伊藤仁齋, 『語孟字義』「權」. "先儒又謂 如湯武放伐, 伊尹放太甲, 是權, 此亦不深考耳. 若伊尹之放太甲, 固是權, 如湯武之放伐, 可謂之道, 不可謂之權, 何哉. 權者, 一人之所能, 而非天下之公共. 道者, 天下之公共, 而非一人之私情."

게 구분한 것이다.

실정에 맞는 곡진한 예와 일률적인 예의 적용을 보완하는 권, 그리
고 공공적 성격을 지닌 도라는 개념 규정을 통해 경과 권, 예와 도의 관
계를 정리한 이토 진사이와 대비하여 오규 소라이는 예를 선왕지도의
명칭으로 규정하고, 예가 하나의 개념이 아니라 구체적인 실체를 가진
제도적 산물임을 지적했다. 선왕들이 언어가 백성을 가르치기 부족하
고, 형정刑政이 안민安民에 미진하기 때문에 예악을 제정한 것이니 경
례삼백經禮三百과 위의삼천威儀三千이 그 구체적인 대상임을 적시했다.
그러므로 그는 천리天理의 절문節文이라든가 인사人事의 의칙儀則이라
든가 하는 주장을 비판하고, 맹자의 공경하는 마음이라든가 하는 주장
도 수용하지 않았다. 심지어 덕德의 명칭으로 예를 지정한 이토 진사
이의 주장도 송유들의 주장에 다름 아니라고 비판하고 줄곧 예를 선왕
이 정한 구체적인 예의 규범이라고 판단했다.[49]

예를 구체적 실체의 산물로 규정한 오규 소라이는 경도 또한 만세토
록 바꿀 수 없는 법이 아니라 국가가 제도를 구축하고 허다한 절문과
위의를 구비하는데 요청되는 대강령으로 이해했다. 권에 대해서는 성

---

48 伊藤仁齋, 『語孟字義』「權」. "漢儒不知此理, 故有反經合道之說. 宋儒有權非聖人不能行
之論. 其他非議孟子之說者, 蓋不知道爲天下公共之物, 而漫爲臆說耳, 噫."
49 荻生徂徠, 『辨名』「禮」. "禮者, 道之名也, 先王所制作四敎六禮, 是居其一, 所謂經禮三百,
威儀三千, 是其物也.(…중략…) 蓋先王知言語之不足以敎人也, 故作禮樂以敎之, 知政刑
之不足以安民 故作禮樂以化之, 禮之爲體也, 蟠於天地, 極乎細微, 物爲之則, 曲爲之制, 而
道莫不在焉, 君子學之, 小人由之, (…중략…) 朱子釋禮曰 天理之節文, 人事之儀則, 是其
意亦非不識禮爲先王之禮, 然旣以爲性, 則難乎其言. 故以天理彌縫之.(…중략…) 試觀孟
子, 旣曰恭敬之心禮也, 而又曰辭讓之心禮之端, 則知其心急於爭內外, 不復擇言, 任口言
之, 故或以恭敬, 或以辭讓, 初無定說焉, 夫恭敬辭讓之不足以盡禮(…중략…) 如仁齋先生
以仁義禮智爲性禮亦爭性與德之名耳, 其實亦不出宋儒之見也. 故其釋禮曰 尊卑上下, 等威
分明, 不少踰越, 其舍先王之禮而爲是言, 豈勝宋儒而上之乎?"

인이 예를 제정할 때의 일로 예에 있는 것으로 간결하게 이해했다. 예의 절목이 번다하여 말절末節에 이르면 변하여 마땅함을 따르면 될 뿐이라는 정도의 언급이 있을 뿐이다. 예와 경을 모두 선왕이 제정한 것으로 설정한 오규 소라이의 입장에서 권이 들어설 공간은 별로 없는 것이다.[50] 그러므로 그는 순舜이 부모에게 아뢰지 않고 장가간 것을 권이라고 인정했을 뿐 이윤이 태갑을 쫓아낸 것도 권이 아니라 대신의 도이며, 탕무방벌은 성인의 일로 성인의 도를 실현한 것이라고 지적했다.[51] 철저하게 선왕의 도라는 제도형정의 문제로 논의를 한정한 것이다.

도를 선왕의 도로, 예를 선왕의 예로 이해하는 오규 소라이의 관점은 고문사학이라는 학문적 방법을 취하고 있지만 그 취지는 철저하게 덕천막부의 체제교학적인 성격을 지님을 부정할 수 없다. 그러므로 그의 설정은 지나치게 정치적 성격을 지녀 경전의 논의에 있어서도 심원한 맛이 적고 다소 단조로운 경향을 보인다. 예와 경, 도 역시 한결같이 선왕의 제례작악制禮作樂의 범주를 넘지 않는다. 이런 입장에서는 시대의 풍상을 반영하여 손익을 고려하는 예제에 대해 논의하는 것은 한마디도 할 수 없게 된다. 경과 도 역시 그러하며, 권은 아예 발 디딜 공간마저 확보하지 못한다.

주자학과 일정한 거리를 두면서 경전에 대해 핵실한 비판을 적지 않게 제출했던 나카이 리켄中井履軒, 1732~1817은 권을 저울추가 왕래하며

---

50 荻生徂徠, 『辨名』「禮」. "經者, 國家立制度大綱領, 夫經而可反, 豈可以爲經乎? 禮節目甚繁, 故至其末節, 則變而從宜已, 仁齋先生乃曰, 禮可隨時損益, 殊不知孔子所謂損益者, 聖人制禮時之事也. 且所謂權, 禮亦有之"

51 荻生徂徠, 『辨名』「禮」. "所謂權者, 如舜不告而娶, 是也. 伊尹放太甲, 大臣之道爲爾, 豈得謂之權乎? 湯武放伐, 聖人之事也, 聖人者道之所出"

중을 찾는 것이 아니라 단지 하나의 분동分銅으로 이해하고, 예와 권을 명확하게 분리했다. 이를테면 예는 상常을 시행하는 것이고, 권은 변變에 적합한 것이다. 정법定法을 지켜 도에 합치되는 것이 예라면 일에 변고가 있어 예를 지킬 수가 없게 될 때에 예를 어길지언정 도에 부합하는 것이 권이라고 지적했다. 권을 정해진 규칙으로서의 예보다는 근원적인 덕목으로서의 도를 구현하는 개제로 이해한 것이다. 그러므로 그 범주에서 권은 도가 아니라 예와 대비되는 것이 옳다고 이해했다. 다만 도를 저울에 비유하여 사물의 무게에 따라 분동을 바르게 조절하는 것으로 보아 도 자체가 고정된 것이 아니라 시의時宜에 유연하게 대응할 수 있는 것임을 암시했다. 그는 또한 도와 권을 단연코 두 물건으로 구분하여 권이 시중을 얻으면 예가 된다는 주장을 비판하고, 단지 권이 마땅함을 얻으면 도가 바르게 된다는 것이 옳다고 보았다.[52]

일본의 경우 인간의 다양한 삶에 대해, 그리고 그들의 각 처지에 대해 누구보다 깊은 이해와 관심을 가졌던 이토 진사이는 공공적 성격을 지니는 도와 변할 수 없는 경의 기반 위에서 다양한 인간 삶의 양상을 반영하여 절충해야 하는 예와 그것을 가능케 조절하는 권의 곡절함을 켜켜이 쌓아 그 관계망을 구축했다. 인간현실에 절실한 논리구조로, 이러한 관점에서는 공공의 도 위에 권을 널리 활용하여 생활에 밀착된 예를 구축할 수 있다. 그것은 다시 경이 될 수 있는 튼실한 기초가 된다.

---

52 中井履軒, 『孟子逢原』, "權, 法馬也, 非稱錘往來取中者. 禮所以行於常, 權所以適於變, 守定法而合于道爲禮. 事有變而禮不可守, 寧違禮而合于道是權也. 道譬衡也, 法馬之輕重, 隨物之輕重, 務以正衡爲事, 是取譬之義也. 權與禮對, 不與道對, 諸家或權道對說者, 皆非. 權與禮, 分明兩物矣, 安得合爲一也? 註權而得中, 是乃禮也, 不可從. 宜云權而得宜, 道乃正也."

이에 반해 오규 소라이는 예의 소손익所損益의 가능성을 애초에 봉쇄함으로써 예에 대한 접근을 선왕이 제정한 고정된 고례를 각자의 직역에 따라 온전히 준수하는 것으로 한정했다. 이를 경우 예에 대한 이해는 당대의 시속이 어떠한 것인가에 대한 관심보다는 단지 고문사에 대한 훈고학적 이해로 침잠하게 된다. 시대상에 걸맞은 도와 예의 가치에 대한 고민은 굳이 필요가 없는 것이다.

그런 점에서 나카이 리켄의 주장은 관심을 끌만하다. 도를 시의를 가미한 유연한 관점으로 파악하고, 권과 도를 단연코 두 물건이라고 지적하면서도, 상례에 벗어나더라도 도를 실현하는 것이 권이라고 지적한 것은 주목할 만하다. 나카이 리켄의 시각에서는 그 시대의 도란 과연 무엇인지, 상례에 반하더라도 도에 더 부합하는 권도는 무엇인지에 대해 더욱 고민하게 될 것이다. 이는 인간의 생활세계에 나아간 경전의 해석이라는 측면에서 눈여겨 볼만하다. 오규 소라이와 나카이 리켄은 정도의 차이는 있지만 도덕적 원리보다는 인간 현실의 변화 가능성과 그에 부합하는 방향으로의 경전해석에 다가간 것이다.

3. 시례時禮 관점에서 바라본 권權과 도道

우리는 앞에서 조선의 학자 다산 정약용이 당대 통행하던 예제를 개혁하는 기획으로 사례四禮의 의절儀節을 세우고 이를 현실에 적용하려고 할 때에 직면하는 어려움을 살펴본 바가 있다. 또한 위에서 상례常禮와 변례變禮, 또 변례變禮를 옹호하는 권도權道에 대한 동아시아 학자들의 입장을 살펴보았다.

이러한 검토를 촉발한 순우곤의 궁극적인 발언취지는 난세亂世에는 비록 상례常禮가 아니더라도 권도로써 출사할 수 있으니 나와서 능력을 발휘해 보라는 것이었다. 그러나 맹자는 난국을 돌파하는 데는 그에 걸맞은 방법이 있으니 큰 문제에 대해서는 좀 더 근원적인 방법을 써야 한다고 주장했다. 임시방편으로 손을 내미는 권도를 쓸 때가 아니라 인정仁政을 행하는 왕도王道여야 한다는 것이다. 그것이 정도正道라고 맹자는 생각했던 것이다.

그리고 그들의 논의에서 촉발된 예와 권, 도에 대한 적층된 사상은 동아시아의 예禮에 대한 입장을 이해하는데 적지 않은 성찰의 자료를 제공한다.

예禮는 오규 소라이의 시각처럼 선왕의 도이며 경례經禮이고, 또 고정되어 있는 것인가? 만약 그렇다면 이토 진사이가 우려한 것처럼 변화하는 시대상과 조응하지 못하고, 서로 다른 입장과 처지에 놓여있는 사람들이 모두 함께 기뻐할 수 있는 예제가 되기 어려울 것이다. 이러한 경우의 예는 차라리 사상을 통제하고 행동을 구속하는 족쇄가 될 것이다.

또 권은 과연 어디까지 허용될 수 있는 것이며, 그것은 도를 실현하는데 얼마나 적절하게 기여할 수 있는 것인가? 권은 주자의 기대처럼 득중得中하여 예가 될 수도 있고, 대진처럼 천지의 정情을 유통시키는 기재이자 초순이 기대한 것처럼 도가 될 가능성도 잠재하고 있다. 하지만 동시에 정자가 우려했듯이 권의 강조는 항상 권모술수를 예라고 강변할 수 있는 악용의 여지도 없지 않다. 시의를 담보하지 못하는 권은 도리어 도를 해치게 될 것이다. 그러므로 우리는 권득기의 경우처럼 과연 무엇이 그 상황에 지선한 권인가에 대해 깊이 숙고할 필요가 있으며, 이익처럼 각각의 주장에 담겨진 생각의 득실을 잘 헤아려 보아야 한다.

그러므로 주자가 제정한 예제에 대해 다음과 같이 그 의미를 성찰한 순암 안정복의 평가는 음미할 만한 가치가 있다.

예로부터 예는 시대에 따라 변혁 되어 왔는데, 굳이 달리 하려고 해서가 아니라 시대의 숭상이 점점 달라져서 그렇게 된 것이네. 이 때문에, "군자가 예를 행함에 있어 굳이 시속과 달리 하려고 할 것은 없다"고 한 것이니, 예의 원칙만 그대로 서 있으면 사소한 형식쯤 시속을 따라가는 것은 어쩔 수 없는 일이지. (…중략…) 『개원례開元禮』가 나온 후로 이 예가 드디어 세상의 귀천을 막론하고 통용되는 예가 되었네. 송宋의 유자들 역시 모두 이를 기준하여 약간의 증손을 가했을 뿐이고, 위공魏公의 『제의祭儀』도 칠가七家의 설을 다 채택했지만 역시 『개원례』의 범주를 벗어나지 못했네. 뿐만 아니라 온공溫公은 이를 이용하여 『서의書儀』를 편찬하고, 주자는 『서의』를 이용하여 『가례家禮』를 편찬했는데, 그 원칙은 비록 고례를 기준했지만 그 사이의 절목들은 시속을 많이 따를 수밖에 없었네. 그렇다고 그게 어디 다 색다른 것을 좋아해서 그랬겠는가. (…중략…)

고례를 좋아하는 공의 뜻만은 참으로 흠탄할 일이나 다만 당송 이후 정자·주자가 행하던 예까지 그 모두를 무시해 버리고 공이 독단적으로 예를 행할 수 있을지 모르겠군. "예는 차라리 검소해야 하고 차라리 슬퍼해야 한다"고 한, 성인의 교훈이 비록 중용에 딱 맞지는 않아도 교훈으로서는 그 이상이 없는데, 구구한 말절末節까지 꼭 하나하나 따져서 옛것이 옳고 지금 것은 틀렸다고만 할 수 있겠는가. 지금 시속의 명절에 제물을 올리는 일도 옛날에는 없던 것이니, 공이 이마저 모두 옛것을 찾기 위해 행하지 않을 것인가? 조상들의 영령이 이미 거기에 친숙하다면 내가 옛것을 좋아한다는 일시적 견해로 다시 바꿀 수는 없는 일이지. 이러한 예들은 王者가 나타나서 한 시대의 일정한 예로 다시 만들어야 할 것이지만, 내 생각에는 자질구레한 절목은 굳이 따질 것이 없다고 보네.[53]

"원칙은 비록 고례를 기준했지만 그 사이의 절목들은 시속을 많이 따를 수밖에 없었네. 그렇다고 그게 어디 다 색다른 것을 좋아해서 그랬겠는가." 이것은 순암이 굳이 길게 중국의 제례制禮의 사례와 주자의 예학에 대한 취지를 설명한 요점이다. 우리가 실천할 수 있는 시행례로서의 시례時禮는 이렇게 역사적 시야를 가지고 있었던 것이다. 예제가 변한 이유를 알고, 또 예를 시행하는 예제 참여자들의 형편을 고려하지 않을 수 없었던 사려깊은 예제의 작자들은 항상 고례를 상고하면서도 시속의 변화와 그 적의適宜함을 고민했던 것이다.

우리가 변화를 긍정한 대진과 초순의 '권'에 주목하면서도 마지막까

---

53 安鼎福, 『順菴集』 卷6, 「答權旣明」, "自古禮有因革, 非苟爲異, 以其俗尙之漸變而然也. 故曰君子行禮, 不苟變俗, 苟其大體存焉, 則儀節之稍變, 從俗勢也. (…중략…) 開元禮出而後, 遂爲天下貴賤通用之禮. 有宋諸儒皆不過因此增損, 魏公祭儀, 幷採七家, 而亦不出於開元禮, 溫公因之而有書儀, 朱子因書儀而有家禮, 其大義雖從古禮, 而其間儀節則多未免從俗矣, 此豈皆好異而然哉? (…중략…) 公之好古之意, 誠爲欽歎, 第未知其能擺脫唐宋以後程朱子所行之禮而獨行之否, 聖人寧儉寧戚之訓, 雖未合于中庸, 而至矣盡矣, 區區末節之從違, 何必一一從古而非今耶? 今世俗節薦獻, 古所無, 公能一切反古而不行耶? 以祖先之神道言之, 旣安于此, 則不可以一時好古之義而有所移易也. 此等禮, 有王者作, 定爲一王之禮而後可也, 然愚之意, 則細瑣節目, 不足恤也."

지 인간현실에 대한 사려와 자기 성찰의 자세를 놓지 않으면서 공공의
가치에 뚜렷한 입장이 있었던 이토 진사이와 이익에게 새삼 옷깃을 여
미게 되는 것은 바로 이 때문이다.

참고문헌

『論語』,『經書』, 成均館大學校 大東文化硏究院, 1965.

『禮記』,『十三經注疏整理本』, 北京大學校, 2000.

孟　軻,『孟子』,『經書』, 成均館大學校 大東文化硏究院, 1965.

荀　況,『荀子』, 中華書局, 1985.

司馬遷,『史記』, 中華書局, 1959.

趙岐 注, 孫奭 疏,『孟子注疏』,『十三經注疏整理本』, 北京大學校, 2000.

郭鍾錫,『茶田經義答問-孟子』,『韓國經學資料集成』48, 成均館大 大東文化硏究院, 1991.

權得己,『孟子僭疑』,『韓國經學資料集成』36, 成均館大 大東文化硏究院, 1991.

申敎善,『讀孟庭訓』,『韓國經學資料集成』45, 成均館大 大東文化硏究院, 1991.

安鼎福,『順菴集』,『韓國文集總刊』229~230, 民族文化推進會, 1999.

正　祖,『孟子講義』,『韓國經學資料集成』43, 成均館大 大東文化硏究院, 1991.

崔象龍,『孟子辨疑』,『韓國經學資料集成』44, 成均館大 大東文化硏究院, 1991.

崔左海,『孟子竊意』,『韓國經學資料集成』42, 成均館大 大東文化硏究院, 1991.

李　瀷,『孟子疾書』,『韓國經學資料集成』40, 成均館大 大東文化硏究院, 1991.

丁若鏞,『喪禮四箋』,『定本與猶堂全書』, 茶山學術文化財團, 2012.

_____,『嘉禮酌儀』,『定本與猶堂全書』, 茶山學術文化財團, 2012.

朱　熹,『四書集註』, 中華書局, 1982.

_____,『朱子家禮』,『朱子全書』, 上海古籍出版社·安徽敎育出版社, 2002.

戴　震, 何文光整理,『孟子字義疏證』, 中華書局, 2008.

黃宗羲,『孟子師說』,『黃宗羲全集』, 浙江古籍出版社, 2002.

焦　循,『孟子正義』, 中華書局, 1982.

伊藤仁齋,『孟子古義』,『日本名家四書註釋』, 東洋圖書刊行會, 1925.

_____,『語孟字義』,『日本倫理彙編』5 古學派の部, 臨川書店, 1970.

荻生徂徠,『辨名』,『日本倫理彙編』6 古學派の部, 臨川書店, 1970.

中井履軒,『孟子逢原』,『日本名家四書註釋』, 東洋圖書刊行會, 1925.

김용옥,『맹자-사람의 길』, 통나무, 2012.

전성건 역주, 『茶山 丁若鏞의 四禮家式』, 사람의무늬, 2015.

임민혁, 『朱子家禮』, 예문서원, 1999.

정경희, 「주자가례의 형성과 가례」, 『한국사론』 39, 1998.

황원구, 「朱子家禮의 형성과정」, 『인문과학』 45, 연세대, 1981.

白　奚, 이임찬 역, 『稷下學研究』, 소나무, 2013.

溝口雄三 外 編著, 김석근 외역, 『中國思想文化事典·禮』, 민족문화문고, 2003.

陳來, 陳晟秀·高在錫 譯, 『中國古代思想文化의 世界』, 成均館大出版部, 2008.

의관衣冠과 인정認定

여말선초麗末鮮初 대명의관大明衣冠 사용 경위 고찰

장가

1. 머리말

유가문화儒家文化의 전통에서는 '의관衣冠'을 오랫동안 줄곧 '문명'의 상징으로 여겼다. 중국과 함께 동아시아 유가 문명권에 속해 있는 조선朝鮮(1392~1897)도 의관복식을 극도로 중요하게 인식하였다. 명청明清 교체기 이후 동국東國[1]의 사대부들은 '대명의관大明衣冠'을 고수하는 방식으로 중화문명에 대한 견지와 전승을 드러내었다. 이 점에 대해서는 학계에서 이미 자세하게 알고 있다.[2] 그러나 필자는 중국의 동쪽 이

---

* 번역자 : 충북대 서대원 교수
1 【역자 주】필자는 동국東國을 고려와 조선을 아우르는 표현으로 쓰고 있다.
2 '의관'이 고대 동아시아 국제 정치에서 지니는 의미와 '대명의관'에 대한 조선의 고수 등에 대해서는 葛兆光, 「朝貢, 禮儀與衣冠—從乾隆五十五年安南國王熱河祝壽及請改易服色說起」, 『復旦學報』, 2012 제2기; 「大明衣冠今何在」, 『史學月刊』, 2005 제10기, 葛兆光 「文化間的比賽：朝鮮赴日通信使文獻的意義」 下篇 「文化間的比賽：服飾, 風俗, 儒學與

의관과 인정 189

웃 나라에서 도대체 어떤 배경에서 명조明朝의 복식체계를 받아들였으며 명초明初에 '의관'이 중국과 동국東國의 상호변동에서 어떤 역할을 하였는지에 대해서는 아직 전문적으로 연구된 것을 본 적이 없다.[3] 중국의 원元-명明 교체(1368)는 한반도의 고려-조선 교체(1392)와 거의 동시에 이루어졌다. 후대 사람들의 상상과는 달리 여말선초에 '대명의관'을 받아들인 것은 매우 복잡한 과정을 거쳤으며, 14세기 후반의 명明과 고려 및 명과 조선 관계가 부침하는 변화과정에서 '의복'은 중요한 의제 중 하나였을 뿐만 아니라 쌍방간 종번관계宗藩關係[4]를 확정짓는 문화기초 중의 하나였다.

2. 호화胡化와 복고復古 – 몽고풍 아래의 중국과 고려

아무리 늦어도 한대漢代 이후로 한반도는 중원 왕조들과 지속적이고 밀접한 정치문화 관계를 유지하였다. 몽원蒙元 이후 한반도에서 복잡다단한 정치사회적 변화가 발생하였는데, 이는 중원 지역과 연동되는

藝文」, 『中華文史論叢』, 2014 제2기 참조. 또 '대명의관'이란 용어의 최초 출처는 『高麗史』 권136, 「辛禑四」 禑王 13年(제3책, 臺北 : 文史哲出版社, 2012, 745면)이다. 명대복식이 조선에 끼친 영향은 주로 관원官員과 사인士人이란 두 계층에서 이루어졌고 서민과 부녀자들의 복식은 다수가 기존 전통을 따랐다.

3 원명 교체기의 한중 관계에 대해서는 한국, 일본 및 중국 학계에 이미 적지 않은 연구가 있다. 葉泉宏, 『明代前期中韓國交之研究, 1368~1488』, 臺灣 : 商務印書館, 1991, 368~488면; 范永聰, 『事大與保國 – 元明之際的中韓關係』, 香港 : 教育圖書公司, 2009 참조. 필자가 보았던 자료에 따르면, 단지 內藤雋輔, 「高麗風俗に及ぼせる蒙古の影響について」, 『朝鮮史研究』, 京都 : 東洋史研究會, 1961, 81~117면에서만 간략하게 고려 말 명조 복식을 받아들인 경과를 서술하고 있을 뿐, 이외에는 여말선초 한중 관복 교섭의 문제에 대한 전문적인 토론을 본 적이 없다.

4 【역자 주】 종주국과 제후국의 관계.

한반도의 상황을 잘 보여준다. 13세기에 초원의 몽고족은 신속하게 성장하여 다수 민족을 망라하며 유래 없이 넓은 영토를 가진 원제국을 건립했다. 중원의 금나라와 송나라만 그 판도 안에 들어간 것이 아니다. 고려왕조도 9차례의 항몽전쟁(1231~1273)에서 실패한 이후 몽원蒙元 세계에 편입되었으며, 근근이 왕족이 원나라에 들어가 인질이 되거나 몽고황실과 인척관계를 맺는 방식으로 일종의 반독립적 상태를 유지하였다.

충렬왕이 서거한 뒤 고려 국왕은 대대로 원나라의 부마가 되는 동시에 원나라가 설치한 정동행성장관征東行省長官을 당당하였다. 고려인들은 이전에 금나라가 관할했던 여러 민족과 마찬가지로 제3등급의 한인漢人으로 분류되었다. 비록 몽고 통치자들이 몽고화 정책을 강요하지는 않았지만, 여러 민족이 섞여있는 상황에서 몽고풍은 일종의 우세한 민족의 문화가 되어 동아시아 대륙에 널리 퍼지게 되었다. 중국의 남방과 북방은 몽고에 의해 한 세기 혹은 한 세기 반 동안 직접적인 통치를 받게 되었으며, 이후 복식, 언어, 혼인, 상례 등 한족漢族의 일상생활과 관습은 모든 면에서 몽고풍의 영향을 받았다.[5] 이런 상황을 『명태조실록明太祖實錄』에서는 다음과 같이 말하고 있다.

원元 세조世祖가 북방 사막에서 나와 천하를 차지한 이래 모두 호속胡俗으로 중국의 제도를 바꾸어서, 사서士庶가 모두 변발이나 추계椎髻[6]를 하고

---

5 李治安,「元代漢人受蒙古文化影響考述」,『歷史硏究』, 2009 제1기 참조.
6 【역자 주】머리를 뒤로 모아 몽치 모양으로 길게 만드는 방식을 말한다. 고대 중국의 남방 소수민족들이 머리를 묶는 방법이다.

챙이 깊은 소수민족 모자[胡帽]를 하였으며, 의복은 고습[袴褶]7과 좁은 소매 및 변선요습[辮線腰褶]을 하였으며, 부녀자들은 소매가 좁은 짧은 옷을 입고 아래에는 군상[裙裳]을 입었으니, 중국 의관의 옛 모습이 아니었다. 심지어 는 성자[姓字]까지도 호어[胡語]로 바꾸었고 호어를 배웠다. 세속의 변화가 오 래되니, 편안하게 여겨 괴이하게 여기지 않았다.8

비록 원대에 "모든 것을 호속[胡俗]으로 중국의 제도를 바꾸었다"는 것 은 과장된 면이 있지만, 몽원 시기 중국에서 호[胡]-한[漢] 풍속의 융합이 심 했으며 많은 사람들에게 파급되었다는 점은 의심할 수 없는 사실이다.9

고려왕실과 몽원 귀족의 관계는 매우 밀접하여 정령[政令]의 방식으로 생활 방식을 몽고화하는 것을 강요하였기 때문에 고려의 '호화[胡化]' 수 준은 아마도 중원 지역을 능가하였을 것이다.10 고려와 원나라는 대대 로 '생구지국[甥舅之國]'(부마국관계)이 되었기 때문에, 고려와 몽고의 혼인 관계는 고려의 상층사회의 풍습에 영향을 미쳤다. 소계경[蕭啓慶] 선생 은 이런 변화를 다음과 같은 여섯 가지로 귀납하였다. ① 혈연 맺기, ② 몽고 이름 사용하기, ③ 복식과 머리모양 바꾸기, ④ 호례[胡禮] 사용

---

7 【역자 주】승마 등에 편하도록 위는 주름을 만든 옷을 입고 아래는 바지와 같은 옷을 입는 방식을 말한다.

8 『明太祖實錄』 권30, 525면.

9 Henry Serruys, "Remains of Mongol Customs during the Early Ming", *Monumenta Serica* XVL, 1957. 심지어 명초 호속[胡俗]을 금지한 이후에도 일부 몽고의 복식이 잔류되어 전래되 었다. 羅瑋, 「漢世胡風 : 明代社會中的蒙元服遺存」, 首都師範大學 碩士論文, 2012 참조.

10 몽고 풍습의 유행이 고려에서 흥망성쇠를 겪는 과정에 대해서는 內藤雋輔, 앞의 글 참 조. 물론 고려와 원의 교류에 의한 영향은 쌍방향적이다. 적지 않은 고려인들이 이민 혹 은 숙위[宿衛] 또는 내시 등의 방식으로 원에 들어갔다. 그리하여 고려의 풍습도 몽원에 영 향을 주게 되었다. 王子怡, 「'宮衣新尙高麗樣' - 元朝大都服飾的'高麗風'硏究」, 『藝術設 計硏究』, 2012 제3기 참조.

하기, ⑤ 호악胡樂 연주하기, ⑥ 수렵 즐기기 등이다.[11] 특히 복식에 대해서는 『고려사』「여복지與服志」에서 고려 500년간 의복 변천을 개괄하면서, 고려 전기와 중기는 대체로 당제唐制를 참고하여 사용하였으나, 원나라의 번속藩屬(제후국)이 된 뒤에는 상황이 크게 바뀌었음을 다음과 같이 설명하였다.

　원나라를 섬기면서 머리를 깎고 변발을 하였으며 호복胡服을 입은 지가 거의 백년이다. 대명大明 태조太祖 고황제高皇帝가 공민왕에게 면복冕服을 하사해 주었고 왕비와 군신들에게도 모두 하사해 준 것이 있었다. 이로부터 의관과 문물이 밝게 쇄신되어 고도古道에 빈빈彬彬하게 되었다.[12]

　고려 원종元宗(재위 1260~1274)은 몽고인의 무력 보호에 의해 복위復位가 되었기 때문에, 그가 정치를 할 때에 고려는 철저하게 몽고에 의존하였다. 몽고의 확장 시기에는 몽고식의 머리 모양과 관복冠服으로 바꾸었는데, 이것은 피정복자가 진심으로 항복한다는 것을 표시하는 방식이다.[13] 그러나 대신大臣이 "원나라 풍속을 본받고 형태[14]와 복식 바

11　蕭啓慶,「元麗關係中的王室婚姻與强權政治」,『元代史新探』, 臺北 : 新文豐出版公司, 1983, 249~252면.

12　『高麗史』 권72,「興服志」, 臺北 : 文史哲出版社, 2012, 472면.

13　몽고의 확장 초기에는 강제적인 방식으로 피정복민들에게 몽고복식을 강요했던 것 같다. 몽고에 사신을 갔던 송나라 사람 서정칭徐霆稱은 금金나라가 망한 뒤에 사대부에서 도사가 되어서 발초跋焦를 면할 수 있었다.
　【역자 주】 '발초跋焦'는 본래 서북의 소수민족들이 양을 가지고 점치는 것을 의미하나, 여기에서는 '머리를 깎는 것'을 의미한다. 금나라가 망한 뒤, 금나라에서 벼슬을 했던 사람 혹은 대부들이 포로로 잡혀 강제 노역을 당하고 있었다. 그런데 도사들 — 역사 기록상 백운관의 도사들 — 은 이 발초跋焦와 강제 노역이 면제되었고 음식도 제공되었다. 이로써 볼 때, 도사가 아닌 일반 금나라 사람들이 발초跋焦를 하였다는 것을 알 수 있다(논문의 작자는 체발역복剃髮易服의 의미로 인용을 한 듯하다). 몽고가 금나라를 공격할 때에

꾸기"를 권고할 때에 원종은 도리어 "내가 차마 하루아침에 조종祖宗의 가풍家風을 급격하게 바꿀 수 없다"는 이유를 들어 거절하였다. 고려에서 상하上下가 온통 대규모로 몽고화된 것은 원종의 아들 충렬왕 재위 시기(1274~1308)였다. 충렬왕은 대도大都[15]에서 고려의 인질로 생활한 적이 있었는데, 이 시기에 몽고의 습속을 받아들이게 되었다. 원종 13년1273 귀국할 때에는 '변발호복'으로 몽고 형태를 하고 고려의 옛날 습속을 모두 버렸다. 충렬왕 4년 다시 직접 명령을 내려 국내에서 몽고식 복장과 두발을 하도록 시행하였다.

경내에 모두 상국上國[16]의 의관을 하고 개체開剃를 할 것을 명령하였다. 몽고의 습속에 의하면 정수리에서 이마에 이르기까지 그 모양을 네모지게 하여 그 가운데 머리만 유지하였는데, 이것을 개체開剃라 부른다. 당시에는 재상으로부터 하급 관료에 이르기까지 개체開剃를 하지 않는 사람이 없었다.[17]

금나라 조정의 장령將領 도단익徒單益은 "머리 모양을 고수하며 죽음에 이르렀다." 최립崔立은 개봉성을 가지고 몽고에 항복하면서 바로 명령을 내려 "성 안의 사람들은 모두 머리를 깎고 대조大朝(큰 조정 : 몽고 조정)의 사람이 되게 하였다." 許全勝, 『黑韃事略校註』, 蘭州 : 蘭州大學出版社, 2014, 88, 93면 참조. 1254년 고려를 침략한 몽고군을 통솔한 차라대車羅大도 고려에 대해 "군신과 백성들은 모두 뭍으로 나와 모두 그 머리를 깎을 것"을 철군의 조건으로 삼았다(『고려사』 권24, 365면). 그러나 몽고가 송나라를 멸망시킨 후에는 이러한 명령을 내리지 않았다. 고려가 몽고에 항복한 뒤에도 "의복은 본국의 습속을 따르고 모두 바꾸지 않아도 된다"는 허락을 받았다(『고려사』 권25, 384면). 따라서 충렬왕이 몽고화 정책을 강요한 것은 몽고인의 요구가 아니라 능동적으로 상대방에게 우호를 표시한 것으로 볼 수 있다(內藤雋輔 및 蕭啓慶의 연구 참조).
14 【역자 주】 머리 모양과 같은 것을 말하는 것이다.
15 【역자 주】 원나라 수도. 대략 지금의 북경 지역에 해당한다.
16 【역자 주】 원나라를 지칭한다.
17 『고려사』 권72, 476면.

자료에 의하면, 겨우 금내禁內[18] 학관學館의 유사儒士들만 개체開剃를 하지 않는다는 태도를 견지하였다고 한다. "좌승지 박환朴桓이 집사관을 불러 (이 문제를) 논의하였다. 이에 학생들도 모두 개체開剃를 하였다." 그리하여 고려 사회 습속의 몽고화는 정령의 형식으로 위로부터 아래로 전개되었다.

동아시아에 유행하였던 몽고풍은 원 제국이 쇠락할 때까지 유지되다가 점점 쇠퇴하게 된다. 명조를 연 주원장朱元璋 집단은 원나라 말기 북쪽 계통 홍건군 조직에 근거를 두고 있다. 북쪽 계통 홍건군은 거사를 할 때에 '구호驅胡'(몽고 축출)를 구호로 삼아 민중을 선동하여 원나라에 반대하게 하였다.[19]

지정至正[20] 17년1357 고려와 싸우던 홍건군에게 돌려져 발표된 격문은 즉 그 의도가 "생민生民을 가엾게 생각해 보건데 오래도록 오랑캐(원)의 함정에 빠져있어 의병義兵을 일으켜 중원을 회복하고자 한다"라는 것이었다. 주원장朱元璋은 홍건군 시기에 민족주의 기치를 계속 사용하였다. 1368년 '논중원격論中原檄'에서도 "호로胡虜 제거, 중화 회복"이란 선전을 하고 있었는데, 이는 홍건군이 고려에서 발표했던 격문과 일맥상통한다. 명조는 건립된 초기에 바로 "용하변이用夏變夷", "복고復古"를 구호로 사용하여 사회생활 중의 각종 '호속胡俗'을 정리하고 '중국지구中國之舊'를 회복하였다. 홍무 원년 2월 즉위한 지 겨우 38일이 된 명 태조는 복식에 대한 조서를 내려서 "의관을 당제唐制에 의거

---

18 【역자 주】 궁궐 안을 의미한다.
19 張佳, 「元明之際"夷夏"論說舉隅—兼說淸代官修史書對明初史事的隱沒與改簒」, 『中國典籍與文化』, 2013 제4기 참조.
20 【역자 주】 원나라 마지막 황제 혜종惠宗 시기의 연호이다.

해 회복하고, 호복胡服, 호어胡語, 호성胡姓을 모두 금지하였다."[21] 그리하여 홍무 13년간의 부단한 가감손익을 통해 한 벌의 "별화이別華夷, 명귀천明貴賤"을 종지로 하는 이른바 '대명의관'의 체계가 기본적으로 완성되었다.[22]

반원조류反元潮流는 중국과 동시에 고려에서도 점점 자라나게 된다. 공민왕(재위 1351~1374)이 즉위한 초기에 원나라 중심지구와 장강유역에서 따로 유복통劉福通과 서수휘徐壽輝가 지휘하는 홍건기의가 발생한다(1351). 원나라 재원의 근거지인 강소성, 절강성 일대도 방국진方國珍, 장사성張士誠 등이 점령하였다. 공민왕은 원조의 세력이 이미 쇠락하였다는 것을 인정하고 몽고사람들이 내란을 수습하기에 바쁜 틈을 타서 한편으로는 적극적으로 한반도 동북지역의 영토를 확장하여 원元쌍성총관부雙城總管部 등의 땅을 공격하여 점령하고, 또 한편으로 정동행성리문소征東行省理問所를 폐지하여 원나라의 고려에 대한 내정 간섭을 약화시켰다. 이 기간 동안 공민왕은 왕권을 강화하기 위해 원조 황후 기씨奇氏 가족을 주멸誅滅하여 제거하였다. 이것은 고려와 원조 사이에 오래도록 봉합하기 힘든 틈을 조성하였다.[23] 비록 원나라가 동쪽을 돌아볼 틈이 없었기 때문에 잠시 평화로웠으나, 원나라 조정의 공

---

21 『명태조실록』 권30, 525면.
22 명초 복식 제도의 체계적인 형성과정에 대해서는 張佳, 「重整冠裳：洪武時期的服飾改革」, 『中國文化研究所學報』 58, 香港中文大學, 2014 참조.
23 원래 고려가 원나라 공주와 결혼하게 된 중요한 목적은 몽고인의 세력을 빌려 국내의 권문세족을 진압하려 한 것이었다. 그런데 고려궁녀 기씨(완자홀도完者忽都, 순제태자 즉 북원 소종의 어머니)가 뜻밖에 원나라 순제의 황후가 되어 (고려에 있던) 기씨 가족이 원나라 황실의 후원을 받게 되어 급속하게 성장하였다. 공민왕이 기씨를 제거한 후 원나라는 고려에 새로운 왕을 책봉하고 공민왕이 퇴위할 것을 요구하였다. 그러나 원나라의 요구는 군사 간섭의 실패로 인해 실현되지 않았다. 『元史』 권114, 2880면을 참고하라. 【역자 주】完者忽都는 기황의 몽고명을 한자로 표기한 것이다.

민왕에 대한 불신임이 이 사건 후 원나라와 고려 간에 불화를 여러 번 발생하게 만들었다.

정치면 이외에 문화면에서도 고려는 몽고의 영향을 의식적으로 감소시켰다. 공민왕이 정권을 잡은 뒤에 예악禮樂을 부흥하려는 강렬한 욕구를 표현하였다. 막 즉위한 후 바로 "기자箕子가 이 땅에 봉해져서 교화와 예악의 유택遺澤이 지금에 이르고 있다"라는 이유를 들어 평양부에 명령을 내려 "사당을 손질하고 제사를 지낼 것"을 명령하였다. 전설에 의하면, 기자箕子는 최초로 한반도와 중원문화를 연결시킨 인물이다. 한반도의 사인士人들은 '기봉箕封', '기역箕域'으로 나라의 별칭別稱을 삼는 경우가 많았다. 이는 유가 문명을 인정하는 것이다. 공민왕은 기자箕子의 "교화예악敎化禮樂"의 공로를 이유로 평양부에서 제사를 받들게 하여 고려가 원래는 '의관예악衣冠禮樂', '고국지풍古國之風'을 흠모하고 있음을 보여주었다.

고려의 예악은 대량으로 당송제도를 흡수하였다. 그러나 몽고가 침입하자 "악공이 흩어져서 성음聲音이 폐지되어 없어지는" 상황이 되어 100여 년 후인 공민왕 8년이 되어서야 명령을 내려 "유사有司가 새로 악기樂器를 만들도록 하였다." 국가에서 가장 중요한 종묘제사는 공민왕 즉위 기간에 여러 번 가다듬었다. 공민왕 6년에는 명령을 내려 태묘太廟의 소목昭穆 차례를 다시 바로 잡도록 하였고, 12년에는 다시 태묘太廟의 제기祭器와 예복禮服을 보충하도록 하였으며, 아울러 제사의 악장樂章을 새로 편찬하도록 하였다.[24] 의관에서도 공민왕은 충렬왕

24 『고려사』 권61, 325∼326면; 『고려사』 권70, 447면.

이래의 변발호복辮髮胡服의 오랜 습속에 대해 불만을 가지고 있었다. 역사서의 기재에 따르면, 그는 대신 이연종李衍宗이 "변발을 풀어야 한다"는 건의를 받아들인 적이 있다.

> 왕이 원나라 제도를 사용하여 변발호복으로 전殿에 앉아 있었다. (이)연종衍宗이 간언을 하려고 문밖에서 기다렸다. (…중략…) 들어간 뒤에 좌우를 물리치고 말하였다. "변발호복은 선왕의 제도가 아닙니다. 전하는 본받지 마시옵소서!" 왕이 기뻐하고 곧바로 변발을 풀었다. 옷과 이불을 하사하였다.[25]

이연종이 말한 "선왕의 제도"는 물론 고려 건국 이래 당제唐制를 참고하여 만들어졌던 의관제도를 말한다. 실제로 고려 태조가 남긴 「훈요십조」에는 의관에 대한 가르침이 있다.

> 우리 동방은 오래도록 당풍唐風을 흠모하여 문물과 예약을 모두 그 제도에 따랐다. (…중략…) 거란은 금수의 나라이고 풍속도 다르며 언어도 다르다. 의관제도는 삼가 (그들을) 본받지 말라.[26]

고려 태조의 유훈은 후세에 문물제도는 '당풍'을 따르되 초원민족 거란의 풍속을 따라서는 안 된다는 것이다. 몽고와 거란은 동일하게 머리를 깎는[27] 풍습이 있으며 문화적으로 중원 민족과 거리가 멀다.

---

25 『고려사』권106, 266면.
26 『고려사』권2, 26면.

그들의 의관습속을 따르는 것은 자연스럽게 선왕의 유명과 부합되지 않는다. 공민왕은 '선왕의 제도'를 회복하려는 바람이 있었으나, 당시의 환경에서 '변발을 푸는 것'은 단지 개인적인 행위였을 뿐이다. 비록 고려와 원나라는 갈등이 있었으나, 그 관계가 아직 단절된 것도 아니었고 고려 내부의 친원파 세력도 여전히 강대하였다. 이종연이 간언을 할 때에 "좌우를 물려서" 조심스럽게 한 것으로 볼 때에 공민왕은 공개적으로 국민들에게 호복胡服을 버리라고 명령할 수 없었을 것이다. 그러나 "호로胡虜 제거, 중화中華 회복"을 기치로 한 명조가 굴기하여 원나라 세력이 북쪽 변방으로 쫓겨난 뒤에는 고려와 명은 공통의 적이 있다는 점과 유사한 문화적 추구를 공유하면서 국가 간에 연합이 순조롭게 되었던 것이다.

3. 친왕親王에 견주다 - 공민왕 시기 명조의 의복 하사

공민왕 17년홍무 원년, 1368 9월 을묘일에 고려는 명나라 군대가 (원나라 수도) 대도大都를 격파하고 순제順帝와 태자太子가 앞뒤로 북쪽 상도上都[28]로 도망하였다는 것을 알게 되었다. 그로부터 겨우 3일 뒤에 공민왕은 바로 "백관에게 명령하여 대명大明에 사신을 보낼 것을 논의하였다." 유신儒臣 정몽주1337~1392 등은 "조정에 (고려가) 먼저 귀부歸附할

---

27 【역자 주】원문은 '髡髮'인데 이것은 소수민족들이 머리를 깎는 습관을 말한다.
28 【역자 주】보통 원상도元上都라 한다. 현재 내몽고 안에 위치하고 있다. 원나라가 북쪽으로 패주한 이후의 수도이다. 원래는 원세조가 즉위하기 이전 왕부가 있던 자리이다. 세조가 즉위 후 이곳을 상도로 명하였다.

것을 힘껏 청請하였다."²⁹ 2개월 후 고려는 예의판서禮儀判書 장자온張子溫을 금릉金陵³⁰으로 보내 우호관계를 열었다. 이것이 고려가 명으로 보낸 최초의 정식 외교사절이었다.³¹『고려사』기록에는 사신 일정에 대한 설명이 매우 자세하고 재미있다.

오왕吳王은 매우 두텁게 (고려 사신을) 예우하였다. 육부六部와 어사御使로 하여금 대연臺宴을 열어 위로하게 하였다. 대연臺宴을 하는 날에 이르러 음악을 연주하였다. 대부가 장자온에게 말하였다. "대연臺宴에서 음악을 연주한 적이 없습니다. 오늘의 음악은 (특별히) 사신을 위해 준비한 것입니다." 장자온이 말하였다. "음악은 화和가 주主가 됩니다(『예기』「악기」). 여러 공들이 이미 화기和氣로 서로 대하고 있는데, 굳이 음악을 할 필요가 있겠습니까? 부자夫子께서 '음악, 음악이라 하는 것이 종고를 말하는 것이 겠는가? 예禮, 예라 하는 것이 옥백을 말하는 것이겠는가?'라고 말씀하셨습니다." 대부가 말하였다. "상서尙書가 이미 예악의 근본을 아시니 굳이 음악을 쓸 필요가 없습니다"라고 하고 음악을 철수하였다. 오왕이 이 이야기를 듣고 후한 예물을 보내 주었다.³²

주원장은 이 당시 아직 고려에 사신을 보내서 제왕의 자리에 올라 건

---

29 『고려사』권117, 444면.
30 【역자 주】현재의 남경 지역을 말한다.
31 공민왕 30년1364 "회남淮南 주평장朱平章"이 사람을 고려로 보내 왔다(『고려사』권40, 「공민왕3」, 1책 618면). 공민왕은 장사성張士誠, 방국진方國珍, 확곽첩목아擴廓帖木兒 등 원말의 여러 영웅들과 많은 교류가 있었다. 단지 원말에 명호를 참칭한 사람이 많기 때문에 이중에 '주평장朱平章'이 누구인지를 단정하기는 어렵다.
32 『고려사』권41, 627면.

국하였음을 선언하지 않았었다. 그래서 『고려사』에서는 『춘추春秋』의 의례義例에 따라 아직 주원장을 오왕吳王이라 칭하고 황제라 하지 않았으니, 그 안에는 폄하하는 의미가 전혀 없다. 고려 정사正使는 예의판서禮儀判書이고 신분이 대신大臣이다. 여말선초에 명나라에 파견된 사신은 절대 다수가 유신儒臣이다. 이것은 원나라에 보내졌던 사신들과 선명한 대비를 이룬다. 연구자의 통계에 의하면, 원나라의 숭무崇武 경향에 영합하기 위해 고려시대 원나라에 사신을 가서 이루어졌던 예의禮儀 활동에서 파견되었던 사신들은 거의 반이 무인들이다.[33] 이것은 고려가 이미 유학을 의식형태로 한 명조明朝와 몽고중심주의를 가진 원조元朝의 문화성격의 차이를 의식하고 있음을 나타낸다. 유학儒學 훈련을 받았던 문신들을 사신으로 보내면 명조와 소통하기가 유리하였다. 장자온의 사절이 성공하였다는 것은 그 같은 사실을 잘 보여준다. 장자온이 말로써 명조 대신을 꺾은 것에 대해 주원장은 노여워하지 않았으며, 도리어 "후한 예물을 보내 주었다." 이것은 단순히 고려와 연합하여 북원北元[34]을 대항할 정치적인 필요성뿐만 아니라 장자온이 능숙하게 『예기』, 『논어』 등 유가경전을 인용하여 명나라 쪽에 유화儒化된 고려를 보여주어 성공적으로 명과 의식형태상의 거리를 좁혔기 때문이다.[35] 『고려사』가 이 사절의 세세한 내용을 서술한 것은 그런 사실을

---

33 諺培建, 「蒙元與高麗人員交往探討－以高麗使臣身份爲中心」, 南京大學 博士論文, 2011, 71면 참조.

34 【역자 주】당시 북쪽으로 도망가 존재하던 원나라.

35 명초 외교상의 예의 활동에서 고려는 분명히 중국문명과 가까워서 우대를 받았다. 홍무 5년 금릉에 사신을 갔던 김구용金九容은 다음과 같은 시를 지었다. "단지 기자箕子의 유풍이 남아있다는 이유로 반열이 다른 지역의 사람보다 위에 있었지只緣箕子遺風在, 班列還陛絶域人"(金九容, 『惕若齋學吟集』卷上, 「上禮部陶尙書」, 『韓國文集叢刊』第6冊, 18면) 실제로 모든 나라의 사신들이 함께 朝覲을 할 때에 고려 사신의 반열이 가장 앞에 있었다.

부각시킬 의도가 있었기 때문이다.

문화가 비슷하고 적수가 동일했기 때문에 공민왕 시기에 고려와 명의 종번관계宗藩關係 수립은 상당히 순조로웠다. 공민왕 18년홍무 2, 1369 4월 주원장은 이미 "북으로는 호군胡君을 축출하고 화하華夏를 정리하여 우리 중국의 옛날 영토를 회복하였다." 고려는 대대로 "중국지풍中國之風을 사모하였기 때문에" 특별히 사신을 보내 고한 것이다.[36] 실제로 공민왕은 곧바로 표表를 올려 명 태조를 경하慶賀하여 "중국 황왕皇王의 전통을 회복하였다"라고 하였다. 이는 '존왕양이尊王攘夷'의 유가 대의에 기반하여 명나라 정권이 중국 정통을 계승하고 있다고 인정한 것이며, 아울러 "전장 문물의 찬란함이여, 화하華夏와 만맥蠻貊이 따를 것이다"라고 하여 명조 문화를 인정하여 승인하고 번속이 된 것이다.[37] 1개월 후 고려는 다시 총부상서總部尙書 성준득成準得을 금릉에 보내 '성절聖節'(명 태조 생신)을 축하하고 아울러 본국조하의주本國朝賀儀註를 하사할 것을 요청하였으며[38] 제복제도祭服制度를 요청하였다.[39]

이와 같은 요구에 대해 명나라는 모두 허락하였다. 명 태조는 고려가 요구한 관복을 나누어 주었을 뿐만 아니라 이외에 명나라 조정이 다시 교정한 편종, 편경 등 대형 악기[40]와 육경六經, 사서四書, 『통감通鑑』 등 경사經史 전적을 증정해 주었다.

---

36 『고려사』 권41, 628면.
37 『고려사』 권41, 628면. 이 表는 이색이 지은 것이다. 또 『牧隱詩藁』 권11(『한국문집총간』 5책, 95면)에도 보인다.
38 『고려사』 권41, 630면.
39 『명태조실록』 권45.
40 이와 같은 악기에는 편종 16대, 편경 16대, (…중략…) 생笙, 소簫, 금琴, 슬瑟, 배소排簫 1대 등이 포함된다. 『고려사』 권70, 445면. 명나라와 고려의 음악 교류의 배경에 대해서는 王小盾, 「明朝和高麗的音樂交往—1368〜1373」, 『中國音樂學』, 2011 제3기 참조.

명 태조는 고려의 이 같은 방향 전환에 대해 극도로 기분이 좋았던 것이 분명하다. 공민왕에게 주는 답신에서 "역대의 군주는 이하夷夏를 불문하고 단지 인의예악을 닦아 백성을 교화하고 미풍양속을 만든다", "왕이 법복을 만들어 가묘를 받들려 하니 짐은 매우 기쁘오"라고 하였다. 또한 공민왕에게 절대로 불교에 탐닉되지 말라고 권고하며 유가의 예악으로 치국제가治國齊家할 것을 요청하였다.41 이때를 전후하여 명나라 조정은 먼저 사람을 파견하여 고려의 산천을 제사지내고 신령들의 봉호封號를 반포하며 혁신해서 고려 영토가 이미 "직방職方에 돌아왔음"42을 나타냈다. 또 고려에 만일 "경명행수지사經明行修之士"가 있다면 본국에서 향시鄕試를 거친 뒤 "경사京師의 회시會試에 참여할 수 있다"43고 하여 고려에 과거를 보는 조서를 나누어 주었다. 관복官服과 악기를 나누어주든지, 산천에 제사를 지내주든지, 과거의 문호를 널리 열어주든지 간에 명나라 조정의 실질적인 의도는 이와 같은 문화와 예의의 상호 추동을 통해 고려가 이미 다시 회복한 중화문화권에 편입되었음을 보여주려고 했던 것이다. 이것은 고려의 당초 의도이기도 했다.

『고려사』「여복지輿服志」에 의하면, 당시 명 조정이 고려에 준 관복에는 국왕과 신하의 제복, 국왕의 조복朝服 및 왕비 관복 등이 있었다. 그 가운데 관원들의 제복은 7등급이 있었으며 그 규격은 "중국 조정 신하들의 구등九等에 비해 차례로 2등씩 낮았다." 즉 고려 본국 관원의 복

---

41 『명태조실록』권46; 『고려사』권42, 634면.
42 원문은 "歸職方"이다. 직방職方은 여러 가지 의미가 있으나, 여기에서는 영토 혹은 판도의 의미로 보아야 한다. "귀직방歸職方"은 실질적인 의미는 명나라의 영토로 돌아왔다는 것이다.
43 『고려사』권42, 632 · 636면.

식등급은 같은 품급의 중국 관원에 비해 2등이 낮은 것이다. 예를 들면 고려의 1품 관원이 이 규칙을 따른다면 응당 중국 3품 관원의 관복을 사용하여야 하며, 나머지도 마찬가지로 유추하면 된다.

〈표 1〉 明朝와 고려의 朝臣 祭服 등급 비교

梁冠等級		七梁	六梁	五梁	四梁	三梁	二梁	一梁
對應品級	明朝	一品	二品	三品	四品	五品	六七品	八九品
	高麗			一品	二品	三品	四五品	六七品

자료 : 『고려사』 권72, 「여복지」, 475면 참고.

이런 방식의 조정 신하 복식 등급 계산 원칙은 조선시대에도 기본적으로 계승되었다.[44] 홍무 초년의 제도를 고찰해 보면, 명조왕국明朝王國(親王封國)의 최고관원 좌상과 우상은 품질이 2품이다.[45] 고려 1품관은 명조의 3품에 해당한다. 고려의 이와 같은 복식 원칙은 대략 고려(조선)의 품질을 '군왕작郡王爵'에 비견하여 제정한 것이다.[46]

그런데 재미있는 것은 명조가 공민왕에게 하사한 관복은 군왕郡王보다 한 등급 높은 친왕급親王級의 관복이라는 점이다. 명나라 조정이 공민왕에게 내려준 곤면袞冕(祭服)과 원유관, 강사포(조회용 의관) 두 벌의 옷인데, 이 중 가장 연원이 오래되고 가장 입은 사람의 신분 등급을 나타낼 수 있는 것은 면복冕服이다. 『주례』 등 유가 경전의 구상에 의하

---

44 『經國大典』卷3, 「儀章」, 朝鮮印刷株式會社, 1934, 224~229면 참조.
45 『명태조실록』 권64, 1212면.
46 건문제建文帝 때 조선 국왕에게 준 면복冕服, 이른바 '조선본군왕작위朝鮮本郡王爵位'는 『朝鮮太宗實錄』 권3, 태종 2년 2월 기묘일(『朝鮮王朝實錄』 제1책, 226면)에 보인다. 또한 당대唐代 초기 고구려 군주를 요동군왕遼東郡王, 백제 군주를 대방군왕帶方郡王, 신라 군주를 낙랑군왕樂浪郡王으로 봉해준 적이 있는데(『舊唐書』 권149, 「東夷」에 보인다), 명초 조선(고려)의 작위 등급에 대한 설명 방식은 아마도 여기에서 근원하였을 수 있다.

면, 천자와 군신群臣이 제사와 전례에 참여할 때에는 응당 각자 다른 종류의 면복을 입어야 한다.[47] 면복은 도합 여섯 종류가 있고 제도가 극도로 번쇄하다. 명초에는 고전 면복 제도를 매우 크게 수정하면서 단지 곤면袞冕 한 종류만 남겨두고 나머지는 없애버렸으며, 면복을 입는 사람들은 황족(황제, 태자와 친왕)으로 제한하였다. 군신들이 제사 등 전례에 참여할 때에는 머리에 단지 양관梁冠만을 쓰게 하고 복면 착용을 허락하지 않았다.[48] 그러므로 명 태조가 공민왕에게 준 제복은 단지 황족만 입을 수 있는 곤면이지, 조정 신하들이 사용할 수 있는 양관梁冠이 아니었다. 당시의 제도에 의하면, 곤면은 또 면冕의 유수旒數와 곤복의 장수章數에 따라 두 개의 등급이 있다. 황제의 곤면은 12류旒 12장章이고 태자와 친왕은 곤면 9류旒 9장章이었다. 그런데 공민왕의 곤면은 9류旒 9장章이었다.[49] 등급이 기본적으로 명조의 친왕과 서로 같다.[50] 이와 같이 친왕에 비견되는 특별한 등급은 마찬가지로 인끈에도 반영되어 있다. 명조가 내려 준 고려 국왕인은 친왕과 동일한 귀뉴금인龜紐金印이었는 데 비해, 마찬가지로 명조번속이었던 안남과 유구에게 하사한 것은 한 등급이 낮은 타뉴은인駝紐銀印이었다.[51]

공민왕이 조회를 볼 때 입는 원유관과 강사포의 등급도 극히 높았

---

47 유가 경전 중의 면복제도의 설계 및 제도 변화에 대해서는 閻步克, 『服周之冕—『周禮』六冕禮制的興衰變異』, 北京 : 中華書局, 2009 참조.

48 張志雲, 「重塑皇權 : 洪武時期的冕制規劃」, 『史學月刊』, 2008 제7기 참조.

49 이른바 9장이란 의복에 있는 수의 9종류 문양이다.

50 고려국왕의 면복과 명조 친왕 면복의 유일한 차이는 다음과 같다. 친왕의 면류는 오채옥을 사용하였는데 고려국왕은 청옥을 사용하여, 단지 장식에서 약간 차이가 있었을 뿐이다. 단지 주의를 기울어야 할 것은 면복이 유수旒數와 장수章數에 의해 등급이 구별되는 것이지 다른 것에 의해 구별되지 않는다는 점이다.

51 『고려사』 권72, 「興服志」, 478면; 『大明集禮』 권21, 『域外漢籍珍本文庫』 제3집 사부 제27책, 475면.

<그림 1> 명초 황태자 원유관

다. 한당漢唐대의 옛날 제도에 따르면 친왕은 원유복을 입는다.[52] 명초에는 이를 약간 조정하였다. 홍무 초년의 제도에 의하면, 황제는 통천관을 쓰는데, 원유관과 통천관은 형체가 동일하며, 단지 양수梁數에서 차별이 있을 뿐이다(19량과 9량이다).[53]

원유관은 태자가 황위를 계승할 사람이란 특수한 지위를 도드라지게 나타내기 위해 홍무초년에 제정한 태자의 전유 복식이었다. 비록 친왕이라 하더라도 입을 수 없었으나, 고려 국왕에게는 특별히 원유관이 지급되었다. 다만 공민왕이 받은 원유관은 7량梁으로, 단지 황태자보다 한 등급이 낮았다. 그밖에도 명조 황후는 공민왕의 왕비에게 관복을 내려 주었는데, 비록 친왕비의 등급보다 낮았지만 그 장식은 명조 황실만이 있는 것이었다. 공민왕비의 관식冠飾은 7휘翬2봉鳳이었는데, 휘翬와 봉鳳은 명조 내명부(즉 황족의 처)만 가지고 있는 관식이었으며, 외신外臣의 처는 가질 수 없는 것이었다.[54]

---

52 『大明集禮』권39, 『域外漢籍珍本文庫』제3집 사부 제28책, 214면.
53 〈그림 1〉은 황태자 원유관(9량)의 모양이다. 『대명집례』권40에서 가져왔다. 『域外漢籍珍本文庫』第三輯 史部 제28책, 237면. 황제통천관皇帝通天冠의 양식도 같은 책 231면에 보인다. 설명해야 할 것은 원유관은 황태자의 관복으로 단지 홍무 원년의 제도에 보인다. (『명태조실록』권36하, 684면) 홍무 후기에 이르러서는 원유관이 이미 황실관복 체계에서 퇴출된다. 『대명집례』는 홍무3년에 이루어졌지만, 가정년간이 되어서야 간행되어 유통되었다(현재판본이다). 가정간본은 당시의 제도에 근거하여 『대명집례』의 부분적인 내용을 첨삭하였다. 그러므로 이 현재판본 『대명집례』권39 「황태자관복」 부분은 명대 황태자자 착용하는 원유관의 내용이 없다. 단지 『대명집례』권40 「관복도」는 산삭이 다 이루어지지 않아 아직 원유관식의 그림이 남아있다.
54 『명태조실록』권36하, 686~687·691~693면을 참고하시오.

	皇帝(后)	皇太子(妃)	親王(妃)	高麗王(妃)	明朝臣(妻)
冕服	冕十二旒 服十二章	冕九旒 服九章	冕九旒 服九章	冕九旒 服九章	無
遠遊冠	通天冠 十二梁	九梁	無	七梁	無
命婦 冠飾	九龍四鳳, 大花釵十二樹	九翬四鳳, 大花釵九樹	九翬四鳳, 大花釵九樹	七翬二鳳, 大花釵九樹	無翬鳳 花釵九至三樹

자료:『명태조실록』권36 下,『고려사』권72「여복지」참고.

〈표 2〉는 고려 왕실이 하사받은 관식을 표시한 것으로서, 명조 복식 체계의 등급과 서열을 알 수 있다. 특히 쉽게 알 수 있는 것은 관복 종류에서 고려국왕과 명조 황실이 동일하며 등급은 친왕에 거의 가깝다는 점이다. 유가의 제례에 의하면, 관복은 한 사람의 신분 등급의 외재적인 표현이다. 명조에서 공민왕을 황족에 비견하고 친왕과 같이 본 것은 특별한 은전이라고 말하지 않을 수 없다.

여기에서 참고자료로 비교할 수 있는 예는 유구국이다. 홍무 31년 명조明朝는 유구국 중산왕 및 그 신하들에게도 관복을 하사한 적이 있다.[55] 비록 역사서에 관복의 구체적인 이름을 기록하지는 않았지만, 다른 사료를 통해 다음과 같은 것을 알 수 있다. 당시 국왕이 받은 관복 중에서 규격이 가장 높은 것은 군왕급郡王級인 7량 피변관皮弁冠이며 면복冕服은 없었다.[56] 홍무 27년 명조는 유구국 왕상에게 명령을 내려

---

[55] 『明太祖實錄』권256, 3706면. 蔡溫,『中山世譜』권3,『琉球王國漢文文獻集成』4책, 146면. 정통正統 시기에 유구국은 예부에 자문을 줄 때에도 다음과 같이 말하였다. "홍무연간에 태조 고황제가 본국에 각 관원들의 관冠・홀笏・조복朝服 등의 하사를 받았다." 『歷代寶案』권4, 沖繩縣敎育委員會刊, 1992, 126면.

[56] 영락永樂 5년, 상사소왕尙思紹王(유구국의 초대 군주)이 유구 중산왕으로 봉해지자, 명조는 "피변관과 조복 등을 주었다." 천순天順 5년 상덕尙德을 봉하면서 하사한 관복의 자세

"질秩(등급)이 중국 왕부王府 장사長史와 같게" 하도록 하였다. 즉 중국의 정5품 관원복에 해당한다.[57] 관복과 관원의 품질은 상응한다. 이것을 근거로 추리하여 보면, 유구국 조신朝臣의 관복 등급은 응당 중국에 비해 4등급이 낮다. 복식을 내려준 규격에 대한 분석을 통해 명조가 고려를 특별히 중시하였음을 어렵지 않게 볼 수 있다.

이와 같은 높은 규격의 의관을 통해 명조가 새로운 종번 체계에서 고려를 특별히 중시하였음을 알 수 있다.

한편, 명조가 내려 준 예복과 악기에 대해 고려 군신들은 상상이상으로 기뻐하였다. 저명한 문신 이색1320~1396이 기초한 사표謝表[58]에 "예복과 악기는 장래에 중화제도를 보여 줄 수 있는 것이고, 경적과 역사책은 오랜 어둠 속에 있던 양심을 드러나게 한다"라는 구절이 있다.[59] 공민왕은 몽고의 영향에서 벗어나서 예악을 회복하려는 뜻을 오래도록 가지고 있었으므로, 이와 같이 명조 예악을 학습하려는 거동은 다른 의도를 가지고 흉내만 내는 것이 아니었다. 유신儒臣 정도전1342~1398은 공민왕의 예악을 부흥하는 활동에 참여한 적이 있다.

> 성명聖明이 용처럼 일어나셨는데 우리 현릉玄陵이 천하에 앞서 정삭正朔을 받들었으니, 천자가 가상하게 여겨서 제복과 악기를 내려 주셨다. 왕은

한 명목이 전해져 내려온다. 그 피변관복은 '칠류조추사피변관일정七旒皂皺紗皮弁冠一頂'과 '오장금사피변복일투五章錦紗皮弁服一套'이니 군왕郡王 등급이다(『歷代寶案』 권1, 15면; 권4, 125면을 참고하라). 이런 종류의 책봉과 의관 하사는 모두 선례를 준수하여 변동이 매우 적다.

57 『明太祖實錄』 권232, 3389면; 蔡溫『中山世譜』 권3, 142면.
58 【역자 주】감사의 마음을 나타내는 표.
59 이색,『목은시고』 권11,「謝賜沙羅表」,『한국문집총간』 5책, 96면.

이에 몸소 큰 방에서 옷을 벗고 계셨으며, 경(정도전)은 태상太常이 되어 음률을 조화롭게 하고 제도를 정하였다.[60]

제복과 음악을 받은 뒤에 공민왕은 몸소 명복을 입고 종묘에 제사하였으며, 또한 관원들에게 명령하여 명조를 본떠 새롭게 음률을 바로잡아 악제를 정립하였다.

고려 국군과 유신들은 예약을 수립하려는 강한 욕망이 있었으며, 공민왕도 명조가 몽고를 제거하는 것을 목표로 하는 예의복고운동을 본떠서 실행하려 하였다. 공민왕 21년 고려는 표表를 올려 명조가 촉지방을 평정한 것을 축하하면서, 명 태조를 "커다란 공로가 모여 더러운 세속이 새롭게 된다"고 칭송하였다. (이른바 더러운 세속이란 몽고 영향을 받은 습속을 말한다.) 동시에 특별히 자제를 보내 명에 들어가 학문을 구하게 해 줄 것은 청하였다. 이유는 다음과 같다.

타고난 좋은 덕은 고금과 지우智愚의 차이가 없습니다. 용하변이用夏變夷는 시서예악詩書禮樂을 배우는 데 달려 있습니다.[61]

문구 중에서 "용하변이用夏變夷"는 바로 홍무 시기 중국 문화를 중건하자는 구호이다. 여기에서 '하夏'는 유가예교문명을 지칭하고 '이夷'는 '기자지봉箕子之封'인 고려를 말하는 것인데, 고려 민족 본래의 습속을

---

60 『고려사』 권119, 476면.
61 『고려사』 권43, 646, 647면. 「하평촉표賀平蜀表」와 「청자제입학표請子弟入學表」는 모두 이색이 초 잡은 것이다. 또 『목은시고』 권11, 『한국문집총간』 제5책, 95~96면에도 보인다.

말하는 것이 아니라 원대에 물들여진 몽고풍습을 말한다. 공민왕은 복식면에서 명대 제도를 따를 것을 결정했다. 명대 의관체제는 복잡하여 제복, 조복, 공복, 상복 등 4종류로 대별할 수 있다. 이전에는 명조가 단지 고려의 요청에 따라 국왕과 신하의 제복 및 국왕 조복을 내려 주었으나, 공민왕 23년 5월에는 공민왕이 먼저 명령을 내려 국내에서 "오랑캐 식으로 머리 자르는 것을 금지하였다." 9월에는 사신을 명에 파견하여 "관복을 요청하였다."[62] 이는 전면적으로 호복을 혁파하고 명제를 실행하려 준비하는 것이었다. 그러나 20일 뒤에 공민왕은 갑자기 불측한 일을 만나 국내 친원세력에 의해 암살되었다. 앞에 명조에 갔던 사신은 막 국경을 나갔을 때 이 소식을 듣고 급거 귀국하였다. 이후 명과 고려의 관계는 급격하게 악화되었으며, 공민왕 시기에 빈번했던 문화왕래도 갑자기 뚝 그치게 되었다.

4. 곡절과 반복 – 고려 말 '대명의관大明衣冠'의 행폐行廢

고려 말기 고려 국내에는 유신儒臣을 중심으로 하는 친명파와 몽고를 배경으로 하는 친원파가 존재하고 있었다. 이 두 파의 세력은 시국의 변화에 따라 강약이 바뀌었다.[63] 홍무 7년1374 11월 공민왕이 피살되고 두 번째 달에 명조는 고려에 두 명의 사신을 파견하여 말을 가지

---

62 『고려사』 권44, 664면.

63 이 문제에 대해서는 范永聰, 『事大與保國：元明之際的中韓關係』 제4장 「禑王朝時武臣親元派與儒家親明派之爭」, 119~165면을 참조하시오.

고 오게 하였으나, 이 중 하나는 피살되고 하나는 잡혀서 북원으로 보내졌다. 이 사건이 명과 고려의 관계가 좋았다가 나빠지는 변곡점이다. 우왕(재위 1374~1388)이 즉위한 후에는 이임인李任仁, ?~1388이 정권을 장악하게 되었으며, 정몽주, 정도전, 이숭인, 김구용 등 대량의 친명유신들이 동시에 추방을 당했다. 공민왕이 생전에 추진하던 관복개혁도 정지상태에 빠지게 되었다. 이를 두고 『고려사』 「이임인전李任仁傳」에서는 다음과 같이 서술했다.

> 대명大明에서 용이 일어나셔서 중원의 정통을 계승하시니, 현릉玄陵(공민왕을 지칭)이 천하에 앞서 정삭을 받들어 의복을 청하여 호복을 바꾸었으며, 국중에 명령을 내려 머리를 깎는 것을 금지하였다. (그러나 공민왕이) 승하하신 지 며칠 되지 않아 이인임은 시중의 지위로서 현릉 당시 기르던 두발을 잘랐다. 이에 나라 사람들은 이인임이 임금을 무시하는 마음이 있었고 명나라를 섬기려는 뜻이 없었음을 알 수 있었다.[64]

이인임은 고려 상층부 친원세력의 대표이다. 『고려사』에서는 다시 직접적으로 그가 명나라 사신을 죽인 막후 장본인이라고 지목하고 있다. 공민왕이 해를 당하고 명나라 사신이 피살되는 두 건의 사건은 명나라 조정의 양해를 얻을 수 없었다. 그리하여 고려는 명나라와 관계를 단절하고 전면적으로 북원에 투항하였다. 우왕 3년1377에는 정식으로 원나라의 책봉을 받았다. 공민왕 19년1370 대통력을 받은 이후 고려

---

[64] 『고려사』 권126, 583면.

는 줄곧 '홍무洪武' 기년紀年을 사용하여 명을 받드는 정삭正朔을 표시하였으나, 이때에 이르러 고려는 다시 북원의 '선광宣光' 연호를 사용하고 또 명령을 내려 "중앙과 지방의 재판은 모두『지정조격至正條格』에 의거하도록 하였다."『지정조격至正條格』은 원나라 순제 때에 간행된 법전인데, 원나라 말기에 고려에서 시행된 적이 있었다. 명조에서 사신을 보내 고려 산천에 제사를 지낼 때에 세워진 비석들도 뒤엎어 버렸다.[65] 이런 조치들은 모두 고려가 다시는 명조가 정립한 문화제도와 국제질서를 따르지 않겠다는 것을 드러낸 것이다.[66]

그러나 북원의 실력이 날로 쇠퇴하여 전부 의지하기가 어렵게 되었고 고려와 명과의 간극도 화해할 수가 없었다. 설상가상으로 국내의 친원, 친명 두 파의 세력이 피차간에 팽팽하게 맞서 고려는 어쩔 수 없이 장기간 북원과 명나라 사이에서 양다리 외교를 실행했다.[67] 고려가 여러 차례 우호를 청구하는 것에 대해 명 태조도 또한 "고려는 바다와 강으로 막혀있고 풍속이 다르다", "현실적으로 중국이 통치할 수 없다" 등을 이유로 "왕래를 금지할 것을 명령하고 (고려가) 스스로 성교聲敎를 하도록 하였다."[68] 이는 바로 명나라가 원래의 종번관계를 다시 승인해주지 않았음을 보여준다.

우왕 11년1385 고려와 명의 관계는 실질적으로 완화가 된다. 명 태조가 고려와 정상적인 조빙왕래를 회복할 것을 응답하였고, 아울러 사신

---

65 우왕 11년 명나라 사신이 다시 와서 이 비석에 대해 물을 때가 되어서야 "다시 세울 것을 명령한다."『고려사』권135, 731면.
66 『고려사』권133, 690면.
67 池內宏, 「高麗末に於ける明及び北元との關係」, 『滿鮮史硏究』中世 第3冊, 東京 : 吉川弘文館, 1963, 265〜332면 참조.
68 『고려사』권136, 740면.

을 보내 우왕을 책봉하였다. 사자가 도착하였을 때, 우왕은 몸에 "선왕이 준 법복"을 입고 신료들을 거느리고 교외에 나가 영접하였으며, 예의禮儀는 "한결같이 조정에서 내려준 의주儀註를 따랐다."[69] 앞에서 이미 말한 대로, 명 태조가 앞서 명과 고려의 종번관계가 순조롭게 성립된다고 여긴 것은 공민왕이 확실하게 모화지심慕華之心이 있었기 때문이었는데, 뒤에 군신들이 모두 뜻이 진실되지 않았기에不志誠 양국의 관계는 파란이 발생하였다. 이 때문에 명나라 사신은 머무르는 기간 동안 특별히 고려의 전장제도에 관심을 가지고 있었으며, 이것으로 고려의 군신이 참으로 향화지심向化之心이 있는지를 판단하였다. 사신들은 앞뒤로 문묘를 배알하고 사직단을 보았으며 제사와 전례에 참여하여 보기를 요청하였으며 성황城隍과 적전籍田을 관찰하고자 하였다.[70] 이와 같은 예의禮儀는 명초에 신설되거나 수정된 것인데,[71] 이런 것을 관찰하는 의도는 고려가 진정으로 중국 제도를 준수하는지를 고찰하고자 하는 것이었다.

그리고 고려의 친명 유신들도 문화적 차원에서 모화향화慕華向化의 의식을 가지고 명과 고려 사이의 상처를 치유하려 하였다. "제책制冊은 새롭게 주전례周典禮를 내려 주었고, 의관은 다시 한의장漢儀章을 보게 되었다."[72] 명조 책봉사가 입었던 옷은 다시 고려 유신들의 주의를 끌

---

69 이색, 『목은시고』 권11, 「受命之頌竝序」, 『한국문집총간』 5책, 98면.
70 『고려사』 권135, 731~732면.
71 홍무 원년, 명나라 조정에서는 명령을 내려 사전祀典을 정리하고 적전籍田의 예를 회복하게 하였다(『明太祖實錄』 권35, 632면; 권36상, 671~674면). 홍무 2년 처음으로 성황제城隍祭를 국가 제사 체제 안으로 편입시켰다. 홍무 3년에는 사신을 고려에 파견하여 새로 바로잡은 성황신의 이름을 반포하였다(『고려사』 권42, 제1책, 637면).
72 권근, 『陽村集』 권4, 「代人送國子周典簿偉」, 『한국문집총간』 제7책, 98면.

어서 시문詩文으로 짓고 화답하여 찬양하는 대상이 되었다. 예컨대, 정몽주는 시를 지어 사신을 찬양하였다. "펄렁이는 오사모烏紗帽, 색이 해동의 땅을 비추네" "길가는 사람들 분주하게 오사모를 바라보네."[73] 이이후 2년 이내에 고려는 앞뒤로 3차에 걸쳐 금릉에 사신을 보내 의복을 요구한다. 우왕 12년 2월 정몽주는 친히 경사에 가서 "(국왕의) 편복便服 및 군신群臣들의 조복朝服과 편복便服을 요청한다."[74] 이색과 이숭인이 합의하여 만든 「청관복표請官服表」는 명조의 "예의제도를 의론하고 헤아려 화하華夏 문명을 크게 열었다"라고 칭찬하면서, 명 태조가 본국이 "화하문명으로 동이를 변화시키고用夏變夷" "고려로 하여금 중국 제도를 따르게" 하도록 윤허해 줄 것을 청구하였다.[75]

그해 8월, 고려는 또 밀직부사密直副使 이전李竱을 파견하여 "다시 의관을 요청하여" 명 태조가 일시지인一視之仁을 확충하여 먼 곳의 오랑캐 국민들도 관대冠帶[76]를 할 수 있기를 희망하였다.[77] (고려가) 두 번의 사신을 보냈음에도 불구하고 명 태조는 명확한 답변이 없었으며, 예부禮部가 대신 명 태조의 논지를 전해주었다. "(고려의) 표表도 이르렀다. (그 안에) '용하변이用夏變夷, 변이지제變夷之制'를 말하고 있는데, (그것은) 그곳(즉 고려) 군신들이 어떻게 노력하는가에 달려있다." 이 말은 고려가 스스로 하기에 달려있다는 뜻이다.[78] 그러나 고려는 명조의관을 사

---

73 정몽주, 『圃隱集』卷2, 「洪武乙丑九月, 七站馬上次江南使張溥詩韻」, 「乙丑九月, 贈天使周倬」, 『韓國文集叢刊』제5책, 585면.
74 정몽주의 사신행이 지닌 배경과 경력에 대해서는 伍躍, 「高麗使臣鄭夢周到南京之行」, 『明史研究論叢』9, 2011 참조.
75 『고려사』권136, 735면. 또 이색『목은시고』권11, 『한국문집총간』5책, 92면에도 보인다.
76 【역자 주】중국식 관복제도를 지칭한다.
77 『고려사』권136, 738면. 이 표는 이숭인이 초 잡은 것이다. 또 『陶隱集』권5, 『한국문집총간』6책, 615면에도 보인다.

용해도 된다는 명확한 윤허를 받기를 희망하였다. 왜냐하면 이것은 명조에서 고려가 다시 중화문화권에 편입되는 것을 동의한다는 의미이기 때문이다.

우왕 13년 2월, 고려는 다시 중국어에 정통한 설장수偰長壽를 명나라에 파견하여 교섭을 한 결과 결국 소원을 이룬다.[79] 『고려사』에는 당시 설장수와 명 태조의 대화를 기록하고 있다. 이것은 명과 조선의 관계사의 입장에서 보든지, 중국복식사의 입장에서 보든지, 극도로 진귀한 사료이다.

성지聖旨 : 어떤 것인가? 그대는 어떤 말을 하고자 하는가?

설장수偰長壽 아룀 : 신하에게 특별한 요청이 있는 것은 아닙니다. 단지 본국(즉 고려)이 의관의 일 때문에 두 번이나 표를 올렸으나 윤허를 얻지 못하여 왕과 신하들이 매우 당황하고 있습니다. 생각해보면 제가 군주를 섬긴 지가 20년인데, 국왕의 조복朝服과 제복祭服 배신陪臣들의 제복이 모두 등급에 따라 하사되었으나, 편복便服은 옛날 모양을 고치지 못하고 있습니다. 벼슬하는 사람들은 삿갓을 쓰고 있고 백성들은 모두 원조原朝[80] 때와

---

78 【역자 주】대명의관을 사용하고 싶으면 사용해도 된다. 즉 하고 싶으면 하라는 의미이다.

79 설씨가족偰氏家族은 본래 고창회골高昌回鶻로서 원대에 과거 급제하여 중국에서 명성을 날렸다. 고려로 이주한 설장수偰長壽는 한학 수준과 초국가적인 가족 관계를 바탕으로 여말선초의 중한 관계에서 중요한 역할을 하였다. 이와 관련된 연구는 다음을 참고하라. 陳尚勝, 「偰長壽與高麗・朝鮮王朝的對明外交」, 『第七屆明史國際學術討論會論文集』, 1997; 蕭啓慶, 「蒙元時代高昌偰氏的仕宦與漢化」, 『元朝史新論』, 允晨文化實業有限公司, 1999, 243~297면.

80 【역자 주】원문은 '原朝'이나 '元朝'라는 의미이다. 朱元璋 이름에 元이 있기에 이것을 휘하기 위해 元을 原이라 표기한 것이다.

같은 끈이 있는 모자를 쓰고 있습니다. 이런 것들이 마음을 불편하게 합니다.

성지聖旨 : 이것이 무슨 상관이겠는가! 조趙 무령왕武靈王은 호복胡服을 입고 말타며 활을 쏘았지만 현군賢君이 되는 것에 방해가 되지 않았다. 우리도 여기서 처음에는 원조原朝의 형식대로 모자를 썼다가 뒤에 고민을 하여 우리는 이미 없애 버렸다. 중국도 이런 모양을 답습하는(것을 면하지 못하고 있었는)데, 오랜 뒤에 수재秀才들이 매번 보지 좋지 않다 해서 바꾸었다. (…중략…) 백안첩목아왕伯顔帖木兒王(공민왕의 몽고식 이름)의 때에 나는 조복과 제복을 증여해 주었다. 지금은 어떻게 되었길래 이와 같은 것을 마구 요구하여 들어오는가? 모자에 대해 생각해 보면 벼슬아치는 사모紗帽를 쓰고 백성은 두건을 쓰면 된다. 왜 굳이 나한테 와서 말하는가?

설장수偰長壽 아룀 : 제가 올 때에, 왕이 류柳씨 성을 가진 사람을 압록강으로 보내 저에게 다음과 같이 말하였습니다. 지금 의관을 요청한 배신陪臣이 돌았는데 아직도 윤허가 내려오지 않아 매우 경황스럽게 생각하고 있다. 그대는 (명나라) 조정에 가면 간절하게 말씀을 올려라. 만약 성지聖旨에 가련하게 여겨 (윤허)가 되면 그대는 경성京城(명나라 수도를 지칭할 듯)으로부터 사모紗帽를 쓰고 단령團領을 입고 돌아오라. 우리도 한꺼번에 쓸 것이다. 제가 경성에서부터 (사모紗帽를) 쓰고 가도 되겠습니까?

성지聖旨 : 너는 요녕에서부터 쓰고 가라.[81]

드디어 고려는 정식으로 명조의관을 사용해
도 된다는 허락을 얻은 것이다. 설장수偰長壽는
"(명나라) 황제가 하사한 사모紗帽와 단령團領을
입고 와서 (고려의) 국민들이 비로소 관복의 제도
를 알게 되었다"(〈그림 2〉 참조).[82] 그러자 고려 사
대부들이 흥분하였던 상황이 그들의 글에서 넘
쳐난다. 문신 권근[1352~1409]은 금릉에서 돌아
온 설장수偰長壽와 길에서 만나서 "본국의 관복
을 모두 화제華制에 따라도 된다는 허락을 받았

〈그림 2〉 명초 관원 상복

음"을 알게 되었으며, 그에 따라 바로 시를 읊어서 고려의 "의관제도가
새로워졌음"[83]을 크게 축하하였다.

우왕 13년 6월 고려는 정식으로 "대명의 제도에 의거하여 백관의 관
복을 정하였다."[84] "1품에서 9품에 이르기까지 모두 사모와 단령을 입
었다." 이번의 제도 개혁은 거의 모든 사회기층社會基層에까지 이르렀
다. 관원 이외에 학생과 사인士人, 순군巡軍, 나장螺匠 및 공상백성工商百
姓에 이르기까지 모두 새로운 옷으로 제도를 바꾸었다. 오직 정리丁吏
와 궁내 노비들만이 "그 두건과 띠가 원나라 제도를 그대로 유지하였
으니, 미천하여 고치지 않은 것이다."[85] 그리고 이보다 앞선 3개월 전

---

81 『고려사』 권136, 743~744면.
82 〈그림 2〉는 『大明集禮』(『域外漢籍珍本文庫』 제3집, 史部, 28책, 248면) 권40에서 가져
    왔다. '盤領'은 '團領(圓領)'이다.
83 權近, 『陽村集』 권5, 「嘉州路上, 逢偰密直長壽自京師還, 欽蒙宣諭, 許令本國官服皆襲華
    制」, 『한국문집총간』 7책, 51면.
84 『고려사』 권136, 744면.
85 『고려사』 권72, 477면. 서리 창우倡優 및 궁내의 보복 등 지위가 미천한 사람들은 예전처
    럼 원나라 때의 복식을 입어 새로운 제도에 편입시키지 않았다. 이것도 명나라와 동일하

에 사헌부司憲府는 이미 명령을 내려 "변발과 원나라식 삿갓을 금지하였다." 또 방榜으로 포고하여 명조를 본받아 "호궤胡跪를 금지하고 읍례揖禮를 행하도록 하였다."[86] 당시 정몽주는 하륜1347~1416, 연정수, 강회백, 이숭인1347~1392 등과 함께 "호복胡服을 바꾸고 화제華制를 따를 것을 건의"[87]한 적이 있다. 응당 이들이 이 방안을 설계한 사람들일 것이다. 전하는 말에 의하면, 명나라 사신 서질徐質이 고려관원들이 명나라 방식의 의복을 입고 있는 것을 보고 감개무량하여 다음과 같이 말하였다고 한다. "고려가 다시 중국 관제를 따르리라고는 생각하지 못하였는데, 천자가 들으시고 어찌 가상하다고 여기지 않겠는가!" 고려 말 포의布衣 원천석元天錫, 1330~?이 지은 시가들은 대부분 당시 정치와 관련이 있어서 참으로 고려 말의 시사詩史라 할 수 있는 것이다. 그는 전문적으로 이 문제에 대해 네 수의 시를 쓴 적이 있다. 앞의 두 수를 보자.

천자가 위엄 보이시어 바닷가[88]에 이르니	天子宣威及海濱
의관법제가 이미 진열되었네	衣冠法制已敷陳
옛 것을 새 것으로 바꿈이 어찌 그리 빠른가	著新革舊何其速
외국인이 중국인이 되었네.	外國人爲中國人

다. 예를 들면 명 태조는 단지 궁중 환관들만 원나라 때의 머리모양으로 깎는 것을 허락하였다. 그리고 명나라 때의 노예두건은 — 일설에 의하면 — 원나라 때 경대부의 관으로 고황제가 노예들에게 쓰게 한 것은 굴욕을 주는 의미를 나타내는 것이다. 王圻, 『三才圖繪・衣服』, 『續修四庫全書』 제1234책, 630면 참조.

86 『고려사』 권85, 709면. '호궤胡跪'와 '읍례揖禮'의 구별과 이전의 명나라 금령禁令에 대해서는 張佳, 「別華夷與正名分 : 明初的日常雜禮規範」, 『復旦學報』, 2012 제3기 참조.

87 『고려사』 권117, 445면.

88 원문은 해빈海濱인데, 해동海東 즉 한반도를 말하는 것이다.

옛부터 삼한三韓은 대국을 섬겨 　　　　　自古三韓事大邦

전례典禮를 따르고 어지럽지 않더니만 　　從循典禮不蒙狁

풍교風敎가 중흥重興하는 날을 만나자 　　得逢風敎重興日

다른 곳도 모두 항복할 것을 믿겠네.[89] 　方信殊方盡可降

　고려의 역복易服에 대해서는 원천석의 시는 당시 일반 사인士人의 심
정을 대표한다고 할 수 있을 것이다. "풍교風敎가 중흥重興하는 날을 만
나자, 다른 곳도 모두 항복할 것을 믿겠네"는 '명조가 예교를 다시 부흥
시키면 다른 지역들도 모두 명조의 번속이 될 것이라는 것'을 의미한
다. 이렇듯 원척선이 천자의 권위를 인정하는 것은 문화적 인정에 대
한 기초 위에서 이루어졌음이 분명하다.

　그러나 1년이 채 되지 않아 형세에 갑자기 파란이 발생하였다. 우왕
14년 2월 명조는 고려에 원나라 쌍성총관부雙城總管府의 옛 지역에 철
령위鐵嶺衛를 설치하여 그곳의 여진족을 통치할 준비를 하려고 하였으
며, 고려와 명의 동북 경계는 철령을 한도로 삼는다고 통지하였다. 그
러나 30년 전에 고려는 원 나라 세력이 쇠약해지는 틈을 타서 북쪽으
로 국토를 개척하여 일찍이 이 지역을 고려의 판도에 넣고 있었다.[90]
이 소식은 커다란 파란을 야기하였다. 우왕은 한 편으로는 사람을 명
나라에 파견하여 설명을 하였고, 또 한 편으로는 명나라의 답변을 기
다리지 않고 전국의 병력을 동원하고 아울러 북원北元과 연합하여 요

---

89 元天錫, 『耘谷行錄』 권3, 「是月朝廷奉大明聖旨改制衣服, 自一品至於庶官, 庶民, 各有科
　　等, 作四絶句以記之」, 『한국문집총간』 6책, 175면. 이 시는 정묘(우왕 13년) 6월 작품이다.
90 철령에 대한 고려와 명의 쟁의에 대해서는 卜書仁, 「論元末明初中國與高麗, 朝鮮的邊界
　　之爭」, 『北華大學學報』, 2001 제3기 참조.

양遼陽을 진격할 준비를 하였다. 우왕이 평양에 가서 전쟁에 앞서 준비하려 할 때, 아울러 수행인원들에게 "마땅히 모두 대원大元의 관복을 입어라"라고 명령하였다. 한때 "성안에 변발호복을 한 사람이 이미 많았다." 4월에 우왕이 명령을 내려 요양을 진격하게 하였다. "좌군과 우군이 평양에서 출발하였다. 10만 병력이라 자랑하였다." 동시에 명령을 내려 "홍무 연호를 금지하고 국민들에게 다시 호복胡服을 입으라고 하였다." 이는 명조와 우호관계가 결렬되었음을 드러내었다.

근래 조지朝旨가 있었다는 소식을 듣고	近聞有朝旨
(홍무) 연호를 버리고 복식을 바꾸었네.	除年號改服
군사를 뽑아 장정의 수를 채우고는	抽兵盡丁數
상하가 모두 전쟁을 일삼았네.	上下事馳逐
사나운 군대 10여만으로	貔貅十餘萬
압록강을 건너려 한다네.[91]	欲渡鴨江綠

원천석은 위와 같이 시를 지어 이 사건을 기록하였다. 그러나 이것은 작은 삽입구절에 불과하였다. 당시 명나라는 이미 동아시아 대륙에서 절대적인 군사우위를 차지하고 있었다. 홍무 20년, 북원北元의 군벌 납합納哈은 명나라에 항복을 하였고, 그 이듬해에 명나라 군대는 포어아해捕魚兒海[92]의 전투에서 커다란 전승全勝을 거두었다. 북원北元의 세력은 날로 쇠미해져서 고려는 더욱 명나라와 무력충돌을 하기가 어려

---

91 원천석, 『운곡행록』 권3, 「病中記聞」, 『한국문집총간』 6책, 183면.
92 【역자 주】이름은 海이지만 호수의 이름이다. 현재 패이호貝爾湖 지역을 말한다.

워졌다. 이런 배경에서 대장 이성계1335~1408가 회군을 하여 병간兵
諫93을 감행한다. '요양정벌'은 이로써 마감이 되고 고려 왕조도 이로
부터 사그러들게 된다.

주의할 만한 대목은 『고려사』에서 이 일단락의 역사를 서술할 때에
여러 번 우왕은 사냥과 말달리기를 좋아하고 호복호악胡服胡樂을 즐겼
다는 것을 언급한다는 점이다. 예를 들면, 의관을 바꿀 때에 "우왕과
환관 및 총애를 받는 신하들만 입지 않았다. 이옥李沃이 좌상시로서 호
복胡服을 입고 매를 불러 우왕과 함께 말을 타고 사냥하였다." 요양을
정벌하기 전에 우왕은 심야에 여러 기녀들로 하여금 화원에서 "호가胡
歌를 부르며 연회를 하였다." 요양을 공략하라 명령을 내린 후에 "(우왕
은) 부벽루浮碧樓에서 호악胡樂을 벌려놓고 스스로 호적胡笛을 불었다."
대동강에서 배를 탈 때에 "호악胡樂을 연주하게 하고 우는 스스로 호적
胡笛을 불며 호무胡舞를 추었다."94 이처럼 자세한 묘사는 모두 신우辛
禑95가 예교를 멸시하고 폐기하였으며 어리석었음을 보여 주려는 의
도를 드러내는 것이며, 그가 화하문명에 대해 인정하는 것을 기초로
한 명과 고려의 종번관계를 진심으로 받아들이지 않았다는 것을 암시
하는 것이다.

위화도 회군 이후 이성계는 고려의 실질적인 실권자가 된다. 이후
고려 내부에는 비록 왕실을 옹호하는 세력과 이성계를 옹호하는 다른
세력이 있었지만, 그들은 온 힘을 다해 명과 고려의 종번관계를 유지

---

93 【역자 주】무력을 사용하여 군주나 윗사람에게 간청하거나 바로잡는 행위를 말한다.
94 『고려사』 권136, 744면; 권137, 750~752면.
95 【역자 주】우왕을 신돈의 아들이라는 의미로 부르는 일종의 우왕에 대한 멸시의 칭호이
　다. 『고려사절요』 등에서 자주 이 칭호를 사용한다.

하려는 태도만큼은 동일하였다.[96] 이성계는 병변兵變을 일으켜 돌아온 뒤 즉각 명령을 내려 "다시 홍무연호를 사용하게 하고 대명의관을 입도록 하고 호복胡服을 금지시켰다."[97] 오래지 않아 우왕은 폐위되고 창왕이 즉위(1388)하였다. 당시 문신 조준은 「진시무소陳時務疏」를 올리면서 전문적으로 관복의 문제를 언급하였으며, 개괄적으로 고려 의관 변천의 역사를 회고하였다.

조종祖宗[98]의 의관예악은 모두 당제唐制를 따랐다. 원조元朝에 이르러 당시 왕의 제도에 눌려 화華를 변화시켜 융戎[99]을 따랐다. 상하上下는 변별되지 않았고 백성들의 뜻은 안정되지 않았다. 우리 현릉玄陵께서 상하의 등급이 없음을 삼가 크게 용하변이用夏變夷에 뜻을 두어 조종의 성대함을 회복하였다. 천조天朝[100]에 표表를 올려 호복胡服을 바꿀 것을 요청하셨는데 오래지 않아 승하하셨다. 상왕上王께서 뜻을 계승하여 청을 하였는데 중간에 권력자에 의해 변화되었다. 전하가 즉위하여 친히 화제華制를 입으시고 국민들과 함께 즐겁게 시작을 새롭게 하셨다. 그래도 그 품제를 따르지 않아 유신維新의 정치에 걸림돌이 되었다. 원컨대 사헌부는 날을 정해 입법을 하여 명령에 따르지 않는 자를 모두 다스려야 할 것이다.[101]

---

96 왕씨를 옹위하는 문신은 이색, 정몽주, 이숭인 등이 주요한 인물이고, 이씨를 옹위하는 사람은 정도전, 조준 등이 대표적이다. 비록 국내 정치에 대한 입장은 달랐지만, 그들은 모두 고려와 명의 관계를 잘 유지하려고 했다.
97 『고려사』 권137, 755면.
98 【역자 주】 고려 태종을 말할 것이다.
99 【역자 주】 북쪽 이민족 여기에서는 구체적으로 원대 몽고족 제도를 말한다.
100 【역자 주】 명나라를 지칭한다.
101 趙浚, 『松堂集』 권3, 『한국문집총간』 6책, 425면.

명초의 선전에 의하면, 명조의 의관은 당대제도를 모방하여 건립한 것이다. 명초 관원들이 차고 있던 오사모烏紗帽는 그 이름이 바로 '당건唐巾'이었다. 이 때문에 명조의관을 사용하는 것은 바로 "조종의 성대함을 회복한 것"이다. 창왕이 즉위한 후 비록 "몸소 화제華制를 입었으나" 아직도 (새로운) 의관제도를 따르지 않는 사람이 있었다. (그래서) 조준이 전문적으로 입법하여 다스리라고 건의한 것이다. 여기에 이르러 우왕 때의 반복을 지나 명조의관이 고려에 시행되는데 다시는 파란을 겪지 않게 된 것이다(다음 〈그림 3〉을 참고하시오).**102**

〈그림 3〉 14세기 말 명조 양국 관원상복 화상(정몽주, 방효유)

---

102 정몽주 화상은 『포은집圃隱集』 권수(『한국문집총간』 5책, 560면)에서 가져왔다. 저본은 홍무 22년에 제작된 것이다. 방효유 화상은 『손지재집遜志齋集』 권수(『四部叢刊』 嘉靖辛酉刊本의 영인본)에서 가져왔는데 저본은 홍무 25년 약간 뒤에 제작되었으니 후세 상상의 작품과는 다르다. 이 두 폭의 화상은 모두 근거가 있는 것들이다. 비록 모사한 것이 회화본처럼 세밀하지는 않지만 그래도 사실대로 명초 사모紗帽의 특징을 반영하고 있으니 더욱 진귀하다. 전각展脚이 아래로 굽은 것은 두 그림이 대조된다.

5. 일대정제一代定制 – 조선왕조의 명조 의복 시행

고려왕조의 최후 20년에 왕위는 도합 4번 바뀌었고(공민왕, 우왕, 창왕, 공양왕), 결국에는 왕족이 바뀌게 되고, 국가는 주인을 갈게 되었다. 명조明朝가 정식으로 책봉을 했던 공민왕과 우왕 중 한명은 피살되었고 또 한명은 폐위되었다가 죽음을 당했다. 공양왕은 세자를 파견하여 스스로 수도에 갔으나 폐위되는 운명을 피하지 못하였다. 명조로부터 인가를 받은 고려 국군들이 거듭 피살 또는 폐위를 당하는 현상은 종주국의 권위에 대한 의심할 나위가 없는 엄중한 도전이었다. 권신權臣들이 조종하는 상황에서 빈번한 왕위와 국가의 변고가 발생하자, 명 태조는 이에 대해 극도로 불만을 가졌으며, 『황명조훈皇明祖訓』에서 조선 개국 군주 이성계에 대해 다음과 같이 평가했다.

조선국朝鮮國은 바로 고려高麗이다. 이인임李仁人(任) 및 아들 성계成桂 지금 이름이 단旦[103]인 사람은 홍무 6년에서 홍무 28년에 이르기까지 처음부터 끝까지 도합 왕씨 임금 네 명을 시해하였다. 우선 기다리라 하라.[104]

그런데 명 태조는 정보에 문제가 있어서 이성계를 원말 친원파 수령이자 명나라 사신을 죽인 적이 있는 이인임李仁任의 아들[105]로 오해하

---

103 【역자 주】 태조 이성계는 왕위에 오른 후 이름을 단旦, 자를 군진君晉으로 고쳤다.
104 朱元璋, 『皇明祖訓』, 『四庫存目叢書』 史部 264책 168면에 수록되어 있다. 여말麗末의 권신權臣 이인임李仁任은 『明太祖實錄』에 이름이 이인인李仁人으로 되어 있다.
105 이 오해는 뒷날 상당히 오랫동안 조선의 '종계변무宗系辨誣' 교섭을 야기시켰다. 黃修志, 「書籍外交 : 明淸時期朝鮮 "書籍辯誣" 述論」, 『史林』, 2013 제6기 참조.

고 있었다. 그래도 고려 말의 군주 경질은 분명히 이인임李仁任과 이성계李成桂의 손에 의해 조종되었다. 명나라와 고려의 종번관계 아래에서 이성계가 제멋대로 왕위를 주무르는 것은 고려의 정치질서를 파괴할 뿐만 아니라 명조의 권위도 무너뜨렸다. 그래서 홍무의 시기가 끝나기까지 명나라와 새로 건립된 조선의 관계는 결코 잘 융합되지 못하였다. 조선에 대한 명조의 불만은 이른 바 '표전表箋' 문제를 빌미로 반복적으로 터져 나왔다.[106] 비록 명 태조는 이성계에게 '조선朝鮮'이란 국호를 선정해 주었지만, 이성계는 시종 명조의 정식 책봉을 받지 못하였다.

그러나 본인이 '난신적자亂臣賊子'인 이성계는 명조의 인가로 새로운 왕조의 합법성의 기초를 삼을 필요가 있었기에 어쩔 수 없이 온 힘을 다해 명나라와 조선의 관계를 유지하였다. 게다가 고려가 불교를 숭상했던 것과 달리 조선왕조는 유가의식 형태로 국가를 건립하였기에 집권자들은 내적으로도 명조와 마찬가지로 호속胡俗을 변화시키는 것으로 새로운 정권의 합법성을 증명해야 하였다. 개국 초기 권근은 「평양성대동문루기平壤城大同門樓記」에서 "왕씨의 세상(고려)에서는 요금遼金과 원의 국경이 서로 맞닿아 있어서 호속胡俗에 물들어 더욱 교만하

---

106 刁書仁, 「洪武時期中朝外交中的表箋風波」, 『明史研究』 10, 2007; 夫馬進, 「明淸時期中國對朝鮮外交中的"禮"和"問罪"」, 『明史研究論叢』 10, 2012, 290면 참조. 종주국은 속국의 정치적 안정을 유지할 의무를 가진다. 일단 찬탈 등의 상황이 발생하면 반드시 조치를 취하여 징계를 한다. 조선과 비교할 수 있는 다른 사례는 안남安南이다. 홍무 26년 권신權臣 호계리胡季犛가 국왕 진위陳煒(陳廢帝)를 살해한 후에 명 태조는 '안남에서 군주를 시해하고 찬탈하였다'라는 것을 이유로 명령을 내려 안남의 조공을 폐지하였다. 홍무 29년 안남의 전왕前王 진숙명陳叔明이 죽자, 명조는 또한 그가 '국가를 찬탈하였다'는 것을 근거로 "만약 사신을 보내 조문한다면 이것은 난신亂臣을 위로하고 적자賊子를 편드는 것"이라고 여기면서 "후일 사방의 국가들이 듣고 이것을 본받지 않겠는가!"라고 근심하여 사신을 보내 제사를 지내는 것을 거절하였다(『明太祖實錄』 권227, 3314면; 권244, 3547면).

고 표독하였다"라고 말한 적이 있다. 이성계가 건국한 이후 명 태조가 조선이란 국호를 주고 나서 사대부는 모두 "옛날의 교만하고 표독한 습관을 크게 변화시켜 예의의 교화를 일으켜서" 기자고풍箕子古風을 일으키기를 희망하였다.[107] 이 때문에 복식에서 조선은 '화하제도華夏制度'인 명조의관을 계승하였다. 홍무 28년 이성계가 즉위한 후 종묘에 제사지내며 우선 "강사포絳沙袍와 원유관遠遊冠을 입었고," "백관은 공복公服으로 앞에서 인도하였으며," 묘문廟門에 이른 뒤에 면복冕服으로 갈아입고 예를 행하였다.[108] 홍무 31년 정종定宗 이방과李芳果가 즉위하자 역시 "강사포絳沙袍와 원유관遠遊冠으로 갈아입고" 백관의 조하朝賀를 받았으며, 그런 뒤에 다시 면복冕服으로 갈아입고 관원을 거느리고 이성계에게 존호尊號를 올렸다.[109] 조선 국왕이 전례를 행할 때에 입었던 이런 관복冠服은 모두 고려시대 명조가 내려 준 것들이었다.

명 태조가 승하한 이후 명과 조선의 관계는 점점 실질적인 개선이 되었다. 더욱이 명조정난지역明朝靖難之役[110] 기간 동안 고려는 건문제建文帝와 주체朱棣가 서로 끌어당기는 대상이 되었다.[111] 조선의 끊임없는 간청으로 건문建文 4년[1401] 화급을 다투는 위기에 있던 건문제의 조정은 정식으로 조선에게 면복冕服을 하사하였다. 명나라 조정의 칙서에는 하사를 해주는 이유를 자세히 설명하고 있다.

---

107 권근, 『양촌집』 권12, 「平壤城大同門樓記」, 『한국문집총간』 7책, 135면.
108 『조선태조실록』 권8, 태조 원년 10월 갑오, 『조선왕조실록』 1책, 83~84면.
109 『조선태조실록』 권15, 태조 7년 9월 정축, 『조선왕조실록』 1책, 136면.
110 【역자 주】 명초 태자난을 말한다.
111 정난靖難 기간 건문제의 조선 회유 정책에 대해서는 朴元熇, 「靖難之役與朝鮮」, 『明史硏究』 1, 1991 참조.

예전에 배신陪臣이 조정에 와서 여러 번 면복冕服을 청하였다. 일을 담당한 관리가 고제古制를 참고하여 다음과 같이 말하였다. "사이四夷의 나라는 비록 크다 하나 자子라 한다. 또 조선은 본래 군왕작郡王爵으로 의당 5장章 혹은 7장복章服을 하사하여야 한다." 짐이 생각건대, 『춘추』의 의리에 따르면 멀리 있는 사람이 능히 자발적으로 중국으로 들어오면 중국으로 대우하는 것이다. 지금 조선은 본래 원군遠郡이다. 그런데 능히 스스로 예의로 들어오니 자子나 남男의 예禮로 대우할 수가 없다. 또 그 지역이 해외에 있어 중국의 총수寵數에 의지하지 않으면 그 신민臣民들에게 명을 세울 수 없다. 이에 특별히 친왕구장지복親王九章之服을 하사하라 명하노니, 사신을 보내 짐의 뜻을 전하거라. 아! 짐이 (조선의) 왕에게 총애하고 표식을 해 주는 것이 나의 골육과 다름이 없다. 그래서 친애親愛함을 보여 주는 것이다. 왕은 독실하게 삼가고 충효하여 나의 총애하는 명령을 보전하여 대대로 동쪽의 번국이 되어 화하華夏를 도와서 나의 뜻에 부합하도록 하라.112

홍무시기에 지적하던 분위기와 비교해 보면, 이번 칙서의 글은 매우 친절하고 부드럽다. 명나라 조정의 해석에 의하면, 조선이 능히 "자발적으로 예의로 들어왔기 때문에" "멀리 있는 사람이 능히 자발적으로 중국으로 들어오면 중국으로 대우한다는" 『춘추』의 대의에 따라 특별한 조칙으로 조선 국왕에게 "친왕구장지복親王九章之服"을 하사해 주었다. 이것으로 명나라 조정의 조선에 대한 "나의 골육과 다름이 없는" 친애親愛의 정서를 보여 준 것이다. 조선 군신들은 이에 대해 매우 홍

---

112 『조선태종실록』 권3, 태종 2년 2월 기묘, 『조선왕조실록』 1책, 226면.

〈그림 4〉 영락 원년
명나라에서 준 곤면(袞冕)

분하여 이번 "질작秩爵을 친왕에 비견한" 파격적인 의복 하사는 국군이 "충순忠順으로 위를 섬기는 정성과 사랑과 은혜로 백성을 다스리는 인仁"의 결과라고 여겼다.113

이 일은 조건 개국 20년래 최초로 명조에서 관복을 하사받은 것이자 조선 국왕이 중국 친왕의 복식 등급과 동등해진 것이며, 또 정식으로 명나라 조정의 확인을 얻은 것이다. 그러나 오래지 않아 주체朱棣는 번왕의 신분으로 군사를 일으켜 왕위를 빼앗고 건문구정建文舊政을 혁파하고 '조종제도祖宗制度'를 회복하겠다고 선포한다. 이때에는 조선도 명조의 지지를 획득할 필요가 있을 뿐 아니라 주체朱棣도 번국의 인가를 통해 자신의 합법성을 보여줄 필요가 있었다. 그래서 조선의 '봉표공헌奉表貢獻'이 있은 뒤에 주체朱棣는 곧바로 국왕고인國王誥印을 주었고 아울러 조선의 요구대로 면복冕服을 주었으며 등급은 마찬가지로 9류旒9장章이었다.114 조선 국왕의 관복 지위는 재확인을 통해 더욱 공고해졌던 것이다(〈그림 4〉115를 참고하라).

---

113 권근, 『양촌집』 권18, 「送潘行人使還詩序」, 『한국문집총간』 7책, 189면.
114 『조선태종실록』 권6, 태종 3년 10월 신미. 『조선왕조실록』 1책, 281면. 흥미롭게도 공민왕 시기 발생하였던 고려국왕과 왕비 관복의 등급이 일치하지 않는 현상은 이때에도 계속되었으며, 명나라가 끝날 때까지도 변하지 않았다. 영락 원년 조선국왕이 받은 명복은 親王級이었고 왕비는 郡王級이었다. 조선과 명조 사이의 의관 교류는 여기에서 그치지 않는다. 正統·景泰 연간에 명조는 또 앞뒤로 조선군왕에게 원유관복, 익선관 및 곤룡포를 내려 준다. 조선 세자도 중국 친왕 세자의 예에 따라 7장면관을 사용할 것을 허락한다. 조선이 명대 관복의 체계를 본떠 시행한 것은 여기에 이르러 비로소 완비된다. 다음 자료를 참고하시오. 『朝鮮世宗實錄』(권113, 世宗二十八年八月壬戌), 『朝鮮王朝實錄』(4책, 699면); 『朝鮮文宗實錄』(권1, 文宗卽位年五月庚申), 『朝鮮王朝實錄』(6책, 236면).

6. 맺음말

중국과 고려는 모두 몽고풍을 뒤집어 쓴 지가 거의 백 년이었다. 명조의 복식체계의 건립과 유행은 동아시아가 문화 방면에서 몽고시대를 벗어나는 하나의 표시였다. 여말선초에 이색, 정몽주, 정도전, 이숭인, 조준 등 많은 문신들이 '대명의관'을 받아들이는 과정에서 적극적으로 나섰다. 명조가 '용하변이'를 구호로 삼아 추진하였던 예의 개혁과 중건重建은 신속하게 고려 사대부들의 유교신앙과 공명을 만들어 내었다. 금릉으로 사신을 갔던 고려 사신은 매번 "한나라 예악의 새로운 면모를 본다."[116] "예악의관이 한당漢唐에 근접한다"[117]라고 칭찬하였다. 조선 초 하륜河崙이 명 태조의 공로를 하나하나 열거하면서 "맹렬하게 다른 무리들을 몰아내고[118] 정통으로 황왕皇王을 계승하여, 의관은 중화를 회복하였고, 예악은 요순을 존중하였다"는 공로를 으뜸으로 여겼다.[119] 고려는 명조가 '한당漢唐' 중국의 계승자의 이미지가 되는 것을 인정하였을 뿐만 아니라 "조종의 의관과 예악은 모두 당제를 따른다"는 역사적 기억이 다시 떠올리게 되었다. 이런 영향 아래에서 고려 말 명조를 모범으로 삼아 "조종의 성황을 회복하자"는 목표의

---

115 〈그림 4〉는 『國朝五禮儀序例』 권1에서 가져온 것으로서, 法制處 編, 『法制資料』 125, 信興印刷株式會社, 1982, 58~59면에 수록되어 있다.

116 정몽주, 『삼봉집』 권1, 「常州除夜呈諸書狀官」, 『한국문집총간』 5책, 579면.

117 이숭인, 『도은집』 권2, 「元日奉天殿早朝」, 『한국문집총간』 6책, 564면.

118 【역자 주】 원문은 "雷厲逐異類"이다. 여기에서 '異類'는 주로 몽고 등 북방민족을 지칭할 것이다.

119 河崙, 「贈陸禮部還朝」(萬曆 『興化縣志』 권9, 『北京大學圖書館藏稀見方志叢刊』 118책, 233면). 이 시는 하륜河崙의 『호정집浩亭集』에 수록되어 있지 않다. 이 시는 응당 건문建文 3년 예부주사禮部主事 육옹陸顒이 조선에 사신을 갔을 때 지어졌을 것이다.

복식개혁을 출현시켰고 고려는 '대명의관'을 가져다가 사용하였으며 그 후 조선에 의해 계승되었다. 명청 교체기 이후 다시 조선 사인土人들은 화하정통華夏正統이 본국에서 존속하는 상징으로 보게 되었다.

역사를 돌이켜 보면 어렵지 않게 다음과 같은 사실을 알 수 있다. 여말선초에 '대명의관'을 받아들이는 과정은 명조와 동국 관계의 조정에 의해 기복과 변화가 발생하였다. 그것은 이전 세대에 군사 정복을 기초로 하고 아들을 인질로 하거나 혼인 관계를 갖거나 군사적인 협동을 하거나 공납 등의 방식으로 관계를 유지하던 원과 고려의 관계와는 완전히 다르다. 명과 고려(뒤의 명과 조선도 포함하여)의 종번관계는 대략적으로 평화로운 배경에서 체결된 것이다.[120] 아울러 조빙예의朝聘禮儀에 의거하여 유지되었다. 비록 이 과정에서 쌍방이 현실적인 필요에 대한 고려 및 각자 국력의 강약에 대한 고려 등이 존재하지만,[121] 부정할 수 없는 것은 동국 사대부들이 장기간 유지했던 '모화慕華' 심리 혹은 양국 공동의 예교문화에 대한 인정이 종번관계가 건립되고 유지되는 중요한 기초였다는 점이다. 명 태조는 고려와 순조롭게 종번관계를 체결하는 이유에 대해 다음과 같이 회고하였다.

즉위한 초기에 옛날 지혜로운 왕들의 방법에 따라 신속하게 사방 오랑캐들의 추장들에게 알려서 중국에 군주가 있음을 알게 하였다. 당시에는 단

---

120 야사野史에서 기록된 명과 고려의 전쟁은 겨우 '복진濮眞이 고려를 정벌한' 한 번이 있을 뿐이다. 그러나 사실상 명나라 장수 복영濮英의 사적이 와전된 것이다. 복영濮英은 북원北元 납합納哈과 전쟁을 하다가 요동에서 사망한다. 葉泉宏, 「"明初濮眞征高麗"傳說探原－明淸野史謬誤剖析之一例」, 『東吳歷史學報』17, 2007 참조.

121 이 방면의 연구로는 伍躍, 「外交的理念與外交的現實－以朱元璋對"不征之國"朝鮮的政策爲中心」, 『明史研究』11 참조.

순히 잘 자내자는 목적이었으며, 고려왕 왕전王顓이 바로 신하를 칭하며 입공入貢하리라 생각하지 못하였다. 이것은 힘 때문이 아니라 마음으로 좋아하였기 때문이다.[122]

당시 고려와 국경을 맞대고 있던 요동지역은 아직 북원北元의 통제하에 있어서 명나라 군사력이 미치지 못하였다.[123] 명과 고려의 종번관계가 신속하게 건립된 것은 고려가 명나라의 무력을 무서워하였기 때문이 아니고 고려가 "마음 속으로 좋아하였기" 때문이다. 이는 중국에 대한 고려의 인정을 뜻한다. 고려 말 명신 이색은 고려가 유학을 숭상하는 것을 말하면서 어느 날 "중국에 성인이 나온다면 반드시 그에게 돌아가 의지하게 될 것이다"[124]라고 했다. 정몽주도 고려가 중국을 섬기는 것에 대해 말하면서, "천하의 의주義主(가 있는지를) 볼 뿐이다"[125]라고 했다. 여기서 '의주義主'는 문화의 종주이다.

문화상징인 의관은 명과 고려의 새로운 종번관계 형성 과정에서 중요한 매개 작용을 했다. 여말 사대부들은 여러 번 '청관복請冠服'이라는 거동을 통해 화하문명華夏文明과 명 왕조에 대한 의견을 표시하였는데, 이에 대해 화하중심주의華夏中心主義라는 입장에 서 있는 명왕조는 기쁜 마음으로 관복冠服을 하사하는 형식으로 번속藩屬 국가들을 문화적으로 받아들였다. 여말선초 '대명의관'의 행폐行廢는 명조와 한반도 사

---

122 『고려사』권133, 696면.
123 홍무4년 2월 원元 요양행성평장遼陽行省平章 유익劉益이 명에 항복하였다. 명조의 세력은 겨우 요동반도 남부에 미칠 뿐이었다. 요동북부는 홍무 20년에 원나라 장수 납합納哈이 투항할 때가 되어서야 명나라의 통제하에 있게 된다.
124 이색, 『목은시고』권9, 「送倪符實使還詩序」, 『한국문집총간』5책, 75면.
125 『고려사』권117, 443면.

이에서 이루어진 종번관계의 소장消長과 발걸음을 같이 하고 있다. 명 초의 동아시아 국가 관계에서 의관은 정치 인정을 구성하는 중요한 문 화부호 중의 하나였던 것이다.

참고문헌

『經國大典』,『舊唐書』,『高麗史』,『大明集禮』,『明太祖實錄』,『牧隱詩藁』,『三才圖會』,
『遜志齋集』,『松堂集』,『陽村集』,『歷代寶案』,『元史』,『耘谷行錄』,『朝鮮王朝實
錄』,『中山世譜』,『惕若齋學吟集』,『圃隱集』,『皇明祖訓』,『興化縣志』.

法制處 編,『法制資料』125, 信興印刷株式會社, 1982.
葛兆光,「大明衣冠今何在」,『史學月刊』, 2005 제10기.
_____,「朝貢禮儀與衣冠─從乾隆五十五年安南國王熱河祝壽及請改易服色說起」,『復
旦學報』, 2012 제2기.
_____,「文化間的比賽 : 朝鮮赴日通信使文獻的意義」,『中華文史論叢』2014 제2기.
羅瑋,「漢世胡風 : 明代社會中的蒙元服遺存」, 首都師範大學碩士學位論文, 2012.
范永聰,『事大與保國 : 元明之際的中韓關係』, 香港 : 教育圖書公司, 2009.
朴元熇,「靖難之役與朝鮮」,『明史研究』1, 1991.
卜書仁,「論元末明初中國與高麗, 朝鮮的邊界之爭」,『北華大學學報』, 2001 제3기.
夫馬進,「明清時期中國對朝鮮外交中的"禮"和"問罪"」,『明史研究論叢』10, 2012.
葉泉宏,『明代前期中韓國交之研究, 1368~1488』, 台灣 : 商務印書館, 1991.
葉泉宏,「"明初濮眞征高麗"傳說探原 ─明清野史謬誤剖析之一例」,『東吳歷史學報』,
2007 제17기.
蕭啓慶,「元麗關係中的王室婚姻與强權政治」,『元代史新探』, 臺北 : 新文豐出版公司,
1983.
_____,「蒙元時代高昌偰氏的仕宦與漢化」,『元朝史新論』, 允晨文化實業有限公司, 1999.
諶培建,「蒙元與高麗人員交往探討─以高麗使臣身份爲中心」, 南京大學博士學位論文,
2011.
閻步克,『服周之冕─『周禮』六冕禮制的興衰變異』, 北京 : 中華書局, 2009.
伍躍,「高麗使臣鄭夢周到南京之行」,『明史研究論叢』9, 2011.
伍躍,「外交的理念與外交的現實─以朱元璋對"不征之國"朝鮮的政策爲中心」,『明史
研究』11, 2008.
王小盾,「明朝和高麗的音樂交往─1368~1373」,『中國音樂學』, 2011 제3기.
王子怡,「"宮衣新尙高麗樣"─元朝大都服飾的"高麗風"研究」,『藝術設計研究』, 2012 제

李治安, 「元代漢人受蒙古文化影響考述」, 『歷史研究』, 2009 제1기.

張佳, 「別華夷與正名分 : 明初的日常雜禮規範」, 『復旦學報』, 2012 제3기.

____, 「元明之際"夷夏"論說舉隅－兼說淸代官修史書對明初史事的隱沒與改纂」, 『中國典籍與文化』, 2013 제4기.

____, 「重整冠裳 : 洪武時期的服飾改革」, 『中國文化研究所學報』 58, 香港中文大學, 2014.

張志雲, 「重塑皇權 : 洪武時期的冕制規劃」, 『史學月刊』, 2008 제7기.

刁書仁, 「洪武時期中朝外交中的表箋風波」, 『明史研究』 10, 2007.

陳尚勝, 「偰長壽與高麗‧朝鮮王朝的對明外交」, 『第七屆明史國際學術討論會論文集』, 1997.

黃修志, 「書籍外交 : 明淸時期朝鮮"書籍辯誣"述論」, 『史林』, 2013 제6기.

許全勝, 『黑韃事略校註』, 蘭州 : 蘭州大學出版社, 2014.

內藤雋輔, 「高麗風俗に及ぼせる蒙古の影響について」, 『朝鮮史研究』, 京都 : 東洋史研究會, 1961.

池內宏, 「高麗末に於ける明及び北元との關係」, 『滿鮮史研究』 中世 第3冊, 東京 : 吉川弘文館, 1963.

Henry Serruys, "Remains of Mongol Customs during the Early Ming", *Monumenta Serica* XVL, 1957.

고려시대 사신 영접 의례의 변동과 국가 위상

정동훈

1. 머리말

예는 법과 함께 사회질서를 유지하는 핵심 수단으로 기능한다. 예는 일반적인 사회규범, 도덕규범으로서의 요소 외에도 구체적인 장면에서의 행동강령으로서도 존재하는데, 그것이 의례이다. 의례는 공동체의 구성원들 사이의 관계와 위계질서를 구체적인 행동과 그에 의해 발생하는 시각적 효과를 통해 확인하는 장치이다.

전근대 동아시아에서는 군주가 중심이 되는 왕조의례로서 길흉군빈가吉凶軍賓嘉의 오례五禮와 사서인士庶人이 준수해야 할 관혼상제冠婚喪祭의 가례家禮가 의례의 핵심을 이루었다. 이들 대부분의 의례는 한 국가의 구성원들이 행해야 하는 것으로 인정되었고, 따라서 국내에서 시행되는 것을 전제로 한 것이었다. 유일한 예외가 빈례賓禮이다. 빈례는 주대周代에 제후들이 천자를 정기적으로 찾아뵙는 의례에서 기원하였지만, 후대로 갈수록 봉건제의 성격이 약화되고, 중국과 주변민족 사이의 교류가 활발해지면서 번국, 즉 외국을 그 규정의 대상으로 삼게 되었다고 한다.[1] 빈례는 국내에서 외국의 존재를 상기시킬 수 있는 유일한 시간을 제공하게 된 것이다.

중국 역대 왕조에서 빈례는 주변국의 군주蕃王, 혹은 그 사신蕃使이 조정을 방문했을 때의 상황을 가정하여, 황제의 권위를 드높이는 장면을 연출하는 의례로 제정되었다. 그러나 중국의 사신이 외국에 나갔을 때, 주변국에서 이를 어떻게 대우해야 하는지에 대해서는 적어도 원대 이전에는 중국에서 명시적으로 규정한 바가 없었다. 의례가 연출되는 공간적 범위가 중국의 바깥이었기 때문이다. 따라서 이때의 의례에 대해서는 중국과 해당 주변국 사이에서 합의와 조정이 이루어질 여지가 생겨난다.

이 글의 문제의식은 여기에 있다. 명시적 규정이 존재하지 않았던 송·거란·금대와, 그것이 존재했던 명대, 그리고 그 중간을 연결한 원대를 거치면서 고려에서 중국의 사신을 맞이할 때에 어떠한 의례를 시행했으며, 그 과정에서 어떠한 조정이 이루어졌는지를 파악하는 것이 이 글의 목적이다. 아울러 이를 둘러싼 고려와 중국 양국의 상호 인식 내지는 국제질서에 대한 인식을 추적하는 것도 이 글의 목적이 된다.

빈례에 대한 연구는 동아시아 의례의 전형으로 평가되는 당대의 개원례開元禮에 대한 것이 주를 이루었다.[2] 그리고 최근에는 김성규가 송

---

1 金成奎, 「中國王朝에서 賓禮의 沿革」, 『中國史硏究』 23, 2003; 李云泉, 「賓禮的演變與明淸朝貢儀禮」, 『河北師範大學學報』(哲學社會科學版) 27-1, 2004.

과 요·금의 빈례에 대해서 매우 상세하고 풍부한, 동시에 통찰력 깊은 연구를 하면서 국내 학계의 빈례 연구를 이끌고 있다.[3] 한편 고려의 외교의례에 대해서는 오쿠무라 슈지奧村周司의 고전적인 연구와[4] 함께, 역시 김성규에 의해 새로운 해석이 시도되기도 하였다.[5] 그리고 최근에는 한정수가 고려에서 거란의 사신을 맞이한 절차와 의례 전체를 꼼꼼하게 복원한 바 있다.[6]

이상의 연구를 통해 국제관계 전반에서 빈례가 가지는 의미와, 빈례를 통해 국제관계를 살펴볼 수 있다는 가능성을 확인할 수 있었다. 그러나 이상의 연구는 두 가지 면에서 아쉬움을 가진다. 첫째, 대부분의 경우 중국의 예서禮書를 주된 자료로 삼았던 탓에 주변국의 입장, 혹은 그 인식을 적절하게 반영하지 못하였다는 점이다. 이는 고려 측의 의례 규정을 확인함으로써 보강될 여지가 있으리라 생각한다. 둘째, 의례를 규정하고 있는 의주儀注를 중심으로 분석하였기 때문에, 그 규정이 실제로는 어떻게 적용·전개되었는지 확인하지 못하였다는 점이다. 이는 편년자료를 통해서 확인할 수 있으리라 생각한다.

---

2   대표적으로 石見淸裕, 『唐の北方問題と國際秩序』, 東京 : 汲古書院, 1998; 와타나베 신이치로, 문정희·임대희 역, 『天空의 玉座』, 신서원, 2002.

3   김성규의 빈례 관련 연구는 30편에 가까운데, 그 가운데 고려와 직접 관련이 있는 것만 꼽아보아도, 「송대 東아시아에서 賓禮의 成立과 그 性格」, 『東洋史學硏究』72, 2000; 「高麗前期의 麗宋關係」, 『國史館論叢』92, 2000; 「外國朝貢使節宋皇帝謁見儀式復元考」, 『宋遼金元史硏究』4, 2000; 「入宋高麗國使의 朝貢 儀禮와 그 주변」, 『全北史學』24, 2001; 「高麗, 西夏, 베트남의 국제 지위에 관한 일측면」, 『국제중국학연구』11, 2008; 「金朝의 '禮制覇權主義'에 대하여」, 『中國史硏究』86, 2013 등을 들 수 있다.

4   奧村周司, 「高麗における八關會的秩序と國際環境」, 『朝鮮史硏究會論文集』16; 1984 「使臣迎接儀禮より見た高麗の外交姿勢－十一, 二世紀における對中關係の一面」, 『史觀』110, 1979.

5   김성규, 「고려 외교에서 의례儀禮와 국왕의 자세」, 『역사와 현실』94, 2014.

6   한정수, 「고려 전기 '迎契丹使臣儀'」, 『사학연구』118, 2015.

이 글에서는 이상의 문제의식을 바탕으로 다음의 몇 가지를 확인하고자 한다. 첫째, 중국의 사신이 파견되었을 때 고려에서 구체적으로 어떠한 의례가 시행되었는지를 파악해볼 것이다. 둘째, 이것이 중국 빈례의 연혁·내용과 어떻게 연동되는지 분석해볼 것이다. 셋째, 최종적으로는 이를 통해서 국제관계의 변화와 빈례의 상관관계, 그리고 양국의 상호인식에 대해 고찰해볼 것이다. 이를 위해 본론에서는 편의상 시대순으로, 고려 전기 고려와 송·거란·금의 관계, 고려와 원의 관계, 그리고 고려와 명의 관계를 나누어 살펴보도록 하겠다.

2. 고려 전기, 예제 해석의 이중성

주지하듯이 동아시아 국제질서에서 10~13세기 전반까지는 이른바 다원적 국제질서가 형성되었던 시기이다. 당대에는 일원적 국제질서를 배경으로 책봉체제 및 조공무역이 잘 기능하고 있었으나, 당의 붕괴, 중국의 쇠퇴와 함께 의미를 잃어가게 되었던 것이다. 정치적으로는 북방 민족의 대두로 송이 그들과의 관계에서 대등, 때로는 심지어 신종臣從 관계를 받아들임으로써 중원 왕조의 절대적 우월성이 사라졌고, 경제적으로는 시박사市舶司나 호시장互市場을 매개로 한 교역이 행해짐으로써 대외무역이 정치권력의 개입으로부터 자유로워지고 있었던 것으로 이해되고 있다.[7] 당시의 국제질서에서는 11세기에는 북송과 거란,

---

7 10~13세기의 국제질서에 대한 이러한 이해방식에 대한 최근의 연구 경향은 宋代史研究會 編, 『『宋代中國』の相對化』, 東京 : 汲古書院, 2009; 平田茂樹·遠藤隆俊 編, 『外交史

12세기에는 남송과 금이 각각 남조南朝와 북조北朝라고 불릴 정도로 기각세를 형성하면서 기본적으로 대등관계를 인정하며 공존하고 있었으며, 이는 이른바 '전연체제澶淵體制'라고 평가되기도 한다.[8] 즉 어느 한 국가도 국제질서의 일원적인 중심임을 자처하지 못했던 것이다.

이러한 상황에서 고려도 어느 왕조로부터 책봉을 받을지, 어느 왕조의 연호를 사용할지를 변경하는 등 대단히 유연한 방식으로 국제질서 속에 편입되어 있었던 것으로 이해되고 있다.[9] 또한 고려는 자국을 중심으로 하고 주변의 여진·일본 등을 그 하위에 위치시키는 별도의 국제질서를 형성하고 있었음이 밝혀지고 있다.[10]

이러한 고려 전기 국제질서의 면모는 15세기 이후 조선과 명·청 중국 사이의 관계와 매우 다른 모습인데, 이는 당시 고려에서 송·거란·금의 사신을 맞이하는 의례에서도 뚜렷하게 나타났다. 이를 가장 잘 보여주는 것이 『고려사』 예지 빈례 조에 실린 '북조의 조사를 맞이하는 의례迎北朝詔使儀'이다. 조금 길지만, 필자가 강조하고 싶은 부분을 위주로 인용해보면 다음과 같다.

> 국왕이 건덕전乾德殿에 나와 앉는다. (…중략…) 합문사인閤門舍人이 말씀을 아뢰는 자리聞辭位로 나아가, "북조北朝의 사신이 이미 합문에 도착하여

料から十~十四世紀を探る』, 東京 : 汲古書院, 2013 등을 참조.

8 古松崇志, 「契丹·宋間の澶淵體制における國境」, 『史林』 90-1, 2007.

9 고려 전기의 대외관계에 대한 국내의 대부분의 연구가 이러한 견해를 밝히고 있는데, 최근의 종합적인 연구로는 윤영인, 「10~12세기 동아시아의 다원적 국제질서와 한중관계」, 이익주 외, 『동아시아 국제질서 속의 한중관계사』, 동북아역사재단, 2010 참조.

10 대표적으로 奧村周司, 앞의 글, 1979; 노명호, 「高麗時代의 多元的 天下觀과 海東天子」, 『韓國史研究』 105, 1999 등. 이에 대한 최근의 종합적인 연구로는 노명호, 『고려국가와 집단의식』, 서울대 출판문화원, 2009 참조.

삼가 성지聖旨를 기다립니다"라고 한다. 합문사閤門使가 "들여보내라屈"는 선宣을 전한다. (…중략…) 사신은 전문殿門의 서쪽으로 나아가고, 국왕은 문의 동쪽으로 나가, 서로 읍揖을 하고 전정殿庭으로 들어간다. 사신이 명을 전하는 자리傳命位로 가서 남쪽을 향하여 똑바로 서면, 국왕은 서쪽으로 향하여 두 번 절을 하고 황제의 안부를 묻는다. (…중략…) 사신이 "명이 있다有命"고 말하면 국왕은 두 번 절을 한다. 사신이 국왕에게 조서를 전달하면, 국왕은 그 조서를 재신에게 준다. 재신이 무릎을 꿇고서 이 조서를 함을 든 관리에게 준다. (…중략…) 합문의 관원이 사신을 인도하여 전문을 나가게 한다. 국왕도 문 밖으로 나가 읍을 하며 사신을 전송한다. 합문이 사신을 인도하여 한림청翰林廳의 장막幕次에서 접대하는 동안 국왕은 잠시 문 안으로 들어가 조서를 열람한다(강조는 필자. 이하 동일함).[11]

여기서 말하는 '북조北朝'란 거란을 말하며, 이 의례는 고려와 거란 사이의 교섭 관련 제도들이 정비되던 시점인 현종대(1010~1031), 혹은 정종대(1034~1046)에 제정되었다고 한다.[12] 이 의례 절차에서 특징적인 것을 꼽아보자면, 첫째, 조서를 전달하기 직전까지의 장면에서 사신은 남면南面하고 국왕은 서면西面한다. 둘째, 사신이 조서를 전달할 때 국왕은 서서 받는다. 셋째, 이 장면에서는 조서를 전달만 할 뿐, 이를 직접 낭독하지는 않는다.

이 의주儀註를 살펴보면, 언뜻 보면 이해가 되지 않는 요소들이 다양하게 엿보인다. 우선 간단한 것부터 정리를 하자면, 의례와 관련된 용

---

11 『고려사』 권65, 예지7 빈례 「迎北朝詔使儀」.
12 김성규, 앞의 글, 2014, 367~369면.

어의 문제이다. 이 의례에서는 "들이라 圖"와 같은 고려국왕의 명령을 '성지聖旨' 혹은 '선宣'이라고 표현하였다. 왕명을 뜻하는 용어 가운데 성지와 선지宣旨는 모두 황제의 그것을 가리키는 것이었으므로, 원 간섭기에는 '왕지王旨'라는 용어로 대체되었음은[13] 다 아는 사실이다. 또한 위의 의주에는 등장하지 않지만, 거란의 책봉을 받은 직후 고려의 국왕들은 대사大赦령을 내렸다.[14] 사면을 의미하는 용어 가운데서도 '사赦'는 역시 제후가 사용하기에 참월僭越하다는 지적에 따라 같은 시기에 '유宥'로 개정되었다.[15] 황제로부터 권한을 위임받아 파견된 사신이 참여하는 의례에서 고려국왕의 발언이나 행위를 가리킬 때 황제의 그것에 해당하는 용어를 사용한다는 것은 조선시대였으면 생각할 수 없는 일이다. 당시 고려가 국내에서 황제국의 용어를 사용했다는 점은 널리 알려진 사실인데, 이것이 거란의 사신을 맞이하는 의례에서도 그대로 쓰였다는 점은 대단히 특징적이라고 할 수 있다.

다음으로 더 중요한 것은 사신과 국왕의 자리 배치, 즉 위차位次의 문제이다. 거란과의 정식 외교관계가 성립된 성종 이후 예종까지 11명의 국왕 가운데 재위기간이 3개월밖에 되지 않았던 순종順宗과 재위기간 중 거란과 갈등을 겪었던 덕종德宗을 제외하면 9명의 국왕이 책봉을 받아 형식상으로는 거란 황제와 군신관계를 맺었다. 그렇다면 동아시아의 전통 의례 관념에 따라 황제의 위임을 받아 황제의 명령을 전달하러 온 중국의 사신이 남면을 하고, 신하의 입장에 있는 국왕이 북

---

13 『고려사』 권28, 충렬왕 2년 3월 갑신.
14 『고려사』 권3, 성종 15년 3월 등 참조.
15 사赦)와 유宥의 위계성에 대해서는 노명호, 「『고려사』의 '僭擬之事'와 '大赦天下'의 '以實直書'」, 『韓國史論』 60, 2014 참조.

면을 해야 하는 것임은 상식에 속하는 것일 것이다. 그러나 실제 의례에서는 사신이 남면하고 국왕은 서면하는 것으로 규정되어 있다는 점이 문제가 된다.

기존 연구에서도 이 문제에 주목하여 몇 가지 견해가 제시되었다. 우선 오쿠무라 슈지는 이를 두고 고려왕이 신례臣禮의 면위面位를 피하는 특수한 예를 취하는 것이 인정되었던 것이라고 해석하였다.[16] 한편 최근 김성규는 거란에서 원래 '군주 동면'이 일상적이었던 점을 염두에 두면 서면한 것이 거란 황제에게 신례를 취하는 자세가 되었다고 파악하였다.[17] 오쿠무라 슈지의 주장은 김성규의 지적에 의해 타당성을 상당히 잃게 되었다고 볼 수 있지만, 김성규의 논의는 사신이 남면한 이유에 대해서는 설명할 수 없다는 점에서 완벽하다고 볼 수 없다. 즉 거란에서 동서 방향이 군신례를 의미하고, 고려국왕이 신례를 취한 것이었다면 사신은 자연스럽게 동면하는 방식으로 의례가 구성되었어야 하는데, 실제로는 그렇지 않았기 때문이다.

필자는 이 문제를 의례 해석의 이중성, 혹은 비대칭이라는 용어를 통해 설명할 수 있지 않을까 생각한다. 즉 동일한 의례를 두고 거기에 참여하는 두 당사자가 각기 다른 근거에 입각하여 자신이 유리한 쪽으로 해석할 여지를 두고 있었던 것이 아닌가 한다는 점이다.[18] 즉 조서

---

16 奧村周司, 앞의 글, 1984, 34면.

17 김성규, 앞의 글, 2014, 385~390면.

18 '예제 해석의 비대칭'이라는 용어는 이와이 시게키가 제시한 것으로, 그는 1636년의 조선통신사가 닛꼬日光에 있는 도쿠가와 이에야스의 묘廟인 도쇼쿠東照宮에 참예했을 때, 막부 측에서는 이를 조선 사절의 '참배'로, 통신사 측에서는 이를 '치제致祭'로 해석한 것을 그 대표적인 사례로 제시하였다. 岩井茂樹, 「明代中國の禮制覇權主義と東アジア秩序」, 『東洋文化』85, 2005, 145~146면 참조. 이밖에도 동일한 의례 혹은 행위를 둘러싸고 거기에 참여한 둘 이상의 주체들이 각자 아전인수식으로 해석한 사례는 매우 많았다.

를 전달하기 직전까지의 시점에서 거란의 사신은 남면을 하고 고려국왕은 서면을 한 것을 두고, 거란의 입장에서는 자신은 고려의 기준에서 군례를 취한 것으로, 고려국왕은 거란의 기준에서 신례를 취한 것으로 이해하였을 수 있다. 즉 오쿠무라 슈지의 설명처럼 고려국왕의 의도가 "신례를 기피"하려는 것이었다 하더라도, 거란 사신의 입장에서는 이를 자신의 기준에 따라 신례로 이해함으로써 용인할 수 있는 논리적 여지가 있었다는 것이다. 반면에 고려의 입장에서는 자신의 기준에 따라 국왕이 주인의 자리에서 외국 사신을 맞이한 것으로 이해하였을 수 있었을 것이다. 아울러 국왕과 사신이 맞대면하는 장면을 피하고자 사신이 남면하도록 유도했을 수 있다. 거란의 사신이 남면한 것을 고려의 입장에서는 군주의 자리에 선 것으로 이해하였을 수도 있지만, 어쩌면 거란의 방위기준에 따라 주인의 자리에 선 것으로 이해함으로써 거란 사신이 자신의 기준에서 군례를 행한 것을 합리화할 여지를 두었을 가능성도 배제할 수 없다.[19]

이것이 가능했던 것은 고려와 거란 양자가 가지고 있었던 의례에서의 방위 관념이 달랐기 때문이었다. 즉 고려는 남북을 군신관계로, 동서를 빈주賓主관계로 인식하였고, 거란은 동서를 군신관계로, 남북을 빈주관계로 인식했던 것이다. 이처럼 양자의 기준이 달랐던 것이 동일한 의례에 대한 해석을 여러 가지 방식으로 달리 할 수 있는 가능성을

---

19 한편 최근에 박윤미는 이 의례에서 조서가 사신의 손에서 국왕의 손으로 전달되는 장면을 세밀하게 복원하여, 결정적으로 조서를 건네는 장면에서는 사신 남면-국왕 북면의 방위가 설정되었을 것임을 논증하였다(박윤미, 「고려 전기 외교의례에서 국왕 '서면西面'의 의미」, 『역사와 현실』 98, 2015). 필자도 그 논증에 동의하지만, 이후 원대나 명대에 조서를 전달하기 전에도 국왕이 북면하였던 것과 비교하면, 의주儀注 자체에 '국왕 서면'이 명시되어 있었던 점의 의미를 약화시키는 것은 아니라고 생각한다.

만들어냈던 것이다. 즉 의례 해석의 비대칭을 발생하게 하여, 각자가 자신의 입장에서 좋은 쪽으로 해석할 수 있는 이중성의 공간이 발생할 소지를 만들어주었던 것이다.[20]

더 근본적으로는 빈례라는 의례 자체가 가지는 특징과도 직결된다고 볼 수 있다. 서론에서 밝혔듯이 중국의 사신이 외국에 나갔을 때 시행해야 할 의례에 대해서는, 적어도 원대 이전에는 명시적으로 규정된 바가 없었다. 따라서 의례를 제정할 때에 양자 사이에 협의 내지는 조정이 있을 수 있었고, 그 과정에서 양자가 각자 유리한 쪽으로 해석할 여지를 남길 수 있는 방식으로 '사신 남면-국왕 서면'이라는 특이한 형태의 의례를 창출해낸 것은 아닐까 한다.

이렇게 해석할 수 있을 가능성은 고려-거란 관계 일반과 연계시켜 생각해보아도 인정될 것이다. 고려-거란 관계는 비록 전쟁을 거쳐 성립되기는 하였으나, 거란이 자신의 기준에 따른 철저한 신례를 고려에 강제할 만큼 고려에 대해 압도적인 힘의 우위를 지닌 것은 아니었다. 또한 의례 문제를 가지고 양국 관계가 껄끄러워질 것을 감수할 정도로 거란이 이 문제에 크게 개의했을 것으로는 생각되지 않는다. 고려의 입장에서도 자발적으로 이러한 일견 모순적인 상황을 조정하려고 시

---

20 해석의 이중성, 혹은 비대칭성이라는 이상의 설명에 대해 구체적인 근거가 없다는 반론이 제기될 수 있다. 그러나 해석을 둘러싼 이중성이란 구체적인 설명을 결여한 상황에서 야비로소 창출될 수 있는 것임을 유념해야 한다. 만일 사신 남면-국왕 서면의 장면에 대해 공식적인 해석이 내려졌다면, 그때야말로 거기에 참여한 두 주체 사이에 본격적인 논쟁과 합의 절차가 뒤따랐을 것이다. 즉 거란의 입장에서는 군신관계의 장면을 연출하기 위하여 자신의 기준에 따라 사신이 동면하겠다거나, 혹은 고려의 기준에 따라 국왕이 북면할 것을 주장하였을 것이며, 고려의 입장에서는 역시 빈주관계를 더 명확히 표현하는 식으로 의례의 개정을 추진하였을 것이다. 위와 같은 모호함을 남겨두고, 그에 대한 공식적인 해설이나 해명을 의도적으로 회피함으로써 양자 모두 자의적으로 해석할 수 있는 공간을 남겨두고 있었던 것으로 볼 수 있다.

도할 정도로 거란에 마음속으로부터 신속臣屬한 것은 아니었으리라 생
각된다. 따라서 양자 사이에 묘한 균형을 만들어내는 형태로 특수한
형식의 의례가 구성되었으리라 이해할 수 있다.

'사신 남면-국왕 서면'이라는 형태의 의례는 송의 사신을 맞이하는
장면에서도 그대로 적용되었다. 인종 원년1123 송의 국신사國信使 일행
으로 고려를 방문했던 서긍徐兢은 『고려도경高麗圖經』에 고려국왕이 송
의 조서를 받는 절차에 대해서 비교적 자세한 기록을 남기고 있다. 이
에 따르면 고려의 정전正殿인 회경전會慶殿에서 조서를 전달할 때 국왕
은 서쪽을 향해서 서고, 송의 정사와 부사는 북쪽에서 남쪽을 향해 섰
다고 한다. 이후 국왕이 두 번 절하고 황제의 안부를 물은 후, 사신이
조칙이 있다고 말하면 국왕이 다시 두 번 절하고서 사신에게서 조서를
전달받는 것으로 의례가 구성되었다.[21] 이상의 절차는 앞서 확인했던
「영북조조사의」의 구성과 거의 동일하다.

거란과는 달리 송은 전통적인 동아시아의 방위 개념에서, 남북이 군
신관계, 동서가 빈주관계라는 점에 대해 고려와 인식을 공유하고 있었
다. 그렇다면 위의 거란의 경우와 같은 예제 해석의 비대칭성은 존재
할 여지가 줄어들게 된다. 그러나 이때에도 송의 사신 입장에서는 군
주의 자리인 북쪽에서 남면함으로써 자국 황제의 위엄을 드러내는 것
으로, 고려의 입장에서는 국왕이 주인의 자리인 동쪽에서 서면함으로
써 신례를 회피하는 것으로 이해하여 어느 한 쪽의 일방적인 입장이
관철되지 않는 선에서 의례를 구성했던 것은 아닐까 해석할 수 있다.

---

21 『高麗圖經』권25, 受詔 「拜詔」.

고려와 금의 관계에서는 어떠했을까? 『고려사』 빈례의 「영북조조사의」에서 '북조'가 거란을 가리키는 것임은 기존의 연구에서 공통적으로 내린 결론이므로, 『고려사』의 규정만으로는 고려에서 금의 사신을 어떻게 맞이했는지 확인하기 곤란하게 된다. 그러나 고려와 금이 초기에 관계를 정립하면서 외교와 관련된 제도를 논의할 당시 금은 고려에서 사신을 보내 왕래하는 데에 대해서는 거란의 옛 제도를 따르도록 할 것을 주장하였고, 고려 역시 이를 받아들여 그대로 확정되었다.[22] 그렇다면 '사신 남면─국왕 서면'의 의례가 금대에도 대체로 준수되었으리라 추측할 수 있다.

그러나 인종대 초반에는 이자겸의 난으로 궁성이 불에 타는 등의 환란으로 인해 국왕이 거소를 자주 옮겨야 했다. 그런 탓인지 사신을 맞이하는 장소도 본궁에서 별궁인 연경궁延慶宮이나 수창궁壽昌宮으로, 조서를 접수하는 장소도 각각의 정전인 회경전會慶殿, 천복전天福殿＝天成殿, 중화전重華殿 등으로 자주 바뀌었다.[23] 이에 따라 구체적인 장소를 지정하거나 의례 절차를 결정하는 데에 분명히 조절이 필요했을 것이다. 그러나 대략적인 궁궐의 구성이 비슷했다면 정전에서 맞이하는 점에서만큼은 모두 동일한 것으로 인식되었으리라 생각된다.

한편 인종 20년1142, 인종이 고려국왕으로서는 최초로 금의 책봉을 받을 때에는, 과거 거란으로부터의 책명은 반드시 교외郊外에서 받게

---

22 『고려사』 권15, 인종 4년 9월 신미; 『고려사』 권15, 인종 10월 무술; 『金史』 권135, 외국전 고려.
23 해당 사료는 모두 『고려사』 세가에서 찾을 수 있는데, 너무 많아 일일이 열거할 수 없다. 이에 대해서는 金昌賢, 『고려 개경의 편제와 궁궐』, 景仁文化社, 2011의 여러 군데에서 자세히 정리한 바 있어 크게 참조된다.

되어 있었던 것과는 달리 금 사신의 요구에 따라 왕궁에서 조서를 접수하였다.[24] 또한 의종 때의 책봉례를 결정할 때에, 접반사였던 윤언이尹彦頤가 왕이 승평문昇平門 밖에 나가서 사신을 영접하지 않도록 하는 것을 관례로 삼게 하였다는 기록을 보면,[25] 책봉의례 제정을 둘러싸고 금의 사신과 고려의 접반사, 혹은 관반사 사이에서 논의가 있었음을 알 수 있다.[26]

이상에서 거란의 구제에 의거한다는 대원칙은 마련되어 있었다 하더라도, 구체적인 의례 시행을 둘러싸고는 고려와 금 사이에 조절이 있었으리라는 점을 확인하였다. 그러나 대체적으로 고려국왕과 금 사신 사이의 상견례에서는 항례抗禮를 행했다고 인식되었던 것 같다.[27] 그리고 이러한 의례는 고려에 대해서만 준용되었던 것은 아니다. 금이 북송을 멸망시키고 점거했던 회수淮水 이북의 땅에 세웠던 괴뢰국가인 제齊의 황제 유예劉豫도 금으로부터 조서를 접수할 때 정위正位를 피하고 사신과 항례를 행하였다고 한다.[28]

한편 금에서 파견한 사신이 송의 황제에게 국서國書를 전달하는 의례에 관해서는 양국 사이에 치열한 논의가 오갔던 점이 주목된다. 이

---

24 『고려사』 권17, 인종 20년 5월 무오. 거란의 책명을 교외에서 받았던 배경에 대해서는 鄭東勳, 「高麗時代 外交文書 硏究」, 서울대 박사논문, 2016, 97~98면 참조.

25 金龍善 編, 『(改訂版)高麗墓誌銘集成』, 翰林大學校 出版部, 1997, 110~116면 「尹彦頤墓誌銘」.

26 고려 전기 외교에서 접반사 및 관반사의 역할에 대해서는 金圭錄, 「고려 중기의 宋 使節 迎送과 伴使의 운용」, 『歷史敎育』 134, 2015.

27 『金史』 권83, 張汝弼傳, "上問, 高麗·夏皆稱臣, 使者至高麗, 與王抗禮, 夏王立受, 使者拜, 何也."

28 外山軍治, 「金朝の華北支配と傀儡國家」, 『金朝史硏究』, 京都: 同朋社, 1964, 247면; 井黑忍, 「受書禮に見る十二~十三世紀ユーラシア東方の國際秩序」, 平田戊樹·遠藤隆俊 編, 『外交史料から十~十四世紀を探る』, 東京: 汲古書院, 2013, 224~225면.

에 대해서는 자오용춘趙永春의 매우 상세한 연구가 있는데,[29] 간단하게 그 의례를 요약하면 다음과 같다.

금에서 국서를 받들고 사신이 송의 경내로 들어오면, 연로의 송 관리들은 모두 송의 조서를 맞이하는 것과 같은 예를 취해야 한다. 금의 사신이 황궁에 이르러서는 정전에 올라 북면하여 국서가 담긴 서갑書匣을 건네고, 송 황제는 어탑御榻에서 내려와 서서 이를 친히 받아 내시도지內侍都知에게 건네주며, 내시도지는 서갑을 열고 국서를 꺼내 재상에게 주고, 재상이 이를 선독宣讀하는 형식이다. 이 의례에서 문제가 되는 것은 송 황제가 직접 문서를 접수함으로써 과거 거란과의 관계에서는 합문사閤門使가 담당하는 역할을 직접 수행하게 되었다는 점, 그리고 황제와 사신이 함께 자리한 현장에서 이 문서를 선독했다는 점이었다. 반면에 금의 황제는 송의 국서를 받을 때 기립하거나 직접 건네받지 않았다. '국서'의 형식은 초기에는 조서詔書였다가 이후의 정세 변화를 반영하여 대등 관계를 표현하는 서한식 문서로 변화하였다. 하지만 문서 접수 의례는 송에서 집요할 정도로 여러 차례에 걸쳐 개정을 요구하였으나 금이 번번이 거부하여 끝내 변경되지 않았다고 한다. 송의 입장에서는 본국의 황제가 인국隣國 황제의 문서를 손수 건네받고, 신하들이 모두 참석한 자리에서 그 내용이 낭독되었다는 점에서 자존심에 크게 상처를 입었던 것이다.

이와 같이 군주가 주체가 되는 외교문서의 접수 의례를 두고 금과

29　趙永春, 「關于宋金交聘"國書"的鬪爭」, 『北方文物』 30, 1992; 趙永春, 「宋金關于"受書禮" 的鬪爭」, 『民族硏究』 1993-6, 1993; 趙永春, 「宋金關於交聘禮儀的鬪爭」, 『昭烏達蒙族師 專學報』 1996-3, 1996.

송 사이에서 치열한 갈등이 빚어졌던 데 비해 금과 고려 사이에서는 그에 비견될 만한 논의가 오간 흔적은 보이지 않는다. 물론 앞서 살펴보았듯이 양국 사이에서도 의례 절차를 두고 논의가 있었음은 충분히 예상 가능하다.[30] 그러나 그 갈등의 수준이 송과의 경우에 비해서 훨씬 가벼운 수준이었음은 분명하다. 송-금 사이의 의례에 대해 양국은 각자의 황제가 대등하다는 점을 전제에 둔 상태에서라면 미묘한 상하관계의 표시에도 민감하게 반응할 수밖에 없었을 것이다. 반면에 고려와 금 사이의 의례는 금 황제와 고려국왕이 책봉을 통해 기본적으로 군신관계임을 상호 인정한 상태였기 때문에 해석의 이중성이나 자율성을 오히려 비교적 폭넓게 확보할 수 있었을 것이라 생각된다. 특히 금이 거란이나 송과 마찬가지로 외국에서 행해야 할 의례에 대해 명시적으로 규정하고 있지 않았던 데서, 부정적으로 보자면 예제 규정의 모호성이, 긍정적으로 보자면 해석의 다양성이 존재할 '공간'이 창출되었으리라 이해할 수 있다.

다음 장으로 넘어가기에 앞서 한 가지 확인해둘 것은 고려 전기에 송·거란·금의 사신이 고려에 왔을 때 국왕이 어디까지 나가서 이들을 영접했는가 하는 점이다. 앞에서 조서를 접수하는 장소는 각 궁의 정전이었음을 언급했지만, 조서 접수 의례에 앞서 사신이 처음 도착했을 때에 국왕이 이들을 어디까지 나가서 마중했는지 확인해보고자 한다. 『고려사』 예지禮志의 빈례 조항에는 국왕이 조서를 접수하는 장면

---

30 위의 사례 이외에도 명종 14년1184 고려 왕태후의 상사에 조문하러 온 금 사신 일행에게 국왕이 연회를 베풀 때에 길례를 취할 것인지 여부를 두고 갈등했던 사례도 확인된다. 『고려사』 권21, 명종 14년 5월; 『고려사』 권64, 예지6 國恤 명종 14년 5월 참조.

부터만이 기록되어 있을 뿐, 어디에서 사신을 맞이하는지에 대해서는 묘사하지 않았다. 『고려도경』에서도 "정사와 부사가 조서를 받들고 순천관順天館으로 들어가면 10일 이내에 길일을 택하여 왕이 조서를 받는다"라고만[31] 언급하였을 뿐, 국왕의 영접에 관한 구절은 보이지 않는다. 이에 대해서는 『고려사』 세가世家에 아주 드물게 기록되어 있는데, 종합해보면 거란의 사신에 대해서는 '창덕문昌德門', '합문閤門', '태초문 안太初門內' 등이 그 장소로 언급되어 있고,[32] 송의 사신에 대해서는 신봉문神鳳門에서 맞이한 사실이 기록되어 있으며,[33] 금에 대해서는 승평문昇平門에서 맞이한 사례가 확인된다.[34] 거란의 사례에 등장한 창덕문과 합문, 태초문은 모두 11세기 당시 고려 궁성의 정전으로 사용되었던 건덕전으로 통하는 문이었고, 송과 금의 사례에 언급된 신봉문과 승평문은 12세기의 정전이었던 회경전으로 통하는 문이었다.[35] 시기에 따라서 조금씩 차이는 있지만 이들 장소가 모두 궁성 안에 위치했다는 점에서는 공통된다.

그렇다면 고려 전기에는 국왕이 교외로 나가서 사신을 직접 영접하는 것은 의례 절차에 포함되지 않았던 것이다.[36] 이는 송·거란·금

---

31 『고려도경』 권25, 受詔 「迎詔」.

32 『고려사』 권7, 문종 9년 9월 계해; 『고려사』 권9, 문종 30년 4월 기유; 『고려사』 권11, 숙종 5년 5월 임오.

33 『고려사』 권65, 예지7 빈례 예종 5년 6월.

34 『고려사』 권19, 명종 2년 5월 임오; 『고려사』 권65, 예지7 빈례 신종 2년 4월; 『고려사』 권21, 희종 2년 4월 계유.

35 이상 개경의 궁궐의 전각과 문의 명칭에 대해서는 전적으로 한국역사연구회, 『고려의 황도 개경』, 창작과비평사, 2002 및 金昌賢, 앞의 책, 2011을 참조. 책의 곳곳에 설명이 흩어져 있어 구체적으로 면수를 밝히지 못하는 점을 양해해주시기 바란다.

36 이 점에 대해서는 김윤정, 「元 世祖代 對고려 사신의 來往과 양국 외교 관계의 변화」, 『한반도를 찾아온 중국 사신』(한국역사연구회 제133회 공동연구발표회 자료집), 2013, 14면에서도 밝힌 바 있다.

각국의 국내에서 황제의 사신이 지방에 파견되었을 때 지방의 관원이 성 밖으로 나와서 맞이하도록 규정되어 있었던 것과는[37] 일치하지 않는다. 이 점은 이후 원의 사신이 고려에 파견되었을 때의 의례와 차이를 보이는 것인데, 이는 다음 장에서 상세히 살펴보도록 하겠다.

3. 원 국내 지방 의례와의 동일화

몽골의 사신이 고려 조정을 처음 방문한 것은 고종 6년[1219]의 일이었다. 몽골의 장수 카치운이 파견한 사신 포리대완蒲里帒完 등 10명이 조서를 가지고 온 것이다. 고종은 문무관에게 명하여 예복을 갖추고 선의문宣義門으로부터 십자가十字街에 이르기까지 좌우로 갈라서서 이들을 맞이하게 하였다. 그러나 포리대완 등은 국왕이 직접 나와서 조서를 맞이할 것을 고집하였다. 이튿날 고종은 대관전에서 이들을 접견하였는데, 몽골의 사절단은 모두 털옷과 털모자 차림에 활과 화살을 찬 채로 곧바로 정전으로 올라와 가슴 속의 편지를 꺼내어 왕의 손을 잡고 전달하려 하였다. 고려 신료들이 크게 반발하자 포리대완 등은 고려의 관복으로 갈아입고 정전에 들어와 조서를 전달했다고 한다.[38] 이 사건은 양국 사이의 첫 접촉 당시에 사신을 맞이할 의례에 대한

---

37 『大金集禮』 권24, 「外路迎拜敕詔」. 송대나 요대의 의례 가운데서 황제의 사신이 지방에 파견되었을 때의 의례에 대한 규정은 현재까지는 확인하지 못했다. 그러나 당대의 의례 가운데에서도, 예컨대 지방의 주州의 경우 자사刺史가 성 밖 1리 지점에서 사신을 맞이하도록 규정되어 있었던 데서, 송대와 요대에도 마찬가지였을 것으로 추측된다. 『大唐開元禮』 권130, 嘉禮 「皇帝遣使宣撫諸州」 참조.
38 『고려사』 권22, 고종 6년 정월 경인; 『고려사』 권22, 고종 6년 정월 신묘.

원칙이나, 그에 대한 상호 합의가 전혀 없었던 데서 발생한 일화이다. 이는 고려에서는 과거 금의 조서를 맞이했던 것과 마찬가지로 대관전에서 이들을 맞이하고자 하였으나, 몽골은 전례를 의식하지 않고 스스로의 전통에 따른 예법을 고수하려고 했던 데서 발생한 충돌이었다. 즉 몽골이 전통적인 중국 왕조들의 예법과는 전혀 다른, 독자적인 방식의 관습을 가지고 있었으며, 이것이 고려와 전혀 공통되지 않았기 때문에 이러한 상황은 이후로도 얼마든지 발생할 수 있었다. 2년 뒤인 고종 8년1221에도 몽골 사신 저고여著古與와 동진東眞사신 일행이 대관전에서 문서를 전달하는 의례를 행할 때, 사신은 21명 전원이 정전에 오르겠다고 주장하였고, 고려에서는 한 명만 올라오게 하고자 하면서 옥신각신하다가, 결국 해질 무렵에야 8명이 올라오는 것으로 합의를 본 사건도 이러한 상황을 잘 보여준다.[39] 또한 연회 자리에서도 국왕과 한 자리에 앉으려 하거나, 사관使館이 아닌 내전內殿에 머물러 있으려 하는 등의 모습을 보이기도 하였다.[40]

상대방과 의례의 기본적인 요소, 예컨대 조서를 전달하는 위치라든지 좌석의 배치 등에 있어서 거의 공통점을 갖지 못한 상황에서, 그리고 상대가 이에 대해 의논하고자 하는 의지를 표명하지도 않는 상황에서, 고려에서는 자체적으로 이들 사신을 맞이할 의례에 대해 논의하기도 하였다.[41] 이처럼 몽골 사신 접대와 관련된 의례 문제는 고려와 몽골의 첫 대면부터 강화가 맺어지기까지 약 40년 동안 내내 지속되었

---

39 『고려사』 권22, 고종 8년 8월 기미; 『고려사』 권22, 고종 8년 8월 갑자.
40 『고려사』 권23, 고종 19년 2월 정축.
41 『고려사』 권22, 고종 11년 1월 계축.

다. 특히 고려 정부가 강화도로 피난한 이후에는 몽골의 사신을 국왕이 어디까지 나가서 맞이할 것인가의 문제가 고려의 항복 의지를 보여주는 것으로 인식되어 갈등의 소재가 되기도 하였다.[42]

고려와 몽골 사이에 강화가 성립된 이후에도 10년 이상을 끌어온 문제였던 고려 조정의 개경 환도는 무신정권의 붕괴와 함께 원종 11년 1270 5월에 비로소 단행되었다. 이로써 고려의 외교의례는 고려 전기와 같은 공간에서 다시 전개되게 되었다.

이때 황제의 조서를 가지고 온 사신을 맞이하는 의례 절차에 큰 변화가 생겼는데, 국왕이 사신을 '교외郊外'에까지 나가서 맞이하게 되었다는 점이 그것이다.[43] 앞서 살펴보았듯이 고려 전기에는 국왕이 교외에서 사신을 맞이하는 일이 없었다. 조서를 가진 사신을 맞이한 장소는 궁성의 정문인 승평문 안쪽, 구체적으로는 개경 궁성의 정전인 회경전이나 건덕전 앞이었다. 그런데 이제는 국왕이 직접 개경의 나성羅城 바깥, 더 구체적으로는 나성의 서문인 선의문宣義門 바깥으로 나가서 황제의 사신을 맞이하게 된 것이다.

이처럼 국왕이 중국 사신을 영접하러 멀리까지 나가게 되었다는 것만으로도 고려와 원의 관계가 과거의 송·거란·금의 그것과는 차원이 다른 것이었음을 쉽게 알 수 있다. 그러나 그렇게만 생각한다면 지

---

42 『고려사』 권23, 고종 37년 6월 병신; 『고려사』 권23, 고종 37년 12월 병진; 『고려사』 권24, 고종 43년 4월 임신 등. 국왕이 육지로 나와서 사신을 맞이하는 것을 진정한 투항 의지의 지표로 삼겠다는 몽골 황제의 명이 있었다고 한다. 『고려사』 권24, 고종 39년 7월 무술 참조.
43 개경 환도 직후의 사례로 확인되는 것은 원종 11년 12월의 일이다(『고려사』 권26, 원종 11년 12월 을묘). 원종대로 한정하면 이후에도 12년 1월 기묘, 13년 4월 계묘 등에서 국왕이 원의 사신이나 다루가치를 교외에서 영접하였음이 확인된다.

나치게 평면적인 이해가 아닐 수 없다. 국왕의 영접 위치가 변화한 것은 단순히 힘의 논리에 의해서만 결정된 것이 아니라, 몽골제국 전체에서 고려가 차지하는 위치와도 직결된 문제였던 것이다.[44]

역대 어느 왕조에서나 황제 혹은 중앙정부는 자신의 의지를 자신이 지배하는 판도 전역에 전파하기 위하여 문서를 발송하곤 하였다. 문서는 역참과 같은 교통·통신망을 이용하여 릴레이 형식으로 전달되기도 했지만, 특별히 중요한 사안에 관한 문서이거나, 의례적 의미가 강한 문서를 선포할 때에는 이를 전달하는 사신, 즉 조사詔使를 전국에 직접 파견하기도 하였다. 이에 따라 지방에서 조사를 맞이할 때에 행해야 하는 의례에 대해서는 당대의『개원례開元禮』에서도 명확하게 규정해두고 있었다.[45] 그러나 이 의례 규정이 적용되는 영역은 어디까지나 중국 국내, 즉 중국의 군현이 설치되어있는 영역에 한정된 것이었다.[46] 따라서 외국인 고려에 이 의례를 적용할 수는 없는 것이었다.

원대에 들어서도 국내에서 황제의 문서를 지참한 사신이 지방에 파견되었을 때의 의례에 대한 규정이 만들어졌다. 이 논의가 사료상 처음 확인되는 것은 세조世祖 지원至元 6년1269의 일로, "전대前代의 예禮를

---

44 국왕의 위상 및 국가의 위상과 관련하여 최근 다양한 논의가 전개되어 왔는데, 여기서는 이 문제를 직접 다루기보다는 의례 차원에 국한해서 그 일면을 엿보고자 한다. 이에 대한 연구사 정리는 이개석, 「고려-대원 관계 연구의 학설사적 검토」,『고려-대원 관계 연구』, 지식산업사, 2013 참조.

45 예컨대『大唐開元禮』권130, 嘉禮「皇帝遣使宣撫諸州」「皇帝遣使諸州宣制勞會」「皇帝遣使諸州宣敕書」등이 이에 해당한다.

46 다만『大唐開元禮』권129, 嘉禮에 수록된「皇帝遣使詣蕃宣勞」가 황제의 사신이 외국에 가서 행해야 할 의례의 규정일 가능성이 있음이 지적된 바 있다(中村裕一,『唐代制敕研究』, 東京 : 汲古書院, 1991, 666~670면). 그러나 이에 대한 반론이 이미 충분히 제시되었다고 판단된다. 石見清裕, 「唐の國書授與儀禮について」,『東洋史研究』57-2, 1998, 264~269면; 金成奎, 「『大唐開元禮』所載 外國使 관련 諸儀禮의 재검토」,『中國古中世史研究』27, 2012, 351~353면 참조.

아는 자들"을 불러 조회 의례를 규정하고 실습하게 하였다는 것이다.[47] 그리고 2년 후인 지원 8년[1271]에는 황제의 조서를 받들고 파견된 사신을 지방 행정기구에서 맞이할 때의 규정이 확정되었다.[48] 이러한 논의는 몽골이 대원大元이라는 중국식 국호를 결정하고, 수도인 대도大都를 중국식 도성구조에 걸맞게 건설하며, 중국식 명칭을 따르는 관료 제도를 정비하는 등 일련의 국가건설 및 제도정비 작업과 궤를 같이하는 것이었다.[49] 이 의례 역시 전대인 금대의 『대금집례大金集禮』에 수록된 「외로영배조사外路迎拜詔敕」의 규정과 거의 일치한다.[50]

이때 만들어진 규정 가운데 일부는 『대원성정국조전장大元聖政國朝典章』에서 확인된다. 다음의 사료가 그것이다.

외로外路에서 조사詔敕를 출영出迎하고 배례拜禮[하는 의례]

조사詔敕를 가지고 가는 관원이 로路에 도착하면 먼저 사람을 보내어 알린다. 반수班首는 요속僚屬과 서리·종인을 이끌고 의종儀從·음악音樂·향여香輿를 갖추어 성곽을 나와서 영접하며, 조사를 가지고 가는 관원을 만나면 길옆으로 비켜 말에서 내린다. 파견된 관원 또한 말에서 내려, 조사를 취하여 수레輿에 둔다. 반수는 향여香輿 앞으로 가서 향을 바친다. 파견된 관원이 말에 올라 수레 뒤를 따르며, 반수 이하도 모두 말에 올라 그 뒤를 따른다. 징과 북을 치고 음악을 연주하며 선도하여 공소公所에 이르러 정문

---

47 『원사』 권67, 예악지1 制朝儀始末.
48 『원사』 권7, 세조본기4 지원 8년 11월 을해.
49 Hok-Lam Chan, "Liu Ping-chung 劉秉忠 (1216~74) : A Buddhist-Taoist Statesman at the Court of Khubilai Khan", *T'oung Pao* 53-1, 1967, pp.130~139; 船田善之, 「元代の命令文書の開讀について」, 『東洋史研究』 63-4, 2005, 38~41면 참조.
50 『大金集禮』 권24, 「外路迎拜敕詔」.

으로 들어간다. 파견된 관원이 말에서 내린다. 집사자가 먼저 [공소의] 뜰庭에 궐을 향하여 조사를 놓을 안案과 향을 놓을 안, 자리欂位를 설치한다. 또한 파견된 관원의 자리를 상床의 서쪽에 설치하고, 상을 안의 서남쪽에 설치한다. 파견된 관원이 조사를 취하여 안에 두면 비단 수레綵輿와 향 수레香輿는 모두 물러난다. 파견된 관원이 "제制가 있다"라고 말하면 "반수 이하 모두 재배再拜"라고 외치고 [실행한다.] 반수가 조금 앞으로 나와 무릎을 꿇고서 향을 올리고서 자리로 돌아가 다시 재배한다. 파견된 관원이 조사를 취하여 지사知事에게 주면 지사는 무릎을 꿇고 받으며, 상명上名의 사리司吏 두 명이 조사를 받들고 함께 올라 선독宣讀하면 모두 자리에서 꿇어앉아 듣는다. 선독을 마치면 조사를 안에 두고, 지사 등은 자리로 돌아가며, 반수 이하는 모두 재배하고 무도舞蹈·고두叩頭하고, 만세 삼창을 한다. 곧바로 배拜하고 흥興하며 다시 재배한다. 반수 이하가 파견된 관원과 함께 공청公廳 앞에서 상견례를 한다. 예를 마치면 파견된 관원은 가고, 반수는 요속·공리公吏·음악을 이끌고 성문 밖으로 환송한 후 물러난다.[51]

이 규정에서 의례를 행하는 주요 주체는 조사를 가지고 가는 관원送詔敎官, 혹은 파견된 관원所差官으로 기록된 중앙정부에서 파견한 사신

---

51 『大元聖政國朝典章』권28, 禮部1 禮制1 迎送「迎接合行禮數」중「外路迎拜詔敎」, "送詔敎官到隨路, 先遣人報. 班首卽率僚屬吏從人等, 備儀從·音樂·香輿, 詣廓外迎接, 見送詔敎官, 卽於道側下馬. 所差官亦下馬, 取詔敎, 置於輿中. 班首詣香輿前, 上香訖. 所差官上馬, 在輿後, 班首以下皆上馬後從. 鳴鉦鼓作樂, 前導至公所, 從正門入. 所差官下馬. 執事者先於庭中, 望闕設詔敎案, 及香案, 幷欂位. 又設所差官欂位, 在案之西, 及又設床於案之西南. 所差官取詔敎置於案, 綵輿·香輿皆退. 所差官稱有制, 贊, 班首以下皆再拜. 班首稍前跪, 上香訖, 復位, 又再拜. 所差官取詔敎, 授知事, 知事跪受, 上名司吏二員, 齊捧詔敎, 同陞宣讀, 在位皆跪聽. 讀訖, 詔敎置於案, 知事等復位, 班首以下皆再拜, 舞蹈, 叩頭, 三稱萬歲. 就拜, 興, 又再拜訖. 班首以下, 與所差官, 相見於廳前. 禮畢, 所差官行, 班首率僚屬·公吏·音樂, 送至城門外而退."

과, 이를 맞이하는 반수班首, 그리고 문서를 받는 지사知事이다. 이 가운데 반수란 해당 지방의 최고 책임자를 의미하고, 지사는 해당 관부의 문서업무 담당자를 말한다고 한다.[52]

이와 같이 황제의 명령문서를 지닌 사신을 중국의 지방관이 성곽을 나와서 영접하는 의례가 고려에도 마찬가지로 적용되게 되었다. 이 규정이 성립된 무렵인 지원 8년1271의 직전에 해당하는 원종 11년1270에 공교롭게도 고려 조정이 개성으로 돌아옴으로써 해당 의례 규정이 적용될 공간적 조건이 마련되게 되었고, 실제로 고려에서는 그 최고위자인 국왕이 위 규정에서 명시한 '성곽', 즉 개경의 나성을 나와서 사신을 맞이하는 의례가 준행된 것이다. 이는 중국 내지內地의 지방행정단위인 로路에서 행해야 할 것으로 규정된 의례를 기존까지는 '번국蕃國'으로 인식되었던 고려에까지 확대 적용한 것으로 볼 수 있다.

물론 이 의례가 아무런 고민이나 갈등 없이 곧바로 고려에 수용된 것은 아니었다. 『고려사』 예지 빈례조에 기록된 다음의 일화는 그러한 갈등을 잘 보여준다. 황제의 부마가 된 충렬왕은 조사詔使가 온다고 해도 성 밖으로 나가 맞이하지는 않았다. 그러나 이에 대해 원의 관리가 "부마왕駙馬王이 조사詔使를 영접하지 않은 전례가 없는 것은 아니지만, 왕은 외국의 왕外國之主인 만큼 조서가 갈 때에 영접하지 않을 수 없다"고 문제제기를 하자, 충렬왕 원년1275 5월부터는 선의문 밖으로 나가 맞이하게 되었다는 것이다.[53] 여기서 원의 관리는 국왕이 '외국지주'라는 점을 들었는데, 실제로 그에게 요구한 것은 원 국내의 지방행정

---

52 船田善之, 앞의 글, 2005, 42~44면.
53 『고려사』 권65, 예지7 빈례 충렬왕 원년 5월 및 12월.

단위에서 사신을 맞이하는 의례 그대로였던 것이다. 이 시기 『고려사』에서 외교 의례에 관한 기록을 살펴보면, 국왕이 선의문(=서문) 밖,[54] 교외(혹은 서교西郊)[55] 등에서 사신을 영접, 혹은 전송한 것이 자주 확인된다.

한편 양국 관계가 제도적으로 정립된 지 수십 년이 지난 후인 충혜왕대에 이르면, 정동행성征東行省이 의례의 공간으로 부각되기에 이르렀다. 충혜왕이 왕위를 상실하게 되는 장면이 인상적인 충혜왕 후4년의 사건은 그가 정동행성에서 조서의 반포를 듣는 상황에서 발생하였다.[56] 이후의 기록을 검토해보면 사신을 맞이하는 장소는 교외인 것으로 기록되어 있지만, 조서를 반포하는 의례는 궁성이 아닌 정동행성에서 이루어진 경우가 많았음이 확인된다.[57] 이는 정동행성이 문서행정을 포함한 고려와 원 사이의 공식적인 연락기관의 역할을 하였다는 기존의 이해와도 부합하며,[58] 특히 시기적으로도 충혜왕기의 혼란 상황이나 충목왕·충정왕 등 어린 왕의 즉위 기간 동안 왕권과 반비례하여 정동행성의 권한이 강화되었다거나, 공민왕 즉위 이후에는 대원 외교 관계 사무를 주로 담당하게 되었다는 분석과도 합치한다.[59] 일반적으

---

[54] 『고려사』 권28, 충렬왕 원년 10월 경술; 『고려사』 권29, 충렬왕 6년 12월 신묘; 『고려사』 권31, 충렬왕 24년 11월 병술; 『고려사』 권31, 충렬왕 26년 11월 정미; 『고려사』 권33, 충렬왕 24년 6월 정축; 『고려사』 권35, 충숙왕 후8년 11월 병진; 『고려사』 권39, 공민왕 5년 2월 신미.

[55] 『고려사』 권30, 충렬왕 12년 7월 계유; 『고려사』 권35, 충숙왕 후2년 6월 무자; 『고려사』 권36, 충혜왕 3년 6월 기미; 『고려사』 권37, 충목왕 3년 정월 정사; 『고려사』 권37, 충목왕 3년 정월 갑신.

[56] 『고려사』 권36, 충혜왕 후4년 11월 갑신.

[57] 『고려사』 권37, 충목왕 2년 윤10월 무술; 권38, 공민왕 원년 2월 무술; 권41, 공민왕 14년 3월 기사; 17년 11월 병진.

[58] 高柄翊, 「麗代 征東行省의 研究 (上)·(下)」, 『歷史學報』 14·19, 1961·1962(『東亞交涉史의 研究』, 서울대 출판부, 1970에 재수록).

로 원대 황제의 명령문서는 원 중서성中書省의 실무 문서인 자문咨文과 함께 전달되었으며, 그 수신자는 정동행성의 승상이었던 점을 고려한 다면,[60] 문서 접수 의례가 정동행성에서 행해졌던 것도 수긍이 간다. 그렇다면 원 국내의 사신 영접 의례가 정동행성과 영역 면에서 합치하는 고려에서 동일하게 시행되었다는 것도 논리적으로 문제가 되지 않는다.[61]

중국 내지의 지방행정 단위에서 행해야 할 의례를 고려에 확대 적용한 것은 비단 조사詔使를 맞이하는 경우만이 아니었다. 황제의 생일에 황제가 계신 북쪽을 향하여 축하를 드리는 요하망궐례遙賀望闕禮를 행하게 되었음은 이미 지적된 바 있는데,[62] 이는 원의 로路·부府·주州·현縣 및 만호부萬戶府·천호부千戶府에서도 시행하도록 규정된 것이었다.[63] 그밖에도 원의 지방 행정 단위에서 일상적으로 행해야 했던

---

59 張東翼, 「征東行省의 研究」, 『東方學志』 67, 1990, 17·20면(『高麗後期外交史研究』, 一潮閣, 1994에 재수록).

60 鄭東勳, 「高麗-明 外交文書 書式의 성립과 배경」, 『韓國史論』 56, 2010.

61 오해를 피하기 위해 언급하자면, 국내와 같은 의례가 적용되었다고 해서 원이 고려를 자국의 일부로 인식하였다고 이해하는 것은 아니다. 위에서 제시한 『고려사』 예지 빈례조의 사료에서 드러나듯이 국왕이 교외에서 사신을 영접한 것은 그가 '외국지주外國之主'였기 때문이며, 원 국내의 지방행정단위에서 사신을 맞이할 때에 공복公服을 입도록 규정되어 있었던 것(『大元聖政國朝典章』 권28, 禮制1 禮制1 迎送 「迎接體例」)과는 달리, 고려에서 조서를 맞이할 때에는 고려의 옷을 입었다고 한다(『고려사』 권28, 충렬왕 4년 7월 갑신). 필자가 강조하고 싶은 것은 원이 의례를 규정하는 데에 국내와 국외(이 경우 고려)를 구분하지 않았다는 점이며, 실제로 그것이 관철되었다는 것이다. 특히 양국 관계가 장기간 지속된 이후인 14세기 중반 무렵이 되면, 의례의 적용 기준을 두고 몽골제국 전체에서 고려의 위상이 외국이었는지, 혹은 지방행정단위였는지를 논하는 것 자체가 무의미해졌으리라 상상할 수 있다.

62 최종석, 「고려시대 朝賀儀 의례 구조의 변동과 국가 위상」, 『한국문화』 51, 2010, 236~251면 참조.

63 『大元聖政國朝典章』 권28, 禮制1 禮制1 朝賀 「慶賀」; 『大元聖政國朝典章』 권28, 禮部1 禮制1 朝賀 「禮儀社直」; 『大元聖政國朝典章』 권28, 禮部1 禮制1 朝賀 「軍官慶賀事理」

의례가 고려에서도 시행된 사례를 많이 찾을 수 있다. 예컨대 정월 초하루와 보름에 절에 가서 황제를 위해 복을 비는 일을 원의 예식과 같이 하였다고 한다.[64] 또한 황제의 생년과 같은 간지의 날을 본명일本命日, 혹은 원명일元命日이라고 하여, 그러니까 60일에 한 번씩 외방의 관원들이 사찰이나 도관道觀에 가서 황제를 위해 축수하는 관례가 있었는데,[65] 이 의례는 고려에서도 국왕의 주관 하에 행성 관원과 고려의 백관이 함께 참여한 채로 시행되었다.[66]

원대에 만들어진 예제 가운데서는 빈례로 분류할 수 있는 항목은 존재하지 않는다. 『원사元史』 예악지禮樂志의 말미에는 "무릇 길례吉禮로서 교사郊祀나 태묘의 제사享太廟, 고시告諡는 제사지祭祀志에 보이며, 군례軍禮는 병지兵志에 보이며, 상례喪禮와 오복五服의 제도는 형법지刑法志에 보이며, 홍수와 가뭄에 대한 진휼은 식화지食貨志에 보이며, 내외의 도종導從은 의위지儀衛志에 보인다"고 하였다.[67] 이를 두고 선행 연구에서는 원대에 실제의 오례적 체제가 완성되지 못한 것으로 평가하였으나,[68] 오례 가운데 유독 빈례만 눈에 띄지 않는다는 점은 적극 해명되지 못하였다.

이는 "우리나라는 강역이 매우 넓다. 천지에 은혜가 미치는 곳으로

---

64 『고려사』 권32, 충렬왕 27년 정월 병진.

65 『大元聖政國朝典章』 권28, 禮部1 禮制1 朝賀 「禮儀社直」 및 이에 대한 「元代の法制」 研究班, 「『元典章 禮部』校定と譯注(一) : 禮制一(朝賀 進表 迎送)」, 『東方學報』 81, 2007, 153면의 해설 참조.

66 『고려사』 권28, 충렬왕 2년 정월 을해(세조 쿠빌라이는 1215년, 을해년생);『고려사』 권32, 충렬왕 27년 정월 을축(성종 테무르는 1265년 을축년생);『고려사』 권37, 충정왕 2년 7월 경신(순제 이순테무르는 1320년, 경신년생).

67 『元史』 권72, 禮樂志3.

68 李範稷, 「中國史書에 나타난 五禮」, 『韓國中世禮思想研究』, 一潮閣, 1991, 418면.

서, 요순 삼대에는 성교聲教와 위력威力이 미치지 못했던 곳으로부터도 칭신하며 공물을 바치면서 신하의 직분을 닦지 않은 자가 없었다"는 원 조정 스스로의 평가와는[69] 역설적이게도 '외국' 자체가 사라져버렸기 때문은 아닐까? 전통적인 빈례를 적용할 수 있는 거의 유일한 대상이자 대표적인 외국이었던 고려를 자신의 판도에 편입시켜버려 본국에서 행하는 의례와 동일한 의례를 적용하게 됨으로써 빈례의 존재 이유가 사라져버렸기 때문은 아닐까 한다는 것이다. 원이 고려에 자국 내의 지방행정단위에서 시행하던 의례를 그대로 적용시키게 됨에 따라, 굳이 '번국'에 대한 의례 규정을 상정하지 않았던 것은 아닐까 생각한다.[70] 그 결과 고려의 입장에서는 본국에서 시행할 의례의 절차와 내용이 외부에 의해 규정되어버림으로써 고려 전기와 같은 예제 해석의 이중성이 발생할 여지 자체가 완전히 사라지고, 이를 수동적으로 수용하기만 하면 되는 상황이 연출된 것이다.

---

69 『國朝文類』 권41에 실린, 『經世大典序錄』, 禮典 「朝貢」, "我國家幅員之廣極. 天地覆燾, 自唐虞三代聲敎威力所不能被者, 莫不執玉貢琛, 以脩臣職."

70 물론 몽골제국에게도 '외국'이란 존재했으며, 이들과 교섭하거나 사절을 주고받는 데에 대해서는 칭기스칸대 이래로 뚜렷한 원칙이 존재했다. 이에 대해서는 George Vernadsky, "The Scope and Contents of Chingis Khan's Yasa", *Harvard Journal of Asiatic Studies* 3, 1938, pp.344~346 참조. 또한 카르피니나 루브룩 등으로 대표되듯이 외국 사절로 인정받는 이들이 존재하였고, 이들에 대한 의례 역시 존재하였다. 이에 대해서는 Denis Sinor, "Diplomatic Practices in Medieval Inner Asia", C. E. Bosworth et al. edit, *The Islamic World from Classical to Modern Times*, Princeton : Darwin Press, 1989 참조. 그러나 이는 어디까지나 몽골 자체의 관습에 따른 것이었으므로, 동아시아 국제질서에서 통용되던 '중국적' 의례가 적용될 '외국'은 고려와 安南 정도만이 그 후보가 될 수 있었을 것이다.

4. 명의 사신 파견 의례 제정과 고려의 수용

명은 건국을 전후한 시기부터 각종 의례 제도 제정에 매우 열정적인 노력을 기울였다.[71] 이 과정에서는 이미 당대의 평가에서 드러나듯이, 역대의 의례 제도를 총괄하여 계승하는 위에 새로운 제도를 제정하기도 하면서 "과거를 초월하는超越千古" 결과를 낳았다.[72] 그중에서도 특징적인 것이 원대에는 없던 '번국蕃國'이라는 용어와 그에 해당하는 대상을 창출한 것이다.

이 번국이라는 범주는 홍무제가 즉위와 거의 동시에 건국을 알리는 조서를 주어 사신을 파견했던 안남安南 · 일본 · 점성占城, 그리고 고려 등을[73] 그 대상으로 상정하고 있었을 것임은 쉽게 예상할 수 있다. 고려를 제외하고는 13세기 말, 구체적으로는 쿠빌라이가 사망한 1294년 이후 원 중앙정부와는 공식적인 외교접촉이 중단된 '해외海外'의 국가 내지 정치체들이 여기에 포함되었던 것이다.[74] 이들을 새롭게 명 중심의 국제질서 안으로 포괄하면서 이들과 관련된 외교의례도 역시 새롭게 제정하였던 것이다.

단순히 외교의례의 측면에서뿐만 아니라 명 태조太祖는 이들 번국까

---

71 이 과정에 대한 종합적인 연구로는 張光輝, 「明初禮制建設研究」, 河南大學 碩士論文, 2001 참조. 특히 빈례의 제정 과정에 대해서는 이 논문 47~48면의 부록에서 매우 상세하게 밝혀놓았다.

72 『國権』 권10, 태조 홍무 28년 11월 을해; 위의 글, 16면.

73 『明太祖實錄』 권37, 홍무 원년 12월 임진; 『明太祖實錄』 권38, 홍무 2년 정월 을묘.

74 반면에 원대에 중앙조정과 밀접한 연관을 가지고 있던 몽골 내지의 정치체들이나 티벳, '서역'의 정치체들은 여기에 포함되지 않았다. 명초의 국제질서 재편 및 이들에 대한 명 조정의 대응에 대해서는 정동훈, 「명초 국제질서의 재편과 고려의 위상」, 『역사와 현실』 89, 2013a 및 鄭東勳, 「明代 前期 外國 使節의 身分證明 方式과 國家間 體系」, 『明清史研究』 40, 2013b 참조.

지도 자신의 직접적인 교화가 미치는 영역으로 상정하고 있었던 것 같
다. 번국의 산천 영역까지도 황제가 직접 사신을 파견하여 제사를 지
내려고 했던 일화가 이를 단적으로 보여준다.[75] 이른바 '일시동인一視
同仁'이라는 이념에 입각하여 황제를 중심으로 하는 일원적인 예적 질
서에 외국까지도 범주화시켰던 것이다.[76]

이러한 명의 이념이 의례 면에서 가장 잘 드러나는 것은, 역대 중국
의 빈례 가운데 최초로 번국에 파견된 사신에 관련된 의례가 명문화되
었다는 점이다.[77] 관련 의례는 홍무 3년1370에 편찬된 『대명집례大明集
禮』의 빈례 가운데 「견사遣使」 항목에 실려 있다. 핵심적인 부분만 요
약하여 제시하면 다음과 같다.

◎ 영접迎接 : 사신이 입경하면 번국에서 먼저 관리를 보내 영접한다. 왕
　　은 여러 관원을 거느리고 국문國門 바깥으로 나와서 조서를 영접한다.

◎ 번국에서 조서를 접수하는 의주蕃國接詔儀注

① 사신은 북쪽에서 남향한다. "황명이 있다有制"라고 외치면 국왕과 백
　　관은 북향한 자리에서 4배한다.

② 사신이 용정龍亭(조서를 나르는 가마)에서 조서를 꺼내어 봉조관捧詔
　　官(조서를 받드는 관원)에게 건네면, 봉조관은 개독안開讀案(조서를

75　『이문』 2-1, 「祭祀山川立碑中書省咨」(구범진 역주, 『이문 역주』 상, 세창출판사, 2012,
　　1~10면).
76　岩井茂樹, 앞의 글, 2005 참조. 한편 필자는 명이 외국과 주고받은 외교문서에 자국의 관
　　문서 서식을 그대로 준용하려 했던 데서 일시동인一視同仁의 이념을 확인한 바 있다. 鄭
　　東勳, 「高麗-明 外交文書 書式의 성립과 배경」, 『韓國史論』 56, 2010, 194면 참조.
77　이 점에 대해서는 金成奎, 「中國王朝에서 賓禮의 沿革」, 『中國史研究』 23, 2003, 96면에
　　서도 지적한 바 있다.

읽는 탁자)로 가서 선조관宣詔官(조서를 읽는 관원)에게 건네고, 선조
관은 전조관展詔官(조서를 펼치는 관원)에게 건넨다.

③ 전조관이 마주보고 조서를 펼치면, 국왕과 백관이 모두 꿇어앉고, 선
조관이 조서를 낭독한다. 왕과 백관은 엎드렸다가 일어나서 다시 4배
하고, 세 번 무도舞蹈하고, 세 번 두 손을 마주잡아 이마에 얹으며拱手加
額, 세 번 만세를 외친다.[78]

복잡한 의례 절차를 풀어서 설명하기란 쉽지 않지만, 본문의 흐름과
관련하여 요약하자면, 첫째, 국왕이 국문 밖에서 조서를 영접하는 점,
둘째, 사신은 남향하여 서고 국왕과 백관은 북향하는 점, 셋째, 국왕이
참여한 상태에서 조서를 낭독하고, 국왕과 백관은 꿇어앉은 채로 이를
듣는 점 등이 특징적이다.

이상의 의식 절차는 『고려사』 예지에 실린 「영대명조사迎大明詔使
儀」의 그것과 거의 일치한다.[79] 앞서 살펴본 것처럼 고려 전기의 사신
영접 의례에서 국왕이 사신을 교외로 마중하러 나가지 않고, 사신이
남면할 때 국왕은 서면하며, 조서도 받아두기만 하고 그 자리에서 선

---

78 이상은 『대명집례大明集禮』 권32, 빈례3의 「영접迎接」과 「번국접조의주蕃國接詔儀注」를
요약한 것이다. 한편 이와 동일한 의주가 『大明會典』 권58, 예부16 번국례 「번국영조의
蕃國迎詔儀」라는 제하에 실려 있는데, 여기서는 이 규정이 홍무 18년1385에 제정되었다고
하고, 『명태조실록明太祖實錄』에는 이와 동일한 내용의 「반조제번급번국영접의頒詔諸蕃
及蕃國迎接儀」가 홍무 8년1375에 제정된 것으로 기록되어 있다(『明太祖實錄』 권97, 홍무 8
년 2월 임인).

79 『고려사』 권65, 예지7 빈례 「迎大明詔使儀」. 단 『대명집례』에서 "두 손을 마주잡아 이마
에 얹다拱手加額"는 행위가 "왼 무릎을 꿇고 세 번 고두하다跪左膝三叩頭"로 바뀌는 등 아
주 부분적인 차이는 있지만, 의식의 절차 자체는 완전히 동일하다. 두 의주가 동일하게
구성된 데 대해서는 崔鍾奭, 「고려 말기·조선 초기 迎詔儀禮에 관한 새로운 이해 모색
－『蕃國儀注』의 탐색과 복원」, 『민족문화연구』 69, 2015에서 자세히 해명하고 있다.

포하지 않았던 점과 비교하면 양자 사이의 위계질서가 훨씬 뚜렷하게 표명되어 있음을 알 수 있다.

이와 같은 규정이 실제 사신을 맞이하는 장면에서 준수되었는지 확인해보자. 명에서 첫 번째 공식 사절이 방문했던 공민왕 18년1369, 국왕은 백관을 거느리고 개경 나성의 동문인 숭인문崇仁門 밖에서 이를 맞이하였다.[80] 공민왕의 책봉을 위해 파견된 사신을 맞이했던 장소 역시 '교외郊外'로 기록되어 있다.[81] 우왕 책봉을 위해 파견되었던 사절을 전송했던 장소인 서보통원西普通院은[82] 나성의 서쪽 성문인 영평문永平門 밖에 위치했다고 하니, 역시 교외에 해당한다. 공양왕대에도 서문인 선의문 밖에서 영접했다고 한다.[83] 실제 조서를 전달하고 낭독하는 장면은 기록에서 확인할 수 없지만, 『고려사』 예지의 규정이 준수되었으리라 예측할 수 있다. 결국 명에서 제정한 의례 절차가 외국인 고려에서 그대로 시행되었던 것이다.

의례의 연출 공간이 중국 본국을 넘어서 외국에까지 파급된 것은 명대의 의례가 최초라는 점이 의미하는 바는 매우 크다. 그 배경에 대해 리윈추안李云泉은 "'사이내조四夷來朝'가 융성한 결과의 반영으로, 당시 중국과 외국 교류의 번영이 의례 제도에 반영되었다"고 평가하였다.[84] 틀리지 않은 분석이라고 하겠으나, 지나치게 일반화된 설명으로 정곡

---

80 『고려사』 권41, 공민왕 18년 4월 임진. 원대에 고려에서 사신을 맞이한 장소는 나성의 서문인 선의문 바깥이었는데, 이때에 굳이 동문 밖에서 맞이한 점이 특이한데, 그 이유는 알 수 없다.
81 『고려사』 권42, 공민왕 19년 5월 갑인.
82 『고려사』 권135, 우왕 11년 9월.
83 『고려사』 권65, 예지7 빈례 공양왕 3년.
84 李云泉, 앞의 글, 2004, 140면.

을 찌르지는 못한 것 같다.

필자는 명대의 빈례 규정이 적용될 범주로 외국 경내境內가 포괄된 것은 원대의 유산이 아닐까 생각한다. 원대 몽골의 압도적인 힘에 의해 동아시아 전역이 혼일混一된 상태를 경험함으로써, 기존에는 가공의 공간으로만 인식되었던 '천하'가 실현 가능한 범주로 인식되었으리라는 것이다. 더군다나 이것은 단순히 인식 차원에서만 존재했던 것이 아니라, 원과 고려의 관계에서 실제로 제도화되고 구현된 경험이 있었다. 앞 장에서 살펴보았던 원대의 사신 영접 의례가 그 대표적인 사례가 될 것이다.

이와 관련해서 주목할 만한 것은, 의례에서 위계질서를 반영하는 영접의 장소나 면위, 개독開讀 여부 등에서 『대명집례』와 『고려사』 예지의 의례 규정은 명의 조정에서 지방에 사신을 파견했을 때의 그것과 거의 동일하다는 점이다.[85] 원대에 국내의 지방과 동일한 의례 규정을 외국인 고려에 확대해서 적용했던 것을 전례로 삼아, 명초의 의례 제정 과정에서도 양자의 의례를 거의 동일하게 설정했던 것이다. 중국 국내에서 행하던 의례를 '외국'에서도 실제로 집행하도록 강제한 경험이 명초의 의례 제정 과정에 참여했던 인물들에게 '일시동인'이라는 이상에 대한 자신감을 불어넣어주었던 것이 아닐까 생각된다. 그리고 고려라는 좋은 전례를 새롭게 국제질서에 포함시키고자 하는 다른 외

---

[85] 이에 대해서는 홍무 2년 10월에 완성된 『예의정식禮儀定式』의 「출사예의出使禮儀」를 참조. 한편 같은 내용의 의주는 『홍무예제洪武禮制』에도 「출사예의出使禮儀」 항목에 수록되었다. 흥미로운 점은 정덕正德 16년1521 이후 어느 시점에인가 편찬된 『절행사례節行事例』에서도 '출사예의'라는 대항목하에 「봉사왕국奉使王國」, 「봉사제사奉使諸司」, 「봉사번국奉使蕃國」이라는 소항목이 열거되어 있는데, 그 의주도 거의 비슷하다는 점이다.

국에까지 그대로 적용하려 했던 데서 「번국영조의蕃國迎詔儀」와 같은 의례가 빈례에 포함될 수 있게 되었던 것이다.[86]

그렇다면 다음 문제는 고려의 입장이다. 고려 전기와 같은 다원적 국제질서에서 고려가 국내적으로는 자신의 군주를 황제에 비견하는 다양한 제도적·의례적 요소를 갖추고 있었음은 잘 알려진 사실이다. 그러나 이러한 제도는 원이 실질적인 종주국으로 자리하게 되고 나서, 그들의 지적을 받아 제후국의 면모로 모두 개편되게 되었음 역시 주지의 사실이다. 한 세기 동안 지속된 원과의 관계를 경험하면서 고려인들은 더 이상 자신의 위치를 제후국으로 인식하는 데에 거부감을 느끼지 않게 되었다. 오히려 명이 들어선 이후로는 당대 명에서 시행되고 있는 제도들을 중화보편으로 인식하면서, 그에 준하여 국내의 문물 제도를 정비해나가고, 이 과정에서 자신들의 제후국으로서의 분의分義에 맞추어 조정하려 하였음이 최근 연구를 통해서 다각도로 분석되고 있다.[87]

이제 고려의 의례를 담당했던 인물들은 더 이상 중국에 대한 신례臣禮를 회피한다든지, 혹은 예제 해석의 이중성이라는 공간을 활용하고자 하는 교묘한 방식을 궁리하지 않게 되었다. 실제로는 명이 번국에

---

[86] 필자는 지금까지 명초의 국제질서에서 명이 다른 외국에 적용한 다양한 제도들이 사실은 고려-원 관계의 유산을 계승한 데서 비롯된 것임을 밝히는 작업을 해왔다. 외교문서의 서식에 대해서는 앞의 글, 2010, 외국 국왕의 위상에 대해서는 「명대의 예제질서에서 조선국왕의 위상」, 『역사와 현실』 84, 2012, 파견할 사신의 선발 조건에 대해서는 앞의 글, 2013a 참조. 나아가 명이 당시의 국제질서에서 하나의 모델이 되는 주변국으로 조선을 상정하고 있었음에 대해서는 앞의 글, 2013b 참조.

[87] 최종석, 「조선시기 城隍祠 입지를 둘러싼 양상과 그 배경」, 『韓國史研究』 143, 2008; 최종석, 「조선 전기 淫祀的 城隍祭의 양상과 그 성격」, 『歷史學報』 204, 2009; 최종석, 「조선 초기 '時王之制' 논의 구조의 특징과 중화 보편의 추구」, 『朝鮮時代史學報』 52, 2010; 최종석, 「『고려사』 세가 편목 설정의 문화사적 함의 탐색」, 『韓國史研究』 159, 2012; 최종석, 위의 글, 2012 등 참조.

서 행할 의례를 규정해버림으로써 해석의 여지와 가능성 자체가 봉쇄되어버렸던 것이 우선이겠으나, 고려에서도 역시 이를 크게 꺼리지 않았다. 오히려 고려에서 어떤 의례를 행해야 하는지를 먼저 명에 문의하여 답을 구했던 데서 잘 드러나듯이[88] 중국식 의례를 먼저 확인하여 집행하고자 하는 의지를 표명하였던 것이다.

5. 맺음말

이상에서 고려 시대에 중국 여러 왕조의 사신을 맞이하는 의례가 어떻게 변화해왔는지를 추적하고 그 의미를 검토해왔다. 그 내용을 요약하면 다음과 같다.

고려 전기에는 거란의 사신이 파견되어 조서를 전달하는 장면에서 사신은 남면하고 국왕은 서면하는 위차로 의례를 행하였다. 양국이 동서남북의 방위에 상하관계를 결부짓는 관념에 차이가 있었던 데서 예제 해석의 이중성, 혹은 비대칭성이 발생하여, 각각 자국이 유리한 방식으로 해석할 수 있도록 구성된 것이었다. 이러한 의례는 송과 금의 사신을 맞이할 때에도 대체로 동일하였다. 원대에 이르면 원 중앙 조정이 국내의 지방에 사신을 파견했을 때 이를 맞이하는 것과 동일한 의례가 고려 조정에도 적용되었다. 국왕은 성 밖으로 나가서 사신을 영접하였고, 황제의 명령은 그 자리에서 반포되었다. 원의 천하질서 속

---

[88] 『고려사』 권41, 공민왕 18년 8월 무진; 『고려사』 권42, 공민왕 19년 6월 갑술.

에서 고려는 외국임에도 국내와 동일한 의례를 수행할 것을 요구받았던 것이다. 실제로 이러한 관계가 장기간 지속되면서 적어도 사신 영접 의례 면에서는 고려가 정동행성으로서의 지위에 근거하여 원 국내의 지방행정단위와 동일한 것으로 인식되었다. 뒤를 이어 명은 고려를 외국으로 인식하면서도 중국 왕조 가운데서는 최초로 자국의 사신이 외국에 파견되어 행해야 할 의례를 직접 규정하였다. 그 내용이 명 국내의 지방에서 행하는 의례와 동일했다는 점에서 원대의 유제를 계승한 것으로 볼 수 있다. 원과의 관계를 통해 제후국으로서의 자신의 위상에 대해 인정하게 된 고려에서도 이를 그대로 수용하여 준행하였다.

요컨대 사신 영접 의례에서 원대에 이르러 중국 지방정부와 고려 사이에 동일한 규정이 적용되기 시작하였고, 이것이 명대까지 계승되었던 것이다. 이는 문서제도, 사신 왕래 등 고려-원, 그리고 고려-명 외교관계의 제도적 측면에서 중국 국내의 관료제 운영원리가 강하게 적용되었던 흐름과 일치한다. 그리고 명은 이러한 연원을 가지고 만들어진 사신 영접 의례 규정을 이후 다른 외국에도 그대로 적용하고자 하였다.

그렇다면 고려시대의 빈례는 어떻게 구성되어 있었을지에 대해 시론적으로 언급해보고자 한다. 이범직의 선구적인 연구에 따르면 고려시대에 이미 오례 체제에 따른 의례제도를 마련하고 운용해왔다고 한다.[89] 그러나 『고려사』 예지 편찬의 기본 자료가 되었던 『상정고금례 詳定古今禮』는 고려 중기까지 행해지던 각종 의례의 예문을 단순히 집

---

[89] 李範稷, 앞의 책, 1991.

록해놓은 성격의 자료였으며, 고려시대에 과연 오례에 근거한 분류 방식이 존재했을지에 대한 의문이 제기되었다.[90] 필자 역시 후자의 문제제기가 타당하다고 생각한다.

오례란 원래 군주를 중심으로 한 왕조의 의례이며, 그 가운데서도 빈례는 군주가 주체가 되는 것으로, 당연히 하위의 제후들의 존재를 전제로 구성된 의례였다. 반면에 중국의 제후국으로 위치지어졌던 고려의 입장에서 빈례는 오히려 그 반대로, 제후의 입장에서 상위의 존재인 중국의 황제, 혹은 그의 명령을 받아서 파견된 사신을 어떻게 영접할 것인가 하는 의례 내용으로 구성되어 있었다. 이는 오례 가운데 빈례를 제외한 나머지 4례를 그대로 수용하여 만드는 데에 큰 문제가 없던 것과는 상반되는 것이다. 고려국왕이 주체가 되어 고려 외부의 하위 세력들로부터 파견되는 사신들을 맞이하는, 말하자면 고려적 빈례로는 잘 알려진 팔관회가 있었다.[91] 그러나 조선 초의 『고려사』 예지 편찬자들은 오례라는 체제에 맞추는 과정에서 팔관회를 빈례가 아닌 '가례의 여러 가지 의례嘉禮雜儀'로 분류하였다.

한편 조선 초의 의례 제정 과정에서도 똑같은 문제에 봉착하였다. 오례 체제에 입각하여 모든 의례를 다섯 가지 범주로 재편성하는 문제에서 조선의 빈례에는 일본의 사절을 맞이하는 의례와 국왕과 예조가 일본의 사절에게 연회를 베푸는 의례를 포함시키고,[92] 중국 황제의 조서와 칙서勅書를 맞이하는 의례는 가례의 편목으로 위치를 바꾸었

---

90 김창현, 「『고려사』 예지의 구조와 성격」, 『韓國史學報』 44, 2011.
91 이에 대해서는 奧村周司, 앞의 글, 1979 참조.
92 『世宗實錄』 五禮 賓禮儀式 「受隣國書幣儀」・「宴隣國使儀」・「禮曹宴隣國使儀」.

다.[93] 그리고 이러한 구성은 성종대 완성된 『국조오례의國朝五禮儀』에
도 이어졌다. 이러한 외교의례의 배치를 두고 "사대교린의 면모를 보
이고", "오례 전체계 속에서는 명과의 사대명분 논리로서 조선왕조의
위상을 정하고 있었다"고 평가되기도 하는데,[94] 그보다는 국왕 중심의
의례를 구성함에 있어서 국왕이 주主의 입장에서 자신보다 하위에 위
치하는 주변국의 사신을 맞이하는 의례를 빈례에 배치함으로써, "조
선이 나름의 중심으로 상정된 외교질서"를 구현하는 방식으로 구성되
었다고 보는 편이 좀 더 음미할 만한 해석이라고 생각한다.[95]

마지막으로 명대의 빈례 규정에서 번국을 포함하고 있는 점에 대해
서 한 가지만 더 살펴보고자 한다. 『대명집례』의 해당 규정에 따르면
중국 사신이 번국에 파견되었을 때, 번왕은 '국문國門' 바깥에 나와서
맞이해야 했고, 조서 선포 의례는 '궁宮'에서 행하며, 이때 조서는 '전상
殿上'에, 번국의 신료들은 '전정殿庭'에 위치해야 했다. 중국의 사신은
남면해야 했고, 번왕과 그 신료들은 북면해야 했다. 이러한 의례를 행
할 번국 궁성의 구체적인 전각이나 문의 명칭을 특정할 수는 없었겠으
나, 적어도 그곳은 국문과 궁을 갖추고 있어야 했으며, 그 궁은 전정과
전상으로 나뉘어 있어야 했다. 또한 번국 역시 남북으로 마주보는 것

---

93 『世宗實錄』五禮 嘉禮儀式「迎詔書儀」·「迎勅書儀」.

94 李範稷, 앞의 책, 1991, 395면.

95 윤승희, 「조선초 對日賓禮의 정비와 '受隣國書幣儀'」, 『조선시대사학보』 70, 2014 참조.
아울러 이와 같은 관점에서 조선 초기 일본과의 외교 의례를 분석한 연구로는 高橋公明,
「外交儀禮よりみた室町時代日韓關係」, 『史學雜誌』 91-8, 1982 및 高橋公明, 「朝鮮外交
秩序と東アジア海域の交流」, 『歷史學研究』 573, 1987이 상세하다. 이와 관련하여 최근
후마 스스무夫馬進는 조선 초기의 외교 원리였던 '교린交隣'이라는 용어가 주변국과의 대
등관계를 전제로 한 것이 아니라 실상은 상위의 입장에서 하위의 주변국을 대우하는 원
칙으로 수립된 것임을 밝혀 많은 시사점을 준다. 夫馬進, 「朝鮮の外交原理, 「事大」と「交
隣」」, 『朝鮮燕行使と朝鮮通信使』, 名古屋 : 名古屋大學出版會, 2015 참조.

을 군신의 의례라고 인식하고 있어야 했다. 그런데 만약 해당 번국에 국문이라고 할 만한 구조물이 없거나, 혹은 궁성이 있다 해도 계단에 의해 높낮이의 차이를 두지 않아서, 군이 전상과 전정으로 나눌 수 없는 구조였다면, 혹은 만약 그 번국에서는 남향을 신례로, 북향을 군례로 인식하고 있었다면 어떠했을까?

말하자면 『대명집례』의 빈례 규정은 번국이 중국의 궁성과 같은 구조를 갖추고, 중국인과 같은 방위 개념을 가지고 있다는 점이 전제가 된 의례 규정이었다는 것이다. 그런데 문제는 당시의 국제사회에서 중국과 궁성의 구조와 방위 관념을 공유하고 있었던 국가가 과연 얼마나 있었을지 의문이다. 역시 고려 개경 외에는 쉽게 떠올릴 수 없다.[96] 중국이란 번국이라는 타자의 존재를 통해서 정체성을 확립하며 완성될 수 있는 것인데, 고려가 그 번국으로서의 조건을 마련해주었던 셈이다. 바꿔 말하면 결국 고려가 있었기 때문에 중국이 중국으로서 완성될 수 있었던 것이다.

---

96 유구琉球 왕국의 궁성인 수리성首里城도 이 구조에 부합하지만, 이는 15세기 전반에 완성되었다고 한다. 고려의 개경 이외에는 쩐 왕조 시대 베트남의 하노이성 탕롱 황성 정도가 후보가 될 수 있을 것이다.

참고문헌

李範稷, 『韓國中世禮思想硏究』, 一潮閣, 1991.

노명호, 『고려국가와 집단의식』, 서울대 출판문화원, 2009.

이익주 외, 『동아시아 국제질서 속의 한중관계사』, 동북아역사재단, 2010.

宋代史硏究會 編, 『『宋代中國』の相對化』, 東京 : 汲古書院, 2009.

平田戊樹・遠藤隆俊 編, 『外交史料から十~十四世紀を探る』, 東京 : 汲古書院, 2013.

高柄翊, 「麗代 征東行省의 硏究 (上)・(下)」, 『歷史學報』 14・19, 1961・1962.

金圭錄, 「고려 중기의 宋 使節 迎送과 伴使의 운용」, 『歷史敎育』 134, 2015.

김성규, 「송대 東아시아에서 賓禮의 成立과 그 性格」, 『東洋史學硏究』 72, 2000.

_____, 「外國朝貢使節宋皇帝謁見儀式復元考」, 『宋遼金元史硏究』 4, 2000.

_____, 「入宋高麗國使의 朝貢 儀禮와 그 주변」, 『全北史學』 24, 2001.

_____, 「中國王朝에서 賓禮의 沿革」, 『中國史硏究』 23, 2003.

_____, 「『大唐開元禮』所載 外國使 관련 諸儀禮의 재검토」, 『中國古中世史硏究』 27, 2012.

_____, 「金朝의 '禮制覇權主義'에 대하여」, 『中國史硏究』 86, 2013.

_____, 「고려 외교에서 의례儀禮와 국왕의 자세」, 『역사와 현실』 94, 2014.

김윤정, 「元 世祖代 對고려 사신의 來往과 양국 외교 관계의 변화」, 『한반도를 찾아온 중국 사신』(133회 한국역사연구회 공동연구발표회 자료집), 2013.

김창현, 「『고려사』 예지의 구조와 성격」, 『韓國史學報』 44, 2011.

노명호, 「『고려사』의 '僭擬之事'와 '大赦天下'의 '以實直書'」, 『韓國史論』 60, 2014.

윤승희, 「조선초 對日賓禮의 정비와 '受隣國書幣儀'」, 『조선시대사학보』 70, 2014.

鄭東勳, 「高麗-明 外交文書 書式의 성립과 배경」, 『韓國史論』 56, 2010.

_____, 「명대의 예제질서에서 조선국왕의 위상」, 『역사와 현실』 84, 2012.

_____, 「명초 국제질서의 재편과 고려의 위상」, 『역사와 현실』 89, 2013.

_____, 「明代 前期 外國 使節의 身分證明 方式과 國家間 體系」, 『明淸史硏究』 40, 2013.

_____, 「高麗時代 外交文書 硏究」, 서울대 박사논문, 2016.

최종석, 「조선 초기 '時王之制' 논의 구조의 특징과 중화 보편의 추구」, 『朝鮮時代史學

報』52, 2010.

_____, 「고려시대 朝賀儀 의례 구조의 변동과 국가 위상」, 『한국문화』51, 2010.

_____, 「『고려사』 세가 편목 설정의 문화사적 함의 탐색」, 『韓國史研究』159, 2012.

_____, 「고려 말기·조선 초기 迎詔儀禮에 관한 새로운 이해 모색－『蕃國儀注』의 탐색과 복원」, 『민족문화연구』69, 2015.

한정수, 「고려 전기 '迎契丹使臣儀'」, 『사학연구』118, 2015.

奧村周司, 「高麗における八關會的秩序と國際環境」, 『朝鮮史研究會論文集』16, 1979.

_____, 「使臣迎接儀禮より見た高麗の外交姿勢－十一, 二世紀における對中關係の一面」, 『史觀』110, 1984.

高橋公明, 「外交儀禮よりみた室町時代日韓關係」, 『史學雜誌』91-8, 1982.

_____, 「朝鮮外交秩序と東アジア海域の交流」, 『歷史學研究』573, 1987.

石見淸裕, 「唐の國書授與儀禮について」, 『東洋史研究』57-2, 1998.

岩井茂樹, 「明代中國の禮制覇權主義と東アジア秩序」, 『東洋文化』85, 2005.

船田善之, 「元代の命令文書の開讀について」, 『東洋史研究』63-4, 2005.

夫馬進, 「朝鮮の外交原理, 「事大」と「交隣」」, 『朝鮮燕行使と朝鮮通信使』, 名古屋: 名古屋大學出版會, 2015.

趙永春, 「關于宋金交聘"國書"的鬪爭」, 『北方文物』30, 1992.

_____, 「宋金關于"受書禮"的鬪爭」, 『民族研究』1993-6, 1993.

_____, 「宋金關於交聘禮儀的鬪爭」, 『昭烏達蒙族師專學報』1996-3, 1996.

張光輝, 「明初禮制建設研究」, 河南大學碩士學位論文, 2001.

李云泉, 「賓禮的演變與明淸朝貢儀禮」, 『河北師範大學學報』(哲學社會科學版) 27-1, 2004.

Hok-Lam Chan, "Liu Ping-chung 劉秉忠 (1216~74): A Buddhist-Taoist Statesman at the Court of Khubilai Khan" T'oung Pao 53-1, 1967.

Denis Sinor, "Diplomatic Practices in Medieval Inner Asia" C. E. Bosworth et al. edit, The Islamic World from Classical to Modern Times, Princeton: Darwin Press, 1989.

중화 보편, 딜레마, 창의의 메커니즘

조선 초기 문물제도 정비 성격의 재검토

최종석

1. 머리말

이 글은 조선 초기 역사상에 대한 이해의 진전을 도모하기 위해 작성되었고, 무엇보다 문물제도 정비의 성격을 연구 대상으로 한다. 그 동안 조선 초기 문물제도 정비는 민족주의 담론의 장場 안에서 탐색되는 경향이 강하였고,[1] 한편으로는 이와는 다소 다른 차원인 유교정치 구현의 틀에서 다루어지기도 하였다.[2] 이들 관점에 의거한 수많은 연구 작업들을 통해 문물제도 정비와 그 성격에 대한 이해는 상당 수준에 도

---

[1] 이와 관련하여 다음 논의가 참고된다. 정다함, 「'한국사' 상의 조선시대상 ─ 조선 전기를 중심으로」, 『사이間SAI』 8, 2010.

[2] 국사편찬위원회에서 간행된 신편한국사의 다음과 같은 구절은 이를 잘 대변해주고 있다. "유교정치를 실현하기 위하여는 국가의 문물제도를 유교적인 것으로 재정비해야 했고 유교정치를 담당할 많은 유신을 필요로 했다"고 한 것이 그것이다. 최승희, 「개요」, 『한국사』 22(조선 왕조의 성립과 대외관계), 국사편찬위원회, 1995, 4면.

달하였다고 생각된다. 하지만 한정된 한두 관점들에 의해 연구 작업이 이루어지다보니, 방대한 연구 성과에도 불구하고 문물제도 정비와 그 성격을 파악하는데 있어 여전히 불충분한 지점들이 존재한다. 특히 이 글에서 중점적으로 다루고자 하는, 당시 제후국 체제를 철저하고 온전하게 운영하고자 한 움직임과 그것의 역사적 맥락에 대해서는 접근 자체가 사실상 이루어지지 못하였다.

이에 이 글에서는 조선 초기 문물제도의 정비 과정에서 제후국의 명분에 부합할 수 있는 제도 운영을 위한 치열한 노력·고민이 개재되었던 면모를 부각하고, 이러한 양상을 당대적 맥락에서 독해하여 보고자 한다. 그 동안에 이루어진 몇몇 단편적인 연구 작업들을 종합·정리하고 아울러 일부 부족한 지점들을 보완해 나가는 방식을 통해 개설적이고 시론적으로 해당 연구 작업을 시도해 보고자 한다. 이러한 작업이 조선 초기 문물제도 정비의 성격을 한층 깊이 있게 이해하는데 있어 조금이나마 긍정적으로 작용할 수 있기를 기대한다.

2. 조선 초기 국가 위상
　　　　　　　ー원 간섭기 이래로 제후국 위상의 국내적 관철

조선 초기 국가 위상을 실마리 삼아 제후국 체제가 보다 철저하고 온전하게 운영된 움직임의 당대 맥락을 접근해 보려 한다.

'장기지속의 역사'라는 거시적 관점에서 보자면, 조선 초기 국가 위상은 원 간섭기 이래로 지속되어 온 것이었다. 국가의 위상과 직결되는 국왕의 위상을 가지고 보자면, 원 간섭기 이전의 국왕은 대외적으로는 황제의 신하이면서 자신의 영토와 신민을 보유한 군주인 데(신하+군주) 비해, 대내적으로는 군주의 위상만을 지녔다. 곧 당시 국왕 위상은 대내외간에 있어 비대칭의 상태에 처해 있었다.[3] 그러다 원 간섭기를 분기점으로 하여 그 이후로 국왕은 대내외 구별 없이 황제의 신하이면서 군주인 위상을 보유하게 되었다. 구체적으로 말하자면, 원 간섭기 이래로의 국왕 위상은 근본적인 변화 없이 조선 말기까지 지속되었다.[4]

이 점을 보다 구체적으로 논급해 보면 다음과 같다. 대외 방면에 있어서 고려와 조선의 국왕은 원 간섭기 이전과 이후의 구분 없이 줄곧 황제의 신하이면서 자신의 영토와 신민을 보유한 군주가 되는 셈인데(신하+군주), 이러한 사실은 고려 · 조선과 중국 왕조[5] 사이의 대외 관계가 책봉–조공 관계를 통해 이루어지고 있었고[6] 이 관계 속에서 고려 · 조선

---

[3] 고려 전기 국왕 위상의 이러한 비대칭적 양상은 대외적으로는 (제후)왕국에 머물면서 내부적으로는 대외 위상에 상응하는 제후국 체제가 성립 · 운영된 적이 없는, 곧 이중 체제가 운용되었던 것과 밀접히 관련될 것이다. 고려 전기의 이중 체제는 소위 외왕내제外王內帝 체제로 이해되어 왔지만, 최근에는 명실상부하게 외왕내제外王內帝 체제가 운영된 베트남에서와 달리 원 간섭 이전의 고려 국내에서는 황제국 체제와 제후국 체제 가운데 어느 하나에 해당되지 않은 '독특한' 체제가 작동되었음이 규명된 바 있다(최종석, 「베트남 外王內帝 체제와의 비교를 통해 본 고려 전기 이중 체제의 양상」, 『진단학보』 125, 2015b). 국내 방면에서 이러한 체제는 비록 황제국 체제가 아니라 할지라도 대외적 위상에 부합하지 않은 데서, 원 간섭 이전의 고려 또한 베트남과 마찬가지로 대외와 대내 방면의 체제가 상이한 이중 체제가 운용되었다고 할 수 있다. 한편 고려 전기의 외왕내제 체제에 관해서는 하현강, 「高麗食邑考」, 『역사학보』 26, 1965; 황운용, 「高麗諸王考」, 『又軒丁仲煥博士還曆紀念論文集』, 1974; 김기덕, 「고려의 諸王制와 皇帝國體制」, 『국사관논총』 78, 1997; 노명호, 「高麗時代의 多元的 天下觀과 海東天子」, 『한국사연구』 105, 1999; 추명엽, 「고려 전기 '번' 의식과 '동서번'의 형성」, 『역사와 현실』 43, 2002; 추명엽, 「高麗時期 海東 인식과 海東天下」, 『한국사연구』 129, 2005 참조.

[4] 최종석, 「고려시대 朝賀儀 의례 구조의 변동과 국가 위상」, 『한국문화』 51, 2010b.

[5] 여기서의 중국 왕조는 중국 영토의 일부 내지 전체를 차지한 소위 정복 왕조도 포함한다.

의 국왕이 외국의 군주이면서 황제의 신하로 규정된 데서 잘 드러난다.

조공과 책봉 의례는 본래 중국과 주변 제국諸國 사이에서가 아니라 중국이라는 공간 내 천자와 제후들 사이에서 시행된 것이었다. 중국 문명이 지향해 온 예적禮的 세계에서 통용된 이들 의례는 통일 왕조인 진·한이 등장하고 중국 내에서 봉건제가 사실상 폐지되고 군현제가 실시된 후로는 국제 관계로까지 확장되었다. 즉 책봉冊封은 본래 주나라 천자가 제후들에게 책冊(書)을 수여하여 봉건封建하는 의례였는데, 이후에 중국 외부에 위치한 주변 정치체의 수장까지도 수여 대상으로 삼았다. 주지하듯, 책봉에 의하여 관계 당사자 사이에는 군신관계가 성립된다. 조공 또한 본래 주나라의 종법적 봉건제도에서 제후諸侯가 정기적으로 방물方物을 가지고 직접 천자天子를 배알拜謁하여 제후된 신례臣禮를 행하고 군신君臣 간의 의리를 밝히는 신자臣者의 가장 기본적인 의례였는데, 중국이 군현지배체제로 통합되면서 중국과 군현제를 관철할 수 없는 주변 국가(정치체)들 사이에 적용되었다.[7]

중국 내 천자와 제후들 간의 (외교)의례가 '중국'의 천자(황제)와 그 외부 국가(정치체)의 군주 간에 적용·정착될 수 있던 데에는 두 가지 이해관계의 상호 작용이 결정적 역할을 하였다. 하나는 이러한 외교 의례가 중국 천자와 주변 국가들의 군주를 군신 관계로 전제하고 이를

---

6 고려는 오대五代 왕조→송→요→금→원→명과, 조선은 명→청과 책봉-조공 관계를 맺었다.

7 조공과 책봉에 관해서는 다음 논저가 참고된다. John K Fairbank ed., *The Chinese World Order*, Harvard University Press, 1968; 전해종, 『韓中關係史 硏究』, 일조각, 1970; 심재석, 『高麗國王 冊封 硏究』, 혜안, 2002; 권선홍, 『전통시대 동아시아 국제관계』, PUFS, 2004; 이성규, 「中華帝國의 팽창과 축소: 그 이념과 실제」, 『역사학보』 186, 2005; 박원호, 「근대 이전 한중관계사에 대한 시각과 논점」, 『한국사시민강좌』 40, 일조각, 2007; 임기환, 「국제관계」, 『새로운 한국사 길잡이』 上, 지식산업사, 2008.

구현할 수 있어, 이러한 의례를 통해서 천자의 천하 통치 구현의 염원이 '형식적으로나마' 성취될 수 있는 점이다. 천명사상과 화이사상에 따르면, 천天은 유덕자에게 천명天命을 내려 그, 곧 천자로 하여금 중국과 이적의 세계로 이루어진 천하를 '예(덕)'로써 다스리도록 한 바(王化·德化), 중국 천자와 주변 국가들의 군주를 군신 관계로 구현해내는 책봉·조공 의례를 주축으로 하는 대소국 간 외교 의례는 천자의 천하 지배를 '형식적으로나마', 그리고 힘의 행사가 아닌 천자의 덕화德化와 이적의 모화慕華를 '외양으로 하여' 구현토록 하였다.[8] 다른 하나는 주변 소국들의 입장에서도 대소국 간 외교 의례는 '예' 규범에 대한 이해 정도 혹은 중국 측의 의도와 상관없이 기꺼이 수용·실천할 수 있은 것이라는 사실이다. 이는 주변 소국들이 대소국 간 외교 의례의 수용·실천을 통해서 독자성을 상실하지 않으면서도 대국인 중국과 평화적으로 공존할 수 있은 데서였다.[9] 중국 입장에서 외교 의례의 적용은 내정간섭을 목적으로 한 것 아니라 천자를 정점으로 한 예적 세계를 구축하고자 한 것이기에, 주변 소국의 군주들은 독자적 통치를 구가하는 것과 차원을 달리한 채 외교라는 '공간'에서 사대의례의 실행을 통해 중국(천자)을 중심으로 한 예적 세계의 일원으로 자리할 수 있었다. 달리 말해, 주변 소국은 '중국' 밖의 외국이라는 위상을 전제로 한 채 이와 차원을 달리하면서 군신 관계를 구현하는 대소국 간 외교

---

8   岩井茂樹, 「明代中國の禮制覇權主義と東アジアの秩序」, 『東洋文化』 85, 2005; 檀上寬, 『明代海禁＝朝貢システムと華夷秩序』, 京都大學學術出版會, 2013 가운데 '第三部 明代 朝貢體制と華夷秩序' 참조.
9   선진 문물제도를 수용한다든가 이를 군주가 독점한다든가 하는 사실은 플러스알파에 해당한다.

의례를 수용·실천하였다. 따라서 당대적 맥락에서는 왕조의 독자성이 사대 의례의 실천과 병행할 수 있었고, 오히려 양자는 기본적으로 조응 관계에 있었다고까지 말할 수 있다.

고려와 조선은 줄곧 '중국' 밖의 외국으로[10] 중국 왕조와 책봉-조공 관계를 맺었다. 고려와 조선의 국왕은 형식적이기는 하나 책봉 시 왕작王爵(각각 '高麗國王'과 '朝鮮國王')을 받고[11] 봉토로서 방국邦國(각각 '高麗國'과 '朝鮮國')을 수여받았다. 책봉의 형식으로 볼 때, 이는 황제체제 성립 이후 '중국' 내에 친왕親王 등의 제왕諸王을 책봉하는 것과 다를 바 없다. 하지만 고려와 조선의 국왕은 이러한 '중국' 내의 제왕諸王과 이질적이었다. 곧 이들은 '중국' 내의 제왕과 달리 자신의 영토와 신민을 '온전히' 보유한 군주였다.[12] 원 간섭기에서조차 기본적으로 그러하여, 고려의 국왕은 '외국지주外國之主'로 인식되었고,[13] 1310년충선왕 2 무종武宗 카이샨은 충선왕의 삼대三代를 추증하는 제서制書에서 "짐이 보건대 오늘날 천하天下에서 백성과 사직(民社)을 보유하며 왕위를 누리는 것은 오직 삼한뿐이다"[14]라고 언급한 바 있으며, 요수姚燧는 고려 국왕

---

10 이러한 사실은 고려와 조선이 중국 정사正史의 외국(외이) 열전에 수록된 데서도 확인된다. 곧 고려와 조선은 『구오대사舊五代史』의 열전 외국, 『신오대사新五代史』의 부록附錄 사이四夷, 『송사宋史』의 열전 외국, 『요사遼史』의 열전 이국외기二國外記, 『금사金史』의 열전 외국, 『원사元史』의 열전 외이外夷, 『명사明史』의 열전 외국 등에 기재되었다.

11 명대 이전에는 책봉호에 '고려국왕'이라는 왕작 외에도 문산계, 무산계, 검교직, 훈직, 공신호 등이 포함된 반면, 명대에 들어서는 책봉호가 왕작만으로 일원화되었다. 심재석, 앞의 책, 2002; 정동훈, 「명대의 예제질서에서 조선국왕의 위상」, 『역사와 현실』 84, 2012 참조.

12 시기에 따라 다소 차이가 있기는 하나, '중국' 내의 제왕은 분봉지에 대한 수취권에 제약이 있는 등 지배권 행사 면에서 각종 한계가 있었다.

13 『고려사절요』 19, 충렬왕 1년 5월. "王聞詔使來 出迎西門外 王旣尙主 雖詔使未嘗出城而迎 舍人金台如元 省官語之曰 駙馬王不迎詔使 不爲無例 然王是外國之主也 詔書至 不可不迎 至是 始迎之."

14 『고려사』 33, 충선왕 복위 2년 7월 을미.

을 종왕宗王과 비교하면서 그가 독자적인 제사와 관제를 보유하며 직접 통치를 하고 세수를 독점하고 있다고 지적하기도 하였다.[15] 고려와 조선의 국왕이 '중국' 내의 제왕과 달리 황제의 신하이기는 하나 '외국의 군주'이기도 한 사실은 왕작호王爵號에도 반영되었다. '고려국왕高麗國王'과 '조선국왕朝鮮國王'이라는 왕작은 모두 글자 그대로 본래의 국명國名에 '국왕'이 결합된 식이었다. 이와 달리 '중국' 내 제왕의 봉호封號는 대개 국명을 호칭으로 하는 것과 군현명郡縣名을 호칭으로 하는 것으로 나뉘는데, 소위 '일자왕一字王'과 '이자왕二字王'은 각각 전자와 후자에 해당한다. 그리고 '일자왕'에 있어서의 국명은 대부분 춘추시대의 국가 이름으로부터 유래한다. 가령 친왕親王으로 봉해진 명 태조의 넷째 아들의 봉호인 연왕燕王이 이에 해당한다. 이렇듯 고려와 조선의 국왕이 수여받은 '고려국왕高麗國王'과 '조선국왕朝鮮國王'이라는 책봉호에는, 황제로부터 작위를 받는 신하(제후)이면서도 '중국' 내의 제왕과 이질적인 '외국의 군주'라는 위상이 반영되어 있었다.

고려·조선의 국왕은 책봉-조공 관계 하에서는 원컨 원치 않건 간에 중국 왕조의 황제에게 '봉표칭신奉表稱臣' 해야 하는 처지였기에 대외적인 측면에서는 신하(제후)의 위상을 회피할 수 없었다.[16] 이와 달리 신하(제후) 위상의 국내적 구현은 원 간섭기를 분기점으로 하여 큰 변화가 발생하였다. 국내 방면에 있어서의 국왕 위상은 그것을 상징적으로 보여주는 의례인 조하의례朝賀儀禮를 통해 그 변화 양상이 포착

---

15 『牧庵集』 3, 高麗瀋王詩序. 森平雅彦, 「高麗王位下の基礎的考察」, 『朝鮮史研究會論文集』 36, 1998, 61~62면에서 재인용.
16 단적인 사례로 조선이 청을 오랑캐로 간주하여 사대를 꺼려하였음에도 불구하고 '봉표칭신奉表稱臣' 해야 했던 사실을 들 수 있다.

가능하다. 조하의란 정조正朝, 동지冬至, 군주의 생신 등의 명절에 신하가 조정朝廷에 나아가 군주에게 하례賀禮하는, 군주의 입장에서 보자면 신하의 경하를 받는 예식이다. 원 간섭 이전에 조하의는 국왕이 정조正朝, 동지冬至, 절일(국왕 탄일) 때 자신의 신하들로부터 조하朝賀를 받는 예식('受朝賀' 예식)만으로 이루어지고 있었지만, 원 간섭기 들어서는 군주가 백관들로부터 조하朝賀를 받는 '수조하' 예식 외에도 국왕이 신하의 위치에서 황제에게 요하遙賀하는 의례로 구성되었다. 곧 국왕의 위상을 의례 면에서 구현한 조하의례에 의하자면, 원 간섭 이전에 고려 국왕은 자신의 신하들로부터 조하朝賀를 받는 군주의 위상만을 보유한 데 비해, 원 간섭기 들어서는 기왕의 위상(군주) 외에도 황제국 조정에서 거행되는 수조하 예식에 연동하여 신하의 위치에서 황제에게 요하遙賀하는 새로운 위상(신하)을 부대하게 된 것이다. 조하의례 구조의 변화에 반영된, 국내에서조차 구현된 국왕의 이중적 위상은 원 간섭기에 국한되지 않고 질적 변화 없이 조선 말기까지 지속되었다.[17]

조하의례를 통해 읽을 수 있는, 원 간섭기를 분기점으로 하여 국왕의 국내적 위상이 군주에서 '군주이면서 신하'로 전환된 사실은, 원 간섭기를 획기로 하여 국내에서도 제후국 체제가 운영된 것과 궤를 같이한다고 하겠다. 주지하듯 원 간섭기 들어 고려의 기존 황제국적 제도들은 몽골의 압력으로 인해 제후국의 위상에 걸맞은 방향으로 격하되어,[18] 황제국 체제라고까지는 할 수 없지만 상당 부문에서 황제 제도

17 최종석, 앞의 글, 2010b.
18 이익주, 「충선왕 즉위년(1298) '개혁정치'의 성격-관제官制개편을 중심으로」, 『역사와 현실』 7, 1992; 김기덕, 앞의 글, 1997 참조.

들이 운영되었던 체제에서 제후국 체제로 바뀌게 되었다. 원 간섭기 이후로도 상황은 마찬가지였다. 통념과는 달리, 소위 1356년^{공민왕 5}의 '반원개혁' 이후부터 원과의 관계가 지속된 1369년^{공민왕 18}까지 제후국 체제는 기본적으로 존속하였으며,[19] 그 흐름은 고려 말기에도 이어졌고 조선시기 들어서 제후국 체제는 보다 철저한 방식으로 개편·운영되었다.[20]

이렇다고 할 때 조선 초기 국왕·국가의 위상은 다음과 같이 정리해 볼 수 있겠다. 즉 당시 국왕은 국내에서도 군주이면서 신하인 위상을 보유하였고, 이러한 위상은 원 간섭기 이래로의 것이었다. 국가의 위상 역시 마찬가지여서, 당시 조선은 대내외적으로 공히 중국의 이역異域에 자리한 국가(外國)이면서 동시에 제후국이었고 이는 원 간섭기 이래로 지속되어 온 현상이었다.

그런데 조선 초기에 원 간섭기와 다름없이 제후국의 위상이 국내에까지 관철된 이유는 무엇일까? 앞서 언급한 바와 같이, 원 간섭기에 제후국의 위상이 고려 국내에까지 실현된 현상은 몽골의 외압으로 인한 피동적 조치의 결과였다. 조선 초기에도 제후국의 위상은 외압에 의한 수동적 차원에서 국내에 구현된 것일까? 그러하지 않다면 어떠한 맥

---

19 최종석, 「1356(공민왕 5)~1369년(공민왕 18) 고려-몽골(원) 관계의 성격-'원 간섭기' 와의 연속성을 중심으로」, 『역사교육』116, 2010c 참조.
20 이는 책봉-조공 관계의 변화상과 궤를 같이 한다. 책봉-조공 관계는 원 간섭기 들어 구래의 형식적 차원을 넘어 마치 주대 봉건제에서 천자와 제후의 관계와도 같이 본래적·당위적 상태로 변모하였고, 책봉-조공 관계를 통해 표상해 온 황제와 피책봉국 군주 사이의 군신 관계는 대외적 차원에 한정되지 않고 국내에까지 구현되었으며, 이러한 변화상은 그 이후로도 지속되었다. 이익주, 「세계질서와 고려-몽골관계」, 『동아시아 국제질서 속의 한중관계사-제언과 모색』, 동북아역사재단, 2010; 최종석, 앞의 글, 2010b; 최종석, 위의 글, 2010c 참조.

락에서였을까?

이러한 의문들을 풀기에 앞서 짚고 넘어가야 할 사실이 있다. 원 간섭기에 들어 변환된 책봉-조공 관계가 그 이후로도 지속되었다고 할지라도, 세력적인 측면에 있어서의 변화는 간과해서는 안 된다는 점이 그것이다. 원 간섭기에는 세력적인 측면에서 왕조체제의 보전이 장담되기 어려운 처지이다 보니, 고려 측은 몽골의 제후국 체제로의 개편 요구를 어쩔 수 없이 수용해야 했다.[21] 하지만 1356년공민왕 5의 소위 '반원개혁'을 기점으로 하여 그러한 강제력은 더 이상 지속되지 못하였다. 특히 공민왕을 폐위시키고 덕흥군德興君 타시테무르를 국왕으로, 기삼보노奇三寶奴를 원자元子로 삼은 몽골의 조치가 고려의 물리력에 의해 저지된 일은, 세력적인 측면에서 양국 관계가 변화하였음을 양측 모두에게 명확히 인지시켜주는 계기가 되었을 것이다.[22] 그리고 이러한 세력상의 변화는 고려(조선), 그리고 원을 대체한 명 사이에도 계속하여 적용되었다.[23]

---

21 충렬왕대 몽골은 원제와 상등相等되는 관제官制를 비롯한 고려의 황제국 제도들의 '참월함'을 문제 삼으면서 변개를 요구하였고, 고려는 '세조구제(불개토풍)'를 근거로 하여 이를 막아보고자 했으나 그 노력은 결실을 맺지 못하고 결국 제후국에 맞게 제도와 예식을 변경해야 했다. 『고려사』 28, 충렬왕 1년 10월 경술, 임술과 11월 계유; 『고려사』 28, 충렬왕 2년 3월 갑신; 『고려사』 33, 충렬왕 24년 5월 신묘; 『고려사』 31, 충렬왕 25년 4월 신해; 『고려사』 32, 충렬왕 27년 4월 기축; 『고려사』 32, 충렬왕 27년 5월 병오; 『고려사』 72, 지26 興服1 冠服 視朝之服, 忠烈王 27년 5월; 『元史』 208, 列傳95 外夷1 高麗, 成宗 大德 3년 1월 참조.

22 공민왕 폐위 사건과 관련한 주요 연구 성과는 다음과 같다. 민현구, 「新主(德興君)과 舊君(恭愍王)의 대결」, 『고려정치사론』, 고려대 출판부, 2004; 김형수, 「恭愍王 廢立과 文益漸의 使行」, 『한국중세사연구』 19, 2005; 이명미, 「奇皇后세력의 恭愍王 폐위시도와 高麗國王權」, 『역사학보』 206, 2010.

23 후대의 황제와 제왕諸王이 준수해야 할 가법家法으로 명 태조에 의해 만들어진 『황명조훈皇明祖訓』의 「조훈수장祖訓首章」에 수록된 조항들 가운데 하나에는 "吾恐後世子孫 倚中國富强 貪一時戰功 無故興兵 致傷人命 切記不可 (…중략…) 今將不征諸夷國名 開列於後"

이제 본격적으로, 조선 초기에도 제후국의 위상이 원 간섭기와 마찬가지로 국내에까지 구현된 당대 맥락을 해명해 보도록 하겠다. 이를 위해 제후국 위상의 국내에서의 실현을 둘러싼 조선과 명 양 측의 움직임을 살펴볼 것인데, 명明의 피책봉국 산천에 대한 새로운 인식을 매개로 하여, 피책봉국 경내에까지 천자의 지배를 구현하고자 한 명조의 움직임과 그 성격을 우선적으로 검토하고자 한다.

명조는 신부臣附한 국가의 산천을 중국 내의 것과 차별 없이 치제致祭 대상으로 인식하였다.[24] 1369년홍무 2 천하산천天下山川을 악독단嶽瀆壇에 부제祔祭하고는, 안남安南(베트남)과 고려가 신부臣附하였기에 양국의 산천을 중국의 것과 더불어 마땅히 동제同祭해야 한다는 생각에서, 명 태조는 중서中書와 예관禮官에게 이를 상고토록 유시하였다. 그 결과 안남의 산 21개, 강 6개, 수水 6개 및 고려의 산 3개와 수 4개를 (明)사전祀典에 등재하고 위판을 설치하여 치제致祭토록 하는 조치가 취해졌다.[25] 다음 해에는 안남, 고려, 점성占城(참파)에 사신을 보내 산천에 치제토록 하였는데, 당시 황제는 재계하고 친히 축문을 작성하기까지 하였다. 또한 황제는 관인을 보내 산천山川 신호神號의 혁정革正을 반포하였는데, 안남, 점성, 고려에까지 조서를 통해 그러한 사실을 알리도록 하였다.[26] 1373년홍무 6에는 유구제국琉球諸國이 이미 조공하였다고 하

라고 하여 명이 정벌하지 말아야 할 '제이諸夷'의 국명國名을 후술하였는데, 후술된 15개 국가들 가운데 조선국도 보인다. 이와이 시게키岩井茂樹에 따르면, 명 태조가 이러한 유훈遺訓을 남긴 데에는 명의 군사력이 몽골의 그것과 달리 해외파병에 의한 제국帝國의 무력시위와 영토 확장을 도모하는데 거의 불가능하였던 사실이 배경으로 작용하였다고 한다. 岩井茂樹, 「明代中國の禮制覇權主義と東アジアの秩序」, 『東洋文化』 85, 2005, 140면.

24 이하 명의 산천제에 관한 서술은 『明史』 49, 志25 禮3 吉禮3 嶽鎭海瀆山川之祀 其他山川 之祀를 전거로 한다.

25 『明太祖實錄』 47, 洪武 2년 12월 壬午.

여 그 국가의 산천에 제사하였다. 그러다 1375년홍무 8에 이르러 '경도京都에서도 이미 천하산천에 치제하는 것을 파罷하였기에 외국의 산천 또한 천자가 마땅히 친제親祭해야 하는 대상이 아니다'라고 하는 예부 상서 우량牛諒의 문제제기를 계기로, 중서와 예신禮臣이 외국 산천을 각 성省에서 부제附祭할 것을 건의하였고, 이 제안은 재가되었다. 그리 하여 고려의 산천은 요동성에서 부제되었다. 참고적으로 안남과 점성 의 산천은 광서성에서, 일본과 유구의 산천은 복건성에서 부제되었다. 외국 산천의 위판은 성省 내 산천의 위판과 위치와 방향을 달리하기는 했지만, 제사는 동단同壇에서 함께 거행되었다.[27] 피책봉국 산천에 대 한 명의 해당 조치는 이후로 별다른 변화 없이 적용되었던 듯하다.

이처럼 1375년홍무 8 이전에 피책봉국의 산천, 정확히 말하자면 명 산대천은 명나라 경도京都의 악독단嶽瀆壇에서 악진해독嶽鎭海瀆이 치제 될 시에 부제되는 명의 명산대천의 일부였다. 1375년홍무 8 이후로는 명산대천에 대한 치제가 이전과 달리 소재所在한 해당 성省에서 이루어 지게 되는 변화가 있기는 하였지만, 피책봉국의 산천이 명의 천하산천 가운데 일부인 점에서는 변화가 없었다.

주목해야 할 사실은 피책봉국의 명산대천을 중국 내의 그것과 마찬 가지로 천하산천의 일부로 간주하여 명 측의 치제 대상에 포함시킨 현 상이, 이와 궤를 같이 하는, 명 황제가 사신을 보내 피책봉국의 산천에 치제한 일과 마찬가지로 명대 들어 새로이 출현하였다는 점이다.[28] 그

---

26 『明太祖實錄』 53, 洪武 3년 6월 癸亥.
27 『明太祖實錄』 97, 洪武 8년 2월 癸巳.
28 최종석, 「여말선초 명明의 예제와 지방 성황제城隍祭 재편」, 『역사와 현실』 72, 2009 참조.

이전에는 이와 같은 현상이 나타난 바 없다. 이념적으로야 천자(황제)의 통치 범위는 천하이고 천하에는 중국뿐만 아니라 외이外夷의 영역도 포함되기에, 피책봉국의 산천이 천하의 명산대천에서 배제되지 않으며 천자(황제)가 사신을 보내 피책봉국의 명산대천에 제사할 수 있다. 하지만 명대 이전까지 이러한 일은 실행되지 않았다.[29] 다만 원대에는 예제禮制(山川祭) 차원에서라고 할 수는 없지만 그 단초랄 수 있는 현상이 보이기는 한다. 곧 원 황제가 고려에 보낸 강향사降香使가 『고려사』에서 확인되는 점이라든가, 황제의 성지聖旨를 받은 원판院判이라 불리는 원 관인이 고려 금강산 등에 강향降香하러 가는 이야기가 『박통사朴通事』에 수록된 점[30]이라든가 하는 사실은, 단속적이고 비정기적이기는 하나 원 황제의 명을 받은 몽골의 관원이 고려 산천에 치제하러 왔음을 보여준다고 할 수 있다. 이것으로 보아 명대 피책봉국 산천에 대한 새로운 인식의 단초는 원대에 마련되었을 공산이 크다고 하겠다.[31]

피책봉국 산천에 대한 이와 같은 명의 인식은 새로이 출현한 시대격時代格을 지닌 것으로 명대에서 중화질서의 새로운 전개와 맞물려 있었다. 중화질서는, 천하가 공간적·종족적·문화적으로 '문명 중화'와

---

29 가령 1370년홍무 3 명 측이 사신을 안남, 고려, 점성에 보내 해당 국가의 산천에 제사토록 한 사정을 상세히 기록하고 있는 『명태조실록明太祖實錄』48, 홍무 3년 1월 경자庚子 기사에 따르면, 고전에 기대어 천자(황제)는 신부臣附한 피책봉국의 산천에까지 망제望祭를 행해야 한다고 언급하고 나서는, 사신을 보내 피책봉국 경내에서 치제토록 한 바를 들어본 적이 없다고 토로하고 있다.
30 『朴通事諺解』上.
31 원명사元明史의 관점에서 원과 명의 연속된 측면을 탐색한 연구로 檀上寬, 『明代海禁＝朝貢システムと華夷秩序』, 京都大學學術出版會, 2013 가운데 '第三部 明代朝貢體制と華夷秩序' 참조.

'비문명 이적'으로 구성되었다는 세계관인 중화사상을 축으로 형성된 질서였다. 중화사상의 세계관 속에서 중화의 군주인 천자(황제)는 '문명 중화'의 핵심에 해당하는 덕德 · 예禮를 가지고 중화뿐만 아니라 이적 또한 다스려야만 하는 존재였다. 그러하기에 이념상으로는 천자(황제)를 정점으로 한 지배의 질서가 중국 밖에 있는 이적에까지 미쳐야만 했다. 하지만 원대 이전까지 중화질서의 현실적 구현은 정도의 차이가 있지만 이념과는 큰 폭으로 괴리되어 있었다. 중국의 황제국은 원대 이전까지 천자(황제)를 정점으로 한 지배질서를 피책봉국 내부에 관철시킬 역량도 의지도 없거나 부족하였고, 피책봉국 측에서도 중화질서를 보편적, 당위적인 것으로 간주하는 세계관이 부재하거나 미약하였던 까닭에, 중화질서는 책봉-조공 관계를 매개로 대외 방면에 국한되어 황제와 피책봉국 군주 사이에 군신 관계가 성립되는 것을 통해 형식적으로나마 구현되었다.[32] 달리 말해, 당시 피책봉국 군주는 국내에서는 신하(제후) 위상을 보유하지 않고 있었다.

그러다 전통적인 중국의 영토를 상징하는 구주九州(협의의 천하)뿐만 아니라 이적까지를 포함한 세계(광의의 천하)를 실효적 지배영역으로 인식한 원조를 뒤이은 명조는 유교 이데올로기를 활용하여 전前왕조의 천하질서를 계승하였다.[33] 곧 화이질서는 천자의 지배가 중국(구주)에 한정되지 않고 번국의 경내에까지(광의의 천하) 실현되는 방식으로 거듭났다. 달리 말해, 명 측은 피책봉국 경내에까지 천자(황제)의 지배

---

32 이성규, 앞의 글, 2005 참조.
33 檀上寬, 『明代海禁＝朝貢システムと華夷秩序』, 京都大學學術出版會, 2013 가운데 '第三部 明代朝貢體制と華夷秩序' 참조.

가 구현되는 책봉–조공 관계를 기대하였다. 물론 피책봉국 경내에 천자(황제) 지배의 구현은 예제를 매개로 해서였다.[34] 앞서 본, 산천제에서 보이는 명에서의 새로운 현상과 인식은 이러한 흐름의 일환에서 발생한 것이었다.

명은 예제를 매개로 하여 천자(황제)의 지배가 피책봉국 경내에까지 구현되기를 기대하였는데, 천자(황제)의 천하 지배의 차원에서 피책봉국 경내에까지 구현된 예禮는 크게 보아 두 유형으로 구분될 수 있다. 하나는, 천자(황제)의 천하 명산대천에의 제사와 같은 유類로, '중국'에 국한되지 않고 피책봉국에까지 적용되는 예禮이다. 달리 말해, 그것은 천자(황제)의 천하 지배의 차원에서 중국과 피책봉국으로 구성된 천하를 대상으로 하여 동시적이고 동일하게 구현된 예라고 할 수 있다.

다른 하나는 천자(황제)를 정점으로 설정된 위계질서 속에서 피책봉국의 위상에 부합하는 예이다.[35] 가령 이전 왕조들과 달리 번국蕃國 내에서 번국이 명(황제)을 대상으로 거행해야 하는 의례라 하여 명조가 직접 작성한, '번국접조의주蕃國接詔儀注', '번국수인물의주蕃國受印物儀注', '번국정단동지성수솔중관망궐행례의주蕃國正旦冬至聖壽率衆官望闕行禮儀注', '번국진하표전의주蕃國進賀表箋儀注' 등이 이에 해당한다.[36] 이들 의례는 1370년홍무 3 9월에 편찬된 『대명집례大明集禮』의 빈례에 수록되어 있다.[37]

34 岩井茂樹, 앞의 글, 2005; 夫馬進, 「明淸中國による對朝鮮外交の鏡としての對ベトナム外交 – 冊封問題と「問罪の師」を中心に」, 紀平英作 編, 『グローバル化時代の人文學 – 對話と寬容の知を求めて』下, 京都大學學術出版會, 2007 참조.
35 두 번째 유형의 예와 관련해서는 정동훈, 앞의 글, 2012 참조.
36 岩井茂樹, 「明代中國の禮制覇權主義と東アジアの秩序」, 『東洋文化』 85, 2005.
37 고려의 요청에 응하여 명 측이 제작하여 사여하였으며 고려 말기와 조선 초기 대명 외교 의례의 교과서라 할 수 있는 『번국의주蕃國儀注』는 이들 의례로 구성된 책자였다. 최종석, 「고려 말기·조선 초기 迎詔儀禮에 관한 새로운 이해 모색 – 『蕃國儀注』의 소개와 복

명이 예제를 매개로 하여 천자(황제)를 정점으로 한 지배질서를 피책봉국에 구현하고자 한 움직임을 살펴보았는데, 다음으로는 조선 초기에 원 간섭기와 다름없이 제후국의 위상이 국내적으로도 관철된 이유를 검토해 보도록 하겠다.

방식이 다르기는 하지만, 명은 원과 마찬가지로 피책봉국인 조선에서 제후국 체제가 운영되도록 하였고, 그러한 명의 압력으로 인해 조선이 제후국 체제를 운용하게 되었다고 생각해 볼 수 있다. 예제를 매개로 한 명 측의 움직임이 조선에서의 제후국 체제 운영에 있어 외부 환경으로 기능하였고 또한 그 운영에 전혀 영향을 주지 못했다고는 말할 수 없지만, 조선이 제후국 체제를 운용하게 된 데에는 여타 요인이 보다 주요하게 작용하였다고 하겠다. 이와 관련하여 예제를 포함한 조선 초기의 각종 제도가 원 간섭기에 비해 제후국의 명분에 보다 걸맞은 방향으로 개편·정비되어 간 사실을 주목할 필요가 있다. 몽골이 고려에 가한 압력은 명의 조선에 대한 그것과 비교가 될 수 없을 정도임을 감안할 때, 조선에 들어 한층 '온전한' 제후국적 예제 운영이 도모된 것을 원보다 가중된 명의 외압이라는 요인에서 그 이유를 찾는 방식은 지극히 곤란할 것이다.

그리고 보다 정확히는 조선 초기 제후국 위상의 국내적 관철은, 원 간섭기에서와는 달리, 외압과 사실상 무관하였다고 생각된다. 왜냐하면 예제를 매개로 하여 천자(황제)의 지배가 피책봉국 경내에까지 구현되고자 한 명의 조처는, 원이 고려로 하여금 제후국제를 운영하도록

원」, 『민족문화연구』 69, 2015a.

강제한 것과 달리, 피책봉국 내에 구속력을 지니고 있었다고 보기 어렵기 때문이다. 실제로 명조는 천자인 황제가 예제를 매개로 하여 중국과 번국들로 이루어진 천하를 다스리는, 새로운 방식의 화이질서를 구현하고자 하면서도, '성교를 스스로 하라(自爲聲教=聲教自由)'와 그 구체랄 수 있는 '의제儀制는 본속을 따르고 법은 옛 규정을 지키라(儀從本俗 法守舊章)' 하는 홍무제의 성지聖旨를 근거로 하여 번국 내에서 거행되는 의례들과 그 의주들 거의 대부분에 간여하지 않았다.[38]

예제를 매개로 하여 천자(황제)의 지배를 피책봉국 경내에까지 구현하고자 한 명의 조처가 구속력을 지니지 못하였음은 베트남의 사례에서 명확히 확인된다. 베트남(군주)은 대외방면에서 명(황제)을 대상으로 하여 '봉표칭신奉表稱臣'한 것과 달리, 국내적으로는 황제국 체제를 철저히 운용하고 있었다.[39] 이는 예제를 매개로 하여 황제의 지배를 피책봉국 경내에까지 구현하고자 한 명의 조치가 베트남에서는 사실상 무용지물에 불과하였음을 말해준다고 하겠다. 가령 베트남에서 명 천자(황제)를 대상으로 한 망궐례望闕禮가 시행되지 않았음은 물론이다. 전혀 의사가 없는 상대방을 대상으로 해서는, 망궐례望闕禮 유類의, 제

---

38 『태종실록』23, 태종 12년 5월 병술, "任添年崔得罪 回自京師 (…중략…) 其齎來禮部咨曰 近準朝鮮國王咨開 本國祖廟及社稷山川文廟等祭 未知聖朝禮制 藩國儀式 仍用前朝王氏舊禮 深爲未便 奏請頒降遵守 移咨到部 永樂十年三月初二日 本部官於奉天門 題奏奉聖旨 只從他本俗 恁禮部行文書去 着他知道." 이 기사에 따르면, 조선 국왕은 명 예부에 자문을 보내 조묘祖廟·사직社稷·산천山川·문묘文廟 등의 제사에 관한 명의 예제를 내려줄 것을 요청하였고, 이에 대해 명 예부는 '의례는 본속本俗을 따르라'고 하는 황제의 성지를 자문을 통해 전달해 왔다. 한편 '자위성교自爲聲教(=聲教自由)'와 '의종본속儀從本俗 법수구장法守舊章'에 관해서는 최종석, 「조선 초기 국가 위상과 '聲教自由'」, 『한국사연구』162, 2013a 참조.

39 山本達郎 編, 『ベトナム中國關係史─曲氏の擡頭から淸佛戰爭まで』, 山川出版社, 1975; 유인선, 『베트남과 그 이웃 중국』, 창비, 2012 참조.

후가 피책봉국 내에서 견지해야 할 것을 규정한 명의 예제는 통용될 수 없었던 것이다. 베트남의 경우에서 볼 수 있듯이, 명 측이 중화질서에 대한 새로운 인식을 바탕으로, 예제에 국한되기는 하나 피책봉국 경내에까지 천자(황제) 지배를 구현하고자 한다고 할지라도, 명의 해당 조치는 번속국의 호응(?)이 동반되지 않으면 사회적 의미를 지닐 수 없었다.

따라서 예제를 매개로 하여 천자(황제)의 지배를 피책봉국 경내에까지 구현하고자 한 명의 조처가 구속력을 지니지 못하였음에도 조선시기 들어 제후국 체제의 운영이 보다 철저하게 도모된 까닭은, 몇몇 연구에서 지적된 바와 같이 조선의 자발적 움직임, 구체적으로는 제후국 위상의 견지와 이와 맞물린 보다 철저한 제후국제 구현의 지향[40]에서 그 해답을 찾는 것이 타당할 것이다. 곧 조선 초기 제후국 위상의 국내적 관철은 조선의 자발적 움직임을 실질적 요인으로 하였고 이를 배경으로 하여 명의 조치도 실효를 거둘 수 있었던 것이다. 이렇다고 할 때 규명되어야 할 문제는 조선의 이러한 행위를 당대적 맥락에서 파악하는 일이 될 것이다. 이러한 작업이 제대로 이루어진다면, 조선 초기에 제후국적 체제가 철저히 운영되게 된 이유가 보다 온전히 드러날 것이다.

---

40 최종석, 「조선 초기 '時王之制'의 논의 구조의 특징과 중화 보편의 추구」, 『조선시대사학보』 52, 2010a; 최종석, 앞의 글, 2010b; 최종석, 「『고려사』 세가 편목 설정의 문화사적 함의 탐색」, 『한국사연구』 158, 2012; 최종석, 앞의 글, 2013a 참조.

3. 제후국제 운영상의 고려 전기와 원 간섭기의 특징

조선에 들어 제후국의 위상 내지 제후국제가 보다 철저히 구현된 움직임은 어떠한 역사적 맥락에서 이루어진 것일까? 다음의 사실은 이 의문을 해명하는데 있어 중요한 실마리가 될 수 있다. 즉 제후국의 명분에 온전히 걸맞은 제도 운영은, 달리 말해, 명분을 철저히 견지하는 식의 제후국 체제의 운영은, 일반적인 상식과 달리 사실상 불가능에 가까운, 수많은 난제들을 해결해야 하는 성질의 일이라는 점이 바로 그것이다.[41]

제후국 체제를 운영한다고 할 때 그 제반 제도와 예제 등이 '완비되어' 있다고 생각하기 쉬우나, 실상은 전혀 그렇지 않다. 황제국의 제도·예제와 달리 제후국의 그것은 제대로 운영하고자 한다고 했을 때 미비하거나 애매모호한 부분들이 적지 않다. 황제국 체제의 경우 중국에서 운영되어 온 그러한 체제를 전면적으로 수용하는 방식을 통해 온전한 구현이 가능하다. 가령 베트남에서처럼 말이다.[42] 그런데 제후국 체제의 운영에 있어서는 그러할 수 없다. 조서-교서 조합 유類[43]와 같이 황제국제와 제후국제 각각에 부합하는 것이 마련되어 있는 경우들도 드물지 않으나, 황제국제에 해당하는 것은 있지만 그 짝으로 제후국 명분에 부합하는 대상이 사전事前에 '명확히' 구비되어 있지 못한

---

41 이 문제와 관련된 이하의 서술은 기본적으로 최종석, 위의 글, 2012, 46~50면에 의거하여 작성되었다.

42 베트남의 황제국 체제에 관해서는 山本達郎 編, 앞의 책, 1975; 유인선, 「中越關係와 朝貢制度」, 『역사학보』 114, 1987 참조.

43 폐하-전하, 만세-천세 등의 조합이 그러한 유類에 해당하는 사례들이다.

경우들 또한 적지 않다.

황제국제와 제후국제 사이의 이러한 식의 비대칭은 기본적으로 진秦·한漢 이래로 '중국'의 왕조가 황제국 체제로 운영되어 온 데서 기인하였을 것이다. 달리 말해, 중국에서는 제후국 체제의 운영을 위한 제반 제도와 예제 등이 완비될 필요가 없어 왔던 것이다.[44] 이러한 이유에서 '중국' 밖에 위치한 제후국이 그 명분에 온전히 걸맞은 제도를 철저하게 운영하고자 할 때, 조서-교서 조합 유類의 제도에 있어서는 제후국에 부합하는 교서 유類의 제도를 선택·운용하면 문제없지만, 황제국에서 쓰이는 혹은 사용되었던 제도로 그것의 제후(국) 버전version이 부재하거나 불분명한 경우에 있어서는 어떤 식으로 해당 제도를 운용해야 하는 지의 문제는 상당한 고심거리가 되었을 것이다.

고심거리가 되었을 수 있는 대표적인 문제들은 이러하다. 첫째, 황제국에서 사용되었거나 현재 쓰이는 제도로 제후국에 이미 수용된 것들을 대상으로 하여, 이 가운데 명분과 무관하여 제후국에서 그대로 사용되어도 무방한 것과 그렇지 않은 제도를 정확히 선별할 수 있느냐하는 점이다. 중국으로부터 수용되어 사용되어 온 제도들 가운데 일부는, 황제국과 제후국의 구분 없이 공히 통용될 수 있는 것과 명분과 관련되어 제후국에서의 사용 시에는 별도의 조작이 요구되는 제도 가운데 어느 것에 해당하는 지가 불분명할 수 있었다. 제후국의 명분에 온전히 걸맞은 제도를 철저하게 운영하고자 한다고 할 때, 이 사안과 관련한 '올바른' 판단 요구는 회피될 수 없었을 것인데, 해당 사안을 해결

---

44 친왕 등의 '중국' 내 제왕諸王이 존재한 경우들이 있었으나, 이들은 황제체제·군현체제 하에서 온전한 국가체제를 운영할 처지에 있지 못하였다.

할 수 있는 분명하고 논란 없는 '정답'은 사실상 없다시피 하다 보니, '올바른' 판단을 내린다는 것 자체가 애초부터 무리한 일일 수 있었다.

둘째, 수용된 제도가 황제에 국한되는 것이라는 사실이 비교적 분명하다고 할지라도, 그것의 제후국 버전이 존재하지 않거나 불분명하여 이를 그대로 사용해야 할지 새로운 '무엇'으로 대체해야 할지, 그리고 만약 후자일 경우 새로운 '무엇'의 구체는 어떤 것이 되어야 하는지 등의 고민이다. 또한 수용되어 사용되어 온 혹은 도입될 황제국적 제도를 제후국의 명분에 부합하도록 격하한다고 할 때, 어느 정도까지 강격降格을 해야 하는 지가 명료하지 않아 이를 둘러싸고 논란이 발생할 수도 있었다. 이외에도 제후국의 명분에 온전히 걸맞은 제도를 철저하게 운영한다고 할 때 제기될 수 있는 난제들은 더 있을 수 있고, 실제로도 그러하였다.

이렇듯, 제후국 체제를 '온전히' 구현하고자 하는 기획에서 이에 부합하는 제도와 예제를 설정하고자 하는 일은, 조서-교서 조합 유類에서 교서 유類의 제도와 예제를 선택·운용한 것에 한정되지 않는, 적지 않은 난제들과 직면하여 해결해야 하는 성질의 사안이었다.

이러한 점을 염두에 둔 채 원 간섭기 제후국 체제의 운영에 접근하여, 그것의 시대적 특질을 보다 구체적으로 파악해 보고자 한다. 당시에도 제후국 체제가 운영되었음은 주지의 사실인데, 결론부터 말하자면, 제후국 체제의 운영 과정에서 앞서 언급한 바와 같은 식의 난제가 부각되거나 이를 놓고 고심한 흔적은 사실상 보이지 않고 있다. 당시 고려는 수동적인 태도로 몽골이 문제 삼거나 문제 삼을 만한 황제국제에 한정하여 제도를 개편하는 경향을 노정하였다. 그리고 몽골이 개정된 제도를 문제 삼지 않는다면, 기본적으로 그것이 제후국의 명분에 제대로 부합하는지 여부는 관심사가 아니었다.[45] 몽골 측도 고려에 대한 간섭·지배를 원활하게 하는 차원에서 제후국제로의 격하를 고려 측에 요구한 것이지, 온전한 제후국 체제의 운영에는 애초부터 관심이 없었다.

다음 사례는 당시의 분위기를 잘 말해주고 있다. 고려는 1301년^{충렬왕 27} 5월 참월함 때문으로 생각되는 이유에서 원제元制를 헤아려 자황포䃫黃袍를 지황포芝黃袍로, 황산黃傘을 홍산紅傘으로 대체하였다. 그러다 1304년^{충렬왕 30} 2월 고려는 황포黃袍와 황산黃傘의 사용이 '월례越禮'에 해당하는지 여부에 관한 몽골 측의 명확한 판단이 없는 사실을 확인하고는 이전의 조치를 번복하였다.[46] 자황포䃫黃袍를 지황포芝黃袍로, 황산黃傘을 홍산紅傘으로 대체한 조처는 몽골의 시선을 의식한 고려 측의 피동적 행위였고, 그러하다 보니 고려는 몽골 측이 황포黃袍와 황산黃傘의 사용을 문제 삼지 않을 것이라는 판단이 서자 이전의 조치를 번복하는 선택을 하게 된 것이다. 몽골 측도 '온전한' 제후국제의 구

---

45 원 간섭기에 개정·도입된 제후국 제도들 모두가 피동적 산물만은 아니었다. 드물기는 하나 이 가운데 자발적인 것도 있었다. 가령 충선왕은 국왕 사후 신하들이 묘호와 시호를 올리는 그 동안의 관행에 제동을 걸면서, 신하가 시호를 올리는 것은 불가하고 몽골(원)에 시호를 요청하는 것이 예禮에 부합한다고 하고는 몽골(원) 측에 표문을 올려 시호를 요청한 바 있다(『고려사』 33, 충선왕 복위년 10월 병신; 『고려사』 33, 충선왕 복위 1년 7월 임인; 『고려사절요』 23, 충선왕 복위 2년 7월). 그런데 자발적인 것들은 국왕에 의해 주도되었고, 이 과정에서 논란은 없었다. 기본적으로 그러한 국왕의 행위는 온전하고 철저한 제후국제 운영을 지향한데서라기보다는 국왕의 위상을 제고하고자 한 데서 비롯되었을 것으로 생각된다.

46 『고려사』 72, 여복1 冠服 視朝之服, 충렬왕 27년 5월. "服色擬於上國 以芝黃 代䃫袍 未幾 復用黃袍"; 『고려사』 32, 충렬왕 30년 2월 병신. "燃燈 王如奉恩寺 是日 以塔察兒王約言 朝廷未有明禁 復用黃袍黃傘"; 『고려사』 72, 여복1 儀衛 法駕衛仗. "忠烈王二十七年 五月 黃傘僭擬上國 以紅傘代之 遂除舞蹈警蹕之禮 三十年 復用黃傘."

현 차원에서 해당 문제의 정답을 모색하는 데 관심이 없었다.

원구제와 관련한 문제 또한 이와 궤를 같이 한다. 고려 성종대 이래로 시행되어 온 원구제는 통념과 달리 원 간섭기에도 중단되지 않았다.[47] 당대唐代에 완성된 환구제圜丘祭는 가장 비중 있는 동지사冬至祀 외에 정월 상신上辛(첫번째 辛日)에의 기곡제와 4월에의 기우제로 구성되었는데,[48] 고려는 당의 예제를 수용하면서도 동지사冬至祀는 배제하여, 원구제는 정월의 기곡제와 4월의 기우제만으로 이루어져 있었다.[49] 이들 정기적인 원구제 외에도 한발 시에 비정기적으로 기우 차원의 원구제가 거행되곤 하였다. 제후국에서의 원구제 시행은 명분상의 문제를 야기할 수도 있었지만, 고려시대 동안 원구제는 별다른 문제없이 설행되었다. 그러다 조선 초기 들어 '천자天子는 천지天地에 제사하고 제후諸侯는 경내境內 산천山川에 제사해야 한다(天子祭天地 諸侯祭境內山川)'식의 예禮가 공유되는 속에서 정기적인 원구제는 거행되지 못하게 되었고, 한발 시에 한해 기우 차원의 임시적인 원구제가 거행되곤 하였지만 이마저도 거행 여부를 둘러싸고 논란과 고민이 있어 오다가 궁극에는 임시적인 원구제조차 부정되기에 이르렀다.[50]

주목해야 할 점은 원 간섭기에 몽골 측이 제천례인 원구제의 거행을 참월하다고 문제제기한 바 없었고 고려 측 또한 '천자제천지天子祭天地

---

47 奧村周司, 「高麗の圜丘祀天禮と世界觀」, 武田幸男 編, 『朝鮮社會の史的展開と東アジア』, 山川出版社, 1997; 桑野榮治, 「高麗から李朝初期における圓丘壇祭祀の受用と變容－祈雨祭として機能を中心に」, 『朝鮮學報』 161, 1996 참조.
48 『開元禮』가 그러하였다. 金子修一, 『古代中國と皇帝祭祀』, 汲古書院, 2001 참고.
49 『고려사』 59, 志13 禮1 吉禮大祀 圜丘; 奧村周司, 앞의 글, 1997 참조.
50 桑野榮治, 앞의 글, 1996; 최종석, 「조선 초기 제천례와 그 개설 논란에 대한 재검토－태종·세종대를 중심으로」, 『조선시대사학보』 67, 2013b 참조.

제후제경내산천諸侯祭境內山川' 식의 예를 근거로 하여 원구제 설행의 명분상의 문제를 인식하거나 문제제기 하지 않은 사실이다. 조선 초기에는 참월함으로 인해 꽤나 논란이 되었고 궁극에는 폐지되기에 이른 원구제가 원 간섭기에는 고려와 몽골에게 공히 문제가 되지 않았던 것이다.

이렇듯 고려와 몽골 양측 모두 '온전한' 제후국제 구현에 관심이 없었고, 이러한 시대 분위기 하에서 제후국제 운영과 관련한 고심은 노정되지도 그러할 필요도 없었을 것이다.

그리고 이와 맞물려 원 간섭기에는 황제국제 내지 그것으로 간주될 수 있는 것들 가운데 제후국제로 개편되는 작업의 정도가 제한적일 수밖에 없었다. 후술하는 조선 초기의 양상과 비교할 때 이 점은 한층 분명해진다. 그러한 제도들로 원 간섭기에 간과되어졌거나 무방하다고 판단되었던 것들 가운데 적지 않은 제도들이 조선 초기에 개편되어졌다. 원 간섭기에 보이는 이러한 현상 역시 몽골 측의 '온전한' 제후국체제 운영에 대한 무관심과 고려 측의 피동적 차원에서의 제후국제 운영의 합작품이라고 할 수 있다.

조선 초기 제후국 체제 운용의 역사성을 살펴보기에 앞서, 고려 전기 제후국 체제 운영의 특징을 간략히 언급해 보겠다. 고려 전기 내에서도 몇몇 시기에 한해 제후국 체제가 지향·운영되었다. 고려 전기 천하관은 크게 자국중심 천하관, 화이론적 천하관, 다원적 천하관으로 갈리는데, 고려 전기 내에서는 전반적으로 다원적 천하관 계열의 인사들이 정국을 주도하였지만, 성종대 전반前半과도 같은 일부 시기에 한해서는 화이론자들이 정치를 주도하였다고 한다.[51] 화이론자들은 국내적으로도 제후국 체제를 지향·운영하였기에, 화이론자들이 정치를 주도한 시기에 있어서는 제후국 체제가 지향·운영되었다고 할 수 있다. 고려 전기 화이론자들에 의한 제후국 체제의 운영은 원 간섭기에서와는 달리 능동적 차원에서 이루어진 셈이 된다.

그런데 흥미로운 사실은 화이론자들이 정치를 주도하여 제후국 체제를 지향·운영한 시기에 있어서조차 제후국 체제가 불완전하게 운용된 점이다. 가령 성종대 전반의 제도 운영 양상을 보면, 종래의 황제국 제도들 가운데 일부만이 제후국제로 개편되었고, 도입·신설된 중국의 제도들 — 그러한 제도들 가운데 거의 대부분은 황제국제의 위격을 지님 — 중 극히 일부만이 제후국의 격에 맞게 변형·수용되었다. 다시 말해, 성종대 전반 화이론자들은 명분을 중시하여 황제국 제도를 제후국의 위상에 걸맞게 격하시키면서도 한편으로는 황제국 제도를 대거 수용하는 '모순적인' 행보를 보인 셈이다.[52] 이와 맞물려 '온전한' 제후국제 운영의 지향에 따른 난제를 발견하고 이를 고심한 흔적은 전혀 확인되지 않고 있다.

결국 당시 화이론자들이 자발적으로 제후국 체제를 지향·운영하였다고 할지라도, '온전한' 제후국제의 운영을 둘러싼 딜레마를 부각하고 이를 '타당하다고 판단되는' 방식으로 해결하고자 하는 지적 분위기는 갖추어지지 못하였다고 할 수 있다.[53]

---

51 노명호, 「東明王篇과 李奎報의 多元的 天下觀」, 『진단학보』 93, 1997; 노명호, 앞의 글, 1999.
52 박재우, 「고려 君主의 국제적 위상」, 『한국사학보』 20, 2005; 최종석, 앞의 글, 2012 참조.
53 별도의 논문을 통해 고려 전기 제후국체제 운영에 있어서의 인식론적 특징을 상세히 검토할 예정이다.

4. 명분 견지에서 비롯되는 난제와 분투하는 조선 초기

조선 초기 제후국 체제의 운영은 고려 전기의 일부 시기들 및 원 간섭기의 그것과 역사적 성격을 달리하고 있었다. 앞서 언급하였듯이, 제후국의 명분에 온전히 걸맞은 제도 운영은 사실상 불가능에 가까운, 수많은 난제들을 해결해야 하는 성질의 일이었는데, 조선 초기에 행해진 각종 문물제도의 정비 사례들을 들여다보면, 이들 난점을 발견하고 해결하기 위해 고심한 면모를 어렵지 않게 확인할 수 있다. 이러한 사실은 고려 전기와 원 간섭기에는 볼 수 없는 것으로 조선 초기의 시대적 특징을 반영한다고 하겠다. 여기서는 몇몇 해당 사례들을 통해 당시 시대적 분위기의 일단을 엿보고자 한다. 그러한 후에 이를 실마리 삼아 조선에서 이러한 움직임의 당대 맥락을 파악해 보도록 하겠다.

첫 번째 사례는 조선 초기에 이루어진 '수조하' 예식 개정에 관한 것이다.[54] 천자의제天子儀制의 외형을 지닌 의주儀註를 기본으로 하면서 원 간섭기에 참월한 일부 의식을 임기응변식으로 개정한 구래의 '수조하' 예식은 조선 초기에 개정 대상이 되어야 했다. 의주 자체의 심대한 결함에서가 아니라 달라진 인식론적 환경[55]으로 인해 전래의 '수조하' 예식은 불만족스럽게 여겨진 듯하다. 제후국 '분의分義'의 철저한 견지에서 보자면, 구래의 예식은 두드러지게 제후국의 '분의'를 위배하지는 않았어도, 천자의제天子儀制를 원 간섭기에 피동적이고 고식적으로

---

54 해당 사례에 대한 서술은 기본적으로 최종석, 앞의 글, 2010b, 256~258면을 토대로 작성되었다.

55 후술하듯 새로운 인식론적 환경이란 중화(문명)를 보편적인 것으로 여기는 세계관이 될 수 있겠다.

제후국 의제로 고쳐 사용하여 온 것이다 보니 불완전할 수밖에 없었다. 그리하여 제후(國)의 명분을 철저히 견지하고자 한 조선 초기에 이르러 황제의 신하인 제후가 그의 신하로부터 조하를 받는 예식에 '온전히' 걸맞은 의주를 마련해야 하는 과제가 의제로 부상하게 된 것이다. 그 결과 조선 초기에 여러 차례 관련 논의(상정)가 이루어졌다.

고민은 황제의 신하인 제후가 그의 신하로부터 조하를 받는 예식의 구체가 분명치 않은 데 있었다. 중국에는 황제가 그의 신하들로부터 조하를 받는 예식만이 존재하였을 따름이어서, 중국의 관련 제도 내지 서적에서 직접적 해답의 발견은 기대하기 어려웠다. 조선이 스스로 발견·부각하였다고 할 수 있는 숙제 ― 황제의 신하인 제후가 그의 신하로부터 조하를 받는 예식에 '온전히' 걸맞은 의주의 마련 ― 를 포기하지 않고 해결하려 한다면, 결국 나름의 해법을 강구해야만 했을 것이다.

1401년태종 1 탄일조하誕日朝賀를 폐지하자는 대사헌大司憲 유관柳觀 등의 건의가 그 시발이었다. 폐지 사유가 제시되지는 않았지만, '월분越分'이 그 이유였을 것으로 판단된다. 이러한 의견에 대해 태종은 조하의 관련 제도가 홍무예제洪武禮制에 의거하였고 홍무제가 외국 군주의 '수조하' 행위를 허용하였으며 당 태종을 제외하고는 이를 폐지한 전례가 없던 점을 근거로 반대하였다.[56] 홍무예제와 홍무제의 권위를 빌어 탄일조하誕日朝賀가 '월분越分'에 해당하지 않는다고 주장한 것이다. 이러한 논의(상정)는 그 이후로도 지속되었으니, 1430년세종 12 12월 무도舞蹈와 고두叩頭 등의 시행을 둘러싼 의논이 대표적이라고 할

---

56 『태종실록』 1, 태종 1년 5월 무술.

수 있다. 당시 고려 이래로 있어 온 무도舞蹈 시행은 제후국 분의의 견지 차원에서 없애는 것으로 결정된 반면, 신하의 국왕에 대한 고두叩頭는 논란이 있었지만 비단 황제에게만 행하는 것이 아니라 상하가 통행通行하는 예禮라고 하여 존치하였다. 이 밖에도 여러 결정들이 동일·유사한 맥락에서 이루어졌다.[57]

다음 사례로는 동단同壇에서 풍운뢰우風雲雷雨, 산천山川, 성황城隍을 합사合祀하는 문제를 두고 벌어진 논란이다.[58] 조선의 풍운뢰우산천성황단은 시왕지제時王之制인 홍무예제를 준용하여 태종대 도성에 설치되었고,[59] 그 이후로 이곳에서 풍운뢰우, 산천, 성황의 합제合祭가 이루어지고 있었다. 그러다 1426년세종 8 4월 박연朴堧 상서上書를 시작으로 하여 홍무예제에 의거한 풍운뢰우, 산천, 성황의 합사合祀 문제가 여러 차례 논란이 되고 있었다. 이 글에서는 이들 중에서 1436년세종 18 4월 동지중추원사同知中樞院事 민의생閔義生의 상서[60] 및 1438년세종 20 12월 박연의 상서를 둘러싼 논의를 살펴볼 것이다.

민의생은 당시의 한재旱災를 계기로 하여, 우택雨澤을 관장하는 풍운뢰우에 대한 치제가 고전에 부합해 오지 않은 문제점을 언급하였다. 그의 개정안은 합사 식이 아니라 각 방위에 풍단, 운단, 뇌단, 우단을 건립하여 각각 치제하는 방식이었다. 그는 '풍운뢰우를 산천단에 합제하는 것은 시왕지제時王之制여서 개정할 수 없다'고 한 견해를 논박하면

---

57 『세종실록』 50, 세종 12년 12월 무진.
58 이 문제에 대한 서술은 최종석, 앞의 글, 2010a, 19~26면을 토대로 하였다.
59 『태종실록』 21, 태종 11년 5월 무진. 정확하게 말하자면, 풍운뢰우산천성황제의 수용·시행과 수반하여 풍운뢰우산천성황단風雲雷雨山川城隍壇이 신설된 것은 아니라 기왕의 산천단이 풍운뢰우산천성황단으로 문패만 바꿔 단 셈이었다.
60 『세종실록』 72, 세종 18년 4월 신유.

서, 홍무예제[61]의 사직이 조선의 도성 사직과 상이한데다가 홍무예제에 없는 선농先農, 선잠先蠶, 우사雩祀, 영성靈星, 노인성老人星, 선목先牧, 마조馬祖, 마사馬社 등의 제사가 조선의 도성에서는 각각의 단에서 행해지는 사실을 들어, 유독 풍운뢰우만을 시왕지제라고 해서 방위方位의 제사, 곧 각 방위에 건립된 풍단, 운단, 뇌단, 우단에서의 치제를 행하지 않는 것을 옳지 못하다고 하였다. 그는 이를 보강하는 차원에서 홍무 18년1385의 명 태조 성지聖旨 안에 기재된 '의종본속儀從本俗 법수구장法守舊章'을 명이 친왕親王 구장九章의 법法을 반사頒賜한 사실과 함께 주지시키면서 굳이 홍무예제라는 주현의州縣儀를 예例로 삼아 준수할 필요가 없다고 했다. 이외에도 자고로 천신과 지기는 한 단壇에 잡처雜處하지 않는다는 사실을 들어 합제를 비판하였다.[62] 특히 시왕지제인 풍운뢰우의 산천단에의 합제를 비판하면서 친왕親王 구장九章의 법法의 반사를 언급한 것은, 주현의州縣儀인 홍무예제를 조선의 위상에 걸맞지 않은 예라고 깎아내리기 위한 의도에서였다고 할 수 있다.

이러한 그의 상서에 대해 의정부는 역대의 제도가 같지 않아 경솔하게 고칠 수 없는 점, 이 제도를 준용한지 이미 오래된 점, 그리고 합제를 고치지 않는 방향으로 이미 상정한 사실을 들면서, 조정정제朝廷定制(＝朝廷之制, 여기서는 구체적으로 홍무예제를 지칭) 및 조종성헌祖宗成憲에 의거하여 그전대로 할 것을 주장하였고, 국왕은 이 견해를 수용하였다.

이에 맞서 박연은 1438년세종 20 12월 상서를 올려 홍무예제인 시왕지제에 의거한 합제 시행을 비판하였다. 그의 합제 비판의 논리들 가

---

61 여기서의 시왕지제時王之制는 홍무예제를 지칭한다.
62 『세종실록』72, 세종 18년 4월 신유.

운데 이 글에서 주목되는 점을 소개하자면, "우리 조정은 역대 제후왕이 통행通行한 제도를 상고하지 않고 단지 홍무예제에 의거하여 (풍운뢰우, 산천, 성황의 합사를) 정하였습니다. 신이 그 제도를 살펴보니, 오등제후五等諸侯를 위하여 마련된 것이 아닙니다. 이것은 홍무 초년에 주부군현 경내境內에서 행할 수 있는 제사를 반행頒行한 것일 따름으로, 정례正禮가 아닙니다. 우리나라는 여러 제사의 예禮에 있어서 모두 제후의 제도를 사용하는데, 유독 천신의 제사에 있어서 어찌하여 정례正禮를 버리고 구간苟簡을 따르며 제후의 법도를 버리고 주현에 비의比擬하옵니까"라는 구절이 이에 해당한다. 요컨대, 풍운뢰우, 산천, 성황의 합사는 제후국에 부합하는 제도도 아니요, 정례正禮도 아니라는 것이다.

박연의 상서에 대해 이견기李堅基 등은 대체로 찬성하였으나, 정인지鄭麟趾는 조정지제朝廷之制, 구체적으로 홍무예제에 의거할 것을 주장하였으며, 심도원沈道源 등은 박연·민의생 등이 주장하는 각 방위에 풍단, 운단, 뇌단, 우단을 건립하여 각각 치제해야 하는 것이 천자의 일로, 후국侯國에서 통행하였음을 밝힌 명문이 없고, 풍운뢰우, 산천, 성황의 신을 각 포정사布政司63의 부·주·현에서 합제토록 한 홍무예제의 예문은 근거가 있을 것이며 포정사布政司의 제도는 제후국보다 아래라고 볼 수 없다고 하면서, 시왕지제를 경솔하게 고칠 수 없다고 하였다. 마지막으로 허조許稠와 황희黃喜 등 또한 산천단山川壇 제례祭禮가 원래 시왕지제時王之制이니 경솔히 의논하기 어려우니 다만 홍무예제 의주에서 작爵의 수를 폐백 수에 의거할 것을 건의하였다. 세종은 이

---

63 여기서 포정사布政司는 당시 명에서 민정을 담당한 지방최고행정기구인 포정사사布政使司를 의미할 것이다.

가운데 허조許稠와 황희黃喜 등의 의논을 채택하였다.[64]

당시의 논의에서 엿볼 수 있듯이, 어떤 방식으로 풍운뢰우 제사를 거행하는 것이 제후국 위상에 정확히 부합한 지는 분명치 않다. 이 때문에 제후(국)의 분의에 합당한 의례를 거행해야 한다는 것이 당시의 관인들 내에서 공유되었으면서도, 합제가 분의에 어긋나는지 여부를 둘러싸고 의견이 일치되지 못했던 것이다. 그리하여 논자에 따라서는 홍무예제와 같이 포정사의 부주현을 대상으로 하는 제도를 제후국에 통용하는 것이 위격位格을 낮춘 채 수용하는 것은 아니라고 하여, 홍무예제 준용을 강쇄降殺로 보는 비판에 적극적으로 대응하기도 했다. 물론 합사가 제후(국)의 분의에 어긋나지 않는다고 판단한 이들조차 그것이 제후국 분의에 정확히 부합한다고는 믿지 않았을 것이다.

이들 사례 외에도 제후(국)이기는 하나 친왕親王 등의 내신제후內臣諸侯[65]와 상이한 외국의 군주로서 왕작을 수여받은 존재라는 위상으로 인해 발생하곤 한 논란들이 있었다. 구체적으로는 일부 예식의 준수와 관련하여 어디까지 내신제후와 행보를 같이 해야 하고 어느 지점에서는 상이한 행보를 취할 수 있는 지를 놓고 논란이 발생하곤 하였다.[66]

몇몇 사례들을 통해서이기는 하나 조선 초기 당시 제후국 명분의 견지 속에서 문물제도의 정비가 이루어지고 있었고, 이 과정에서 비롯되는 여러 난제들은 간과·외면되지 않은 채 진지하게 대면되고 있었음을 확인할 수 있었다. 당시 이러한 유類의 사례는 꽤나 많아 어렵지 않

---

64 『세종실록』83, 세종 20년 12월 기사.
65 이것은 기내제후畿內諸侯, 중국제후中國諸侯, 내복제후內服諸侯 등으로도 칭해지곤 한다.
66 최종석, 앞의 글, 2013a에서 일부 사례를 소개하는 것을 포함하여 이 문제를 소략하게나마 검토한 바 있다.

게 여타의 것들을 찾을 수 있다.

그렇다면 조선 초기 문물제도의 정비에서 보이는 제후국 명분의 견지는 어떠한 맥락에서 이루어진 것일까? 그것이 현실의 중국인 '명'을 의식한 데서 비롯되었다고 생각하기 쉬우나, 그렇지는 않았다. 앞서 본 '수조하' 예식은 명의 관심사가 전혀 아니었지만, 관심 여부와 상관없이 '주체적으로' 제후국의 명분은 고심되었다. 이러한 유類의 사례들은 워낙 많아서 하나하나 꼽기가 어려울 정도이다. 더욱이 중국 측의 관심, 경우에 따라서는 문제제기가 있던 사안에서조차, 명이라는 변수는 제후국 명분의 견지에 있어 결정적인 동인으로 기능하지 못하였다.

이와 관련하여 세종 초년 무렵 제천례가 명 사신 주탁周倬의 문제제기로 중단되었다가 얼마 후 재개된 일은 음미될 필요가 있다.[67] 제천례의 부정은 주탁의 문제제기로 인한 것이 처음은 아니었다.[68] 고려 이래로 거행되어 온 원구제는 1412년태종 12에 이르러 국왕이 '천자제천지天子祭天地 제후제경내산천諸侯祭境內山川' 식의 예를 확고하게 받아들이는 속에서 폐지되었다. 그런데 극심한 가뭄 시에 한해서는 기우 행위의 온전한 효과의 발휘를 위해서 임시적인 원구제의 시행이 가능하다는 주장이 설득력 있게 받아들여진 분위기 속에서 기우 차원의 임시적인 원구제는 설행될 수 있었고, 실제로도 그러하였다. 그렇지만 임시적인 원구제의 시행은 안정적이지 못하여, 국왕을 비롯한 유자 관

---

67 『세종실록』 4, 세종 1년 6월 경진.

68 조선 초기 제천례에 관해서는 다음 논저들이 참고된다. 김태영, 「朝鮮初期 祀典의 成立에 대하여」, 『역사학보』 58, 1973; 한영우, 『朝鮮前期社會思想研究』, 지식산업사, 1983; 김상태, 「朝鮮 世祖代의 圜丘壇 復設과 그 性格」, 『한국학연구』 6·7, 1996; 桑野榮治, 앞의 글, 1996; 한형주, 『朝鮮初期 國家祭禮 研究』, 일조각, 2002.

료들에게 공히 당위적으로 수용되고 있던 '천자제천지天子祭天地 제후제산천諸侯祭山川' 식의 언설이 보다 환기될 시에는 그조차 부정되었다가, 한발 시에는 그 시행의 필요성이 보다 공감되면서 기우 차원의 임시적인 원구제가 설행되곤 하였다. 태종대 임시적인 원구제의 시행과 중단이 반복된 현상은 이러한 이유에서 발생한 것이었다.

명 사신의 문제제기로 제천례는 다시금 중단되었지만, 재해 시에 한해 제천례의 시행이 필요하다는 인식이 조선 자체 내에서 논리적으로 극복되지 않는 한 그 조치는 지속되기 어려운 것일 수밖에 없었다. 실제로 제천례는 곧바로 재개되어 1443년세종 25까지 지속되었다. 재개의 논리는 역시나 권도의 차원에서 제천례 시행의 필요성이었다. 조선 자체의 논리가 명의 문제제기를 앞선 셈이다. 같은 맥락에서 실질적인 제천례 부정은 명이 아닌 조선 자체의 논리에 의해 단행되었다. 곧 1443년에 이르러 극심한 가뭄 시에 한해 제천례 시행이 필요하다는 주장이 논리적으로 반박되었고,[69] 바로 이때가 그 동안 시행되어 온 기우 차원의 임시적인 원구제 시행의 동력이 완전히 소진되는 분기점이었다고 할 수 있다.[70]

이 사례에서 엿볼 수 있듯이, 조선 내에서 제후국 명분의 견지는 기본적으로 명에 의한, 혹은 명을 의식한 외향적 행위가 아니라 내적 동인을 토대로 한 움직임이었다.

그렇다면 제후국 명분 견지의 내적 동인은 무엇이었을까? 이 문제는 향후 연구 성과가 축적된 이후에야 한층 분명히 해명되겠지만, 필

---

69 『세종실록』 101, 세종 25년 7월 계해.
70 최종석, 앞의 글, 2013b 참조.

자의 현재 이해 수준에서 판단컨대, 제후국 명분의 견지는 그 자체가 아니라 보다 상위의 목적을 달성하고자 하는 차원에서, 구체적으로는 중화(문명)를 보편적인 것으로 여기는 세계관 속에서 이상적 중화 문명을 구현하고자 하는 일환에서 이루어졌을 것이다.

유의해야 할 바는 당시 바람직한 중화 문명의 구현이 조선의 시공간적 환경 및 국가 위상 등의 특수성을 숙고하면서 보편성을 추구하는 성격의 움직임이었을 것이라는 점이다. 곧 바람직한 중화 문물제도의 구현 과정에서는 제후(국) 명분 외에도 '시의時宜'를 비롯하여 풍토와 언어에 있어 중원과 상이한 별도의 공간(東國) 등등이 숙고·고민되었으며,[71] 이 점은 적지 않은 사례들을 통해 어렵지 않게 확인되는 바이다. 앞서 본 바와 같은, 분의를 고려하며 '온전한' 제후국제 운영과 관련한 난제를 발견하고 이를 고심한 조선의 모습은, 여타 요소들에 대한 고려考慮와 다를 바 없이 특수성을 외면하지 않은 채 바람직한 중화 문명을 구현하고자 하는 당시의 움직임의 일면이라 할 수 있다.[72] 앞서 검토한 사례들을 예로 들자면, 이 글에서는 명분 문제에 집중하여 '수조하' 예식 개정 및 풍운뢰우 제사 의례를 둘러싼 논란을 검토하였지만, 기록 전반은, 당시 조선의 처지에서 바람직한 '수조하' 예식과 풍운뢰우에 대한 제사 의례는 무엇이 되어야만 하는가 하는 열망 속에

---

71 최근 문중양은 15세기에 조선의 유자 관료(국왕 포함)가 중국의 풍토와 다른 동국東國에서 중화의 문물제도를 구현하고자 노력한 양상과 그 당대 맥락을 규명하고 있어 참고가 된다. 文重亮, 「세종대 과학기술의 '자주성', 다시 보기」, 『역사학보』189, 2006; 문중양, 「15세기의 '風土不同論'과 조선의 고유성」, 『한국사연구』162, 2013 참조.
72 당시 조선은 중화(문명)를 보편적인 것으로 여기는 세계관 속에서 이상적, 당위적 중화 문물제도를 구현하고자 했으며, 이러한 제도를 통해 구현하고자 한 것은 예적 질서의 실현이었던 바, 제도의 개편·운영에 있어 조선(군주)이 명(황제)의 제후라는 명분은 철저히 고려될 수밖에 없었을 것이다.

서, 명분을 비롯한 여러 문제들이 다각적으로 고심된 점을 보여주고 있다.

이상의 검토를 통해서 조선 초기에도 제후국의 위상이 원 간섭기와 마찬가지로 국내에까지 구현되었으며 더 나아가 제후국 체제가 보다 철저하고 온전하게 운영된 당대 맥락을 어느 정도나마 파악해 볼 수 있었다. 아울러 예제를 매개로 하여 천자(황제)를 정점으로 한 지배질서를 피책봉국에 구현하고자 한 명의 조치에 조선이 공명共鳴하게 된 맥락 또한 이해할 수 있을 것이다.

5. 여언 – 창의의 맥락과 회피할 수 없는 잠정성

글을 마무리하기에 앞서, 여러 난제들을 해결해 나가면서 제후국의 명분에 온전히 걸맞은 체제를 구현하고자 하는 과정에서 부수附隨될 수 있는 두 가지 사항 정도를 간략하게나마 짚어보고자 한다.

하나는 제후국 분의의 반영에서 비롯된 난제를 해결하고자 분투하면서 구현된 작업 결과물이 '창의적'인 면모를 지니게 되곤 한 점이다. 이는 당시의 작업이 단순히 보편성에 매몰되지 않고 조선의 특수한 처지를 숙고한 채 보편성을 지향한 데 따른 결과였을 것이다. 이상적이고 보편적인 중화문명의 구현이라는 자장磁場 내에서이기는 하나, 제후국 분의의 견지에서 비롯된 난제를 풀기 위해서는 나름의 해석이 개입되곤 하였고, 이로 인해 도출된 산물은 중국 문화에서는 등장한 바 없는 새로운 것, 곧 창의적 결과물이곤 하였다.[73] 중화(문명)를 보편적인 것으로 여기는 세계관 속에서 창의적 문물제도가 창출되곤 한 셈이다.

다른 하나는 바로 위의 문제와 직결되는 것으로 당시의 지적 환경에서는 창의적 결과물이 이상적이고 보편적인 중화문명의 구현에 제대로 부합하는지 여부와 관련하여 회의 내지 불안의 여지가 존재할 수밖에 없었을 것이라는 점이다. 왜냐하면 제후국 분의의 견지에서 비롯될 수 있는 특정 난제를 나름의 고민을 통해 해결한 결과물이 해당 사안에 있어서 보편의 '구체'라는 것을 객관적으로 보장해 줄 수 있는 판단의 주체 내지 근거가 부재하였기 때문이다. 그리하여 경우에 따라서는 이러한 창의적 산물을 둘러싸고 논란이 일곤 하였다. 즉 창의적 산물이 이상적이고 보편적인 중화문명의 구현에 해당한다고 보는 견해가 있는가 하면, 그렇지 못하기에 다른 해법이 강구되어야 한다는 의견이 제기되어, 양측 간에 의견 대립이 발생하곤 하였다.[74]

---

73 이것이 중화 문명의 추구로부터 탈피하여 '민족적인' 문물제도를 지향하는 것과 무관한 일임은 물론이다.

74 이상의 두 사항에 관해서는 최종석, 앞의 글, 2010a; 최종석, 앞의 글, 2012; 최종석, 앞의 글, 2013a 참조. 중국과의 '풍토부동風土不同'을 고려하면서 이상적이고 보편적인 중화 문물제도를 구현하고자 하는 과정에서도 창의적 문물제도가 창출되곤 하였고, 이것이 이상적이고 보편적인 중화문명의 구현에 해당하는 지 여부를 둘러싸고 논란이 발생할 수 있었다.

참고문헌

권선홍, 『전통시대 동아시아 국제관계』, PUFS, 2004.

민현구, 『고려정치사론』, 고려대 출판부, 2004.

심재석, 『高麗國王 冊封 研究』, 혜안, 2002.

유인선, 『베트남과 그 이웃 중국』, 창비, 2012.

전해종, 『韓中關係史 研究』, 일조각, 1970.

한영우, 『朝鮮前期社會思想研究』, 지식산업사, 1983.

한형주, 『朝鮮初期 國家祭禮 研究』, 일조각, 2002.

金子修一, 『古代中國と皇帝祭祀』, 汲古書院, 2001.

檀上寬, 『明代海禁＝朝貢システムと華夷秩序』, 京都大學學術出版會, 2013.

山本達郎 編, 『ベトナム中國關係史－曲氏の擡頭から淸佛戰爭まで』, 山川出版社, 1975.

John K Fairbank ed., *The Chinese World Order*, Harvard University Press, 1968.

김기덕, 「고려의 諸王制와 皇帝國體制」, 『국사관논총』 78, 1997.

김상태, 「朝鮮 世祖代의 圜丘壇 復設과 그 性格」, 『한국학연구』 6·7, 1996.

김태영, 「朝鮮初期 祀典의 成立에 대하여」, 『역사학보』 58, 1973.

김형수, 「恭愍王 廢立과 文益漸의 使行」, 『한국중세사연구』 19, 2005.

文重亮, 「세종대 과학기술의 '자주성', 다시 보기」, 『역사학보』 189, 2006.

_____, 「15세기의 '風土不同論'과 조선의 고유성」, 『한국사연구』 162, 2013.

노명호, 「東明王篇과 李奎報의 多元的 天下觀」, 『진단학보』 93, 1997.

_____, 「高麗時代의 多元的 天下觀과 海東天子」, 『한국사연구』 105, 1999.

박원호, 「근대 이전 한중관계사에 대한 시각과 논점」, 『한국사시민강좌』 40, 일조각, 2007.

박재우, 「고려 君主의 국제적 위상」, 『한국사학보』 20, 2005.

유인선, 「中越關係와 朝貢制度」, 『역사학보』 114, 1987.

이성규, 「中華帝國의 팽창과 축소－그 이념과 실제」, 『역사학보』 186, 2005.

이명미, 「奇皇后세력의 恭愍王 폐위시도와 高麗國王權」, 『역사학보』 206, 2010.

이익주, 「충선왕 즉위년(1298) '개혁정치'의 성격－관제官制개편을 중심으로」, 『역사와

　　　현실』7, 1992.

＿＿＿, 「세계질서와 고려－몽골관계」, 『동아시아 국제질서 속의 한중관계사－제언과 모색』, 동북아역사재단, 2010.

임기환, 「국제관계」, 『새로운 한국사 길잡이』上, 지식산업사, 2008.

정동훈, 「명대의 예제질서에서 조선국왕의 위상」, 『역사와 현실』84, 2012.

정다함, 「'한국사' 상의 조선시대상－조선 전기를 중심으로」, 『사이間SAI』8, 2010.

추명엽, 「고려 전기 '번' 의식과 '동서번'의 형성」, 『역사와 현실』43, 2002.

＿＿＿, 「高麗時期 海東 인식과 海東天下」, 『한국사연구』129, 2005.

최승희, 「개요」, 『한국사』22(조선 왕조의 성립과 대외관계), 국사편찬위원회, 1995.

최종석, 「여말선초 명明의 예제와 지방 성황제城隍祭 재편」, 『역사와 현실』72, 2009.

＿＿＿, 「조선 초기 '時王之制'의 논의 구조의 특징과 중화 보편의 추구」, 『조선시대사학보』52, 2010a.

＿＿＿, 「고려시대 朝賀儀 의례 구조의 변동과 국가 위상」, 『한국문화』51, 2010b.

＿＿＿, 「1356(공민왕 5)～1369년(공민왕 18) 고려－몽골(원) 관계의 성격－'원 간섭기'와의 연속성을 중심으로」, 『역사교육』116, 2010c.

＿＿＿, 「『고려사』 세가 편목 설정의 문화사적 함의 탐색」, 『한국사연구』158, 2012.

＿＿＿, 「조선 초기 국가 위상과 '聲教自由'」, 『한국사연구』162, 2013a.

＿＿＿, 「조선 초기 제천례와 그 개설 논란에 대한 재검토－태종·세종대를 중심으로」, 『조선시대사학보』67, 2013b.

＿＿＿, 「고려 말기·조선 초기 迎詔儀禮에 관한 새로운 이해 모색－『蕃國儀注』의 소개와 복원」, 『민족문화연구』69, 2015a.

＿＿＿, 「베트남 外王內帝 체제와의 비교를 통해 본 고려 전기 이중 체제의 양상」, 『진단학보』125, 2015b.

하현강, 「高麗食邑考」, 『역사학보』26, 1965.

황운용, 「高麗諸王考」, 『又軒丁仲煥博士還曆紀念論文集』, 1974.

桑野榮治, 「高麗から李朝初期における圜丘壇祭祀の受用と變容－祈雨祭として機能を中心に」, 『朝鮮學報』161, 1996.

森平雅彥, 「高麗王位下の基礎的考察」, 『朝鮮史研究會論文集』36, 1998.

奧村周司, 「高麗の圜丘祀天禮と世界觀」, 武田幸男 編, 『朝鮮社會の史的展開と東アジア』, 山川出版社, 1997.

岩井茂樹,「明代中國の禮制覇權主義と東アジアの秩序」,『東洋文化』85, 2005.

夫馬進,「明淸中國による對朝鮮外交の鏡としての對ベトナム外交－冊封問題と「問罪の師」を中心に」,紀平英作 編,『グローバル化時代の人文學－對話と寬容の知を求めて』下, 京都大學學術出版會, 2007.

—3부—

예치禮治와 예속禮俗
예교질서의 구조와 향촌문화

모순과 갈등의 인정仁政
선조조를 통해 본 조선의 유교정치와 재정구조
허남린

조선 후기 예교禮敎적 시선의 변주와 변화
박종천

17세기 초 서애학단西厓學團과 상주지역 사회의 재건
김형수

문중과 공동체
파평윤씨 노종파 종족 운동의 재검토
김문용

모순과 갈등의 인정仁政

선조조를 통해 본 조선의 유교정치와 재정구조

허남린

1. 머리말

　흔히 인정仁政은 맹자의 정치이념의 핵심으로, 공자의 교민敎民 혹은 치민治民 개념과 비교되곤 하지만, 그 실제적 내용에 있어서는 양자 모두 양민養民의 이상으로 귀착된다고 할 수 있다. 맹자가 이야기하는 인정仁政은 사람이면 누구나 구유하고 있는 인심仁心에 기초하여, "남에게 차마 하지 못하는 마음不忍人之心"으로 정치를 행하여 천하를 다스리는 양민의 이상을 가리킨다. 조선에서는 건국 초기부터 양민의 왕도정치를 인정仁政으로 규정하고 이의 실현을 위해 힘을 기울였다.

　인정仁政에서 논의되는 양민론養民論은 다양하게 전개되어 왔다. 이 가운데, 여기에서는 두 방향의 가치지향에 주목하고자 한다. 하나는 민생에 관한 것으로, 맹자는 양혜왕이 정사政事에 대해 물었을 때 다음과 같이 대답하였다. "백성들로 하여금 농사의 때를 어기지 않고 농사를 잘 짓게 하면 곡식을 이루 다 먹을 수 없게 됩니다. 그물눈이 촘촘한 그물을 못이나 강 속에 넣지 않으면 물고기가 자라 이루 다 먹을 수 없게 됩니다. 때에 맞추어 산림에 들어가 도끼로 벌목하면 재목을 이루 다 쓸 수 없게 됩니다. 곡식과 생선과 자라 등의 식량이 풍족하고, 재목 등이 쓰고 남을 정도로 많으면, 그때에 비로소 백성들로 하여금 양생養生과 상사喪事를 유감없이 하게 할 것입니다. 유감없이 양생과 상사를 하게 하는 것이 왕도(정치)의 시발점입니다."[1] 즉 맹자는 백성들로 하여금 음식과 가옥이 충족한 가운데 삶을 안정적으로 영위할 수 있게 하는 양민養民의 정치를 강조하였다.

다른 하나는 부세賦稅에 관한 것으로, 맹자는 이를 다음과 같이 비유했다. "세금으로 여름에는 베와 비단을 징수하고, 가을에는 곡식을 거두고, 겨울에는 요역을 부과한다. 그러나 도를 지키는 임금은 한 번에 한 가지만을 부과하고 나머지는 늦추어 준다. 한 번에 두 가지를 거두어 들이면 백성들 중에 굶어 죽는 자가 생기게 마련이다. 동시에 세 가지를 부과하면 백성들은 부자가 서로 흩어지게 된다."[2] 민생의 안정을 위한 양민에 있어 과도한 부세와 부역을 경계하는 말이다.

민생의 안정과 조세의 경감을 강조하는 맹자의 유교적 인정론仁政論은 무엇보다 기본적으로 물질적 생활이 안정되어야 함을 강조한다. 이는 유교정치에서 곧잘 인용되는 다음의 귀절에 그 이유가 잘 드러나 있다. "백성들이 따르는 삶에는 원칙이나 도리가 있습니다. 일정하고

---

1 『孟子』「梁惠王上」.
2 『孟子』「盡心下」.

안정된 생산이나 재산이 있으면, 한결같은 마음을 지니게 됩니다. 그러나 일정하고 안정된 생산이나 재산이 없으면 한결같은 마음도 없게 됩니다. 만약에 한결같은 마음이 없게 되면 그때에는 방종이나 방탕, 편벽이나 괴벽, 사악이나 간사, 사치나 음란 등을 거침없이 저지르게 됩니다. 백성들이 죄악에 빠지게 된 다음에 뒤따라 그들에게 형벌을 내리는 것은 바로 백성을 법망에 걸리게 하는 것과 다름이 없습니다."[3] 이와 관련된 것으로, 맹자의 다음 귀절도 유명하다. "고대의 명군明君은 민생을 안정되게 하고, 반드시 위로는 족히 부모를 잘 봉양할 수 있게 하고, 아래로는 족히 처자를 양육할 수 있게 했습니다. 풍년에도 평생토록 배불리 먹고 잘 살며, 흉년에도 굶어 죽는 것을 면하게 했습니다. 그런 다음에 백성들을 교육하고 독려하여 착한 길을 가게 했습니다. 고로 백성들이 윤리 도덕을 따르고 행하기가 용이했습니다."[4]

맹자는 생존에 필요한 물질이 없이는 유교적 교화는 이루어지기 힘들다는 점을 거듭 강조한다. 한마디로 사람은 "곳간이 실해야 예절을 알고, 옷과 음식이 족해야 영욕을 안다"[5]는 관자管子의 말과도 상통하는 것으로, 배가 고프면 아무리 "예의禮儀"로 백성을 다스리고자 해도 뜻을 이루기 힘들다는 뜻이다. 여기에서 우리는 인정仁政의 핵심은 백성을 기르는 정치 즉 "양민養民"으로 귀결됨을 알 수 있다. 백성을 중히 여기고, 이들의 물질적 삶을 보장하며, 이를 통해 백성들의 마음을 얻는 것이 왕도王道의 정치이다. 이에 반해, 포악한 정치를 행하고 백성

---

3 『孟子』「滕文公上」.
4 『孟子』「梁惠王上」.
5 『管子』「牧民」.

을 쥐어짜서 백성의 마음을 잃으면 걸주桀紂와 같이 천하를 잃게 된다고 경고하고 있는 것이다.

이에서 더 나아가 맹자의 인정론仁政論은 백성을 무엇보다 귀하게 여기라고 강조한다. 민심은 천심, 세상의 근간은 백성이라는 등의 귀에 익은 귀절들은 이와 맥을 같이 하는 것으로, 이를 맹자는 다음과 같이 언급하고 있다. "백성이 가장 귀중하고, 사직社稷이 그 다음이며, 임금은 가볍다. 고로 모든 백성들의 마음을 얻고 인정을 받으면 천자가 되고, 천자에게 인정되면 제후가 되고, 제후에게 인정되면 대부大夫가 된다."[6] 유교의 인정론에서는 백성이 정치의 중심에 있을 뿐만 아니라, 백성 그 자체가 정치의 목적이 된다고 까지 유학자들은 목소리를 높여 왔다.

국왕을 비롯한 조선의 위정자들도 유교의 왕도정치를 강조하고, 인정仁政의 정치를 기회가 있을 때마다 공언하였다. 이들의 담론을 그대로 믿는다면, 조선은 그야말로 백성을 귀히 여기고, 백성의 윤택한 삶을 위한 노력을 경주하며 온갖 정책을 펼쳐온 나라였다고도 들릴 수 있다. 조선의 왕도정치, 조선의 인정仁政하에서 백성들은 정말 귀중한 대접을 받고 안정적인 삶을 누릴 수 있었는가? 조선의 위정자들이 강조하는 백성을 귀히 여기고, 민을 바탕으로 삼으며, 민생을 보듬겠다는 인정仁政의 담론 속에서 백성들의 삶은 말 그대로 국정운영의 중심에 있었는가?

맹자가 그랬듯, 유교의 왕도정치에서는 무엇보다 부세와 부역의 경감을 누누이 강조한다. "항산恒産이 없으면 항심恒心이 없기" 때문에,

---

6   『孟子』「盡心下」.

백성의 마음을 얻고 교화를 성취하려면 무엇보다 이들이 사람답게 살 수 있게 하지 않으면 안 된다고 믿었던 것이다. 두말할 나위 없이 백성들은 경제의 주역이었다. 이들이 생산하는 곡식과 물품, 이들이 기르는 가축, 이들이 제공하는 요역은 국왕을 비롯한 지배계층 모두의 생존을 지탱해 주었을 뿐만 아니라, 나라의 재정을 마련해 주고, 국가의 방위를 가능하게 해 주었다. 오늘날의 국가와도 마찬가지로, 나라의 존재 그 자체는 백성들의 경제활동과 이들이 바치는 세금에 기초하고 있었던 것이다. 문제는 왕도정치의 실현이라는 이상을 추구하는 조선의 위정자들은 자신들이 입이 닳도록 강조했듯이, 정말로 백성을 귀히 여기고 백성의 항심恒心을 얻는 인仁의 정치를 펼쳤는가?

백성들의 삶의 질은 세금과 부역의 부담 여하에 따라 결정된다. 생산한 것을 많이 빼앗기면 그 만큼 삶은 팍팍해지고, 덜 빼앗기면 그 만큼 삶은 당연히 윤택해지기 마련이다. 바꿔 말한다면, 인정仁政이란 다름 아닌 세금 및 부역제도와 반비례의 관계를 갖는 정치이념이다. 이론적으로, 국가는 세금과 부역징수의 대상인 백성을 귀히 여기는 마음으로 세금을 가능한 한 조금 걷고, 부역의 고통을 가능한 한 줄여주고, 민생을 풍요롭게 하고자 노력하는 것이 인정仁政의 논리와 주장에 합치한다고 할 수 있을 것이다.[7]

그러한 논리와 주장을 충실히 따르듯, 조선의 위정자들은 국가재정 수입의 중추를 이루는 전조田租 즉 전세田稅를 가볍게 하고자 노력했

---

[7]　조선의 세금 및 부역제도는 사회의 계급구조와 분리시켜 생각할 수 없다. 조세 및 부역의 징수대상인 백성이라는 민民의 범주에는, 많은 경우 전 인구의 삼분의 일 이상에 달했던 세습적 노비계층과 그리고 양반지배층은 포함되지 않기 일쑤였다.

다. 현재의 감각으로 말한다면, 전 주민의 소득세를 가능한 한 가볍게 하여 백성들의 부담을 낮추고자 했던 것이다. 이렇게 보면, 조선의 조세제도는 인정仁政의 이상을 실현하기 위한 재정구조를 갖고 있는 것처럼 보인다. 과연 그럴까?

전세는 국가예산의 재원이 되는 가장 중요한 세원稅源이었다. 그러나 그 세율이 낮았던 관계로 국가의 재원은 전세만으로는 충족될 수 없었다. 여기에서 정부는 부족한 재원을 보충하기 위해 전세 이외의 다른 세원을 찾아 수취를 강화하는 방향으로 나아갔다. 즉, 전세가 너무 낮았던 관계로 초래된 열악한 국가의 재정은 역으로 전세 이외의 명목으로 바쳐야 하는 여러 가지의 납세의 고통을 가중시키는 결과를 초래했고, 이러한 고통은 힘없는 백성들에게 떨어졌으며, 이러한 고통의 분담이 시간이 흐르면서 점차 구조화되어 인정과는 거리가 먼 지배질서가 형성되어 갔다는 것이 본 장의 중심내용이다.

뒤에서 보겠지만, 전세의 낮은 세율과 전세의 세원稅源인 토지의 소유관계에 대한 허술한 장악은 국가운영에 있어 소요되는 최소한의 재원을 충족시키기에 역부족이었다. 때문에 모자라는 재정수입을 메꾸기 위해 전세 이외에 부과하는 세금과 부역에 과도하게 의존하지 않을 수 없었고, 더욱이 이들 세부담과 부역은 힘없는 백성들에게 향하였고, 이의 운영 또한 편파적이고 부패화함으로써, 일반 백성들의 삶은 힘들 수밖에 없었다. 바꿔 말한다면, 조선의 국가 재정구조는 겉으로는 인정仁政의 논리를 따르고 있는 것처럼 보이지만, 실상은 인정仁政에 배치되는 수탈구조를 구조적으로 내재화하고 있었다는 의미이다.

본 장에서는 16세기 말엽의 선조대의 예를 중심으로 이러한 반인정적反仁政的, 반유교적인 재정구조의 일단을 논증하는 것에 초점을 맞춘다. 선조대의 예가 조선의 통치구조 전체를 대변할 수는 없지만, 조선의 재정구조의 시대적 변화추이를 가늠하는데 있어 일종의 전환점을 이룬다. 임란 이후의 조선 후기는 인정이라는 통치이상에 반하는 재정구조가 보다 확연히 드러나는 시기였으며, 이러한 재정구조의 전조가 뚜렷하게 드러나기 시작했던 시기가 선조대였다.

인정을 키워드로 조선조의 통치구조의 전개를 보기 위해, 우선 조선의 전세구조의 특징을 간단히 언급한 후, 이러한 전세구조 속에서 조선조에서는 부족한 재정을 메꾸기 위해 어떠한 조치가 시도되었고, 이들 조치에 대한 어떠한 반발이 있었으며, 이러한 가운데 국가가 강제한 공물貢物 즉 공납과 그리고 또한 편파적으로 운영된 군역의 부담을 살핀 후, 이들 전세 밖에 존재하는 각종 경제적 부담이 민생에 어떠한 결과를 초래했는가를 검토하는 순으로 논의를 전개하고자 한다.

2. 전세의 조세구조와 작미作米 에피소드

국가재정의 근간은 전세였다. 전세田租는 토지에 부과하는 세금으로, 농업이 경제의 중심영역인 조선 사회에서 전세를 거두어 국가의 재정을 운영한다는 것은 당연한 귀결이었다. 전세를 예외없이 공정하고 공평하게 걷기 위해서는 두 가지의 전제조건이 반드시 필요하다. 하나는 총생산량에 부과되는 합리적인 세율이고, 다른 하나는 과세대상인 세원의 소유관계를 망라적으로 파악하여 납세자를 장악하기 위한 토지조사, 즉 양전量田의 실시를 통한 양안量案의 작성이다.

세율은 생산과 담세능력을 기준으로 하여 정한다는 원칙 하에서, 조선에서는 지력과 풍흉의 정도를 고려하여 매년 전조의 세율을 가변적으로 운영했다. 지력에 따른 생산성의 등급을 여섯 등급으로 나누는 전분6등과 풍흉의 정도에 따라 세율의 고하를 정하는 연분9등을 기초로 매해 적정수준의 세율이 정해지고 세액이 부과되면, 토지의 소유자들은 이에 따라 전세를 국가에 납부해야 했다. 이론적으로는 아주 합리적인 제도였다.

전세의 세원 파악을 위한 양전量田에 대해서는 성종 16년1485에 그때까지의 관행을 모아 완성한 『경국대전』에 명문화된 규정이 보인다. 이에 따르면, 전국의 토지에 대해 매년 20년에 한 번씩 전수조사를 실시하여 토지의 위치, 면적 및 소유자를 양안量案에 명기하는 것으로 법전화되어 있다. 양안은 매번 세 부를 만들어 중앙의 호조, 각 도의 감영, 그리고 해당 마을에 보관하도록 했다. 한편 전세의 수취에 있어서는, 매해 예측할 수 있는 지출의 규모를 계량하고(양출위입), 지력과 풍흉의 정도에 따라 세율을 정하고, 양안에 근거해서 누락없이 전세를 거두어 국가재정을 운영하도록 한 것이 조선의 재정제도였다.

중앙정부에서 계량하는 예측 가능한 지출규모란 대개 정해져 있었다. 선조대의 경우를 보더라도, 궁궐, 백관의 산료散料, 동서반 관원의 제급미題給米, 군향청의 지용支用, 각사 관청의 비용, 외국 사신의 접대비용, 의례와 중국에 대한 조공 비용 등을 합하여 일 년에 고정적으로 소요되는 예산은 대체로 한정되어 있었다. 이러한 정규예산은 그 규모가 그리 크지 않았기 때문에, 전세의 재원에 의해 안정적으로 충당될 수 있고, 또한 전세의 세율을 낮게 책정하여 수취해도 큰 문제가 없다고 믿었다.

그렇지만, 전세의 세율이 낮았다고 해서 자동적으로 일반 백성들의 생활이 윤택했던 것은 아니었다. 문제는 전세제도는 양안에 기초하여 운영되었기 때문에, 양안에 등록되어있지 않은 토지는 자연 세금을 비켜갈 수 있다는 점에 있었다. 지방 레벨에서 작성되는 과세장부인 양안에 등록되지 않으려고 지역의 유력자들, 즉 양반 지주계층은 노력하였고, 지방관들은 부패의 고리 속에서 철저한 양안을 규칙에 따라 작성할 수 없었다. 양안에서 제외된 전세의 부족분은 많은 경우 힘이 약한 백성들의 몫으로 전가되어, 그들을 가중한 부담 속으로 몰아 넣었다.

20년마다 전국적으로 실시되어야 하는 양전사업은 17세기 이후의 경우를 보면, 1910년까지 310년이라는 삼세기를 넘는 장구한 기간 동안 단지 다섯 번 실시되는데 그쳤다. 특히 18세기 이후 200년이 넘는 기간에는 전국적으로 양안이 작성된 것은 겨우 두 번에 불과했다.[8] 조선 후기에 있어 양전의 실시 횟수가 극도로 적었던 것은 조선 전기와는 달리 새로 개간되는 토지가 거의 없어 토지의 경작면적을 새롭게 조사할 필요가 없었다는 관점도 일리가 있는 것처럼 들리기도 하나, 그러나 경작지의 전수조사를 필요로 할 만큼 새로운 토지가 증가하지 않았다고 해서, 기존의 토지의 소유관계도 조사가 필요하지 않을 정도

---

[8] 다섯 번의 양전사업이 실시된 해는 1601년(선조34, 1634인조12, 1663~1665현종4~6, 1719~1720년숙종45~46, 그리고 1860년 후반이다. 1668~1669년에는 부분적으로 실시되었지만, 거의 유명무실하였다. 양전사업에 따른 온갖 비리와 부정에 대해서는 James B. Palais, *Confucian Statecraft and Korean Institutions : Yu Hyŏngwŏn and the Late Chosŏn Dynasty*, Seattle and London : University of Washington Press, 1996, pp.326~327 참조.

로 거의 불변적이었다고는 볼 수 없다.

조선 후기의 일반적 추세로 흔히 언급되는 대토지소유의 집적경향 그리고 이에 따른 소작민의 증가라는 사실은 무엇보다 토지소유관계에 있어서도 지속적인 변화가 발생했음을 의미한다. 양안의 작성은 기본적으로 경지면적의 파악과 토지소유자의 확인을 위한 것이다. 조선 후기에 있어 누가 어디에 얼마만큼의 경작지를 소유하고 있는지에 대해 정밀한 조사를 포기했다는 것은 간접적으로는 경지면적의 파악도 제대로 하지 않았음을 의미한다. 전세징수의 근거가 되어야 할 양안이 제대로 작성되지 못한 원인은 행정의 난맥과 양반 지주층의 이해가 서로 맞물린 데에 있었다.

양안의 문란과 더불어 일반 백성들을 보다 괴롭힌 것은 아이러니컬하게도 전세의 터무니없이 낮은 세율이었다. 중국 삼대에서 시행했다고 전해지는 10분의 1세, 즉 세율 10%가 최적의 제도라고 믿는 전통 속에서 조선은 평균적으로 이보다 더 낮은 5%대의 세율로 전세를 징수했다. 여기에, 조선 후기로 가면 모든 토지의 세율 산정이 하지하로 고정되는 경향이 강했다. 토지의 세율에 관해서는 많은 연구가 있지만, 예컨대, 한우근의 연구에 의하면, 영조대의 경우 하등전의 생산량인 결당 350말에 부과된 전세는 4~6말의 수준으로 세율은 2%에도 미치지 못했다.[9]

전세가 이렇게 낮았던 이유는 무엇일까? 이는 어떤 계층이 토지를 많이 소유하고 있었는지와 관련이 있을 것이다. 토지를 어떤 계층보다 많

---

[9]   자세한 분석은 한우근, 『이조 후기의 사회와 사상』, 을유문화사, 1961, 33~35면 참조.

이 소유한 양반 지배층은 터무니없이 낮은 전세의 혜택을 누리면서, 국가재정의 구조적 열악성에는 동정을 보내지 않았다. 이렇다 보니, 호조가 관장하는 중앙정부의 국가재정의 규모는 작을 수밖에 없었고, 전세를 재원으로 해서 국가를 운영한다는 것은 거의 불가능한 일이었다.

조선 후기의 세율을 같은 시기의 근세일본과 비교한다면, 낮은 전세의 재정구조가 무엇을 의미하는지 확연히 드러난다. 근세일본의 지방분권적인 통치구조는 조선과 다르지만, 공권력의 재정의 기반은 마찬가지로 농업경제였다는 점에서는 동일하다. 근세일본의 경우 중앙(幕府)과 지방정부(藩)의 구별없이 전세의 세율은 30 퍼센트 전후였다. 농업생산물의 30퍼센트 정도를 세금으로 거두어 이를 재원으로 하여 군대의 유지를 포함하여 정부가 필요로 하는 거의 모든 예산을 무리없이 운영할 수 있었다. 농사를 짓는 백성들은 마을 단위로 부과되는 전세(연공年貢이라고 통칭됨)를 공동으로 납부하면 그것으로 거의 모든 세금의 납부의무는 종료되고, 정부는 그 대가로 마을의 자치를 보장했고 무사 지배계급의 간섭은 원칙적으로 금지되었다.

근세일본에서는 조선의 공납과 같은 전세 이외의 세금은 일부 지역에서 일부 품목을 제외하고는 없었으며, 있다고 해도 그 양이 미미했고, 부역의 경우는 공공사업 이외에는 동원되지 않았다. 즉 일반 백성에게 군역은 일체 없었다. 16세기 중엽의 중국 명나라의 일조편법과 같이 모든 세금은 전세로 일원화되었기 때문이었다. 말하자면 조선의 조용조租庸調가 일본에서는 조租 하나로 일원화된 셈인데, 여기에 덧붙여 백성들은 전세 납부의 반대급부로 자신들의 여타의 경제행위, 삶에 관한 한 자치권을 보장받았다. 따라서, 일단 관행에 따라 전세를 납부하면 공권력의 착취는 구조적으로 더 이상 불가능했다.

　이러한 제도 하에서 중요한 것은 전세의 세율이었다. 기존의 세율을 유지하고자 하는 공권력과 이를 낮추고자 하는 백성들의 줄다리기와 투쟁은 지속적으로 전개되었는데, 백성들은 인정仁政의 이름으로 낮은 세율을 국가에 요구하고, 국가는 이러한 집단적 요구를 무조건 거부할 수 없었다. 세금을 둘러싼 백성들의 요구는 봉기라는 집단적 항거(일규一揆라 칭함)로 발전하여 정부를 곤혹에 빠뜨릴 수 있었기 때문이었다. 260여 년간 지속된 근세일본에는 3,600회 이상의 농민봉기가 발생했고, 이들 봉기의 대부분은 전세의 세율을 둘러싼 투쟁이었다. 그 결과 50퍼센트에 가까운 세율을 중심추로 하여 형성되었던 국가와 백성의 권력관계는 그 후 30퍼센트 전후의 세율로 이동하였고, 이렇게 균형을 이룬 세율을 일방이 깨는 것은 거의 불가능했다. 말하자면 인정은 정부가 백성들에게 하향식으로 베푸는 것이 아니라, 백성들이 국가에 상향식으로 요구하여 관철하는 생존의 가치였다.

　이에 반해, 조선의 경우는 전세의 세율이 터무니없이 낮았기 때문에 전세 즉 조租만으로는 도저히 충당할 수 없는 국가 예산의 많은 부분을 전세가 아닌 다른 명목의 세금으로 충당하지 않을 수 없었다. 이 가운데 백성들을 끝없이 괴롭힌 것이 조용조租庸調 가운데 조調에 해당하는 공물과 진상이었다. 국가 재정에서 공물과 진상이 차지하는 비중은 시기에 따라 차이는 있으나, 적어도 전세의 3~5배 이상을 차지했다고 보여진다. 중앙정부와 왕실은 매년 200여 품목 이상의 공물과 진상품을 징수했는데, 문제는 공물 징수에 대한 규정이 너무 애매하고 광범했을 뿐만 아니라, 수취자에 절대적 권력이 부여되어 있는 수취 방임형의 조세였다. 필요에 따라 부과하는 공물에 대해 중앙의 정부는 주, 현의 행정단위에까지만 분정分定하는 데 그쳤고, 공물을 실제로 걷는 일체의 권한과 책임은 지방수령과 이서들에 일임했다. 지방의 유력자들과 결탁한 이들 지방관리들의 횡포는 양반지배층을 건드릴 수는 없었지만, 부언을 필요하지 않을 정도로 일반 평민들의 등골을 휘게 했다.[10]

임진왜란의 시기, 군량 등 만성적인 식량부족에 허덕이던 조선은 공물을 포함한 모든 세원을 곡물로 전환하여 징수하는 방향으로 나아가지 않을 수 없었다. 이것이 소위 작미법作米法의 실시였다. 1592년 전년도에 걷지 못한 공물을 쌀로 받기 시작하던 정부는 1594년에 들어 공안 상정을 발표하고, 공물가를 인하하면서 작미를 전국적으로 실시하고자 노력했다. 여기에 주도적인 역할을 한 인물은 전시 조선의 중심적 인물의 한 사람이었던 유성룡이었다. 유성룡은 상소문을 통해 국가가 거두는 전세는 십일세什一稅보다 가벼워 큰 부담이 되지 않지만, 공물 진상이나 각 절기 때마다 바치는 방물方物 등으로 인해 침해당하는 일이 비일비재하다고 하면서, 공물작미에 관해 세 가지 점을 제안했다.

"공물을 처치함에 있어서는 마땅히 도내 공물의 (분정된) 원수元數가 얼마인지 총계를 내고, 또 도내 전결의 수를 계산하여 자세히 참작해서 일목요연하게 한 다음, (부담이) 많은 데는 감하고 적은 데는 더 보태 크고 작은 고을을 막론하고 모두 한가지로 마련해야 되리라 여겨집니다 (…중략…) 각 방물의 값 또한 이에 의거해서 공평하게 배정하되 쌀이든 콩이든 한 道에서 한 해에 소출되는 방물의 수를 전결에 따라 고

---

10 이정철, 『대동법, 조선 최고의 개혁―백성은 먹는 것을 하늘로 삼는다』, 역사비평사, 2010, 46~50면 참조.

르게 납입토록 해야 할 것이니, 이렇게 하면 결마다 내는 것이 그저 몇 되 몇 홉 정도에 불과하여 백성들은 방물이 있는지조차도 모르게 될 것입니다. 진상할 때에도 이런 식으로 모두 쌀이나 콩으로 값을 내게 해야 합니다."[11] 즉 공물은 물론 진상이나 방물까지 포함하여 전결 즉 토지의 소유 고하를 기준으로 공평하게 부과해 쌀이나 콩 등의 곡물로 균등하게 징수하는 방안을 제안했던 것이다. 공물과 진상을 전세로 흡수 통일하여 세원을 일원화하자는 제안이다.

1595년의 『선조실록』의 기사를 보면, 공물작미의 실시는 어느 정도 자리를 잡아가는 것처럼 보였다. 비변사가 아뢰기를, "전쟁이 일어난 이후로 군대에 소요되는 비용과 물품을 마련해 낼 길이 없습니다. 임 진년부터 외방의 공물을 작미로 정하여 납부하게 하니, 백성들이 내는 미곡이 많아져서 1결에 혹 7~8두를 내기에 이르기까지 했습니다. 그 뒤에 호조에서 작미를 항례화하여 2두씩을 내도록 하였으니, 민정民情 이 원망하고 괴로워하는 지경에 이르지는 않을 것 같습니다."[12] 작미 의 법을 시행하게 된 것은 군량미 확보에도 그 의도가 있었지만, 또 다 른 중요한 이유는 같은 해 8월 10일 사간원이 언급한대로 악화된 민정 民情에 대한 배려였다. "각도 감사가 바치는 공물을 다 작미하여 바치 게 한 것은 대개 방납防納의 폐단을 혁파하고 배징倍徵의 고통을 없애 서 공사가 모두 편리하게 하려는 것이지, 백성을 괴롭혀 원망을 부르 려는 것이 아니었습니다."[13]

---

11 『선조수정실록』 권28, 1594년 4월 1일(기유).
12 『선조실록』 권67, 1595년 9월 28일(정유).
13 『선조실록』 권66, 1595년 8월 10일(경술).

그러나 모든 관원이 공물작미의 시행에 찬성한 것은 아니었다. 1595년 9월 좌의정 김응남은 차자를 올려 공물작미에 대한 반대의견을 개진했다. "각 읍의 공물을 작미하는 일은 한편으로는 백성들의 고통을 제거하려는 것이고 다른 한편으로는 군량의 모집을 도우려는 것이니 그 뜻이 아름답지 않은 것은 아니지만, 이 법을 시행하는 데는 형편상 불편한 점이 있습니다. 태평 시대에는 혹 시행할 수 있으나 지금에는 시행할 수 없습니다. 대개 전지 1결에 미곡 2두씩을 내게 하면 그 내는 것이 적어서 백성에게 편리한 듯합니다. 그러나 전란 이후로 전야田野가 버려지고 묵어서, 한 장정이 경작하는 바는 겨우 식구의 식량을 이을 수 있을 뿐이므로 공사公私의 빚, 호역戶役에 소요되는 물품 혹은 노동, 전세의 미곡을 마련해 내기도 어렵습니다. 그런데도 이러한 때에 더욱이 공물의 작미까지 아울러 징수하면 결코 작은 백성들이 감당하지 못하리라는 것을 알 수 있습니다. 더구나 이전부터 공물의 대가를 모두 토산土産 잡물을 편의에 따라 마련하여 바치게 하였으니 그 사이에 비록 각사各司의 하인이 폐단을 일으키는 일이 있기는 하였으나 구례舊例가 이미 자리를 잡았고 민정民情도 이에 익숙하여졌으므로 지금 갑자기 변경할 수 없습니다. 또한 정해진 2두 이외에 이관吏官의 농간질과 갯가로 가지고 가서 배로 운반하고 경창京倉에 납입하는 비용이 있으니, 작은 백성들이 내는 바가 어찌 2두에 그칠 뿐이겠습니까."[14]

　　김응남의 반대는 언뜻 보아 전란 가운데 겨우 살아가는 백성들의 부담을 덜어주자는 취지로 일리가 있는 것처럼 들리기도 하지만, 그 요

---

[14] 『선조실록』 권67, 1595년 9월 24일(계사).

체는 공물을 일률적으로 경작 토지에 부과하여 징수하는 것에는 반대
한다는 입장이었다. 그렇다고 그가 공물의 징수를 폐지하자고 주장하
는 것은 물론 아니었다. 예전과 같이 공물은 징수해야 한다고 하면서,
그러나 그러한 재래의 징수방법이 작미법과는 달리 마치 백성들에게
는 별로 부담이 되지 않는 것처럼 사실을 호도하고 있다. 작미법의 시
행의 원천적 원인인 공물징수의 심각한 폐해는 일체 언급하지 않은 채
주장하는 작미 폐지론이었다.

　전쟁의 끝이 보이는 1598년 가을부터 공물작미에 대한 반대의견은
정쟁과 맞물리면서 그 도를 더해갔다. 공물작미의 시행에 앞장섰던 유
성룡에 대해 전쟁기간 중 팔짱을 끼고 있었던 북인들은 있지도 않은
작미의 폐해를 전면에 내세워 집요한 정치적 공격을 전개했다. 작미
를 주창한 유성룡에 대해 그들은 "불같은 호령을 절도없이 징수하여
끝내 백성들로 하여금 도탄에 빠지게 하고 촌락이 텅 비게 하였으며,
피해가 가축에까지 미쳐 모든 존재가 하나도 안주하지 못하게 하였다"
고 유성룡을 붙들고 늘어졌다.[15] 작미 때문에 백성들이 도탄에 빠졌다
는 증거도, 이로 인해 마을이 비었다는 구체적인 사례도 실은 아무 것
도 없었다. 문제는 감히 양반 지주층까지도 공물을 내게 만든 작미제
도가 그들을 그토록 분노하게 만든 것이었다. 작미 문제 때문만은 아
니었지만, 전란의 정부를 이끌었던 유성룡은 사방에서 옥죄어 오는 공
격에 끝내 관직을 삭탈당하고 낙향하지 않을 수 없었다.

　공물은 천의 얼굴을 갖고 백성을 괴롭힌 그야말로 악마와도 같은 존

---

15 『선조실록』 권106, 1598년 11월 20일(신축).

재였다. 공납의 착취에 따른 민생의 파탄을 해결하기 위한 대안으로 제시된 대동법은 임진왜란이 끝나고도 70년 이상의 세월이 흐른 현종 대에 가서야 겨우 평안도와 함경도를 제외한 지역에서 결당 12두 전후의 징세로 통일되면서 시행되기에 이른다. 1717년숙종 43, 충청감사 윤헌주의 장계에 의하면, 충청 도내의 양호養戶(부자에 종속된 민호民戶)의 경우를 보면, 토지의 1결당 납부하는 세금은 24말로, 그 가운데 12말은 대동세였고, 4말은 전세, 2말은 삼수미세, 2말은 잡세, 그 외에 4말이 여러 명목으로 납부되었음을 알 수 있다.[16] 전세는 국가재정의 중추임에도 불구하고 여전히 그 비율이 낮았던 반면, 공물의 후신인 대동세는 이의 세 배에 달했다. 가히 기형적인 조세구조라 할 수 있다.

대동법의 시행과 함께, 일견 공평하고 합리화된 것처럼 보이는 징세구조는 18세기 이후에도 여전히 운영상 커다란 함정에 빠져 있었다. 문제는 대동미를 부과하는데 있어 그 근거가 되어야 하는 경작지의 소유관계에 대한 허술한 파악이었다. 누가 어디에 얼마만큼의 경작지를 소유하고 있는지 알기 위해 필요한 기본 자료인 양안은 정기적으로 업데이트되어 있지 않았다. 양안이 이렇게 허술한 상태에서 양반지주층은 과세부담에서 누락되거나 빗겨가기 일쑤였고, 조세의 상당부분은 힘없는 일반 양인에게 돌아갈 수밖에 없었다. 김옥근의 연구에 의하면, 조선 말엽 양안에 등록된 경작지는 145만 결 수준이었는데, 각종 명목의 면세, 관리부실 등으로 실제로 세금이 징수된 토지는 80만 결 수준에 머물렀다.[17] 더구나 징수대상이 된 양반지주들은 많은 경우 이

---

16 『숙종실록』 권60, 1717년 8월 30일(신해).
17 김옥근, 『조선 후기 경제사 연구』, 서문당, 1977, 406~408면 참조.

들 세금을 소작인에게 전가하여 심지어는 소작료가 무려 전 수확의 70 ~90퍼센트에까지 이르는 상황까지도 발생했다. 소작료의 부담률이 높았다는 것은 소작료를 납부하고도 생존이 가능할 정도로 그 만큼 농업생산성이 향상되었거나 혹은 경작토지의 면적이 증가했다는 것의 반증일 수도 있으나, 문제는 전지의 소유자가 부담해야 할 전세가 소작인에게 전가되는 경우가 비일비재했다는 사실이다. 지주층이 직접적으로 담지하는 전세의 부담률은 저수준에 머물러 있었다.

조선의 기형적이고 불공정한 조세제도는 일반 양인들의 삶을 피폐하게 만들었다. 이러한 조세제도 하에서 항산을 갖고 항심을 유지한다는 것은 힘든 일이었을 것이다. 말로 떠들고 글로 쓴다고 인정(仁政)이 실현되는 것인가? 이러한 조세제도를 갖고 인정(仁政)을 베푼다는 것은 구조적으로 거의 불가능한 하나의 환상에 불과했다고 하지 않을 수 없다. 양반지배층의 특권적 이익이 그대로 투영된 국가의 조세제도로 인해 국가재정에 문제가 생기면 국가는 항상 저항력이 약한 백성들을 쥐어짰다. 백성들을 괴롭힌 것은 전세 및 공물뿐만이 아니라, 환곡도 더하면 더했지 덜하지 않았다. 더 나아가, 군역으로 대표되는 왜곡되고 기형적인 요역의 부과는 민생을 갉아 먹는 또 다른 악마와 같은 존재였다.

3. 군역의 부담과 민생의 피폐

위에서 인용했던 1595년의 좌의정 김응남의 차자는 훈련도감과 속오군의 실상에 대해서도 언급하고 있다. 훈련도감은 1594년 2월에 계속되는 전란의 위기 속에서 처음으로 국가가 식량, 무기 및 월급을 제공해 주는 상비군으로 창설되어 운영되던 병농분리의 전문적인 군대 조직으로, 조선의 군제사에서는 그야말로 획기적인 시도였다.[18] "훈련도감에 소속된 군사는 당초 한때 굶어 죽게 된 상황에서 절박한 料食을 위하여 지원하는 자가 많았습니다. 그러나 금년은 약간 풍년이 들어 여염 사이에 곡식이 천한 듯하니 비록 유리流離하여 생업을 잃은 백성들도 다 살아갈 방도를 얻을 수 있습니다. 그런데 도감의 군사는 모두 날마다 (훈련 등으로) 분주하여 역역役의 괴로움이 갑절이나 심한데도 요미料米의 박함은 전과 같으니 자신의 먹을 것과 입을 것도 오히려 부족한데, 하물며 위로 부모를 섬기고 아래로 아내와 자식을 기르기를 바랄 수 있겠습니까. 이와 같기 때문에 다 싫어하고 괴로워하는 마음을 품고 모두 도피할 계획을 하고 있습니다."[19]

주지하다시피, 조선의 군역은 병농미분리와 자변의 원칙을 근간으로 하고 있었다. 자변이란 군대(군역)에 징집된 병사가 식량과 무기를 스스로의 힘으로 해결해야 하는 원리를 가리킨다. 국가를 위해 조발되어 국가방위의 임무를 수행하는 상번의 군사는 식량을 스스로 싸들고 그리고 무기를 스스로 갖추고 와서 임무를 수행하고 번이 끝나면 자기 집으로 돌아가는 것이 원칙이었다.[20] 이를 군역이라 했다. 임진왜란의 와중에 먹을 것이 떨어지고 배가 고파 군대가 맥없이 무너지고 흩어지

---

18 훈련도감의 창설, 운영, 기능 및 효과에 대해서는 Nam-lin Hur, "National Defense in Shambles : Wartime Military Buildup in Chosŏn Korea, 1592~98", *Seoul Journal of Korean Studies*, vol. 22, no. 2, December 2009, pp. 124~129 참조.
19 『선조실록』 권67, 1595년 9월 24일(계사).
20 조선의 군대운영의 원칙에 대해서는 Hur, *Op.cit.*, 2009, pp. 116~117 참조.

는 상황을 보고, 조선정부는 처음으로 국가의 재정에서 소요되는 경비를 전액 지출하여 군사들을 먹이고 붙잡아 두는 시도를 훈련도감이라는 새로운 군사기구를 만들어 시험 가동 중이었다. 이들에게 가족이 있는 경우에는 가족의 최저 생계까지 국가가 지원한다는 계획을 갖고 시작한 새로운 시도였다. 그러나 김응남이 지적하고 있듯이 훈련도감에 모인 군사들은 먹을 것이 없는 상황에서 살 길을 찾아 모여든 오합지졸이었는데, 풍년이 들어 먹을 것이 좀 흔해지자 군대에 머물러 있을 동기를 잃고 틈을 보아 군영을 이탈하려 하고 있다는 경고였다. 당시 훈련도감에 소속된 군사의 총수는 1,500명을 밑돌았다.

사정은 속오군도 마찬가지였다. 속오군이란 각 지방에 양민과 노비를 강제로 징집하여 편성한 지방군으로 전쟁의 와중 속에 급조된 군사조직이었다. 정부는 이들에게 사정에 따라 전부는 아닐지라도 다소의 식량을 제공하고자 노력하고 있었다. 그런데 풍년이 들자 이들 속오군도 해체의 기미를 보였다. 김응남은 지적하였다. "속오군束伍軍의 초병 중에도 이미 차츰 도망해 가는 자가 나타나고 있습니다. 이러한 군사를 급한 때에 쓸 수 있다고 보장할 수 있겠습니까. 이제 양료糧料를 더 많이 지급하여 그들의 마음을 위로하자니 국가의 저축이 고갈되어 이어나갈 길이 없고, 약속한 명령을 그대로 지켜 전처럼 (공짜로) 부리자니 군인이 살아갈 방도가 없어 원망만 날로 심해질 것입니다."[21]

전쟁상태가 지속되는 가운데 조선 정부는 군사를 징집하고 이들을 붙들어 매는 방법으로 먹을 것을 제공하고자 백방으로 노력하였다. 먹

---

[21] 『선조실록』 권67, 1595년 9월 24일(계사).

을 것이 없는 군대에 굶어 죽어가면서까지 붙어있을 자는 아무도 없을 것이기 때문이었다. 하지만, 전쟁이 소강상태로 접어들고 다소 풍년이 들어 군량도 좀 모이고 전체적으로 식량사정이 개선되자 이상하게도 군사모집은 더욱 힘들어졌다. 군대에 자원하지 않아도 굶어 죽지 않고 살 길이 생겼기 때문이었다. 병조는 국왕에게 보고하였다. "게다가 근래에는 농사가 풍년이 들어 곡식이 흔하게 되자 전에는 앞을 다투어 모립募立하던 사람들이 외방으로 흩어져 돌아가 장사를 하며 생계를 꾸려가는 자가 많으므로 매번 군병을 모집할 때마다 응모자가 점차 줄어들고 있습니다."[22]

먹을 것을 찾아 떠도는 사람들이 떼를 지어 모였다 흩어졌다 하는 군대의 실상을 극복하기 위해 군역부과에 있어 금과옥조처럼 여기던 자변의 원칙을 포기하고, 전면적으로 식량을 공급해 주는 군대를 기를 수 있는 데까지 길러보자는 의견이 개진되었다. 그렇지 않고는 왜적과 싸울 수 있는 믿을 수 있는 군사력을 구축하기 힘들다는 판단에 따른 것이었다. 누가 보아도 지극히 당연한 판단이었다. 1595년 가을, 내친 김에 병조는 병농분리에 입각한 모병제의 실시를 제안했다. "본조에서는 번군番軍의 대가로 쌀을 거두어서 이름을 대조하여 이들에게 나누어주면, 모병募兵은 항상 조련되어 군안軍案에 예속되고, 농군農軍은 미곡을 바치고서 (군역 대신) 경작에 안주할 수 있어 피차가 참으로 다 편리하게 될 것입니다. 그리고 또 떠돌아다니는 자들을 불러 모으면 도둑을 막고 백성을 살리는 방책에도 이익이 없지 않을 것입니다."[23]

---

22 『선조실록』 권67, 1595년 9월 4일(계유).
23 『선조실록』 권67, 1595년 9월 4일(계유).

전쟁의 막다른 상황이 불러온 획기적인 제안이었지만, 이미 뿌리를 내린 자변의 원칙과 함께 조선의 군대조직을 좀 먹었던 또 다른 관행인 대립代立, 즉 군역 해당자(번군)가 타인을 대타로 군역에 세우는 관행은 모병제를 통한 전문 군사력의 함양을 근저에서부터 불가능하게 만들었다. 타인을 대신 군역에 세우는 대립은 돈으로 사람을 사서 세울 수도 있었고, 혹은 자기의 노비를 보내 대신 세울 수도 있었다. 대립이 만연하면서, 번군의 대가로 쌀을 바치기는커녕, 번군의 차례가 되면 노비를 보내거나, 아니면 전문적으로 대립을 해주는 사람을 사서 자신의 임무를 벗어나는 행태가 점점 도를 더하고 있었다. 노비나 가난한 자를 싼 값에 사서 대신 보내 군역의 의무를 때우고자 하는 관행이 이미 오랫동안 상식이 된 사회에서, 자기의 순번이 돌아왔을 때 이에 상응하는 대가의 쌀을 꼬박꼬박 국가에 바칠 자는 거의 없었던 것이다.

1595년 병조는 대립의 실상에 대해, "지난해 봄 본조本曹에서 상번上番한 군사를 살펴보니, 대립代立 아닌 사람이 없었습니다. 엄하게 금하여 무거운 법으로 다스리려고 하였으나, 끊임없이 벌을 주어도 악한 짓은 더욱 심하였으며 또한 도처에서 모두 다 그러하여 비록 별도로 선처하려 해도 이를 없앨 방법이 없었습니다."[24] 국가의 명운이 걸린 전시 상태임에도 대립의 난무를 통제할 수 없을 정도로 약화된 국가의 공권력도 문제이지만, 더 큰 문제는 대립을 거의 당연한 것처럼 여기는 국방행정의 최고기관인 병조의 태도는 대립이 이미 조선사회에 얼마나 관행화되어 있는가를 여실히 보여준다. 문제는 대립이 부패의

---

24 『선조실록』 권61, 1595년 3월 15일(무자).

온상이 되어 먹이사슬을 형성하고 있었고, 이는 일소하기 힘든 지경에
까지 이르렀다는 점이었다.

"세력 있고 교활한 무리들이 여러 사람 이름으로 대립을 하고 편한
곳으로 보내 주기를 요구하기까지 합니다. 그리고 장부에는 헛이름만
기록하므로 갑자기 정군定軍할 일이 있으면 당황스럽고 급박하여 어찌
할 바를 몰라 으레 구제 대상의 기민飢民으로 충당해 보냅니다. 관원이
그 근본을 바로잡지 못하니까 하인들은 더욱 제 마음대로 농간을 부리
므로 헝클어진 실처럼 두서를 알지 못하게 되었습니다. 지난해 가을
대립을 금하라는 명이 또 있었지만 몰래 서로 대립하여 모두 금하기는
어려웠고, 군액의 부실도 대립을 허락할 때보다 도리어 심했습니다.
지금 만약 법령을 엄하게 세워 일일이 당사자가 스스로 군역을 수행하
게 한다면 백성들의 원망이 매우 많을 것이며 필경에는 처리하기 어려
운 형세가 될 것입니다."[25] 한 사람이 여러 사람의 군역을 대립하며 장
부에는 가공의 이름을 올리는 상황, 여기에 돈을 받고 대립에 나서는
자와 이를 묵인하고 돈을 받아 챙기는 관원들의 상호 짜고 치는 부정
행위는 국가의 운명이 풍전등화의 상황에 이르렀음에도 아랑곳없이
계속되고 있었다. 아니면, 군대는 "구제 대상의 기민"이나 끌려가는 곳
이었다.

군대는 가야할 곳이 아니라, 무슨 수를 써서라도 빠져야 할 곳이라
는 의식이 만연하는 것이 조선의 군역제도의 실상이었다. 군역은 국가
를 위한 무슨 성스러운 국방의 의무인가, 아니면 멀리해야 하는 천한

---

25 『선조실록』 권61, 1595년 3월 15일(무자).

노역인가? 적어도 임진왜란을 거치고 16세기 이후가 되면 군역은 국가에 대한 의무가 아니라 재수 없으면 걸려들 수 있는 천역이 되어가고 있었다. 군역을 부과하기 위해서는 우선 제대로 된 군적軍籍이 있어야 했다. 군적에는 노비 및 왕족, 그리고 정부의 관원, 2품 이상의 전직 관원, 생원, 진사, 공립학교의 학생 등을 제외한 16세에서 60세 사이의 정상적인 남성을 전국적으로 모두 빠짐없이 등록하는 것이 원칙이었다. 그러나 군역에서 빠지고자 하는 열망은 정부의 군적작성 노력을 아예 거의 유명무실한 것으로 만들었다.

임진왜란의 참화를 경험한 조선은 1599년 사족까지 포함하여 전국적 규모의 군적을 작성하고자 노력하였다. 1574년에 겨우 그것도 부실하기 그지없이 작성된 군적은 그 이후 한 번도 업데이트된 적이 없었다. 그 결과의 참담함은 임진왜란의 전시에 그대로 노정되었다. 그러나 25년만인 1599년에 시도된 군적작성의 결과는 오히려 1574년의 군적에 등록된 인원에 비해 8분의 1 수준으로 줄어들었다. 다른 말로 8분의 7 정도의 남성들은 군역과 봉족의 부과대상에서 빠져나간 것이다.[26] 아무리 전쟁에서 많은 남성들이 목숨을 잃었다 해도, 이러한 군적을 바탕으로 군역을 부과하여 나라의 군대를 유지한다는 것은 그냥 희망일 뿐이었다. 사족의 대부분은 군적에 등록되지 않았을 뿐만 아니라, 봉족의 의무에서도 여러 이유를 붙여 빠져나갔다. 군적의 허술함은 호적조차 제대로 작성이 되지 않는 상황과 밀접하게 연계되어 있었다. 인조조 1620년대 중반 노력을 경주했던 호패법이 사족들의 반대

---

[26] Nam-lin Hur, "Confucianism and Military Service in Early Seventeenth-Century Chosŏn Korea", *Taiwan Journal of East Asian Studies*, vol. 8, no. 1, June 2011, pp.59~63.

로 무산된 것은 국가에 대한 조세, 군역의 의무에서 빠져나가고자 했던 양반 지배층의 집단적인 노력과 무관하지 않다.[27]

왜 사족들은 그토록 국가방위를 위한 군역과 봉족의 의무로부터 벗어나고자 노력했는가. 군적과 호적의 작성이 실패로 끝난 1626년, 이의 이유에 대해 사간원은 국왕 인조에게 다음과 같이 언급했다. "군적법軍籍法에서 가장 시행하기 어려운 것은 사족士族을 군역의 보인保人으로 지정하는 것입니다. 왕조의 창시 이래 처음에는 군보軍保의 이름을 비천하게 여기지 않았기 때문에 사대부의 자손들이라 할지라도 모두 보인으로 지정되었습니다. 그러나 그 법이 오랫동안 폐지되었고, 그 이름도 이미 천하게 되어버렸습니다. 이처럼 풍속이 야박하고 사나워 천한 자가 귀한 자를 업신여기는 때에 상민常民들은 사족이 강등되어 군보로 지정되는 것을 보고서 필시 자기들과 같은 무리로 보아서 가벼이 업신여기는 행위를 합니다. 나아가 (이들 사대부의 보인들을) 관가官家에서 천역賤役으로 부리게 된다면, 이는 막대한 원고怨苦를 야기할 것입니다."[28] 한마디로, 군역 및 봉족은 천역賤役이므로, 이를 사족에게 부과하는 것은 있을 수 없다는 제언이었다.

조선의 지배계층인 사족에게 있어 무엇보다 중요한 것은 존비의 구별이며, 이는 국가의 방위 즉 군역의 의무 위에 존재해야 하는 절대절명의 대원칙이었다. 같은 해, 대사헌 장유張維와 집의 강석기姜碩期, 지평 김육金堉은 연명으로 인조에게 왜 존비의 구별이 나라의 근간인지를 설명하였다. "우리 나라의 사족과 노비의 제도는 참으로 천하에 없

---

27 자세한 사항은 *Ibid.*, pp.70~80 참조.
28 『인조실록』 권14, 1626년 8월 4일(계묘).

는 것입니다마는, 상하의 계통이 있고 존비尊卑가 정해져있기 때문에 국가가 실로 이에 의지하여 유지되는 것입니다. 병란兵亂을 당해서도 사족은 모두가 명절名節을 지켜 나라를 배반하고 적에게 투항한 자가 전혀 없었는데, (그 증거가) 임진란 때에 일어난 삼남三南의 의병은 모두 사족 출신이었다는 사실입니다. 그러나 함경북도에는 본래 세족이 없었기 때문에 난을 선동하여 적에게 부역한 자가 있었고, 일례로 국경인鞠慶仁이란 자는 그곳 출신이었습니다. 이로 미루어 보면 사족을 부식해야 하는 이유가 분명합니다. 만일 사족을 일반인과 같이 취급하는 법을 적용하여 사족을 억지로 내몰아 졸오卒伍에 함께 편입시킨다면 지방의 사족은 모두가 서로 슬퍼하며 오랜 전통을 가진 가문이 하루아침에 서예胥隷로 강등되었다고 할 것입니다."[29]

임진왜란의 시기, 사족은 이들의 말대로 의병을 이끌었다. 전란 후, 양반 지배층은 의병의 활동을 자발적인 의지에서 스스로 일어나 왜적과 싸운 군사적 행동으로서, 국가에 의해 타율적으로 강제되는 군역과는 엄연히 구별되는 "충"의 발로라고 정의하고, 이러한 자기들의 이해를 국가에 강요했다. 사족 지배층은 자발적인 의병의 군사적 행동은 의롭고 충심의 발로인 반면, 외부로부터 강제되는 군역(국방의 의무와 봉족의 의무)은 충이 아니라 역으로 천하고 불명예스럽고 창피한 것이라고 규정했다.[30] 장유는 더 나아가 사족이 나라의 근간이므로 국가의 존립을 위해서는, "민심民心은 잃을 수 있으나, 사심士心은 잃을 수가 없다"고까지 언명했다.[31] 사족과 노비가 빠진 군역과 봉족의 의무는 고

---

29 『인조실록』권14, 1626년 11월 12일(신묘).

30 Hur, *Op.cit.*, 2011, p.77.

스란히 평민의 몫이 되었다.

국방비의 문제를 해결하기 위한 균역법에 대한 논쟁은 1백여 년에 걸친 치열한 공방전 끝에 1750년대에 가서야 겨우 시행되었다. 민생의 도탄을 구제하기 위한 국가의 정책시도를 양반 지배층이 백여 년 동안이나 성공적으로 저지했다는 점도 놀랍지만, 더욱이 놀라운 것은 1750년대에 겨우 시행되기 시작하자 양반과 지방 유력자들은 엄연히 국법인 균역법의 법망으로부터 너나할 것 없이 쉽사리 빠져나갔다는 사실이다. 유력 사족은 말할 것도 없고, 돈거래를 통해 향교나 서원에 학생이나 교관으로 등록하여 피역하는 사례도 만연했다. 유력 농민들도 돈을 주고 향안에 이름을 올려 피역하고, 심지어는 군포를 내지 않기 위해 마을 전체가 관원과 결탁하여 법망을 피하기도 했다. 지방관아는 할당된 균역의 분량을 징수하기 위해 동분서주했고, 이들의 철퇴를 맞은 사람들은 언제나 인정仁政을 가장 필요로 하는 사회적 약자들이었다.[32] 부패와 속임수가 난무하는 가운데 군역을 둘러싼 공권력의 횡포는 가렴주구의 길로 치달았다.

4. 맺음말

조선정부의 재정운영에는 인정仁政의 유교가치가 실현되기 힘든 구조가 내재화되어 있었다. 전세중심의 전통적 조세제도를 이어받았음

---

31 『增補文獻備考』 권109, 「兵考一」.
32 자세한 논의를 위해서는 Palais, *Op.cit.*, pp.566~568 참조.

에도, 지배층 지주들의 이해와 밀접히 얽혀 전개된 터무니없이 낮은 전결의 세율을 갖고는 국가운영의 기본경비조차 마련할 수 없었다. 그 결과 정부가 힘을 기울여 재원을 확보하고자 했던 조세가 공물이었고, 공물의 부담은 거의 고스란히 인정의 대상인 힘없는 일반 백성들의 몫으로 돌아갔다. 공물을 둘러싼 가렴주구와 부패는 날이 갈수록 악화되었고, 이의 해결을 위해 모색한 것이 대동법의 도입이었다.

반세기 이상에 걸친 논의 끝에 도입된 대동법은 그러나 일반 백성들의 전반적인 조세 및 요역의 부담을 덜어주는 데 크게 기여하지 못했다. 대동법의 시행은 양안의 철저한 작성 없이는 실현될 수 없음에도 불구하고, 전지의 소유자를 확인하는 기본 자료인 양안은 대동법 실시 이후 거의 작성되지 않거나, 작성되었다 해도 정기적으로 업데이트되지 않았다. 양안에서 빠진 양반지주층은 대동법의 의무를 이행하지 않거나, 이행하더라도 이를 소작인에게 전가할 수 있었다. 이론적으로 보면 대동법의 시행과 더불어 백성들이 지는 공물의 부당한 부담은 줄어들어야 했으나 실제에 있어 양민들이 졌던 고통은 지속되었다.

국가의 기형적인 재정구조로는 국가방위를 위한 기본 군사비조차 충당할 수 없었다. 국가재정에서 지원되지 않는 국가방위는 군역과 봉족의 형태로 일반 백성들의 어깨 위로 떨어졌다. 양반지배층은 국가방위의 임무에서 거의 모두 빠져 나가고, 노비계층도 제외되는 상황에서, 군역은 거의 고스란히 힘없는 일반 백성들의 부담으로 전가되었다. 군역은 천역이 되고, 천역은 농민의 숙명으로 이들을 짓눌렀다. 100년 동안의 논의를 거쳐 도입된 균역법도 일반 백성들의 부담을 덜어주는데 크게 기여하지 못했다. 군역의 왜곡된 구조 속에서 인정仁政

의 유교적 가치는 그 뿌리를 내릴 공간이 없었다.

중국의 유교전통에 기원한 인정의 핵심가치는 말로는 드높이 외쳐졌지만, 말의 성찬 속에서 힘없는 일반 백성, 인정의 혜택을 정말로 필요로 하는 대다수의 농민들은 과도한 징세의 대상으로 변질되었고, 이들은 구조적으로 가난하고 고통스런 삶을 강요받는 존재로 전락했다. 기근이 왔을 때의 구제, 전염병이 돌았을 때의 구호, 가난한 과부들과 고아들에 대한 구제 등 간간히 인정의 정책이 펼쳐진 것은 사실이다. 그러나 이러한 구제 및 구호책은 임시방편적인 조치에 불과했고, 때로는 인정의 선전도구에 지나지 않았다.

조선사회에서 난무했던 양민론養民論이 주창하는 민심이 천심이고, 민본이 정치의 근본이라는 구호는 그냥 한낱 구호로 남을 수밖에 없었다. 이는 무엇보다 양반 지배층이 운영했던 국가재정의 구조적 기형성과 편파성에 연유한다고 할 수 있다. 궁극적으로 인정은 위에서 베푸는 것이 아니라 아래에서 이를 요구할 수 있는 실제적인 힘이 있을 때 지속적인 실현이 가능한 정치덕목이다. 피지배층의 집단적 힘이 지배층의 힘에 의해 일방적으로 압도당하는 상황에서는 인정의 덕목은 위로부터 베풀어지는 자비의 편린을 통해 가끔 발현될 뿐이었다. 조선의 국가재정구조 하에서는 '인정'이라는 명목상의 유교적 통치덕목이 지배층와 피지배층 사이에서 실제적으로 타협 내지는 교섭될 수 있는 상호작동적인 역학 공간이 존재할 수 없었다.

참고문헌

『管子』
『孟子』
『선조실록』
『선조수정실록』
『숙종실록』
『인조실록』
『增補文獻備考』

김옥근, 『조선 후기 경제사 연구』, 서문당, 1977.
이정철, 『대동법, 조선 최고의 개혁 — 백성은 먹는 것을 하늘로 삼는다』, 역사비평사, 2010.
한우근, 『이조 후기의 사회와 사상』, 을유문화사, 1961.

Hur, Nam-lin, "Confucianism and Military Service in Early Seventeenth-Century Chosŏn Korea," *Taiwan Journal of East Asian Studies*, vol. 8, no. 1, June 2011.
_____, "National Defense in Shambles : Wartime Military Buildup in Chosŏn Korea, 1592-98," *Seoul Journal of Korean Studies*, vol. 22, no. 2, December 2009.
Palais, James B. *Confucian Statecraft and Korean Institutions : Yu Hyŏngwŏn and the Late Chosŏn Dynasty*, Seattle and London : University of Washington Press, 1996.

조선 후기 예교禮教적 시선의 변주와 변화

박종천

1. 머리말

예교禮教는 구별을 통해 질서를 형성하고 규율을 통해 그 질서를 유지하는 시스템이다. 특히 유교적 질서의 기준으로 문화적 경계를 설정하고 그 경계를 중심으로 인간과 짐승, 문명과 야만을 구분하는 문화적 메커니즘이다. 따라서 예교질서를 중심으로 구축되었던 조선시대의 온전한 이해를 위해서는 예교적 시선이 전제하는 경계의 기준에 대한 검토와 더불어 그러한 경계 설정의 맥락과 변화 양상에 대한 통찰이 필요하다.

그러나 예교적 시선에 주목하는 연구는 아직까지 전반적으로 미미하다.[1] 따라서 조선사회를 구성하는 예교문화의 기준으로서, 특히 조선이 타자를 이해하는 창이자 타자가 조선을 이해하는 창으로서 예교적 시선을 해명할 필요가 있다.[2] 이러한 예교적 시선은 고정불변하는 일률적 양상이 아니라 시간적으로, 공간적으로, 인간적으로 다양하게 변모해 왔다. 따라서 시간, 공간, 인간의 측면에서 예교적 시선이 변주되고 분화되며 변화하는 양상을 추적하는 작업이 필요하다.

이 글에서는 이러한 측면에 착목하여, 조선 후기에 예교적 시선이 변주되고 변화하는 양상을 공간, 시간, 인간적 차원에서 검토하고자 한다.

첫째, 조선 후기 명-청 교체의 국제적 정황 속에서 조선이 중화의식을 내면화하면서 일어나는 예교질서 내부의 분화 양상을 살펴볼 것이다. 먼저 명-청 교체에 따라 조선 내부에서 소중화의 문화적 자긍심과 경박하고 사치스런 풍조가 갈등하는 양상을 검토하고자 한다. 중국의 강남과 북방을 중화와 오랑캐로 변별했던 공간적 구분은 조선 내부의 경계 설정에도 적용되었다. 특히 예교질서가 주도적인 조선의 남쪽지역에 비해, 중화문명과 오랑캐 풍습이 혼합되어 있는 북방지역의 문화적 습합현상을 주목할 필요가 있다. 오랑캐 풍습에 의해 상하, 장유, 남녀 등의 구분을 무너뜨림으로써 예교질서가 교란되는 북방지역의 상황은 집중적으로 토론할 만하다. 이러한 작업은 공간적 차원에서 예교적 시선이 분화되는 양상에 대한 연구라고 할 수 있다.

둘째, 예교적 시선이 시간적으로 변화하는 양상을 검토할 것이다.

---

1 조선 후기 예교질서에 대한 최근 논의로는 박종천 편, 『조선 후기 사족과 예교질서』, 소명출판, 2015, 중국의 예교질서에 대해서는 溝口雄三・伊東貴之・村田雄二郎, 『中國という視座』, 東京 : 平凡社, 1994 참조.
2 조선과 중국의 상호인식을 예교적 시선으로 비교검토하는 작업으로는 박종천, 「예교 문화의 관점에서 본 조선과 중국」, 『국학연구』 28, 한국국학진흥원, 2015 참조.

특히 북학파를 중심으로 청나라 문화에 대해 비판적이었던 주류 성리학자들이 지닌 전통적 예교관으로부터 벗어나서 한족의 강남문화와 만주족의 북방문화가 지닌 장점과 약점을 균형있게 고려하고 타자에 대한 공감적 이해를 확대하며 자기문화에 대한 반성적 성찰을 진행하는 양상을 살펴봄으로써 조선 후기 예교관이 현실주의적으로 객관화되는 과정을 살펴볼 것이다.

셋째, 예교적 시선에서 교화의 주체가 되지 못한 채 항상 교화의 대상으로 규정당했던 여성들의 문화적 욕망이 욕망의 규제를 강조했던 남성 중심의 예교질서 속에서 조율되다가 결국에는 예교질서의 한계를 드러내면서 교란시키는 양상을 탐색할 것이다. 특히 화려한 머리장식과 상박하후형 복장을 중심으로 나타났던 여성들의 패션에 대한 욕망이 문화적 유행으로 나타나는 양상과 더불어 사치스런 과소비, 예교질서의 교란, 사기 / 살인사건 등 패션의 욕망이 빚어낸 각종 사회적 문제들을 살펴볼 것이다. 이러한 접근을 통해 욕망의 규제를 근간으로 했던 예교질서가 교란되고 무너지는 양상을 검토하는 동시에, 욕망의 주체로 등장한 여성들이 남성중심적 예교질서에 일정하게 예속되면서도 예교질서를 일부 교란하는 단서를 모색할 수 있을 것이다.

2. 중화의식의 내면화와 예교질서 내부의 분화 양상

1) 문화적 자긍심과 경박하고 사치스런 풍조

예교는 문화적으로 '중화'와 '이적'을 구분하는 문명과 야만의 이분법을 전제한다. 조선에서는 시대적으로는 명나라와 청나라를, 공간적으로는 강남과 북방을, 민족적으로는 한족과 만주족을 각각 중화와 이적으로 이해하고, 그러한 이해에 근거하여 현실적으로 망한 명나라 한족의 문화를 온전하게 계승한 조선문화를 소중화小中華 혹은 새로운 중화新中華로 인식하는 문화적 자긍심을 드러내었다. 그러나 조선 후기의 현실은 경박하고 사치스런 사회적 풍조가 만연하여 조선의 예교질서를 내부에서 잠식하고 있었다.

윤기尹愭, 1741~1826가 1790년정조 19에 과거시험 문제를 출제하는 시관試官의 입장으로 낸 예상문제는 18세기 후반에서 19세기에 걸쳐 문화적 자긍심과 경박하고 사치스런 풍조 사이에서 갈등하는 조선의 문화적 현실을 분명하게 잘 보여준다. 조선 후기에는 '소중화'라는 문화적 자존심도 극대화되었지만, 경박한 인심人心과 사치를 숭상하는 세도世道가 유행하여 문화질서를 교란시키고 무너뜨리는 세태에 대한 걱정이 부각되었던 것이다.

> 명나라가 원나라의 비린내를 한꺼번에 쓸어버리고 중화의 제도를 갱신
> 했으니, 그 복식의 색채와 모양이 과연 모두 성대한 삼대三代 때보다 부족
> 함이 없었는가? 우리나라는 소중화小中華라는 호칭이 있어 의관과 문물이 다

양하고 성대하였다. 위로 단군檀君, 기자箕子로부터 아래로 고구려, 백제, 신라, 고려에 이르기까지 조야朝野 복식의 색채와 제도에 대해 그 미악美惡과 득실得失을 모두 하나하나 들어서 논평할 수 있겠는가? 지금 우리 성상께서 치적을 이루고 제도를 정립하여 문질文質이 잘 어우러져서 의복을 변개시키지 않는다는 공자의 훈계를 체현하셨으며, 상하의 복장에 구별을 둔 자산子産의 정사를 행하시어 매양 온 나라의 사람으로 하여금 그 위의威儀를 바르게 하고 습속을 아름답게 만들고자 변화시킬 만한 색채는 변화시키고 배척할 만한 제도는 배척하셨다. 그리하여 사서士庶에게 모두 청색을 입히고, 조복의 홍색을 녹색으로 바꾸며, 부인의 다리머리髢髻를 없애고, 평상복에 채색비단文段을 금하는 등 몇 건의 조치에서 백성을 통일시키고 문치를 드러내는 지극한 뜻을 볼 수 있다. 그런데 어찌된 일인지 인심이 경박하고 세도가 사치를 숭상하여 하인과 천민이 공경과 재상의 관복을 멋대로 입고, 공인과 상인이 유자와 선비의 의관을 함께 입으니, 색채로 말하자면 오로지 화려함만 추구하여 난주亂朱의 가르침을 생각지 않고, 모양으로 말하자면 그저 빠르고 편리함만 숭상하고 크고 여유로운 용모는 보이지 않는다. 옛 제도는 싫어하여 내버리고 시체時體만 다투어 따르므로 위의威儀가 정숙整肅한 아름다움은 없고 습속이 어그러지는 탄식만 있으니, 어떻게 하면 선왕의 법복法服을 회복하고 성세盛世의 풍채風采를 되돌려 우리 성상[정조]께서 '옛날을 본받아 시속을 바로잡는法古正俗' 성대한 마음에 부응할 수 있겠는가?[3]

---

3 尹愭, 『無名子集文稿』, 9책 「策題・服飾」. "皇明一掃胡元之腥穢, 再新中華之制度, 其服飾色樣, 果皆無讓於三代之盛歟? 惟我東方有小中華之稱, 衣冠文物濟濟洋洋, 上自檀君・箕子, 下至句・濟・羅・麗, 朝野服飾色采制樣之美惡得失, 皆可歷擧而評隲之歟? 今我聖上治成制定, 文質彬彬, 體夫子衣服不貳之訓, 行子産上下有服之政, 每欲使一國之人正其威儀, 美其習尙, 色采之可變者變之, 制樣之可斥者斥之. 若士庶之咸使衣靑, 朝服之改紅爲綠, 婦人之去髮髻, 常服之禁文段, 數件施措, 可見壹民德賁文治之至意也. 夫何人心澆

윤기는 명나라와 조선을 '의관과 문물이 다양하고 성대하며', '상하의 위계질서를 반영한 복장의 위의가 있는' '중화' 또는 '소중화'로서 이해하였다. 그런데 조선 후기에는 다양하고 성대한 의관문물과 바른 위의威儀 및 아름다운 습속으로 구성된 중화문명을 위협하는 경박한 인심과 사치 풍조가 유행했다. 이를 극복하고자 정조正祖는 이미 내면화된 중화의식에 따라 "사서士庶에게 모두 청색을 입히고, 조복의 홍색을 녹색으로 바꾸며, 부인의 다리머리를 없애고, 평상복에 채색비단을 금하는" 등의 조치를 통해서 사치스런 풍조를 금하고 상하의 위계질서를 드러내려고 하였다.

그러나 현실은 오히려 정반대로 경박하고 사치한 풍조가 확산되면서 "화려한 색채를 추구하고 빠르고 편리함을 숭상하는" 문화적 스타일로 변질되었으며, "하인과 천민이 공경과 재상의 관복을 멋대로 입고, 공인과 상인이 유자와 선비의 의관을 함께 입으면서" 상하 구분에 토대를 둔 예교질서의 근간을 위협하고 있었다. 경박한 인심과 사치스런 사회적 풍조는 성대한 의관문물, 올바른 개인적 위의, 아름다운 사회적 습속을 어지럽혔으며, 상하의 위계질서를 무너뜨리고 있었던 것이다.

薄, 世道奢靡, 輿儓僭卿相之冠服, 工商混儒士之衣帶, 以言乎色采, 則專取華美而罔念亂朱之戒, 以言乎制撲, 則徒尙趨捷而未見襃博之容, 厭棄古制, 競趨時體, 無威儀整肅之美, 有習尙乖敗之歎. 何以則可以復先王之法服, 回盛世之風采, 以副我聖上法古正俗之盛心歟?"(이하 문집과 유서 중 한국고전번역원의 번역본이 있는 경우에는 기본적으로 번역본을 인용하되 필요에 따라 약간의 수정을 했음.)

2) 중화의식의 내면화와 내부의 경계 설정

흥미로운 대목은 내면화된 중화의식이 오랑캐 풍속의 질박한 문화와 더불어 강남 한족의 화려하고 사치스런 문화를 함께 비판하는 양상을 드러낸다는 점이다. 상하의 구분을 무력화하는 문화적 행태와 빠르고 편리함을 숭상하는 경향은 대체로 몽고와 만주족을 대표로 하는 북방민족들과 일본문화의 특징으로 주목되었던 문화적 양상이다. 이에 비해 과도한 욕망과 유행을 좇는 경박하고 사치한 풍조는 강남 한족의 문화에서 비롯된 것이었다. 조선의 유교지식인들은 대체로 한족 강남문화가 지닌 세련된 문명 수준을 동경하면서도, 이익을 추구하며 화려하고 사치스런 문물을 자랑하던 강남문화의 경박하고 사치스런 일면에 대해서는 일정하게 비판했다.

실제로 조선 전기 『표해록』부터 화려하고 사치스런 강남의 한족 문화와 소박하고 간편한 강북 만주족 문화는 분명하게 인식되고 있었을 뿐만 아니라 이익 추구에 여념이 없는 중국문화의 한계에 대한 비판적 성찰이 제기되어 왔으며, 이러한 비판적 태도는 조선 후기에도 지속적으로 반복되고 확대되었다.[4] 따라서 조선에서 일어난 중화의식의 내면화는 한족의 중화문명에 대한 일방적 추종이 아니었다. 조선 후기에는 한 단계 더 나아가 화려와 사치로 대표되는 강남문화에 대한 비판적 의식에 따라 질박과 검약을 특징으로 하는 오랑캐 문화의 긍정적 측면을 새삼 재평가할 만큼 일정한 균형을 이루게 되었다.

---

4 박종천, 앞의 글, 2015 참조.

한편, 내면화된 중화의식은 명나라와 청나라, 강남과 북방, 한족과 만주족, 중국과 오랑캐라는 외부 영역의 이분법적 구분을 조선 내부의 경계 설정에도 적용하면서 심화되었다. 중국의 강남과 북방의 문화적 차별성을 문명의 중심과 야만의 주변으로 설정하여 합리화했던 예교적 시선이 청나라와 경계를 이루는 산해관 동쪽의 만주지역뿐만 아니라 조선 내부에서도 함경도를 포함한 북방지역까지 확대되어 서울, 경상도, 전라도, 충청도 등의 남쪽지역과 대비되었다.

『표해록』에 의하면, 산해관山海關 동쪽은 인가가 드물고 쓸쓸한 마을에서 누추하고 남루한 생활을 하고 있었으며, 특히 산해관 북쪽은 마을이 100리에 하나씩 드문드문 보일 정도로 인구밀집도가 낮았다. 그중에서도 해주 요동은 중국인, 조선인, 여진인 등이 함께 거하는 경계의 공간이었다. 특히 석문령부터 압록강까지는 성품과 행실이 더욱 사나워서 오랑캐 기풍이 강했으나, 조선의 이주민들이 살아서 의복, 말씨, 여인의 머리장식 등은 조선과 유사했다. 북관지역은 조선의 남쪽지역보다는 오히려 중국의 만주지역과 문화권이 가까웠으며, 이에 따라 한족과 만주족, 중국과 조선의 문화적 습합이 이루어지는 공간이었던 것이다.

실제로 한국과 중국 양쪽에서 모두 경계의 영역에 속했던 관북關北 지역과 만주지역에 대해서 조선 전기의 『표해록』은 일정하게 조선문화와 유사한 문화적 유사성을 상당히 병기했으나, 조선 후기 『연행록』류나 『오주연문장전산고』의 유서類書류 및 일기日記류에서는 반대로 상대적으로 문화적 차별성이 도드라지게 부각되었다. 그리하여 조선 후기에는 예교적 시선에서 파악되었던 강남과 북방의 문화적 차별성을 조선 내부에도 적용하여 조선의 남쪽지역과 대비되는 북관지역의 특수성으로 강조하는 양상이 더욱 강하게 나타났으며, 중국의 북방과 조선의 북관지역, 중국의 강남과 조선의 남쪽은 상호 병행하여 대조되었다. 나아가 중국과 조선에서 남북의 문화적 차이는 지리적 영역에 대한 객관적 설명을 넘어서서 문화적 위상에 대한 포폄을 통한 가치평가까지 이어졌다.[5]

실제로 조선 전기까지만 해도 불교, 무속 등과 습합된 채 시행되었던 상례와 제사를 비롯한 각종 의례적 풍습이 조선 후기에 이르러 서울 이남의 남쪽 지방에서는 유교적 상례와 제사로 전환되었다. 예컨대, 조선 전기까지만 해도 유교적 제사祭가 불교식 재齋와 무속식 위호衛護 등과 병행 혹은 공존하는 혼용적 의례문화의 양상이 지속되었고, 상례 역시 불교, 무속 및 풍수 등과 일정하게 연계되어 거행되었으며, 『주자가례朱子家禮』를 중심으로 하는 유교적 의례문화의 정착은 조선 후기에 와서야 사대부가에서 괄목할 만큼 정착하게 되었다.[6] 이에 따라 조선 전기까지는 한반도의 남쪽과 북쪽의 차이가 그리 크게 부각되지 않았으나, 조선의 중남부에 유교적 의례문화가 정착하는 조선 후기부터는 서울이나 영호남 출신의 선비나 관료들이 한반도 북쪽지역의 실상을 구체적으로 체험하고 확인하면서 양자의 문화적 차별성을 이전보다 더욱 심각하게 인식하는 양상이 나타났다.

먼저, 심재沈鋅, 1722~1784는 『송천필담松泉筆譚』에서 북방의 풍속은

---

5 위의 글 참조.
6 박종천, 『서울의 제사, 감사와 기원의 의례적 몸짓』, 서울시사편찬위원회, 2013, 제2장 3절 참조.

무속식 의례와 습합된 상례를 지내는 양상이 만연했다고 비판하고 있다. 특히 상례와 장례에서 이루어지는 무당의 의례적 개입과 음악 연주를 원나라 샤머니즘에서 비롯된 것으로 이해했다. 이는 엄숙한 경건주의의 성격을 띤 유교적 상례와 의례적 열광주의의 특성을 지닌 북방 샤머니즘적 의례의 차이를 명확히 하는 것이었다. 그는 산 자의 슬픈 정서와 몸짓을 표현해야 할 상례가 죽은 자의 기쁨을 자아내는 주술적 의례가 된 것을 철저하게 비판했다.

> 어버이 상을 당하면 대체로 머리를 풀어헤치고 울부짖는 곁에서 무격巫覡으로 하여금 질장구를 쳐서 울리게 하는데, 이렇게 하는 것으로 스스로 어버이 상례를 극진히 했다고 여긴다. 기도하며 비는 것은 지극히 두텁고 장례지내는 것은 도리어 야박한데도 풍속이 떳떳하다고 여겨 관아에서도 금하지 않으니 놀라울 뿐이다. 홍무洪武, 1368~1398 연간 초에 조서를 내려 상례와 장례 때 음악을 연주하며 주검을 기쁘게 하는 것을 금했는데, 아마도 호원胡元의 잘못된 풍습이 여전히 북방지역에 전해져서 그랬던 것 같다.[7]

그러나 무속과 습합된 장례 풍속을 금하는 정부 정책과는 반대로, 조선시대 내내 음악을 연주하여 귀신을 기쁘게 하는 무속적 장례 풍속이 북방지역 곳곳에 만연해 있었다. 영남 남인南人이었던 신야新野 이인행李仁行, 1758~1833도 19세기 초 대규모 천주교 박해가 일어났던 신유교난辛酉教難 때 평안북도 위원군渭原郡으로 귀양 갔는데, 1803년순조 3 북

---

7   심재, 신익철 외역, 『교감역주 송천필담』 2, 보고사, 2009, 610~611면.

을 치면서 조객弔客을 이끄는 무속적 장례 풍속을 목도하게 되었다.[8] 이러한 풍습은 귀신을 즐겁게 하는 오신娛神의 무속적 풍속이었다.

무속적 풍속은 장례 외에도 돌림병을 치유하기 위한 주술적 치료와 각종 문제상황 속에서 문제해결을 위한 의례로 광범하게 실행되고 있었다. 예컨대, 1802년순조 2 이인행은 유배지에서 관인館人의 자녀들이 모두 홍역疹疫을 앓았을 때 무당을 불러서 굿을 벌이고 귀신을 즐겁게 하는 '송객'送客의 의례를 행하는 것을 그 대표적 사례로 기록해 두었다.[9] 이밖에도 1802년순조 2 4월 8일에 부처님 오신 날浴佛節을 맞아 연등을 걸고 음악을 연주하며 잔치를 벌이는 등, 북관지역에서는 예교적 질서를 넘어서는 의례적 실천들이 횡행했다.

이문건李文楗, 1494~1567의 『묵재일기』가 잘 보여주듯이,[10] 조선 전기까지만 해도 각종 질병이나 고통 및 죽음의 한계상황을 맞아 무당이나 스님 등을 불러서 유교적 예법을 넘어서는 온갖 주술적 치료와 의례를 행하는 것은 남쪽지방에서조차 상당히 일반적인 풍속이었다. 그러나 심재의 야사류 기록이나 이인행의 일기류 기록 등을 통해, 조선 후기에는 비유교적 의례풍속 혹은 습합적 의례문화가 남쪽에서는 공적 영역에서 상당히 축출된 반면, 북쪽의 북관지역에서는 여전히 활발하게 나타났음을 확인할 수 있다.

예교적 시선에서 볼 때, 이렇듯 귀신을 섬기기를 좋아하고 무당들이

8　李仁行,『新野集』卷12,「西遷錄下」, 1803년순조 3 4월 13일조 참조.
9　李仁行,『新野集』卷12,「西遷錄上」, 36a. "十五日, 館人子女俱經疹疫, 作巫樂以餙喜, 謂 之送客."
10　이복규,「조선 전기 사대부가의 무속 : 이문건의『묵재일기』를 중심으로」,『한국민속학』 9, 한국민속학회, 1998 참조.

자주 굿판을 여는 풍속은 오랑캐들의 '호풍胡風'으로 이해되었다. 예컨 대, 이인행은 1802년 4월 15일 위원군이 귀신을 좋아하는 풍속이 있어서 아침저녁으로 귀신이 마치 있는 듯이 굿판을 벌여서 고을이 귀신들의 소굴인 '귀굴鬼窟'로 전락했다는 기록을 전하고 있는데, 당시 성城 안에는 세 명의 무당이 있어서 온종일 번갈아 가며 굿을 벌이는 것을 두고 '만형 蠻荊'(중국 남쪽 오랑캐가 살던 양자강 이남 땅)의 옛 풍속으로 설명했다.[11]

요컨대, 북방지역은 중국은 물론 조선 내부에서도 오랑캐의 풍습이 횡행하여 중화문명의 예교문화와 오랑캐의 야만적 풍속이 습합되는 혼성적 경계지역이었던 것이다.

3) 예교질서의 경계를 교란시키는 호풍胡風

한편, 남쪽지역에서 유교적 예속화가 상당히 진전된 조선 후기에 오 면, 남쪽의 유교적 의례문화와 북쪽의 비유교적-습합적 의례문화가 갈수록 더욱 분명하게 대비되었다. 예컨대, 1788년정조 12, 무신 12월 7 일에 썼던 일기에서 무관으로서 갑산에 진장으로 갔던 노상추盧尙樞, 1746~1829는 북방지역이 비록 조선의 영역이지만 예법禮法이 전혀 없 다는 점을 대단히 비판적으로 기술했다.[12]

---

11 李仁行,『新野集』卷12,「西遷錄上」, 28a. "十五日, (…중략…) 邑俗好鬼, 朝夕如在鬼窟. 城中有三巫, 日不暇給, 夜以繼之, 亦蠻荊舊俗也. 萬舞緩唱, 似南土山有花之聲."
12 盧尙樞,『盧尙樞日記』2(한국사료총서 제49집),「正宗十二年 戊申日記」. "十二月大. 初 七日甲午, 暘而終日風亂. 今歲將暮, 鄕信未由得聞, 南望之懷, 如狂如醉者此也. 余之荏官 以來, 無或托公營私, 以副朝廷差遣之意, 一心孜孜, 自顧其已往事, 又察其目下事, 小無愧 於古人淸白, 而猶有自外毀之者, 居官者每人悅志, 何可得也? 此土乃毛物所産之地, 而過

먼저, 노상추는 기제忌祭를 지낼 때 현손玄孫이 고조高祖의 기일忌日에 아버지, 할아버지, 증조, 고조를 한꺼번에 제사지내는 모습을 보면서 종회宗會와 다름없이 되어버린 기제의 제사 풍습을 보고 깊이 개탄했다. 기제는 본래 죽은 조상의 기일에 해당 조상만 제사를 드리는 것인데도 불구하고, 그 본래 의도와는 무관하게 모든 조상들을 한꺼번에 제사함으로써 마치 종회가 열리는 날처럼 그 의의가 왜곡되었기 때문이다.

또한 남귀여가혼男歸女家婚과 반친영半親迎이 행해지던 조선의 남쪽과는 달리 중국식 친영親迎이 양반과 평민을 가릴 것 없이 보편화되었다. 남자가 여자 집으로 장가가는 남귀여가혼은 중국식『가례』가 들어오기 전부터 있었던 전래의 풍습이었으며, 반친영은 이러한 전래의 풍습과 중국식 친영을 절충한 방식이었는데, 조선의 남쪽에서는 이 풍습들이 상당히 오랫동안 지속되었다. 이에 비해 중국과 가까운 북방지역은 친영을 한다는 점에서 중국의 영향을 많이 받았다. 그러나 그러한 혼례 풍습은 결과적으로 양반과 평민의 상하 위계질서를 드러내지 못했다는 점에서 잘못된 혼례 풍습으로 비판되었다. 더구나 열녀수절烈女守節의 전통이 강해서 재가再嫁조차 안 했던 남쪽과는 달리, 처자들

兩冬, 不能備毛揮項一次, 無乃庸劣所致耶? 還可笑歎. 此處亦我國土地人民, 而所謂禮法等節, 掃地無之, 品官爲名, 卽其地土班, 而不知禮文爲何事. 出繼子小祥後, 着白笠終三年. 所謂忌祭, 玄孫之祭日幷祭父祖曾高祖, 高祖之忌日, 亦幷祭, 子與孫曾玄孫云, 余譏之曰宗會也. 彼輩不知爲愧, 良可寒心, 擧一可知, 其他何足論也. 婚娶則毌論土班土卒, 有若親迎者. 然當日往于婦家行禮, 因以率來新婦, 雖路遠, 當日率來, 而日暮則宿于路店而來云云. 所謂新行日乘轎, 無上下之別, 私行冒衣騎馬, 遠近同然. 大抵淫風, 則無足掛舌, 所謂處子潛奸, 有若例事, 上下同然, 品官之女, 或有官婢續公者, 而其族不以爲愧, 品官寡婦爲淫, 而知以例事, 禮樂文物, 何時能明? 屠牛之法, 亦人人爲之, 知以例事, 風俗卒難變, 察其行事, 胡風太半, 笑歎笑歎."

의 간통은 물론, 관직자의 과부도 음란할 정도로 음풍淫風이 만연했다. 아울러 만주족의 풍습에 따른 소 도살이 예사로 행해졌다. 노상추는 이런 관습들을 오랑캐 풍속인 '호풍胡風'으로 규정했다.

노상추의 예교적 시선은 중화와 이적의 이분법적 구분이 내면화된 양상을 잘 보여준다. 그는 풍속의 측면에서 예법에 어긋나는 무분별한 제사, 친영의 보편화에 따른 상하 위계질서의 무력화, 음풍淫風의 만연 및 불법적인 소도살 등을 호풍으로 규정했다. 이러한 관찰은 북관지역이 중화의 예교와 오랑캐의 풍속이 공존하고 습합되는 공간임을 이해하는 단서를 제공한다. 북관지역은 한족, 만주족, 조선족의 문화가 병행되고 혼합되는 공간으로서, 상하와 남녀의 구분이라는 예교질서가 교란되는 공간이었던 것이다.

실제로 예교적 시선에 의해 내부의 타자로 주변화되는 관북지역은 괴이한 풍속이 성행하는 공간으로 규정되곤 했다. 예컨대, 이규경李圭景, 1788~1856은 「관북 지방 처녀들이 쪽髢 올린 데 대한 변증설」에서 종성鍾城과 회령會寧을 중심으로 관북 육진六鎭 지방의 괴이한 풍속으로 관북지방 처녀들이 쪽을 올린 머리모양을 지목했다.

지금 관북 육진六鎭 지방에 괴이한 풍속이 매우 많은데, 그중에도 더욱 더 괴이한 것은 종성과 회령 등의 지방 풍속이다. 즉 처녀의 나이 16~17세 만 되면 머리털을 두 갈래로 가른 다음, 거기에다 다리髢를 더 넣고 땋아 머리 를 둘러서 쪽을 올린 것이 마치 시집간 여자의 머리와 똑같다. 그러나 양쪽 귓 가로 땋아서 두른 머리털만은 풀지 않고 다리를 넣어 땋아 올린 쪽 밑까지 연 결시켜 두었다가 시집가게 되어야 비로소 풀어버리는데, 그곳에서는 이것을 고례古禮로 여기고 있다. 하지만 고례에는 여자가 15세가 되면 비녀笄를 꽂도록 되어 있는데, 그곳에서 이를 고례로 여기는 것은 쪽 올리는 것을 비녀 꽂은 것으로 대신하는 셈인지, 아무튼 고례에는 비녀만 꽂았을 뿐, 어른처럼 머리를 둘러 쪽을 올린 예가 전혀 없다. 육진 지방은 곧 여진女眞, 야인野人들이 주거하던 곳이므로 혹 그 풍속에 물들어 그러한 것인지, 우리나라의 옛 풍속에 대해 전대前代의 역사를 낱낱이 상고해 보았어도 처녀가 쪽을 올렸다는 말은 보이지 않는다. 『주서周書』「백제전百濟傳」에 보면, "부인의 웃옷은 도포와 비슷하나 소매가 약간 크고 처녀는 머리털을 양쪽 귓가를 둘러 땋아 머리 뒷부분에 이르러서는 한 가닥으로 땋아 드리웠다가 시집가게 되었을 때는 그것을 풀어 두 갈래로 갈라 쪽을 올린다" 하였으니, 처녀가 쪽을 올리는 것은 고례로 여기는 풍속을 따지기에 앞서 우리나라의 옛 풍속도 아닌 것이다. 이보다 더 괴이한 것은, 육진 지방의 풍속이 시골에 사는 사내아이까지도 다 어른처럼 상투를 틀어 올린다는 점이다. 이는 시집가고 장가들기 이전에 이미 어른의 모습이 되어버린 셈이니, 어찌 괴이한 일이 아니겠는가? 명나라 만력萬曆 연간에 사내아이가 망건網巾을 착용하는 것을 괴이하게 여겼는데, 지금 육진 지방에서 사내아이나 계집아이가 의젓이 어른의 모습을 하고 있으니, 이것이 대체 무슨 풍속이란 말인가? 근본을 따져 보면 다 오랑캐의 풍속으로, 당연히 금지해야 할 것을 금지하지 않은 것이다.[13]

---

13 李圭景, 『五洲衍文長箋散稿』「經史篇5·論史類2·風俗·關北室女上髻辨證說」. "關北六鎭中, 風俗之可異者甚多. 其中尤異且怪者, 鍾城·會寧等俗. 室女年至十六七, 則分髮作兩道, 加髢辮之繞首作髻, 一如嫁女上頭, 而其左右耳後兩辮髮, 則依舊不解, 繞入加髢髻下, 迎婚成婚後, 始解之, 其俗從古云然古禮. 女子十五笄, 抑從古禮, 以髻代笄者歟, 古禮則笄而已矣, 未聞上髻盤首如成人者也. 六鎭, 卽女眞野人所居之地, 或染其風而然歟, 我東舊風, 則歷考前史, 未見有此也. 如『周書·百濟傳』, '婦人以袍而袖微大, 在室者, 編髮盤於首, 後垂一道爲飾, 出嫁者, 乃分爲兩道焉.' 室女上髻, 古禮姑捨, 又非東國舊俗也. 復有可怪者, 六鎭小男兒在村野者, 莫不結髻如丈夫. 是乃未嫁娶前, 已作成人之儀, 豈

머리를 땋고 쪽을 올리며 다리를 더하는 머리장식은 본래 혼인한 부인의 모습이다. 따라서 처녀가 그런 모습을 취하는 것은 혼인전의 처녀와 혼인한 부인의 구분을 무너뜨리는 문제점이 있다. 예교적 차원에서 더욱 심각한 문제는 이 지역에서 어린아이들이 어른처럼 상투를 튼다는 점이다. 처녀가 쪽을 올리고 소년이 상투를 트는 관북지역의 풍속은 시집가고 장가가기 전의 어린아이들과 장성하여 결혼한 어른들의 구분을 무력화시켰다. 어른과 아이, 부인과 소녀의 구분은 혼인 이전과 이후를 질적으로 구분하는 예교질서의 차별적 구분을 무너뜨린다는 점에서 머리장식의 문제는 단순한 스타일의 문제가 아니라 어른과 아이, 처녀와 부인을 구분하는 예교질서의 문제였던 것이다.

요컨대, 관북과 만주지역에서는 중국인과 만주족 및 조선인이 공존하면서 다양한 문화가 습합되고 변용되는 가운데 예교질서의 핵심인 상하, 남녀, 장유의 구분이 무너지는 양상이 나타났으며, 조선 후기 유교 지식인들은 그것을 남쪽의 '예교'에 대비되는 북쪽의 '호풍'으로 규정하였다. 이러한 인식은 예교문화와 이질적 풍속의 습합현상이 나타나는 북방지역에 대한 비판인 동시에, 중화와 이적의 이분법을 내부 영역에 적용하여 예교와 호풍의 문화적 차별성을 강조하는 조선 후기의 양상을 잘 보여준다.

非怪且異哉? 皇明萬曆間, 童子著網巾以爲異, 今六鎭童男童女, 奄成長者之禮, 是何風也? 究竟則夷裔之習, 當禁而不禁者也."

3. 예교적 시선의 변화와 현실주의적 객관화 과정

1) 명·청의 교체와 중화문명의 쇠퇴 비판

명·청의 역사적 교체는 국제질서의 변화와 더불어 조선에서는 상업적 교류, 도시 소비문화의 확대라는 양상을 초래했다. 그에 따라 현실적으로 천하를 장악한 청나라를 더 이상 오랑캐로만 규정할 수 없는 현실에 대한 새로운 인식을 요청하였다. 이에 따라 조선을 이끌었던 예교적 시선에도 일정한 변화가 일어났다.

물론 조선 후기 내내 기본적인 인식은 청나라 문화에 대한 비판적 관점이 주류였다. 조선 후기 사족의 문집과 연행사의 연행 기록 등을 보면, 먼저 만주족의 오랑캐 문화를 견지하는 청나라는 상하·귀천의 사회적 위계질서와 남녀·내외의 사회적 역할 구분이 예교문화의 핵심적 구조를 무시한다는 점을 모두 가장 큰 문제점으로 기술했다. 예컨대, 이의만李宜萬, 1650~1736이나 유언술俞彦述, 1703~1773 등의 조선 관리들은 청나라는 관리와 노비가 함께 같은 식탁에서 식사를 하고 분가하지 않은 채 한방에 머무는 등의 문화적 현상을 상하上下, 귀천貴賤, 존비尊卑, 내외內外의 유교적 위계질서가 무너진 오랑캐의 야만적 풍습으로 설명하였다.[14]

나아가 이러한 만주족의 오랑캐 풍습에 한족의 강남문화가 가진 약점까지 더해져서 문화적으로 더욱 타락했다는 문제점까지 지적하는

---

14 河淑宜, 「17·18세기 조선사절의 중국 예속 관찰」, 『국학연구』 16, 한국국학진흥원, 2010; 박종천, 앞의 글, 2015 참조.

경우도 있었다. 예컨대, 19세기 초 동지사冬至使로 연행燕行을 간 이해응李海應, 1775~1825은 『계산기정薊山紀程』에서 청나라의 공동체 질서를 '풍속風俗의 타락'에 따른 '인간의 금수禽獸화'와 '천하 백성의 우민愚民화'로 요약한 바 있다. 명나라의 몰락과 청나라의 등장은 중화문명을 지탱하던 인간다운 풍속의 타락을 초래했고, 풍속의 타락은 인간을 금수와 구별하는 경계가 없어지는 결과를 빚었으며, 그 결과 천하의 모든 백성이 어리석게 되었다. 이러한 풍속의 타락, 인간의 금수화, 천하 백성의 우민화는 사회적 위계질서等威를 업신여기고, 명분에 따른 검속名檢을 천시하며, 재화貨財를 숭상하는 풍조로 구체화되었다.

청淸나라 사람이 나라를 세운 규정은 대체로 풍속風俗을 인도해서 금수가 되게 하고, 천하의 백성을 이끌어서 어리석게 만드는 것이니, 하나는 등위等威를 업신여기는 것이고, 하나는 명검名檢을 천시하는 것이며, 하나는 재화財貨를 숭상하는 것이다. 그런데 지난 숭정崇禎 이후부터 지금까지 거의 200년 동안 항간에 취할 만한 자질구레한 형식과 작은 예절들이 더러 있었던 것은 옛날 중화中華의 유풍遺風이 없어지지 않고 남아있었기 때문인가?[15]

이해응이 사회적 위계질서의 무시, 명분에 따른 검속의 천시, 재화의 숭상 등을 문제점으로 지적한 것은 기본적으로 질박하고 간편한 북방 오랑캐 문화와 화려하고 사치스런 강남문화의 약점들이 상호 결합

---

15 李海應, 『薊山紀程』 卷5, 「附錄·風俗」. "淸人立國之規, 大抵導風俗以禽獸之, 率天下之民而愚之 : 一曰無等威; 一曰賤名檢; 一曰尙貨財. 粤自崇禎後至今幾二百年, 閭巷之間, 或有微文小節之可采者, 蓋古中華遺風有不泯者存歟?"

된 것으로 청나라 문화를 이해했음을 보여준다. 조선의 예교적 시선에서 볼 때, 사회적 위계질서의 무시와 명분에 따른 검속의 천시는 화려하고 세련되었지만 사치스러우면서 이익을 추구하는 명나라 문화보다 한층 더 악화된 청나라 문화의 문제점이었다. 그리하여 중국은 중화의 유풍이 겨우 조금 잔존한 곳으로 이해되었고, 그에 비해 조선문화의 예교적 자부심은 한층 더 높아졌다.

2) 예교적 시선의 현실주의적 객관화

이와 다른 새로운 흐름은 주로 북학파北學派에서 명확하게 부각되었으며, 중국과 한국의 풍속風俗에 대한 인식은 피상적이고 일방적인 시선에서 객관적이고 균형잡힌 시선으로 변화하는 양상으로 나타났다. 실제로 기존에는 문명의 중심인 중화에 비해 문화의 주변으로서 금수에 견주었던 북방 오랑캐의 장점을 새롭게 재발견하는 양상이 나타났다. 그 핵심은 질박함과 간편함이었으며, 화려함과 사치스러움에 대비되는 긍정적 가치로 재평가되어 부각되었다.

실제로 조선 전기 『조선부朝鮮賦』로부터 조선 후기 연행록 기사들에 이르기까지, 세련된 강남 한족문화에 비해 북방 만주족문화는 질박하고 간편한 특징이 있었다.[16] 물론 이러한 대비에는 대체로 문명에 대한 칭송과 야만에 대한 멸시라는 이분법이 작동하고 있었다. 그러나

---

16 박종천, 앞의 글, 2015, 특히 〈표 1〉 『표해록』에 나타난 강남과 북방의 차이점과 공통점 참조.

조선 후기 실학파, 특히 북학파를 중심으로 이러한 대비는 양자에 대한 균형 있는 재인식의 형태로 역전되어 나타나게 되었다. 그리하여 화려하고 세련된 강남 한족문화는 동경할 만한 문명의 수준을 자랑하지만, 지나친 사치를 추구하면서 이익과 욕망을 충동질하는 약점을 드러내고 있었으며, 북방 만주족문화는 비록 야만스런 것이었지만 질박하고 간편한 장점을 갖추었다는 인식이 새롭게 부각되었다.

이러한 이해의 변화에는 이상적인 문화적 중심과 현실적인 정치적 정점의 분화현상에 대한 균형있는 의식의 전환이 전제되어 있었다. 예컨대, 북학파 실학자 박지원朴趾源, 1737~1805은 멸망한 명나라와 국제질서의 지배자인 청나라를 각각 조선이 이념적으로 지향하는 중화문명의 문화적 중심과 현실적으로 굴복할 수밖에 없는 정치적 정점으로 분리하여 이해하는 정치-문화의식을 선보였다.

박지원은 이념적으로 문화적 중심을 예우하는 표현으로 '상국上國'을 사용하면서 현실적으로 정치적 정점을 고려하는 표현으로 '대국大國'을 채택했고, 명나라에 대한 명분적 우대를 '상국'으로 쓰고 청나라에 대한 현실적 고려를 '대국'으로 표현했다.[17] 이러한 면밀한 용어 구분에는 왕도와 패도, 문화적 의리와 정치적 현실 사이의 괴리에 대한 날카로운 포착이 담겨있다. 조선은 명나라로부터 제후국의 명命을 받았을 뿐만 아니라 임진왜란 시 '재조번방再造藩邦'의 도움을 받았다는 문화적 은혜의 의리명분이 있었지만, 청나라는 병자호란 이후 힘에 의한 패권적 지배를 강요했을 뿐만 아니라 문화적으로 조선보다 뒤떨어

---

17 朴趾源, 『熱河日記』(『燕巖集』卷15, 別集), 「行在雜錄」.

지는 오랑캐 풍속을 가지고 있었다. 그러므로 명나라에 적용한 '상하'
와 청나라에 부과한 '대소'의 차이는 의리명분적 우호관계와 현실적
역학관계의 차이를 반영한다고 할 수 있다.

청의 초기에 한족漢族을 포로로 붙잡으면 반드시 머리를 깎았는데, 정축丁丑
년1637의 맹약에서는 유독 우리나라 사람들의 머리를 깎지 않도록 했으니, 대
개 연유가 있는 것이다. 세상에서 전하기로는 청나라 사람들 중 칸[청 태종
太宗]에게 우리나라 사람들의 머리를 깎게 하도록 권하는 사람들이 많았으
나, 칸은 묵묵히 응하지 않다가 은밀히 여러 패륵貝勒들에게 "조선은 평소
예의를 부르짖으며 그 머리털을 그 머리보다 더 심하게 아낀다. 지금 만약 그
정情을 억지로 거스른다면 우리 군대가 철수한 뒤에 반드시 반란을 할 것이니,
그들의 풍속대로 따라서 예의로 속박하는 것보다 못하다. 저들이 만약 우리의
풍속을 익힌다면 말 타고 활 쏘는데 편리하리니 우리에게 이롭지 못하다." 말
하고서, 드디어 그만두었다. 우리의 관점에서 논하면 다행하기가 이보다 큰
것이 없지만, 저들의 속셈으로부터 보면 그저 문약文弱으로 우리를 길들이자
는 것이다.[18]

더욱 흥미로운 점은 조선의 이러한 예교적 시선에 대한 청나라의 반
응이다. 청나라는 전쟁을 통해 복속시켰던 다른 나라들과는 달리, 조

---

18 朴趾源,『熱河日記』(『燕巖集』卷15, 別集),「銅蘭涉筆」, 60ab. "淸之初起, 俘獲漢人, 必隨
得隨剃, 而丁丑之盟, 獨不令東人開剃. 蓋亦有由. 世傳, 淸人多勸汗,【淸太宗】令剃我國.
汗默然不應, 密謂諸貝勒曰, '朝鮮素號禮義, 愛其髮甚於其頭. 今若强拂其情, 則軍還之後,
必相反覆, 不如因其俗, 以禮義拘之. 彼若反習吾俗, 便於騎射, 非吾之利也.' 遂止. 自我論
之, 幸莫大矣, 由彼之計, 則特狃我以文弱矣."

선에 대해서는 변발을 강요하지 않았다. 청 태종은 조선에 변발을 강요하면 청나라가 원하는 문화적 동화는커녕 도리어 심리적 저항을 불러일으켜서 뒤에 반란의 위험을 감수해야 하는 문제점이 있는 반면, 중화문물에 대한 신념이 강력한 조선의 예교문화를 문약한 문치주의로 활용하면 문화적 순치의 이점이 있다고 보았다. 상하의 위계질서를 철저하게 지키는 조선의 예교문화가 청나라의 천하질서 유지에 도움이 된다는 통찰은 원나라가 고려에 의관문물을 억지로 강요하지 않았던 맥락과 유사한 맥락에서 이해할 수 있다.[19] 더구나 청나라와 만주족 풍속을 조선이 익히게 되면 예교문화의 약점인 문약의 문제점이 해소되어 조선의 전쟁능력을 강화시켜 후세의 군사적 갈등의 위험성을 키울 수 있었다. 그러므로 청나라는 조선이 현실적으로 힘이 모자람에도 불구하고 멸망한 명나라에 대한 의리를 지킨다는 점을 고려하여, 만주족문화에 대한 문화적 동화를 강요하기보다는 예교문화의 유지를 통한 문화적 순치 전략을 선택했던 것으로 판단할 수 있다.

요컨대, 조선의 관점에서는 정치적 정점인 청나라를 문화적으로 주변화할 수 있는 문화적 여지를 확보함으로써 중화문명의 문화적 중심을 유지하였지만, 청나라의 입장에서는 조선의 예교문화를 문화적 순치로 활용하여 청나라라는 정치적 정점에 대한 존중으로 연계시키려고 한 것이다.

---

19 박종천, 앞의 글, 2015; 張佳, 「重整冠裳 : 洪武時期的服飾改革」, 『中國文化研究所學報』 58, 香港中文大學, 2014; 張佳, 「의관衣冠과 인정認定 - 麗末鮮初 大明衣冠 사용 경위 고찰」, 『민족문화연구』 69, 고려대 민족문화연구원, 2015 참조.

3) 공감적 타자 이해와 자기 반성적 재성찰

한편, 18세기 북학파의 일원이었던 박제가朴齊家, 1750~1805는 의관
제도의 측면에서 중국 천하와 조선의 현실을 객관적으로 비교하고자
했다. 박제가에 의하면, 중국은 남자들의 변발辮髮과 호복胡服은 문제
였지만 여성복은 옛 제도를 그대로 따르고 있는 반면, 조선은 남자들
은 옛 제도를 그대로 따르면서도 여성복은 몽골의 제도를 좇았다. 그
러나 조선의 사대부들은 중국문화의 문제점만을 비판하면서 조선 풍
속의 현실적 문제점에 대해서는 허술하기 그지없었다.

> 천하의 남자들은 변발을 하고 호복을 입고 있지만, 여자들의 복장은 여
> 전히 옛 제도가 남아있다. 우리나라 남자들은 옛 의관제도를 따르고 있지
> 만, 여자들의 복장은 모두 몽골의 의복제도를 그대로 따르고 있다. 오늘날
> 사대부들은 호복을 입는 중국이 수치스럽다는 것만 알고 몽골 복장이 제
> 집안을 지배해도 금지하지 못하는 것은 눈치 채지 못한다.[20]

이러한 비교는 기본적으로 청나라와 조선을 객관적으로 비교하려
는 양상을 보여주며, 예교적 시선이 지닌 피상성과 일방성을 상대화하
는 효과가 있다. 사실 조선 후기 상박하후형 치마저고리와 가체의 유
행에 대한 비판적 관점은 대부분의 지식인들이 공유하는 문제의식이
었다. 이에 비해 박제가의 발언은 청나라가 지배하는 현실에 대한 부

20　朴齊家, 『北學議』「內篇·女服」, 147면 참조.

정적 시선 때문에 조선의 현실을 객관적으로 검토할 만한 여유를 갖지 못했음을 자각했다는 점에서 예교적 시선의 일방성과 피상성에 대한 반성이라고 할 수 있다.

19세기에는 더욱 진전된 이해가 전개되었다. 19세기의 학자 이규경 李圭景, 1788~1863의 『오주연문장전산고五洲衍文長箋散稿』「풍속風俗」편에는 중국과 일본의 풍속에 대한 관찰과 평가가 나오는데, 조선시대 내내 문화의식의 주류였던 예교의 시선으로 타자를 규정하고 포폄하던 방식에서 벗어나서 타자의 문화에 대한 공감적 이해를 기반으로 예교 질서에 대한 새로운 이해에 도달하는 모습이 나타난다.

혹자는 '오랑캐의 풍속夷裔之俗은 금수와 차이가 없다'고 말하는데, 이는 알지 못하고 살피지 못하여 그들의 장점은 버리고 단점만 말한 것이다. (…중략…) 살피건대, 연경燕京의 풍속이 비록 화풍華風이라고 불리지만, 만주滿洲의 풍속에 이미 물들어버린 지가 거의 수백 년이란 오랜 세월이 지났다. 어찌 빠른 속도로 그 가운데 빠져들지 않을 수 있겠는가? 비록 그렇지만, 그 식색食色의 욕망이 오히려 중국 사람들처럼 끝없는 탐욕에 이르지는 않았으며, 또한 중국 사람들과 같이 살면서도 순진한 데가 많아서, 강남 사람들처럼 경솔하거나 잔꾀를 부리지 않는다. 끼니에 드는 음식도 매우 간단하여 보통에 불과한 식탁을 차릴 뿐이고, 시골에서는 밥이나 죽粥을 몇 개의 큰 그릇에 담아 놓고는 각자가 작은 종지에 퍼서 나누어 먹다가 그 그릇이 다 비워져야만 다시 다른 그릇으로 옮겨서 각자의 양대로만 먹으므로 음식이 버려지거나 남는 경우가 없으며, 반찬도 나물 한 접시와 초장醋醬 한 종지에 불과하다. 또 아무리 부호富豪한 집의 푸짐한 음식이라 해도 볶은 돼지고기와 따뜻한 탕국에 불과하니, 이 어찌 간편한 일이 아니겠는가? 술잔도 매우 작아서 한 모금에 다 비울 수 있지만 조금씩 마시고 또 자주 마시지도 않으니, 이는 본받을 만한 일이다.[21]

이규경은 오랑캐의 풍속이 금수 수준이라는 전통적 이해를 일단 수긍한다. 그러나 여기에서 멈추지 않고, 문화의 접변에 따른 자연스런 역사적 변화를 배경으로 삼아 한족의 강남문화가 식색食色의 욕망으로 인해 끝없는 탐욕에 빠진 데 비해, 만주족의 북방문화는 순진하고 간편하여 음식의 예절에서도 본받을 만한 구석이 많다고 칭송했다. 이러한 견해는 장점을 버리고 단점만을 강조하는 일방적 인식의 문제점을 비판적으로 성찰한 결과였다.

나아가 이러한 인식은 청은 물론, 왜倭의 문화를 긍정적으로 재평가하는 데에 이르게 된다. 임진왜란으로 인한 전쟁의 충격이 가라앉고 조선통신사 활동이 거듭되면서 발견한 일본은 섬나라 오랑캐가 아니라 과식이나 사치가 없이 간편하고 실질적인 문화를 이룩했으며, 과세가 많아도 기본적으로 백성들의 생존이 보장되고 신분이나 계급에 따른 상하귀천의 예교적 위계질서가 부족해도 정확하고 질서정연한 모습을 나타내는 본받을 만한 나라로 재평가되었다.

---

21 李圭景, 『五洲衍文長箋散稿』 「經史篇·論史類·風俗·夷裔之俗反省便辨證說」. "或言: '夷裔之俗與禽獸無間.' 是不諒不審, 棄其所長, 取其所短而言也. 今略擧其大端言, 爲一辨證. 按燕京之俗, 雖云華風, 已染滿洲之俗者, 幾垂數百年之久矣. 安得不駸駸然入於其中乎? 雖然, 其食色之慾猶不至於中國人之貪饕無厭. 滿·漢同處多質實, 不似江南人之輕儇. 至於飮食之節, 極爲簡略, 尋常饔飧. 閭巷則或飯或粥, 各以小鍾分食一器盡, 又添一器, 隨量而止, 無遺剩之習, 而一楪菜漿而已. 富豪家盛設, 亦不過炒猪肉熱鍋湯而已. 此豈非簡便也哉? 酒盃甚少, 一呷可盡. 然亦不頻飮, 細細呷下. 此可法也."

왜인倭人은 섬나라의 오랑캐이기는 하나 나라를 세운 지 3천여 년이 되었고, 한 성姓이 서로 계승해 왔으니, 그 규모를 짐작할 수 있다. 의복과 기물器物은 간편한 것을 주로 하고, 끼니마다 드는 음식은 아무리 노동자라도 절대로 실컷 먹어대는 경우가 없다. 또 우리나라처럼 아침저녁으로 하인들이 식사하라고 전갈하는 경우가 없고 배가 고프면 경우에 따라서는 몇 닢의 동전銅錢으로 유병油餠 한 조각, 혹은 군고구마 두서너 개를 사서 끼니를 때운다. 관장官長들의 음식 도구도 겨우 한 개의 찬합饌榼으로 그 높이는 한 자尺가 되지 못하고 한 칸間의 둘레도 몇 치寸에 불과한데, 그 안에 검붉게 칠한 그릇과 나무로 된 숟가락과 소반小盤 같은 것을 오밀조밀 넣어 두고, 반찬, 면과麪果, 다주茶酒 같은 것도 다 한 작勺이 못 되게 담아 둔다. 또 아무리 명을 받들고 나온 고관高官이라 해도 스스로 준비해 온 찬합 이외에는 각처 역참驛站에서 경비를 지출하여 대접하는 번거로움이 없고, 밥짓는 도구도 모두 가볍고 교묘한 것이어서 땔나무 반 묶음만 가지면 밥, 국, 탕국 같은 것을 익힐 수 있고 또 굴뚝을 사용하는 경우가 없다. 따라서 한 사람이 하루에 사용하는 음식은 동전 두서너 닢과 쌀 몇 작勺과 땔나무 반 묶음에 불과하고, 1년에 사용하는 의복의 값이 은자銀子 1냥에 불과하므로, 아무리 인구가 많고 부세賦稅가 무거워도 사람마다 입고 먹을 수 있고 아무리 땔나무가 귀하다 해도 곤란을 겪는 자가 없다. 왜속倭俗에는 신분身分에 따르는 위의威儀 같은 것을 따지는 예가 없어도 그 명분만 한번 정해지면 상하上下가 모두 그 사람을 경외敬畏하고 떠받들어 조금도 태만함이 없다. 우리나라 사신이 그곳에 왕래할 때 연도沿道에서 접대하는 일을 맡은 관원들을 보면, 그 행사를 지휘하는 태수太守 이하는 모두 인사人事를 분별할 줄 모르는 못나고 어리석은 자들로 충당되었는데, 그들은 눈도 위로 치켜뜨지 못하고 명령대로만 거행하여 조금의 실수도 없었으며, 검을 메고 정문正門을 지킬 적에는 정문 안에 똑바로 앉아서 밤새도록 태만함이 없었고, 늘 차茶를 대기해 놓고 숯불을 피우는 한편, 잠시도 옆에서 떠나지 않고 있다가 부르기만 하면 마치 메아리처럼 빨리 대답하여, 나무라거나 매질을 가하지 않아도 모든 일을 척척 해내었다. 길에 나와서 구경하는 자들도 모두 한길 밖에 집결, 키가 작은 자는 맨 앞줄에, 약간 큰 자는 다음 줄에, 아주 큰 자는 맨 뒷줄에 앉아 차례로 대열을 이루어 잡음이 없이 조용하였다. 또 수천 리 거리의 연도沿道를 보았지만, 한 사람도 함부로 길을 침범하는 경우가 없었다. 대저 그 나라에는 임금이나 각 고을의 태수가 쓰고 있는 정책이 일체 군법軍法에 의거한 것이었고 또 백성들도 늘 여기에 습관이 들어 일체 군법대로 따르고 있으니, 이 어찌 본받을 만한 일이 아니겠는가?[22]

이규경에 의하면, 왜속倭俗에는 신분에 따르는 위의威儀를 따지는 예가 없었지만, 일단 사회적 명분만 한번 정해지면 상하가 모두 그 사람을 경외敬畏하고 떠받들어 조금도 태만함이 없었는데, 그 까닭은 예교

---

22 李圭景,『五洲衍文長箋散稿』「經史篇5·論史類2·風俗·夷裔之俗反省便辨證說」. "倭人, 雖曰島蠻, 立國幾三千餘載, 一姓相傳, 則其規模, 蓋可知也. 衣服器物, 亦以精簡爲主, 其食飮之節, 雖執役者, 絶無兩盹三盹. 喫飯之事, 亦無如我東人晨朝夕入匙之請者, 而但於飢乏時, 以數箇銅錢, 貿油餠一圓, 或燒藷二三枚以療飢. 其官長飮食之具, 只有飯藏之一櫃, 高不盈尺, 方廣數寸, 其中貯紅黑漆器·木匙·小盤等物, 細小方圓, 飯饌·麪果·茶酒之供, 皆不滿一勺. 雖高官奉命而行者, 自齎飯藏之外, 不煩於各站支應之供, 炊食之器, 皆輕薄而工妙. 故半束柴而可作飯羹諸湯, 亦無突火之法. 是其一人一日之食, 計不過數三銅錢米數勺·半束柴, 而一年之衣, 不過一兩銀子, 生齒雖繁, 賦斂雖重, 而人能衣食, 薪木之貴, 亦不至艱乏者如此. 倭俗雖無等威, 但名分一定, 則上下截然, 敬畏蹲奉, 不敢怠忽. 我國行往來之路, 見支待諸官, 太守奉行以下, 多用庸孱癡駿不省人事者, 而其徒不敢仰視, 聽令承事, 不失尺寸, 帶劍而司閈, 則兀坐閈內, 達夜無倦, 設茶而待, 擁爐設炭, 頃刻不離. 凡有所呼, 應之如響, 不用笞朴, 隨事皆辨, 夾路觀光者, 悉坐正路之外, 小者居前, 稍大者爲第二行. 又其大者在後, 次次爲隊, 肅靜無譁, 數千里所見, 無一人妄動犯路. 大抵國君與各州太守之政, 一出兵制, 而大小民庶常見而習之者, 一如軍法, 此非可法者乎?"

질서가 아니라 군법軍法에 따른 질서 유지 정책에서 비롯되었기 때문이다. 이러한 관찰은 무사武士가 중심이 되는 일본문화의 한 속성을 잘 드러낸다. 이규경은 무사가 중심이 되는 군법에 따라 간편하고 검소하며 실질적인 문화가 사회 전반을 규정했기 때문에 예교적 위의 없이 사회질서가 잘 유지되고 운영된다는 사실을 관찰했던 것이다.

이처럼 예교적 시선의 현실적 전회가 가능했던 까닭은 무엇인가? 임진왜란과 병자호란 등을 통해서 현실적으로 일정한 문제점이 드러났던 예교질서의 한계를 객관적으로 자성하고, 조선 후기에 크게 성장하는 상업문화와 도시문화의 영향력, 특히 갈수록 심각한 사회적 문제로 등장했던 사치스런 문화적 풍조를 비판적으로 성찰했기 때문이었다. 또한 이러한 전회에는 재지사족을 중심으로 자율적으로 운영하려던 지역사회의 예교질서가 지닌 한계를 자각하고 그 문제점을 구조적으로 극복하기 위해서 제기된 현실적 고려가 반영되었다. 그리하여 타자에 대한 긍정적 재평가에는 향촌 차원에서 자율적 예속禮俗을 강조하던 조선 예학의 주류 흐름이 지속되는 가운데 조선 후기에 와서 국가 차원의 하향적인 타율적 예제禮制가 새롭게 부각되면서 덕례德禮중심주의에서 형정刑政병행주의로 선회하던 흐름이 일정하게 반영되었다.[23]

더구나 이러한 관점의 변화는 고려조부터 지속된 자문화의 관습적 폐단을 반성하는 데 이르기도 했다. 이규경에 이르러 조선의 예교문화는 겉으로는 예교를 표방하면서도 실제로는 식색食色의 욕망에 찌든 연행사절의 문제점을 반성하는 단계로 접어들었다.

---

23 박종천, 「조선 후기 예론의 성격과 양상」, 『한국학연구』 31, 인하대 한국학연구소, 2013, 139~168면.

우리나라 사람들의 버릇은 예로부터 교화시키기 어려워서, 색욕과 식욕을
탐내는 꼬락서니가 혹 금수만도 못한 자가 있었다. 그러므로 소동파蘇東坡가,
"고려 사람들이 지나는 곳에는 다섯 가지 손해가 뒤따른다. 즉 요동遼東 동
쪽에 사는 자들은 길들이기 어려워서 사나운 금수만도 못하다" 하였다. 지
금 우리나라 사신이 연경에 들어가면 연도에 있는 객점과 역참驛站에서 우리
나라의 역졸驛卒들을 마치 까마귀나 토끼로 지적하여, 가게와 시장을 철폐하
고 주식酒食을 은닉하며, 문을 걸어 잠그고 상대해 주지 않는 경우가 있으니,
이는 우리나라의 역졸과 고용된 자들이 대낮에 나타나 음식을 빼앗아 먹기 때
문이다. 어찌 수치스러운 일이 아니겠는가? 이 같은 버릇은 전적으로 탐욕이
많고 성품과 행실이 불량하여 염치를 돌아보지 않고 법망法網을 무서워할 줄
모르는 데서 기인된 것이다. 그러므로 지상紙上에 전해 오는 몇 가지의 예를
들어 식색食色에 대한 좋은 경계를 삼을까 한다. 아, 사람들의 불량함이 어
찌 이 지경에까지 이를 수 있겠는가. 참으로 의복은 요堯의 것을 입고 행위
는 걸桀의 것을 따르는 격이다.[24]

식색의 욕망에 대한 비판은 조선 전기 『표해록』에서는 본래 조선의
유교지식인이 중국의 강남문화를 비판적으로 검토했던 예교적 기준
이었으나,[25] 조선 후기에 오면 자기 문화의 실상을 반성하는 예교적

---

[24] 李圭景, 『五洲衍文長箋散稿』「經史篇5・論史類2・風俗・夷裔之俗反省便辨證說」. "我
東人習, 自古難化, 貪色鬤食, 或有如禽獸之不若者. 故東坡有高麗人所經有五言, '遼東以
東, 人以難馴, 不若鷙鳥惡獸.' 今我使入燕, 所經店站, 指驛爲烏鬼, 撒肆廢市, 匿其酒食閉
門不見者, 我驛卒雇人, 白晝攫食故也. 豈非可恥者乎? 此習專由於貪慾儒悍, 不顧廉恥, 不
畏法網故也. 强引紙上數條, 以爲食色之炯戒. 烏乎! 人之無良, 胡至此極? 眞所謂服堯之
服, 行桀之行者也."

[25] 자세한 것은 박종천, 「예교 문화의 관점에서 본 조선과 중국」 참조.

기준으로 변경되어 적용되었다. 그리하여 예교의 시선은 일방적이고 피상적인 문화적 우월주의에서 벗어나 자기 문화를 상대화할 수 있는 여유를 확보했던 것이다.

4. 욕망과 패션의 유행에 따른 예교질서의 교란

1) 여성의 욕망과 화려한 여성복의 유행

중국인들이나 조선인들은 예교 문명의 기준에서 어긋나서 짐승의 수준으로 전락하는 기준의 하나로 식색의 욕망을 비판적으로 성찰했다. 그런데 식색의 욕망보다 더 강력한 유행을 초래하면서 예교문화를 내부적으로 교란시켰던 것은 여성들의 패션에 대한 문화적 욕망이었다. 그리하여 조선 후기에는 여성들의 머리장식과 복장이 커다란 사회적 문제로 부각되었다.

여성들에 대한 비인도적 처사에 대한 비판은 본래 중국 한족들이 행한 전족纏足 풍습에서 시작되었다. 감수하기 힘든 불편과 고통을 초래하는 한족 여성들의 전족에 대한 비판적 인식은 대부분의 조선 지식인들이 공감하는 것이었다. 예컨대, 포의布衣 신분으로 20여 년간 다섯 차례 연행燕行을 다녀온 북학파 학자 이희경李喜經, 1745~미상은 머리를 깎고 변발하는 '머리의 액厄'과 담배를 피우는 '입의 액'과 전족을 하는 '발의 액'을 말세의 세 가지 액으로 열거했는데, 전족은 발의 액으로 거론될 정도로 중대한 사회적 문제였다.[26]

그러나 조선사회에서는 중국과는 달리 전족이 없었기 때문에, 여성들의 머리장식과 여성복의 문제가 더 큰 사회적 이슈로 제기되었다. 18세기에 불어 닥친 여성들의 패션에 대한 유행은 사치스런 소비의 과도한 욕망을 통해 예교질서를 교란시켰다. 특히 짧은 적삼과 좁은 소매의 여성복과 과도하고 사치스런 머리장식이 사회적 이슈로 부각되었다.

　　지금 혼례 때 신부는 화려한 웃옷에 넓은 소매와 큰 띠에 긴 치마를 입으니, 곧 중화의 제도中華之制이다. 『삼국사』를 상고하면, 송나라 사신 유규劉逵 등이 와서 시골 창녀들의 소매 넓은 옷과 색실로 된 띠와 긴 치마를 보고 "이는 모두 삼대三代의 의복인데, 뜻밖에도 이곳에서 유행되고 있다"고 말했으니, 바로 지금 신부복新婦服이다. 이에 앞서 진덕여왕 때에 김춘추가 당나라에 들어가 중화의 제도를 이어 받을 것을 청하여 의복과 관대를 받아 가지고 돌아와 오랑캐 풍속을 중화의 제도로 변경시켰다. 문무왕 4년에 이르러 부인의 의복도 개혁하여 중화의 제도를 본받았으니 문무왕은 곧 태종무열왕 김춘추의 아들이었다. 힘껏 중화의 제도를 사모하다가 이에 이르러 남녀의 의복을 모두 개혁했으니, 참으로 거룩한 일이라 하겠다. 지금 부녀자의 의복은 짧은 적삼에 소매가 좁은데 어느 때부터 생긴 지는 알지 못하며 귀천이 통용하니 해괴한 일이다. 그러나 사람들이 습속에 젖어 예사로 알고 있다. 또 여름에 입는 홑적삼은 아래를 줄이고 위로 걷어 올려 치마 말기를 가리지 못하니 더욱 해괴한 일이다. 이는 의복의 요물이니, 마땅히 금지하여야 할 것이다.[27]

26　李喜經, 진재교 외 역, 『雪岫外史』, 성균관대 출판부, 2011, 59~64면 참조.
27　李瀷, 『星湖僿說』 卷16, 「人事門・婦人服」. "今之昏禮, 新婦服袞衣・濶袖・大帶・長裙,

이익李瀷, 1681~1763에 의하면, 신라가 중화문물을 사모하여 당나라에서 도입한 넓은 소매와 긴 치마의 풍성한 여성복을 시골 창녀들까지도 입어서 송나라 사신이 놀랄 정도로 신라-고려-조선에 이르기까지 훌륭한 의복문화의 전통이 잘 계승되어 왔는데, 조선 후기에 와서 좁은 소매와 짧은 옷자락의 요사스런 상의가 등장했다. 이익은 의복의 형태 변화뿐만 아니라 그러한 의복이 귀천貴賤의 분별을 넘어서서 통용하는 상황에 대해서도 우려를 표명했다. 이익은 이러한 여성복의 변화가 성적 욕망을 무분별하게 자극하며 귀천의 사회적 위계질서를 교란시킨다는 점에서 심각한 문제이며 이런 현상이 유행하는 현실에 대해 말세의 풍조라고 개탄했다.

말세가 되니, 부인의 의복이 소매는 좁고 옷자락은 짧은 것이 요사한 귀신에게 입히는 것처럼 되었다. 나는 이런 것을 비록 좋게 여기지 않으나 대동大同으로 되어 가는 풍속에는 또한 어쩔 수 없겠다. 옛날 태종太宗께서는 의복에 대해서 모두 중국 제도를 따르려고 했는데 정승 허조許稠가 아뢰기를, "신臣이 북경에 갈 때 궐리闕里를 지나다가 공자의 사당에 들어가서 여복 차림으로 된 화상畵像을 보니, 우리나라 제도와 다름없고 다만 수식首飾이 같지 않았습니다" 하여 일이 마침내 시행되지 않았던 것이다. 그러나 허정승의 말도 꼭 그러했는지 알 수 없겠다. 어찌 중화의 의복이 이처럼 짧고 좁

即中華之制. 按『三國史』, 宋使劉逵等來見鄕粧倡女濶袖·衣色·絲帶·大裙, 曰, '此皆三代之服, 不意尙行於此', 即今新婦服是也. 前此眞德女主時, 金春秋入唐, 請襲華制, 受衣帶而還, 以夷易華. 至文武四年, 革婦人之服, 同於華制. 文武王, 即太宗王春秋之子也. 坊坊慕華, 至是盡變男女之服, 可謂盛矣. 今之婦女窄袖短衫, 不知何自, 而貴賤通用, 殊可駭異. 人習見爲常, 又其暑月單衫, 則縮下縫捲以向上, 不得掩裳際, 則尤怪悖矣. 此服妖也, 宜禁絶之."

은 것이 있었겠는가? 추측컨대, 우리나라 초기에 부인의 의복이 비록 중국과 차별이 있었다 하더라도, 지금 제도처럼 짧고 좁게 만들지 않았던 것인가? 또는 부인의 의복이란 오직 고운 맵시를 귀하게 여겨서 가는 허리를 남에게 자랑해 보이려고 한다. 이러므로 위의 옷이 밑의 치마에 덮이지 않도록 하기 위해서 우리나라도 중국 풍속과 마찬가지로 그 제도가 그렇게 되었던 것인가? 그러나 중국도 역시 한 시대 풍속이 그렇게 되었을 뿐이고, 옛날 제도에 있어서도 아무런 증거가 없으니, 이는 본받을 수 없는 것이다.[28]

실제로 조선 후기 여성들은 웃옷은 짧고 좁은 것을 좋아해서 저고리가 젖가슴도 가리지 못하는데도 허리에 치마를 두르고 치마 안에 무족상無足相이란 치마를 입었으며, 치마는 넓게 퍼진 것을 선호하여 규방에 들어가기도 어려운데도 심할 경우 열 폭 치마를 만들어서 치마 안에 입는 것이었다.[29] 이에 비해 중국 강남지방의 부인복은 웃옷이 소매가 넓고 깃이 없으며 안에 치마를 입는데 하체가 가는 것을 귀하게 여겨 치마가 경쾌한 풍조가 있었다.[30]

18세기 이후 확산된 '상박하후上薄下厚형 치마저고리'와 '화려한 머리장식'의 여성 패션 유행은 사치스런 소비 욕망의 자극을 통해 예교질서를 교란시켰을 뿐만 아니라 여성들이 죽음에 이르는 심각한 사회적

---

28 李瀷, 『星湖僿說』 卷5, 「萬物門・婦人服」. "末俗, 婦女之服窄袖短裾, 近扵服妖. 余雖惡之, 大同之風亦無奈何也. 昔太宗欲悉從華服, 許相稱進曰, '臣赴京, 過闕里, 入孔子家廟, 見女服畫像, 與本國無異, 但首飾不同.' 事竟不行. 許相之言又未可知. 豈有中華之服若是短窄耶? 或者國初婦人之服雖與中國有別, 而非若今時之短窄耶? 又或婦人之服惟貴綽約, 欲誇示腰纖, 衣不掩裳, 我國與華俗同一規制而然耶? 然中國亦一時之俗, 在古無證, 未可爲準耳."
29 李喜經, 앞의 책, 56~58면 참조.
30 위의 책, 같은 곳 참조.

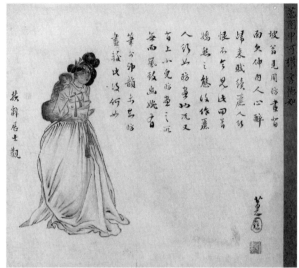

〈그림 1〉
신윤복의 〈미인도〉
(간송미술관 소장)

〈그림 2〉
신윤복의 〈아기 업은 여인〉
(국립중앙박물관 소장)

문제로 부각되었다.

　조선 후기의 실학자 이덕무^{李德懋, 1741~1793}는 상박하후의 치마저고리가 비실용적이라는 점에 대해 비판했을 뿐만 아니라, 이렇듯 '요사스런' 여성복의 유행이 본래 창기들이 성적 매력을 뽐내며 남성 고객을 유혹하기 위해 시작된 것임에도 불구하고, 남성 양반들 스스로 처첩에게 권하는 풍조로 번지고 있음을 적시하였다. 또한 이러한 복식의 유행이 규중 부인과 기방 창기의 구분을 무너뜨린다는 점도 분명하게 지적하였다.

　일찍이 어른들의 말을 들으니, 옛날에는 여자의 옷을 넉넉하게 만들었기 때문에 시집올 때 입었던 옷을 소렴小殮할 때 쓸 수 있었다 한다. 산 사람,

죽은 사람, 늙은 사람, 젊은 사람은 체격의 대소가 동일하지 않으니, 그 옷이 좁지 않았음을 알 수 있다. 지금은 그렇지가 않다. 새로 생긴 옷을 시험 삼아 입어 보았더니, 소매에 팔을 꿰기가 몹시 어려웠고, 한 번 팔을 구부리면 솔기가 터졌으며, 심한 경우에는 간신히 입고 나서 조금 있으면 팔에 혈기가 통하지 않아 살이 부풀어 벗기가 어려웠다. 그래서 소매를 째고 벗기까지 하였으니, 어찌 그리도 요망스러운 옷일까! 대저 복장에서 유행이라고 부르는 것은 모두 창기娼妓들의 아양 떠는 자태에서 생긴 것인데, 세속 남자들은 그 자태에 매혹되어 그 요사스러움을 깨닫지 못하고 자기의 처첩妻妾에게 권하여 그것을 본받게 함으로써 서로 전하여 익히게 한다. 아! 시례詩禮가 닦이지 않아 규중 부인이 기생의 복장을 하는구나! 모든 부인들은 그것을 빨리 고쳐야 한다.[31]

이덕무의 설명처럼, 상박하후의 여성복은 조선 후기에 광범하게 '유행時撰'한 현상이었다. 이러한 유행은 예교적 질서 내에서 존중받고 인정받는 여성들이 아니라 가부장적 사회에서 철저하게 소외되고 종속된 창기들이 생존 전략 차원에서 남성들에게 성적 매력을 발산하려고 하는 의도에서 시작되었다. 그런데 그것이 창기 대 부인의 경쟁 구도를 자극함에 따라 예교질서에 따라 법적으로 인정받는 부인과 그렇지 못한 창기들 사이의 구분을 무력화시켰다. 결과적으로 남성들의 성적

---

31 李德懋, 『青莊館全書』卷30, 「士小節六·婦儀」. "甞聞父老之言, 古者女服寬製, 故嫁時之衣可爲小斂之用. 生死老少, 體大小不同, 則其衣之不窄可知也. 今則不然. 試着新衣, 穿袖甚難, 一屈肘而縫綻, 甚至纔著逾時, 臂氣不周, 脈大難脫, 刳袖而救之, 何其妖? 大抵粧餙衣裝, 號爲時撰, 皆出娼妓狐媚, 世俗男子沈溺不悟, 勸其妻妾, 使之倣傚, 轉相傳習. 嗚呼! 詩禮不修, 而閨人妓裝凡百. 婦人其宜亟改."

욕망에 기생할 수밖에 없는 창기들의 생존 전략은 여성들 사이에서 존재하던 귀천의 구분에 일정한 균열을 내었던 것이다.

2) 패션의 욕망이 낳은 사회문제

조선 후기 유행한 상박하후형 여성복은 젖가슴이 드러날 정도로 짧은 저고리와 다리속곳, 속속곳, 속바지, 단속곳, 무족치마, 대슘치마 등 겉치마를 입기 전에 여러 벌의 속옷을 겹겹이 껴입어서 잔뜩 부풀린 치마가 결합된 치마저고리였다. 18세기 여성복의 유행을 주도한 것은 본래 기생들이었다. 비록 천민이었지만 양반의 첩이 되기 위해서 자유로운 복식을 입을 수 있었던 기생들은 허리를 드러내기 위해 짧게 줄인 저고리와 엉덩이를 강조하기 위해 부풀린 치마를 결합하여 노출과 은폐가 어울린 관능적 패션을 했고, 양반가의 여인들도 합세하면서 그에 질세라 유행은 번져갔다.[32]

여성들의 관례冠禮는 혼례婚禮에 앞서 머리를 두 가닥으로 땋은 다음 하나로 꼬아서 머리 위에 얹고 또 많은 경우 다리를 땋아서 그 위에 얹는다. 부유한 집안에서는 서까래만한 다리를 사용하여 감당하기가 힘든데도, 사대부 집안의 여성들로부터 기생들까지 앞다투어 다리를 귀하게 여기다 보니 머리 하나에 얹는 값이 수백 금에 이른다.[33]

---

32 이민주,『치마저고리의 욕망 : 숨기기와 드러내기의 문화사』, 문학동네, 2013 참조.
33 李喜經, 앞의 책, 55면.

이희경은 『설수외사雪岫外史』에서 위와 같이 설명했다. 이러한 유행에 대해 정부에서는 사치풍조를 금하는 금령을 내렸으며,[34] 이에 따라 사대부 집안에서는 다리를 족도리로 대체했다.[35] 흥미로운 점은 이러한 풍속이 고려 왕들이 원나라 공주들과 혼인하면서 고려로 들어온 원나라 궁녀의 관에서 비롯되었다고 판단한 대목[36]이다. 요컨대, 오랑캐 습속이 여성들을 타락시켰다는 것이다.

실제로 그런 인식은 만주족과 한족 여성의 비교에서 극명하게 대조되었다. 『오주연문장전산고五洲衍文長箋散稿』의 「중국의 만족滿族과 한족漢族 여자들의 의복衣服 및 수식首飾에 대한 변증설」에서는 남녀의 구분이 불명확한 상황과 더불어, 집안에서 조신하게 있는 한족 여자들과 남성처럼 차리고 다니는 만주족 여성들을 명확하게 대조시켰다.

지금 중국에 예악이 무너져 일컬을 만한 문물이 없다고 하는 것은, 모든 것이 옛날과 같지 않기 때문이다. 그러나 그곳 부녀들의 의복과 수식首飾이 옛날보다 볼 만한 것이 있으므로 그곳에 다녀온 사람들의 유연기遊燕記를 대충 채취하여 그 양상을 변증하려 한다. 여러 유연기를 보면, 계집아이도 4~5세 이전에는 머리를 깎고 모자를 써서 마치 사내와 같다. 여자들의 의복과 쪽髻은 아직도 중국의 옛 제도가 남아 있어 치마에 반드시 주름을 잡는데, 전면은 세 폭, 뒷면은 네 폭을 사용한다. 겉옷은 장의長衣를 입는데

---

34 『영조실록英祖實錄』 34년 1월 13일에 최초로 다리를 금지하는 조치가 이루어졌으나, 실효를 거두지 못했다. 이에 따라 『정조실록正祖實錄』 3년과 12년에도 정부에서는 반복하여 금령을 선포한다.

35 李喜經, 앞의 책, 56면.

36 위의 책, 56면 참조.

그 길이가 땅바닥에 끌린다. 소매는 남자의 것보다 넓고 바지는 남자의 것과 같으면서도 약간 넓은데, 가난한 농가農家의 부녀를 제외하고는 다 비단을 사용한다. 머리는 묶어서 쪽을 올리되, 머리를 땋지 않고 그냥 잡아돌려서 마치 우리나라 여자들의 낭자처럼 백회혈百會穴 약간 뒤쪽 부분에 부착하고 비녀를 좌우로 꽂아 유지시킨다. 양쪽 귀밑에는 금엽金葉으로 조화造花를 장식하고 또 좋은 옥으로 된 귀고리를 줄지어 귀밑머리에 연결시킨다. 가난한 집의 부녀는 흔히 머리를 되는 대로 잡아매어서 마치 우리나라 남자의 것과 같고 윗도리에는 저고리를 입고 아랫도리에는 바지를 입어서 마치 남자와 같은데, 떠돌아다니는 자나 농가에서 노동하는 자들이 거의 다 이러하다. 여자는 폭건幅巾을 착용하는데, 그 제도는 모두 검은 비단을 사용하여 쪽 위에 쓴다. 길에 나가면 이 같은 양상을 가끔 구경하곤 하는데, 이는 다 가난한 자의 복식이다. 한족漢族의 계집아이는 5~6세가 되면 긴 피륙으로 발을 감아 놓으므로 걸음걸이가 뒤뚱거려 금방 넘어질 듯한데, 만족滿族의 계집아이는 그렇지 않다. 한족 부녀의 신鞋은 앞뒤가 뾰족하고 굽어서 사람이 신기 전에는 땅에 붙지 않으므로 이름을 궁혜弓鞋라 하는데, 만족 부녀의 신은 밑창이 높고 두터워서 평소에도 사람이 신고 있는 것과 같다. 여자는 머리를 묶어 쪽을 올리므로 머리를 빗고 거두는 것을 우리나라의 남자와 같이 하고, 다 거둬지지 않은 이마 위의 머리털은 족집게로 귀밑머리에 밀어 넣어 굽은 양상으로 만든 다음 기름을 바른다. 처녀는 머리에 가르마를 타서 우리나라의 부녀와 같이 머리를 처리한다. 그러나 되는 대로 타고 꼭 중심부에 타지 않으므로 혹은 좌측, 혹은 우측으로 되어 바르지 못하다. 처녀나 아낙네가 다 귀밑에 귀고리를 달고 쪽 주변에는 꽃을 꽂는다. 이는 머리가 하얀 노파도 그렇게 하고 과부도 그렇게 한다. 여자들의 입술에 주홍색을 바르는 법은, 입술의 위아래를 몽땅 바르지 않고 입술 끝 부분에만 바르므로, 바라보면 마치 구슬을 머금고 있는 것과 같다. 또 만족의 여인은 얼굴이 곱지 않으면 으레 체구가 장대하고, 한족의 여인 중에 얼굴이 아름다운 자는 몸매가 날씬하다. 대저 시장이나 남자가 모인 곳에는 절대로 여자를 구경할 수 없고 큰 길거리에도 걸인이 아니고는 왕래하는 여자가 매우 드물다 하니, 이는 아름다운 풍속이다.[37]

이규경은 여성의 의복과 수식에서 남성과 여성의 구분을 교란시키는 행태를 비판적으로 검토하고 있다. 남성과 여성의 구분이 애매모호해지는 대목에 대한 주목이 그런 사실을 분명하게 보여준다. 따라서 여성의 복장과 머리장식이 예교질서를 교란시키는 대목은 과도할 만큼 사치스런 경제적 문제점과 더불어 성적 욕망의 자극, 여성과 창기, 여성과 남성의 분명한 구분을 무력화시킨다는 점이라고 할 수 있다.

예교질서를 교란하는 패션의 욕망과 관련해서 박제가는 중국 여성

---

37 李圭景, 『五洲衍文長箋散稿』「經史篇5·論史類2·風俗·中原滿漢女容飾辨證說」. "中原禮壞樂崩, 文物無足稱者, 不如古也. 然其婦女容飾, 視古猶有可觀者. 故略采北游人諸記, 以辨其狀焉. 游燕諸記, 女兒四五歲以前, 亦剃髮加帽, 與男子同, 女子衣髻, 猶存華制, 裳必襞積, 而幅用前三後四, 上穿長衣. 其長曳地, 神口闊於男衣, 而袴亦同男制稍闊, 除非貧窮農家, 則悉用綺羅錦緞, 束髮爲髻, 不瓣而回繞之, 頗似我東娘子, 髻安于百會稍後處, 以釵左右揷而維之, 兩鬢粧以金葉假花, 亦用瑤珥聯貫而絡于鬢, 女子之貧者, 間多撮髻, 如我男子, 上衣下袴, 亦同男子, 而行途流離及豐家力役者, 類皆如此. 女子著幅巾, 其制用全幅, 黑繒, 加于髻上, 途上往往見此, 皆貧衣所服者也. 漢女纏足, 五六歲輒纏之, 行步搖搖, 若將顚覆, 滿女否, 漢女之鞋, 前後尖銳而彎曲, 非著趾著踵, 則不貼地, 所謂弓鞋也. 滿女, 則鞋底高厚如著屐, 女子束髮爲髻, 故梳頭斂髮, 如我國男子, 額上髮根皆上指, 以掃掠鬢而勻之. 其形彎曲, 仍加以脂澤, 未嫁, 則有髮間開理, 如我國婦女治髮也, 規而開理, 未必適中於頭髮正中, 或左或右, 所見不正, 毋論已嫁未嫁, 皆耳懸墜, 鬢邊揷花, 白頭婆婆亦然, 寡婦亦然, 女子上點朱之法, 不全塗於上下脣, 而但點抹於脣尖, 望之如含珠, 且滿女非嬌艶, 則多狀大, 漢女美者, 纖麗嫋娜. 凡場市衆會處, 絶不見女子之間於其中. 大抵街路上, 非乞丐, 則女子之往來者絶少. 此則美俗也."

복의 특징으로 섬세하고 산뜻한 점을 지적했다.[38] 흥미로운 것은 자신이 연경에서 직접 본 몽골 여인과 원나라 때 그린 인물 화첩에 나오는 여인의 모습에서 보았다고 증언하는 대목이다. 즉 머리장식 다리의 연원을 몽골로 본 것이다. 그러나 과도한 사치를 부르는 풍속에 대해서 남녀를 불문하고 머리를 땋는 머리장식인 다리髢는 오랑캐의 풍속이라고 철저하게 비판하였다.[39] 박지원의 처남 이재성李在誠, 1751~1809도 다리가 다른 사람의 머리카락을 잘라 자기 머리를 장식하는 비윤리적 측면과 남자의 머리로 다리를 만들 수 있는 위험 및 고가가 소비되는 과도한 사치 풍조라는 점을 들어 비판했다.[40]

요컨대, 성적 욕망을 매개로 과도한 소비문화와 연계된 사치 풍조를 퍼뜨리고, 부인과 창기의 구분과 여성과 남성의 구분을 무너뜨리는 것이 여성복과 머리장식의 사회적 문제점이었던 것이다.

이러한 현상이 일어난 까닭은 여성이 남성 중심의 가부장적 예교질서에 예속된 존재였기 때문이다. 이에 따라 남성중심적 예교질서는 예교질서의 한 축을 일부 무력화하면서 패션의 유행을 낳는 여성의 욕망을 충동했다. 여성들의 패션에 대한 욕망이 사치스런 유행으로 번지자, 유자들과 정부는 여성의 머리장식과 복장에 대한 비판적 논의와 금령을 지속적으로 내렸다. 그러나 그것을 온전하게 막지는 못했으며 심지어 사람이 죽는 사태까지 발생하기도 했다. 조선은 사치를 금지하는 나라였지만, 과시하고 싶은 사람의 속성상 사치는 쉽게 사라지지

---

38 朴齊家, 『北學議』 「內篇・女服」, 145면.
39 위의 책, 149면.
40 李在誠의 「髢結議」는 朴珪壽, 『居家雜服考』 권2, 「內服」에 인용되었다.

않았다. 그 때문에 족두리로 대체할 것을 명했으나 그마저도 여성들의 욕망을 가누지는 못했다.

사족土族의 부녀자들의 가체加髢를 금하고 족두리簇頭里로 대신하도록 하였다. 가체의 제도는 고려 때부터 시작된 것으로, 곧 몽고의 제도이다. 이때 사대부가의 사치가 날로 성하여, 부인이 한번 가체를 하는 데 몇백 금金을 썼다. 그리고 갈수록 서로 자랑하여 높고 큰 것을 숭상하기에 힘썼으므로, 임금이 금지시킨 것이다.[41]

가체는 조선 후기 여성들이 죽음을 무릅쓰고라도 갖기를 원했던 패션의 욕망을 실현시켰다. 이덕무에 의하면, 당시 여성들의 머리장식은 중화문명이 아니라 몽고의 유풍, 곧 오랑캐 풍습이었지만, 머리치장에 드는 비용은 지나치게 과도한 사치였을 뿐만 아니라 죽음의 불행까지 초래했다.

변체辮髢는 몽고蒙古의 유풍이다. 지금 부인들은 비록 마지못해 시속을 따른다 하더라도 사치를 숭상해서는 안 된다. 부귀한 집에서는 머리치장에 드는 돈이 무려 7~8만에 이른다. 다리를 널찍하게 서리고 비스듬히 빙빙 돌려서 마치 말이 떨어지는 형상을 만들고 거기다가 웅황판雄黃版, 법랑잠法琅簪, 진주수眞珠糯로 꾸며서 그 무게를 거의 지탱할 수 없게 한다. 그런데도 그 가장은 그것을 금하지 않으므로 부녀들은 더욱 사치스럽게 하여 행여 더 크게 하

---

41 『英祖實錄』卷87, 영조 32년1756 1월 16일.

지 못할까 염려한다. 요즘 어느 한 부잣집 며느리가 나이 13세에 다리를 얼마나 높고 무겁게 하였던지, 시아버지가 방에 들어가자 갑자기 일어서다가 다리에 눌려서 목뼈가 부러졌다. 사치가 능히 사람을 죽였으니, 아, 슬프도다![42]

나아가 가체와 관련하여 사기를 치거나 살인하는 사태까지 나타났다. 사기사건으로는 1789년 2월, 서울에서 평민인 이기성李基成이 가체加髢를 금지하는 관원을 사칭하여 7촌 아저씨를 협박하면서 돈을 갈취한 사건이 대표적인 사례이며, 1790년 벌어진 중부中部 이기성의 옥사는 남편이 부인을 죽인 대표적 살인사건이었다. 조선 후기 범죄 처리 판례집인『심리록審理錄』은 1790년 사건을 다음과 같이 기록하고 있다.

[판부] 온성穩城 최관악崔觀岳의 옥사
최관악은 자기 아내인 김金 여인의 다리髢를 빼앗아 부레풀魚膠, isinglass과 바꾸었는데 김 여인이 반목하자 버드나무 몽둥이로 때려 그날로 죽게 하였다.
[상처] 뒷늑골과 척배가 흑색으로 변하고 딱딱하였다.
[실인] 구타당한 것이다.
정미년 4월에 옥사가 이루어졌다.
[본도의 계사] 사소한 일로 그 자리에서 죽었는데, 목맨 것으로 가장한 것은 사실을 숨기려는 것이었습니다.[43]

---

42 李德懋,『靑莊館全書』卷30,「士小節六·婦儀」. "辮髢, 蒙古之遺風. 凡今婦人雖隱忍從俗, 不可務尙侈大. 貴富家費錢至七八萬. 廣蟠仄繞, 作墮馬勢, 餙以雄黃版·法琅簪·眞珠繻, 其重幾不可支. 家長不能禁, 婦女愈侈, 而愈恐其不大. 近有富家, 婦年方十三, 辮髢高重, 其舅入室, 婦遽起立, 髢壓而頸骨折, 侈能殺人. 嗚呼! 悲夫."
43 『審理錄』卷22,「咸鏡道庚戌二」. "穩城府崔觀岳獄, 毆打其妻金召史, 卽日致死, 實因被打. ○本道啓, 因微事, 卽地打死, 稱自縊, 欲掩情節."

> 온성 최관악의 경우 : 여인들은 다리머리髢髮를 사랑하여 본성과 목숨처럼 여기는데, 북쪽 사람들이 가장 심하다. 대개 머리를 조 뜨물로 감고 대빗으로 빗으며 그것이 잘 자라기를 바라는 것은 단연코 그것을 목숨으로 생각하기 때문이다. 최관악이 체발을 부레풀魚膠로 바꾸자, 그 아내가 한번 나무란 것은 치우친 성질 때문인데 나무란 것은 욕설이라고는 할 수 없고, 욕설 때문에 범행을 저지르기까지에는 이르지 않았을 것이나, 그 남편된 자가 분기가 충천하여 한번 때리는 것은 필연적인 형세이다. 그 귀결을 본다면 단지 어리석은 부부가 집안에서 싸우는 것은 으레 있는 습관인데 어찌 반분이나마 나쁜 마음을 먹어서 그랬을 리가 있겠는가. 가령 죽은 자가 지각이 있다면, 그의 죽음은 우연 중의 우연인데, 그 우연으로 인하여 남편이 상명하게 된다면 틀림없이 울면서 남편을 살려 달라고 애걸하기에 겨를이 없을 것이다.[44]

정조 12년에 가체 풍속을 금지하고자 가체신금사목加髢申禁事目을 제정하여, 사족의 부녀자들이 가체를 하는 풍속을 금지하였으나,[45] 예교 질서는 결코 여성들의 욕망을 없애지 못했다. 가체신금사목은 크게 '전교傳敎', '거조擧條', '절목節目' 세 부분으로 이루어져 있다. '전교'는 가체를 금지하는 취지와 자세한 사목을 정해서 시행하라는 정조의 하교가 주된 내용을 이룬다. '거조'에서는 우정규禹禎圭, 1718~?가 올린 상소

44 『審理錄』 卷22, 「咸鏡道[庚戌二]」. "穩城崔觀岳[段], 女人之愛髢髮, 性命以之, 而北人最甚. 蓋沐以粟泔, 搔以竹篦, 冀其滋長, 斷以爲生涯故耳. 觀岳之以髢髮易魚膠也, 其妻之一番偏謫, 偏性所由, 而偏謫之不足, 至於詬辱, 詬辱之不足, 至於犯手, 爲其夫者憤頭一打, 卽必至之勢. 要其歸, 則特愚夫愚婦屋下爭鬨之例習, 而顧何嘗有一半分禍心相餉之理乎? 假使死者有知, 渠之死, 邂逅之邂逅, 因渠邂逅, 償夫非命, 則必將呼泣丐活之不暇[是置]."

45 『審理錄』 卷18, 「京[己酉一]·中部李基成獄」.

의 내용 중 '가체를 금하는 일'에 관하여 의논한 내용과 전교가 내려지는 과정을 다루고 있다. '절목'에서는 가체 금지령을 내리는 취지와 자세한 시행 규칙을 나열하였다. 가체신금사목은 가체 금지령의 전국적인 시행을 알리기 위해 전국 각 지역에 반포되었다. 그러나 가체 금지령의 반포와 시행에도 불구하고 가체 유행은 계속되었다. 가체 유행의 배경에는 조선 후기 서민들의 사회·경제적 지위의 상승과 상품유통경제의 발달이 있었다. 경제력을 갖춘 서민들은 과거 지배층만이 전유하던 가체를 살 수 있었다. 이것은 금지령과 같은 각종 규제로도 막을 수 없는 변화였던 것이다.[46]

요컨대, 패션의 유행으로 번진 여성들의 욕망은 남성중심적 예교질서가 낳은 산물이었으며, 사치스런 과소비와 각종 사기 및 살인사건까지 촉발시키면서 예교질서를 교란시키는 사회적 문제였다고 평가할 수 있다. 물론 머리장식과 복식에 대해서도 중화문물과 오랑캐의 풍습이라는 이분법은 작동하고 있었으나, 그러한 이분법으로도 패션의 유행과 여성들의 문화적 욕망을 막을 수 없었던 것이다.

5. 맺음말

조선 후기는 조선을 형성하고 유지했던 예교적 시선이 시간, 공간, 인간의 차원에서 다양하게 변주되고 변화하는 시대였다. 명나라가 멸

---

[46] 이윤미, 「조선 후기 가체의 유행과 금지령 시행」, 한국교원대 석사논문, 2011 참조.

망하고 청나라가 동아시아 천하의 주도국이 되면서 조선이 지향했던 이상적인 문화적 중심인 중화문명과 현실적인 정치적 정점인 만주족의 청나라가 분리되자, 조선은 정치적 정점인 청나라의 패권에 어쩔 수 없이 무릎을 꿇었으나, 청나라의 오랑캐문화를 문화적으로 주변화함으로써 소중화의 문화적 자부심을 획득했다. 그러나 청나라 중심의 동아시아 국제질서 속에 편입되면서 청나라로부터 유입되는 다양한 신문물의 문화적 유행과 더불어, 활발한 국제교류에 따르는 상업경제의 활성화와 문화적 의식의 변용을 피할 수 없었다. 그리하여 기존의 문화적 이상이었던 예교문화에 대한 자부심을 객관화하면서 자기문화에 대한 자부심을 반성적으로 재검토하고 기존에 부정적으로 비판했던 청나라 만주족 문화와 일본의 풍속 등 타자의 문화에 대해서 공감적 이해를 확대하는 변주의 양상을 나타냈다.

조선시대 예교적 시선은 본래 문명과 야만, 문화의 중심과 주변이라는 이분법적 구도에 따라 중화와 오랑캐의 구분, 온화하고 유순한 강남 한족의 문화에 대한 호감과 거칠고 사나운 북방 만주족 문화에 대한 경멸 등을 정당화했다. 조선은 예교문화의 관점에서 중국을 문화적으로 주변화함으로써 정치적으로는 저변이지만 문화적으로는 중심의 위상을 가졌다는 소중화小中華의 문화적 자부심을 드러내는 한편, 중화의식을 내면화하여 중국의 북방과 강남의 문화적 차이를 규정하고 평가하던 중화의 문명과 오랑캐의 야만이라는 이분법적 경계를 설정하고, 조선의 영역 내부에도 적용하여 북쪽의 만주와 북관北關지역을 한반도 남쪽과 대비시켜서 예교문명이 실현되는 문화적 중심과 그렇지 못한 문화적 주변의 위상 차이를 합리화했다.

그러나 조선 후기에는 중국에서 유입된 문화적 유행과 상업경제의 확대와 국제교류의 활성화에 따라 문화적 의식의 변용이 일어났다. 조선 후기에 내면화된 중화의식은 소중화의 문화적 자긍심과 강남문화로부터 비롯된 경박하고 사치스런 풍조가 상호 갈등을 일으키는 가운데 공간적으로 분화되는 양상을 보여주었다. 실제로 중국의 강남과 북방을 중화와 오랑캐로 변별했던 공간적 구분이 조선 내부의 경계 설정에 적용됨에 따라, 북관을 비롯한 한반도의 북방지역은 예교질서가 주도적인 조선의 남쪽지역에 비해 중화문명과 오랑캐 풍습이 혼합되어 있는 문화적 습합현상을 드러내는 문화적 경계지로서 파악되고 있었다. 특히 이 지역에서 이루어지는 장례, 상례, 제사, 결혼 등의 다양한 문화적 풍속들은 호풍胡風으로 불리는 오랑캐 풍습에 의해 상하, 장유, 남녀 등의 구분을 무너뜨림으로써 예교질서가 교란시키는 모습을 나타냈다. 따라서 한반도의 북방지역은 문화적으로도 중국의 만주와 조선의 남부지역의 중간 경계의 양상을 잘 보여준다고 할 수 있다. 이러한 문화적 차이에 대한 인식 자체는 조선 전기부터 이미 있었던 것이었지만, 조선 후기에 남쪽지역에서 유교적 예속화가 진전됨에 따라 실제적으로 문화적 차별화가 본격적으로 구현되었다.

한편, 조선 후기에는 북학파北學派를 비롯한 서울의 지식인들을 중심으로 이상주의적이었던 예교적 시선이 점차 분화되고 변용되었다. 그리하여 화려하고 사치스런 강남 한족 문화와 간편하고 질박한 북방 만주족 문화에 대한 균형잡힌 재평가를 통해 타자의 문화에 대한 공감적 이해와 긍정적 평가가 이루어졌으며, 자기문화에 대한 이상주의적 자부심이 점차 현실주의적으로 객관화되는 흐름도 나타났다. 특히 북학파를 중심으로 하는 실학자들은 한족의 강남문화와 만주족의 북방문화가 지닌 장점과 약점을 균형 있게 고려하고, 타자에 대한 공감적 이해를 확대하고 자기문화에 대한 반성적 성찰을 진행함으로써 예교관의 현실주의적 객관화 양상을 잘 보여주었다.

마지막으로, 여성들의 화려한 머리 장식과 상박하후上薄下厚(얇은 윗옷, 넓은 치마)의 복식의 변화가 잘 보여주듯이, 패션의 유행에 민감한 여성들의 문화적 욕망과 현실적 욕구는 예교의 차별적 위계질서를 점차 이완하고 교란시켰다. 기존 예교적 시선에서는 교화의 주체가 되지 못한 채 항상 교화의 대상으로 규정당했던 여성들의 문화적 욕망은 욕망의 규제를 강조했던 남성 중심의 예교질서 속에서 조율되다가 결국 예교질서의 한계를 드러내면서 교란시키는 촉매제가 되었다. 특히 화려한 머리장식과 상박하후형 복장을 중심으로 나타났던 여성들의 패션에 대한 욕망이 문화적 유행으로 나타남에 따라 사치스런 과소비, 예교질서의 교란, 사기 / 살인사건 등 패션의 욕망이 빚어낸 각종 사회적 문제들이 나타났으나, 이러한 사회적 문제들을 욕망의 규제를 통해 조율하려고 했던 남성중심적 예교질서는 한편으로 남성의 성적 욕망의 대상으로 설정된 여성들의 예속을 강화했으나, 다른 한편으로 욕망의 주체로 등장한 여성들의 문화적 욕망 앞에서 일부 교란되는 한계를 드러내기도 했다.

이 글에서 검토한 예교적 시선의 변주와 변화 양상은 시간과 공간의 범위에서 상당히 광범한 경향을 소재로 하고 있다. 그러나 실제로 검토했던 자료들은 일부 연행록, 일기, 유서, 문집 등에 국한되는 문제점이 있다. 예컨대, 여성들의 복장과 머리치장의 실제 문화적 양상에 대한 논의는 주로 서울과 일부 북방지역에 국한되고 있으며, 조선의 북방과 남방을 비교하는 것도 일부 의례문화에 국한되어 있다. 또한 패션의 욕망이 여성들을 예속시키는 남성중심적 예교질서를 일부 교란시키는 양상을 검토했으나, 그것이 예교질서를 전면적으로 내파하는 단서가 되는지에 대한 연구는 별도의 심도깊은 논의가 필요하다. 이 글에서는 조선 후기 예교적 시선이 시간, 공간, 인간의 차원에서 다양한 변주와 변화 양상을 보이는지 단서를 추적하는 데 시사점을 제공하면서, 향후 연구에서 이러한 문제들을 더 천착하기로 기약하고자 한다.

참고문헌

자료

『高麗史節要』.

『國朝寶鑑』.

『盧尙樞日記』 2(한국사료총서 제49집).

『宋史』.

『審理錄』.

『朝鮮王朝實錄』.

『淸史稿』.

『後漢書』.

權近, 『陽村集』.

董越, 『朝鮮賦』(김영국 역, 심미안, 2013).

朴珪壽, 『居家雜服考』.

朴齊家, 『北學議』.

朴趾源, 『熱河日記』(『燕巖集』 卷15, 別集).

徐兢, 『高麗圖經』.

심재, 『교감역주 송천필담』(심익철 외역, 보고사, 2009).

兪彦述, 『燕京雜識』(林基中 編, 『燕行錄全集』 卷39).

尹愭, 『無名子集文稿』.

李圭景, 『五洲衍文長箋散稿』.

李德懋, 『雅亭遺稿』.

_____, 『靑莊館全書』.

李宜萬, 『農隱入瀋記』(林基中 編, 『燕行錄全集』 卷30).

李瀷, 『星湖僿說』.

李仁行, 『新野集』.

李海應, 『薊山紀程』.

李喜經, 『雪岫外史』(진재교 외역, 성균관대 출판부, 2011).

崔溥, 『漂海錄』.

正祖, 『弘齋全書』.

논저

구도영, 「조선 전기 조명朝明외교관계의 함수, "예의지국禮義之國"」, 『대동문화연구』89, 성균관대 대동문화연구원, 2015.

계승범, 『정지된 시간 : 조선의 대보단과 근대의 문턱』, 서강대 출판부, 2011.

_____, 「조선 후기 중화주의와 그 해석의 문제」, 『한국사연구』159, 한국사연구회, 2012.

김봉곤, 「崔溥의 中國漂海와 儒學思想」, 『한국사상사학』40, 한국사상사학회, 2012.

김봉남, 「竹欄詩社의 再照明」, 『한문학보』26, 우리한문학회, 2012.

박명숙, 「최부『표해록』에 나타난 이념과 의미 및 강남 이미지」, 『온지논총』27, 온지학회, 2011.

박원호, 『최부 표해록 연구』, 고려대 출판부, 2006.

박종천, 『서울의 제사, 감사와 기원의 의례적 몸짓』, 서울시사편찬위원회, 2013.

_____, 「조선 후기 예론의 성격과 양상」, 『한국학연구』31, 인하대 한국학연구소, 2013.

_____, 「예교 문화의 관점에서 본 조선과 중국」, 『국학연구』28, 한국국학진흥원, 2015.

_____ 편, 『조선 후기 사족과 예교질서』, 소명출판, 2015.

박현규, 「1741년 중국 臨海에 표류한 禮義의 나라 조선인 관찰기 : 청 齋周華의 〈高麗風俗記〉를 중심으로」, 『동북아문화연구』18, 동북아시아문화학회, 2009.

박지훈, 「송대 사대부의 고려관」, 『동아시아 역사 속의 중국과 한국』, 서해문집, 2005.

우경섭, 「朝鮮中華主義에 대한 학설사적 검토」, 『한국사연구』159, 한국사연구회, 2012.

윤재환, 「董越의 『朝鮮賦』를 통해 본 中國 使臣의 朝鮮 認識」, 『동방한문학』53, 동방한문학회, 2012.

이민주, 『치마저고리의 욕망 : 숨기기와 드러내기의 문화사』, 문학동네, 2013.

이복규, 「조선 전기 사대부가의 무속 : 이문건의 『묵재일기』를 중심으로」, 『한국민속학』9, 한국민속학회, 1998.

이윤미, 「조선 후기 가체의 유행과 금지령 시행」, 한국교원대 석사논문, 2011.

전세영, 「明代 중국의 朝鮮觀 연구―明史 「朝鮮列傳」을 중심으로」, 『21세기정치학회보』21, 21세기정치학회, 2011.

_____, 「정치외교적 측면에서 본 明·淸代중국의 朝鮮觀연구 : '中國正史朝鮮傳'을 중심으로」, 『한국정치학회보』45, 한국정치학회, 2011.

정옥자, 『조선 후기 조선중화사상 연구』, 일지사, 1998.

張　佳, 「重整冠裳 : 洪武時期的服飾改革」, 『中國文化研究所學報』58, 香港中文大學,

2014.

_____, 「의관衣冠과 인정認定－麗末鮮初 大明衣冠 사용 경위 고찰」, 『민족문화연구』
69, 고려대 민족문화연구원, 2015.

河淑宜, 「17 · 18세기 조선사절의 중국 예속 관찰」, 『국학연구』 16, 한국국학진흥원
2010.

홍성구, 「두 外國人의 눈에 비친 15 · 16세기의 中國 : 崔溥 『漂海錄』과 策彦 『入明記』의
比較」, 『명청사연구』 24, 명청사학회, 2005.

溝口雄三 · 伊東貴之 · 村田雄二郎, 『中國という視座』, 東京 : 平凡社, 1994.

17세기 초 서애학단西厓學團과 상주지역 사회의 재건

김형수

1. 머리말

조선시대는 양반士族들이 지배하던 나라였다. 양반士族이 특권적 신분으로 확립되게 되는 것은 16세기 본격적으로 시작된 사림의 진출과 관련이 있다. 이들 사림들은 성리학을 이념적 무기로 훈구세력과 대립하면서 새로운 인간형인 성리학적인 '군자君子'를 이념적 모델로 삼으면서 『소학』에 근거한 일상적인 도덕의 실천을 강조하였다. 그러므로 고위관료라 하더라도 도덕적인 기준에 어긋나면 사림으로 불릴 수 없었다. 이들 사림들은 선조대宣祖代 이후 정치를 주도하면서 조선 중기 이후의 정치와 사회를 이끌어나갔다.[1]

---

[1] 최근의 연구에 의하면 사족층의 성장은 15~16세기 사림세력의 성장과 연관이 있다(김성우, 「사회신분」, 한국사연구회 편, 『새로운 한국사 길잡이 : 제3판 한국사연구입문』,

16세기에 본격적으로 성장하기 시작한 사림세력은 임진왜란을 거치면서 경상도 지역에서 지역사회의 주도세력으로 확고히 자리를 잡게 되었다. 임진왜란은 조선 역사에서 매우 중요한 사건이었다. 이후 사족들이 지역에서의 주도권을 잡게 된 것은 임진왜란 당시 사족들의 의병활동이 중요한 계기가 되었다.

현재 연구는 일찍 재지사족이 형성된 지역에 집중되어 있으며, 또한 실록의 기록을 주로 이용하여 사족의 형성시기를 논하고 있다. 그러나 조선시대 사족의 형성은 지역 별로 다른 시기에 이루어졌을 가능성이 있다. 즉 지역적으로 사족의 정착시기, 그리고 '사족지배체제'의 형성은 달랐던 듯하다. 같은 경상도 지역이라고 할지라도 사족의 입거入居 시기는 지역적으로 차이가 있고, 이들이 지역질서를 주도하게 된 시기도 차이가 있다. 그러므로 이들이 그 지역사회의 주도권을 가지는 시기가 언제인지를 살펴볼 필요가 있다. 이 문제는 최소한 조선 후기 경상도에서 지역 사족들이 정치적 편향성을 띠면서 지역의 '공론公論'을 주도하는 것과 관련이 있으며, 지역적으로 '사족이 없는無班 곳'으로 지목되는 지역이 있는 것과 관련이 있을 것이다. 이 글에서 다루고자 하는 상주지역의 경우 다른 지역에 비교하여 빠른 편인 16세기에 이미 사족士族이 형성되고 있었고, 임진왜란을 거치면서 이들의 향촌 지배력은 확고하여 졌다.

상주지역은 고려 말高麗末부터 김득배·김선치 형제를 비롯한 상산

지식산업사, 2008, 454~461면). 이러한 입장은 지방사회에 거주하는 사족士族의 존재에 대하여 주목하고 이들의 활동이 조선사회에 매우 큰 비중을 차지하였다는 점에서 '사족 지배체제'로 규정하기도 한다(고석규, 「지방사회」, 같은 책, 446~449면).

김씨 등 재지세력의 사족화가 이루어지고 있었고, 15, 16세기를 거치면서 외가 또는 처향을 따라 이주한 홍양이씨, 진양정씨, 영산김씨, 광주노씨 등이 정착하여 사족사회를 형성하였으며, 16세기에 들어서면서 노수신盧守愼을 비롯한 일군의 학자들이 활동하고 있었다. 그러나 상주지역에서 사족들이 학문적 결속력을 강화하기 시작한 것은 류성룡柳成龍이 상주목사로 재임하면서 교육을 진흥하였을 때부터였고,[2] 임진왜란 당시 상주사족들이 전개한 의병활동은 전후 상주지역의 재건에 있어서 주도권을 잡을 수 있게 해 주었다.[3] 그러므로 임란 이후 상주지역 사회의 재편과정에서 이들이 가졌던 기본 입장과 재건 방향은 임란 이후 상주지역의 향촌질서를 규정한다고 할 수 있다.[4] 이들 상주 사족들이 임란 직후 지역사회의 재건에서 우선적으로 시도하였던 것은 도남서원道南書院의 창건으로 대표되는 서원의 건립과 향안鄕案의 개수改修 및 향약의 시행이었다. 이는 이들이 추구한 향촌사회의 방향을 보여주는 매우 중요한 것이라 할 수 있다.

이 글에서는 우선적으로 퇴계학맥의 상주 유입이라는 관점에서 상주지역의 서애학단 형성과정에 대하여 살펴보고, 다음으로 임란 당시 상주사족의 의병활동, 그리고 임란 직후 교화론에 입각한 상주지역의 재건 과정을 살펴보고자 한다.

---

2 상주지역 서애학맥의 형성과 서애문인집단에 대해서는 김호종, 「서애 류성룡과 안동, 상주지역의 퇴계학파」, 『한국의 철학』 28, 2000.
3 정진영, 「임란전후 상주지방 사족의 동향」, 『민족문화논총』 8, 1987(『조선시대 향촌사회사』, 한길사, 1999 재수록).
4 최근 임란 이후 상주지역 사족의 동향에 대해서는 송석현, 「17세기 상주지역 사족의 동향」, 경북대 석사논문(2014)이 제출되었다.

2. 상주지역 서애학단西厓學團의 형성

상주지역은 조선왕조 개국 초부터 강한 성리학 전통을 가지고 있었다. 인근의 선산에서는 길재가 우거寓居하면서 조선왕조에의 출사를 거부하고 있었고,[5] 길재의 이러한 입장은 김숙자·김종직에까지 영향을 미치고 있었다. 상주에서는 16세기 들면서 사림적인 면모를 갖춘 인물들이 등장하고 있었다. 김광복金匡復의 경우 기묘사림으로 활동하다 피화被禍되었고,[6] 김옹金顒은 현량과賢良科에 천거되었으며,[7] 백운동 서원을 건립한 주세붕周世鵬도 상주출신이었다.[8] 주세붕은 1551년 서울의 소격서에서 상주지역 사족들이 향회를 가질 때 참여하고 향안의 서문을 작성하였던 것으로 보아[9] 16세기 중엽에는 사족들의 모임이 형성되어 있었을 것으로 보인다.[10] 그러나 아직은 성리학적 질서가 확

---

5 상주지역의 여말麗末 절의인節義人으로 등장하는 인물은 한철충韓哲冲이다. 한철충은 고려말 전법판서로 상주에 낙향한 것으로 알려져 있으나 이준이 편찬한 『상산지』(창석본)에는 등장하지 않고, 한철충의 여말麗末 절의사節義事가 최초로 등장하는 것은 권상일이 증보한 『상산지』(청대본)이다. 아마 한철충의 사적에 대해서는 18세기 이후 알려진 것으로 보인다.

6 『상산지』(창석본), 인물 김광복金匡復.

7 『상산지』(창석본), 인물 김옹金顒;『중종실록』, 중종 13년 7월 을축.

8 『상산지』(창석본), 인물 주세붕周世鵬.

9 『무릉잡고』권7,「尙州留鄕座目序」,"尙 吾州也 肇國自沙伐 在新羅 爲昔于老所滅 其國變 爲雄州 州名凡八變而復今名 浸恭檢 襟東洛 屬之以五縣 幅員之廣 民物之夥 冠一國 俗簡 而風淳 其稱美無以尙矣 然而嘗怪其以人物著稱者 在高麗惟十一人 在本朝 婦女崔氏一人 之外 無聞焉 豈吾州之大 人物之盛 不啻千百年 而其忠賢孝烈 止於此而已耶 不然 其當時 執筆者之諛歟 辛亥秋 大設鄕會于昭格署洞 贊成事上洛君金相公及錦原君丁公應斗, 左承 旨鄭公惟吉 皆來會 世鵬亦與焉 其次禹舍人鎬, 金司藝泓, 黃庶尹怡, 姜員外士安, 朴員外 裕慶以下若干人 極歡而罷 是日也 禮曹判書湖陰鄭相公 獨以公務不與 後數日 上洛公以吾 鄕座目 屬世鵬爲序 世鵬不敢辭而爲之說曰 惟我國重氏族士大夫 其在京者 謂之京在所 其 在鄕者 謂之留鄕所 此鄕座目之所以設也."

10 정진영, 앞의 글, 152면.

립된 것은 아니었다.[11] 비록 1551년 목사로 부임한 신잠申潛, 1491~1554에 의해 상주지역에 18개의 서당이 건립되었으나[12] 아직 서원으로의 발전은 이루지 못하였고, 서당도 임진왜란으로 인하여 더 이상 유지하지 못하였다.[13]

16세기 중엽까지 상주지역은 탄수灘叟 이연경李延慶, 1484~1548 계열의 노수신盧守愼·강복성康復誠, 남명·화담학파와 가까웠던 김범金範 계열, 기묘사림과 친연성이 강한 김옹金顒·김충金沖 계열, 그리고 퇴계·남명학파와 두루 교유한 김언건金彦建·김각金覺 계열이 존재하였으나[14] 아직 학문적인 경향은 가학적인 면모를 보이고 있고[15] 이는 1580년 류성룡柳成龍이 상주목사로 부임하여 교육활동을 할 때까지 그러하였다. 이러한 상황에서 전개한 류성룡柳成龍의 강학활동은 상주지역에서 퇴계학맥이 부식되는데 매우 중요한 역할을 하였다.

류성룡은 잘 알려진 바와 같이 조목·김성일과 더불어 퇴계 문하를 대표하는 고제였다. 류성룡은 퇴계의 영향을 받아 성리학을 깊이 공부하였으며, 퇴계를 만나고 난 후 특히 젊은 시절 관심을 가졌던 육왕학

---

11 『무릉잡고』권7, 「尙州留鄕座目序」, "吾觀居是鄕者 其不率而危其身 辱其親者多矣 禮曰 貴貴 以其近於君也 老老 以其近於父也 敬長 以其近於兄也 其於近者猶然 尙何君父之忽 而厥兄之慢耶 苟能推吾之所固有者 各念其所生 而先修其身 則其有忝氏族者乎."

12 김기탁, 「목민관 행적, 교육편」, 『상주함창목민관』, 상주시·상주산업대 상주문화연구소, 1997, 173~176면.

13 『蒼石集』속집 권5, 「修善書堂記」, "靈川申先生振儒鐸於本州 慨然以興學爲治道之本 一日駐駕於溪上萬柳之陰 喜見山回而水秀 可爲士子藏修之所 遂謀于父老 營立堂室若干礎 恨無陶瓦可盖 則傍有梵宇之荒廢者 乃撤而移覆之 一時以抑異端尊吾道而兩美之 而先生且手書脩善書院四大字表其顔 虹彩爛然 如明月夜光 自是而變荊榛之墟 爲衿珮之居者已 四十年矣 但以事出草創 規制未廣 鼓篋之徒嘗病其狹窄 遂移建於溪水之西 工化旣訖 忽遇壬辰兵變 蕩然成灰."

14 송석현, 앞의 글, 13면.

15 위의 글, 14면.

陸王學에 대하여는 퇴계의 비판을 이어받아 배척하는 태도를 취하였다. 당시 조선의 사상계에서도 노수신이 도심미발道心未發・인심이발설人心已發說을 주장했을 뿐만 아니라 양명학陽明學도 깊이 연구하였으므로 퇴계의 적극적인 공박을 받기도 했다.[16] 류성룡도 처음에는 육구연의 학문과 양명학에 대하여 많은 관심을 가지기는 했으나, 퇴계의 적극적인 비판 이후 육구연과 왕수인의 학문을 불교에 가까운 것으로 판단하고 적극 배척하는 입장에 서게 되었다.[17] 류성룡은 의리 또는 도리가 확고하게 심신에 자리 잡는 상태가 근본의 자리가 마련된 것으로 이는 언어 문자의 피상적인 의미에 국한된 지식의 추구가 아니라 언어 문자에 대한 깊이 있는 사색과 실천을 통한 체득이 필요하다는 입장을 확고히 하였다. 이런 입장이기 때문에 류성룡은 실제적인 지식을 추구하는데 적극적이었다. 실제로 그는 근본을 중시하면서도 근본에만 파묻혀 현실과 실무를 외면하거나 그것에 무능한 것을 대단히 경계하였다. 이렇게 본다면 류성룡의 학문은 성리학의 이기・심성 등에 관한 관념

---

16 노수신의 학맥은 강응철康應哲・전식全湜・이준李埈 등 상주지역 인사들에게 상당한 영향을 끼치고 있었다. 김학수는 노수신盧守愼 계열에 의해 노수신의 도남서원 추향이 추진되었고, 이를 계기로 소재학맥이 퇴계학맥의 범주로 포함되었으며, 정경세에 의해 소재 계열이 규합되었다고 하였다(김학수, 「17세기 영남학파연구」, 한국학중앙연구원 박사논문, 2007, 186~190면). 노수신의 도남서원 추향은 노수신 계열의 사람들이 서애학단으로 편입되어 후에 서애학맥으로의 정체성을 표방하는 계기가 되었다고 할 수 있다.

17 『서애집』권15, 「象山學與佛一樣」, "경오년1570, 선조 3과 신미년1571, 선조 4 연간에 나는 수찬修撰으로 옥당玉堂에 있으면서 상산象山(육구연陸九淵)의 이론을 좋아하여, 경계될 만한 말을 베껴서 한 책을 만들어 출입하는데 가지고 다녔다. 그리고 매양 주자가 상산을 공격한 것이 너무 지나쳤다고 생각하였다. 비록 입으로는 감히 이를 말하지 못하였으나, 마음속으로는 오히려 의심하였다. 그 뒤 내가 상을 당하여 금계산金溪山에서 상주 노릇 할 때에, 한 노승이 불경佛經, 『대혜어록大慧語錄』, 『증도가證道歌』 등의 책을 보여 주기에 한가한 틈에 거의 다 보았더니, 기축機軸과 운용運用은 다 상산의 학술과 서로 비슷하였다. 다만 상산은 개두환면改頭換面하여 유가의 학설로 꾸몄을 뿐이었다. 이로부터 주자의 이론만을 독실하게 믿고 감히 의심을 하지 않았다."

적 논의를 지양하고, 체험과 실천을 지향하는 무실務實적 성리학이라
고 정의할 수 있다.[18]

류성룡이 상주목사로 부임하였을 당시 상주지역의 사족들은 상당
히 많은 인물들이 문하에서 수학하였고, 이들은 이후 상주지역 사족사
회의 중심으로 성장하였다.[19] 류성룡은 부임 이후 매월 초하룻날 향교
에서 교생들을 모아놓고 교육을 실시하는 한편 '각 리里에 사장師長을
두고 교육을 담당하도록 하고, 또한 리吏도 재야在野에 있으면 민民이
라고 하여 관리가 민을 침학하지 않도록' 하였다.[20] 상주지역의 문인
들은 대부분 상주목사 시절 수학한 인물들이다. 류성룡의 문인록 중
가장 이른 시기에 편집되었다고 생각되는 「애문제자록厓門諸子錄」에는
모두 13인의 상주 문인들이 수록되어 있는데 이를 도시하면 다음의
〈표 1〉과 같다.[21]

---

18 유권종, 「예학적 무실사상의 심화」, 한국사상사연구회 편, 『조선유학의 학파들』, 예문
서원, 1996.

19 현전하는 류성룡의 문인록은 2종이 있다. 『서애전서西厓全書』에 실려 있는 「서애문현록
西厓門賢錄」에는 모두 118명의 문인들이 수록되어 있고, 일우一愚 홍종선洪鍾善, 1834~
1898(봉화 거주, 홍우정의 후손)이 편집한 것으로 류중목柳廚睦, 1841~1921의 참정參訂을
거쳐 1911년 완성한 「애문제자록厓門諸子錄」(『家學淵源錄』所收, 筆寫本)에는 71명이 수
록되어 있다. 「애문제자록厓門諸子錄」은 『서애전서西厓全書』에 실려 있는 「서애문현록西
厓門賢錄」에 앞서 편집된 것으로 1910년대까지 서애문인의 범주를 확정하지 못하였음을
알 수 있다. 서애문인들의 지리적 분포는 안동・예천・상주・용궁・군위 등에 한정되
어 있고, 상주를 제외한 대부분의 지역에서는 친인척으로 구성되었다. 「애문제자록厓門
諸子錄」에 실려 있는 상주지역의 서애문인은 13인(자질 제외), 「서애문현록西厓門賢錄」에
는 20인이 수록되었다. 19세기 류태좌柳台佐도 문인록의 편찬을 시도하였던 것 같으나
완성본으로 남아있지는 않다. 「애문제자록厓門諸子錄」에는 성람成灠・성영成泳 형제 등
서애 문인으로 알려져 있는 서인계 문도들은 제외되어 있다. 이들은 후에 편집된 「서애
문현록西厓門賢錄」에는 수록되어 있다.

20 『상산지』(창석본), 명환名宦 류성룡柳成龍.

21 만약 함창과 용궁을 상주권으로 분류하면 상주권 문인은 18명(「애문제자록厓門諸子錄」)
이다.

<표 1> 「厓門諸子錄」 소재 상주문인

	성명	자	호	본관	거주지	관직	생년	몰년	비고
1	金弘敏	任甫	沙潭	商山	(尙州)	文 / 典翰	1540	1594	后溪 金範 子 / 임란의병 / (享近嵒書院)
2	金弘微	昌遠	省克堂	商山	(尙州)	進士 / 文 / 吏議	1557	1604	后溪 金範 子 / 겸암 류운룡 壻
3	李埈	叔載	月澗	興陽	(尙州)	縣監	1558	1648	1580입문 / 임란창의 / 1608오현종사소 소수 / 임란 부모 피살
4	李埈	叔平	蒼石	興陽	(尙州)	生員 / 文 / 副提學 / 贈吏曹判書 / 諡文簡	1560	1635	1580입문 / 임란부모 피살 / 임란창의 / 享玉成·豊基愚谷書院
5	韓璯	子玉	杜谷	淸州	(상주)		1562		
6	鄭經世	景任	愚伏	晋陽	尙州	文 / 大司憲 / 贈左贊成 / 諡文壯	1563	1633	임란당시 母 및 아우 피살 / 임란창의 / 享道南·愚山·開寧德林·慶山孤山·大丘硏經·江陵退谷書院
7	全湜	淨遠	沙西	沃川	(尙州)	司馬 / 知中樞府事 / 贈左相 / 諡忠簡	1563	1642	임란창의 / 享玉洞書院 / 商山三老
8	趙光璧	汝完	北溪	豊壤	(尙州)	直長	1566	1642	임란창의
9	韓瑞	廷玉	佳村	西原	(尙州)	좌랑	1568		임란의병 / 석천 김각 부장
10	黃紐	會甫	槃澗	長水	尙州	持平	1578	1626	
11	黃時幹	公直	七峰	長水	(尙州)	縣監	(1558)	1642	초명 廷幹 / 임란 창의
12	金頲			商山	(尙州)	文 / 正郎			
13	金憓	晦仲	松灣	商山	(尙州)	進士 / 文 / 吏曹佐郎	1566	1624	임란창의

이러한 서애의 훈도를 받은 제자들은 무실적 경향이 뚜렷한데, 이를 철저히 계승한 것은 상주지역의 제자인 정경세鄭經世이다. 정경세는 예학禮學을 깊이 연구하여 기호의 김장생과 더불어 예학의 양대 산맥으로 일컬어졌다. 그는 전대의 인심도심, 사단칠정 등 이기론적 해석에 치중했던 심성론 위주의 학풍을 벗어나 예禮 중심의 수양론과 경세

론을 세우고 특히『예기』와 같은 경전의 연구를 심화시켜 예학으로 일가를 이루었다. 그에게 예는 수양의 중추적 방법이자 원리였다.[22] 그의 학문은 퇴계이전의 사림파 도학자들의 의식을 퇴계와 서애를 통하여 전수 발전시킨 것으로 도학의 심학화 경향을 다시 예학으로 계승·발전시킨 것이었다. 그러므로 그의 예학은 단순히 경전의 해석과 적용에 대한 번잡한 논의에 국한되는 것이 아니고, 궁극적으로는 성인과 군자의 인격체를 양성하기 위한 방법론으로서 예를 중요시하는 점이 특징이다.

정경세鄭經世의 예학은 수양론뿐만 아니라 정치론에도 적용되는 것이었다. 그는 그 실천적 방안으로 무실務實을 강조하였는데 이는 일에 임하여 내면의 진실성을 확립함은 물론 제도와 규범 형식으로 표현하려는 실질 또는 의미, 가치를 정확히 파악하여 그것을 구현하도록 힘쓰는 태도이다. 이러한 정경세의 무실론務實論은 류성룡의 그것을 정확히 계승한 것으로 근본을 다진 위에 실천적 행동으로 전환되어야 한다는 것이었다.

상주지역의 서애문인들은 정경세와 마찬가지로 상당히 무실적務實的 경향을 보이고 있었다.[23] 정경세 이외에도 상주지역의 사론을 주도했던 문인들은 다음과 같다.

이준李埈, 1560~1635, 蒼石은 형인 이전李㙉, 1558~1648, 月澗과 더불어 처음 김각金覺, 1536~1610, 石川의 문하에서 수학하였다가, 류성룡이 상

---

22 유권종, 「愚伏의 禮學思想」, 우복선생 기념사업회 편, 『愚伏鄭經世先生研究』, 태학사, 1996.
23 유권종, 「예학적 무실사상의 심화」, 한국사상사연구회 편, 『조선유학의 학파들』, 예문서원, 1996.

주목사로 부임하였을 때 서애 문하에서 수학하였다. 1591년 문과에 급제한 후 교서관 정자가 되었다. 임진왜란이 일어나자 친구인 정경세와 더불어 의병을 일으켜 상당한 전과를 올렸다. 그 뒤 경상도 도사를 거쳐 지평이 되었다. 광해군 때 제용감정濟用監正을 거쳐 교리에 올랐으나 집권당인 대북의 횡포가 심해지자 사직하고 말았다. 정묘호란이 발생하자 다시 의병을 일으키는 한편 전라도로 가서 군량미를 많이 모은 공으로 첨지중추부사가 되었으며, 곧 부제학에 올랐다. 그는 스승 서애西厓가 반대파인 대북파들에게 몰리자 그 부당성을 임금께 호소하고, 류성룡을 변호하는 일에 적극 앞장섰다.[24] 정경세와 더불어 도남서원 창건을 주도하였으며, 목사 강복성, 정호선의 도움을 받아 1617년『상산지商山誌』를 편찬했다.[25] 형인 이전李㙉 또한 도남서원 창건에 참여하였으며, 1595년 김각金覺 등에 의해 찬집纂輯된 향안鄕案을 1617년 다시 중수하였다.[26]

　전식全湜, 1563~1642, 沙西은 상주목사 시절 류성룡에게 수학하였다. 임진왜란이 일어나자 의병을 일으켜 전과를 올린 후 찰방에 임명되고 이어 문과에 급제하였다. 광해군 집권 후 낙향하여 서애문하의 정경세, 이준 등과 더불어 상주지역 사회의 재건을 주도하였으며, 특히 도남서원에 노수신盧守愼을 추향追享하는 여론을 주도하는 등 도남서원 운영에 깊이 관여하였다.[27] 인조반정후 예조정랑에 발탁되었으며

24　임노직,「창석 이준연구－문학관과 사회활동을 중심으로」, 안동대 석사논문, 1995.
25　『商山誌』(淸臺本)「書商山誌後」. 이준의『상산지』후지後識는「창석본」에는 실려 있지 않고,『창석집蒼石集』에도 실려 있지 않다. 이 후지後識는 청대본淸臺本『상산지商山誌』에만 수록되어 있으나, 그 이유는 알 수 없다.
26　『月澗集』 권4,「年譜」1617년.
27　『계암일록』, 1617년 3월 18일, 1935년 10월 1일.

1628년 대사간에 올랐다.

　정경세·이준·전식은 '상산삼로商山三老'로 불리면서 임란 이후 상주 사회의 재건을 주도한 인물들이다. 이들과 더불어 전후 복구를 주도한 서애계 인사들은 송량宋亮, 1534~1618, 愚谷과 강응철康應哲, 1562~1635, 南溪을 들 수 있다.[28] 송량宋亮은 「애문제자록厓門諸子錄」에는 수록되지 않았으나, 상주지역의 서애계로 임란 이후 매우 중요한 역할을 한 인물이다. 비록 류성룡의 문인은 아니나, 류성룡이 상주목사로 부임하였을 때 류성룡과 함께 향교에서 강석講席을 열었고, 이후 류성룡의 문인들인 정경세·이준 등과 더불어 도남서원의 창건을 주도하였다.[29] 강응철康應哲은 류성룡의 상주목사 시절 급문하였으며, 임진왜란 당시 함창의 사인들과 더불어 이봉李逢을 추대하여 대장으로 삼고 의병을 조직하여 활동하였으며, 전후 정경세 등과 함께 1602년 존애원 창설, 1606년 도남서원의 창설 등을 주도하였다.[30]

　이들은 전쟁이 종식된 후 상주 지역의 재건에 적극 참여하였으며, 이들은 17세기 초 상주 사족의 대표적인 인물로 성장하였다.

---

28 서애문인이 아니지만 송량宋亮과 더불어 상주의 향론을 주도한 인사로 김각金覺, 1536~1610을 들 수 있다. 김각金覺은 임진왜란 당시 상의군尙義軍의 대장으로 상주일대에서 유격전을 펼쳤을 뿐만 아니라, 사천전투에도 참가하는 등 상주의 대표적 의병장으로 활동하였다. 전쟁이 종식된 이후 김각은 존애원·도남서원의 창건에 깊이 관여하였다. 김각金覺의 아들 김지복金知復는 류성룡의 문인이다.

29 『愚谷集』권3, 附錄「行狀」(許厚).

30 『南溪集』「年譜」, 1580년, 1602년, 1606년.

3. 임진왜란과 상주지역 사족의 의병활동

임진왜란 초기 상주는 대구에서 한양으로 올라가는 길목에 있었기 때문에 일본군의 주된 공격로였다. 고니시 유키나가小西行長가 이끄는 일본군 1대는 4월 14일 부산포에 상륙하여 16일에는 기장機張과 좌수영을 점령하고, 17일에는 양산梁山, 18일에는 밀양, 21일에는 대구성大丘城을 점령하였다. 왜군이 북상하자 경상도 방어사 김수는 20일 금호琴湖에 병력을 집결시켜 결전을 시도했으나, 피난민을 왜군으로 오인하고 병사들이 도주함에 따라 전투를 포기하고 조선군은 칠곡漆谷 석전石田으로 퇴각하였다.[31] 대구읍성大丘邑城이 함락될 때 대부분의 군민軍民들은 부사의 인솔 하에 공산성으로 퇴수退守하였고, 주민住民들은 산곡山谷에 숨었으며, 미처 피신하지 못한 민인民人들 가운데는 피살된 자도 많았다. 대구를 점령한 1번 대는 인동仁同·선산도善山道를 돌파하여 상주를 치고, 가토 기요마사加藤清正가 이끄는 2번 대는 언양彥陽·경주慶州를 거쳐 영천永川·신령新寧·군위軍威·비안比安·용궁龍宮·풍진도豊津道를 지나 문경聞慶에서 1번 대의 뒤를 따라 충주에 들어갔다가 다시 좌우종대左右縱隊로 나누어 1번 대는 여주驪州·양근도楊根道를 따라 한성漢城 동쪽으로 나오고 2번 대는 죽산竹山·용인龍仁을 거쳐 한강漢江 남쪽으로 나왔다. 한편 구로다 나가마사黑田長政가 이끄는 3번 대는 김해金海·창녕도昌寧道를 따라 좌우로 분진分進하여 그 우종대右縱隊는 무계茂溪·성주도星州道를 그 좌종대左縱隊는 초계草溪·거창居昌·지례

---

31 『黔澗壬亂日記』, 선조 25년 4월 20·23일.

도知禮道를 북상하여 금산金山에서 합치고 영동永同·회덕懷德·청주도
清州道를 따라 한성漢城으로 진격하였다.[32] 그러므로 당시 조정에서도
이일李鎰을 파견하여 상주일대를 방어하고 일본군의 공격을 저지하도
록 하였지만,[33] 상주에서 전개된 최초의 전투에서 조선군은 치명적인
타격을 입었다.[34]

상주지역의 최초의 전투는 북천전투였다.[35] 4월 20일 상주에 도착
한 이일李鎰은 군병을 소집하고자 하였으나 목사인 김해金澥마저 산곡
으로 피신한 상황이었다. 판관 권길을 시켜 소집한 군병은 겨우 수백
명에 불과했다.[36] 이미 상주에서는 20일 금호전투에서의 패전 소식이
전해지자 다투어 피신하였고,[37] 병사들도 모집하기 매우 곤란한 상황
이었다. 4월 25일 조선의 중앙군 약 60여 명과 상주판관 권길, 박걸 등
이 밤새워 소집한 장정 4~500여 명은 왜병과 북천에서 전투를 벌여
전원이 전사하였다.[38] 이 전투에서 순변사 이일이 인솔한 관군과 상주
지방에서 창의한 의병들이 왜군의 기습을 받아서 종사관 윤섬尹暹, 이
경류李慶流, 박호朴箎 등과 상주판관 권길權吉, 사근도 찰방 김종무金宗武,
호장 박걸朴傑, 의병장 김준신金俊臣, 김일金鎰 등 수많은 군사들이 순절

---

32 이수건, 「월곡 우배선의 임진왜란 의병활동―그의 『창의유록』을 중심으로」, 『민족문화
     논총』 13, 1992, 71면.
33 『黔澗壬亂日記』, 선조 25년 4월 20일.
34 『宣祖修正實錄』 권26, 선조 25년 4월 14일.
35 북천전투의 개황에 대해서는 이형석, 『임진전란사』, 임진전란사간행위원회, 1974, 258
     ~264면 참조.
36 『宣祖修正實錄』 권26, 선조 25년 4월 14일.
37 『黔澗壬亂日記』, 선조 25년 4월 23일(상주문화원 편, 『상주사료집』, 1998 所收, 이하 『黔
     澗壬亂日記』는 이 책에서 인용함).
38 임란 이후 상주는 선조로부터 상주 전역에 복호復戶의 은전恩典을 입었다(『상산지』(창석
     본), 풍속風俗).

하고 패전하였고, 상주의 사족들은 거의 대부분 산곡山谷으로 피신하였다.[39]

상주를 점령한 일본군들은 후방기지를 건설하고 상주에 주둔하고 있으면서 주변의 용궁·가은·화령 등지까지 진출하여 겁략劫略하고 있었다.[40] 인근의 수령들은 도주하였으며,[41] 이에 따라 행정은 완전히 공백상태가 되고 말았다.[42]

이러한 상황에서 일반민들의 이반과 약탈이 수반되면서[43] 이제 자구를 위하여 대책을 강구하지 않을 수 없었다. 7월에 접어들어 초유사 김성일의 격서로 인하여 각 지역에서의 의병 기의起義가 이루어지자 상주지방에서도 이봉李逢의 창의군倡義軍과[44] 김각金覺의 상의진尙義陣,[45] 김홍민金弘敏의 충보군忠報軍[46] 등 여러 방면에서 의병이 조직되었다.[47] 안동지방의 경우 김해를 대장으로 하는 연합의진인 안동열읍향

---

39 『黔澗壬亂日記』, 선조 25년 4월 26일, 6월 2일, 6월 5일.
40 『黔澗壬亂日記』, 선조 25년 5월 6일, 6월 27일, 6월 28일; 『可畦集』 권7, 「辰巳日記」, 1592년 6월 28일, 7월 2일.
41 『黔澗壬亂日記』, 선조 25년 4월 24일.
42 정진영, 앞의 책, 161면.
43 『黔澗壬亂日記』, 선조 25년 5월 2일, 5월 5일, 5월 28일; 『可畦集』 권7, 「辰巳日記」, 1592년 5월 21일.
44 『黔澗壬亂日記』, 선조 25년 7월 30일.
45 『黔澗壬亂日記』, 선조 25년 9월 13일.
46 『可畦集』 권7, 「辰巳日記」, 1592년 8월 16일.
47 김각의 상의군尙義軍은 『임진창의록』에 의하면 5월에 조직된 것으로 되어 있으나(「倡義錄」, 『상주사료집』 所收, 이 「창의록倡義錄」은 상주물관에서 발행한 『석천집』에는 『임진창의록壬辰倡義錄』이라는 제명題銘의 책으로 영인되어 실려 있다), 이는 산발적인 저항조직이었고 의병으로 편성된 것은 9월이 되어서 비로소 가능했다(정진영, 앞의 책, 165면). 이외에도 김사종金嗣宗과 권서權署 등에 의하여 6월 이전에 자구적인 조직으로 군軍이 조직되기는 하였으나, 6월 15일경 일본군과의 한차례 전투로 인하여 궤멸되었고, 정경세도 부상을 입는 등 큰 타격을 입고 더 이상 활동할 수 없었다(『黔澗壬亂日記』, 선조 25년 6월 15일). 후에 김사종金嗣宗이 영병領兵으로 상의군尙義軍에 참여한 것으로 보아 김사종金嗣宗 부대는 상의군儀軍의 전신前身이었던 것으로 보인다.

병安東列邑鄕兵이 조직되어 활동하였으나, 상주지역의 경우 분산적인
조직으로 존재하였던 것으로 보인다.

<표 2> 상주지역 의병 조직[48]

부대	직임	성명	결성일자
昌義軍	주장	李逢	1592.7.30
	中衛將	李天斗	
	佐幕	全湜 · 趙光緩 · 趙靖	
	기록	蔡天瑞 · 洪慶業 · 趙靖(겸)	
忠報軍	大將	金弘敏	1592.8.16
	中衛將	李悌慶	
	佐幕	張天賚 · 盧大河 · 趙翊	
	掌書	金弘微 · 趙翊(겸)	
尙義陣	大將	金覺	1592.9.13
	召募官	鄭經世 · 李埈 · 李埈 · 宋亮	
	領兵	金嗣宗 · 盧涵 · 金光輻	
	佐幕	金慶德 · 金應德 등 26인	

이들 상주 의병 중 형제가 각기 창의군倡義軍과 충보군忠報軍으로 다
른 부대에 소속되어 있는 경우도 있고(조정 · 조익), 비슷한 시기에 창의
했음에도 불구하고 서로 연합을 하지 못한 것으로 보아 분산적인 활동
을 한 것으로 보인다. 이는 이전 · 이준 형제처럼 부모가 같이 일본군
에 피살된 경우도 있고,[49] 정경세의 경우 아우 흥세興世와 모친이 피살
되는 등[50] 사족들 자신도 안전을 보존할 수 없는 경우가 많았기 때문

---

48 정진영, 앞의 책, 163~165면에 의함.
49 상주박물관 편, 『석천집 : 상주 최초의 의병장 김각을 이야기하다』, 민속원, 2014, 41면.
50 박주, 「조선 중기 경상도 상주지역의 효자, 열녀—『상산지』를 중심으로」, 『한국사론』(서
울대 국사학과) 41 · 42합집, 1999, 591면.

에[51] 처음부터 연합작전을 펴기는 곤란한 상황이었다.

이렇게 조직된 의병들은 각각 복병을 설치하여 매복전을 시행하고,[52] 관군과 연합하여 상주·함창 등지의 일본군을 공격하여 상당한 성과를 올렸다.[53] 이들은 상호 연합을 시도하기도 하였으나, 종시 연합부대를 결성하지 못하였고, 관군의 의존도가 높았기 때문에 독자적인 성과를 크게 올리지는 못하였다. 그러나 이들 상주 사족들의 의병 활동은 전쟁이 종식된 후 향촌에서 그들의 주도권을 확립하는 중요한 계기가 되었다.

4. 서애학단西厓學團과 예교禮敎 중심 지역 질서의 재건 시도

1) 향안鄕案의 중수重修와 향약鄕約의 시행

상주지역에서 전쟁이 종식된 후 가장 먼저 시도된 것은 임란 이전 상주사족들의 모임인 낙사계洛社契의 재건이었다. 낙사계洛社契는 임란 이전 존재했던 상주지역의 사족들의 모임인 병인계丙寅契·무인계戊寅契의 참여자 중 임란 이후 생존한 자들을 모두 합하여 새로운 사족들의 모임을 결성한 것이었다. 이러한 낙사계는 향약적인 성격을 가지고

---

51 송량宋亮의 아들 송이회宋以晦는 여동생과 더불어 송량宋亮 부부를 구하려다 일본군에 의해 피살되었다(『愚谷集』 권4, 附錄 「覺悔公墓碣銘」(鄭宗魯)).
52 『黔澗壬亂日記』, 선조 25년 9월 14일;『可畦集』 권7, 「辰巳日記」, 1592년 8월 24일.
53 정진영, 앞의 책, 169~171면.

있었으며, 이를 통하여 상주 사족들의 결속을 도모하고 사족을 중심으로 향촌질서를 재건하여야 한다고 인식하고 있었다.[54] 낙사계의 중수와 아울러 추진된 것이 임란 당시 소멸된 향안의 복구였다. 1617년 이전李㙉은 상주의 좌수로 있으면서 강응철康應哲, 정언황丁彦璜, 이대규李大圭와 협력하여 전쟁으로 소멸된 향안을 복구하여, 아전과 백성을 누를 수 있는 사족을 중심으로 "한 고을에 기강을 세워서 백성들의 풍속을 바르게" 할 것을 도모한 것이다.[55]

상주지역의 서애문인들은 상주지역의 현안이 전쟁으로 황폐해진 전답 등을 소복하여야 하는 것임을 인지하고 있었다.[56] 그러나 전쟁으

---

54 『우복집』 권14, 「洛社合稧序 己亥(1599)」, "就吾鄕吾黨爲尤盛 稧之修於丙寅者 皆父老尊長也 其子弟幼少不敢與列焉 又自爲一籍 卽戊寅稧也 每歲春秋 擇良辰而會飮 必有禮樂 禮樂者何 敬與和之謂也 長者敦乎愛 少者篤乎恭 秩秩焉有序 于焉以懽 **德業則相勸 過失則相規** 未嘗以暴戾之色惰慢之容 加之於言語獻酬之間 經世於其年年甚少 愚且無狀 猶得齒於下席 有所觀效 知其甚樂而無厭也 今年春 病解職歸鄕曲 兵火之餘 萬事蕭條 非復前日 感念存沒 悲不自勝 一日 父老及親舊皆來在坐 相與合辭言曰 亂離餘生 幸得復我鄕井 復修舊事 重講好會 在不可已 而平昔朋從 零落略盡 僅有吾輩若干 形影踽踽 不成行序 對坐之際 適足興哀 今不如合兩稧而一之 共爲忘年之好 蘭亭之稧 少長咸集 此何傷於義理而以以舊籍拘耶 遂相與講定約條 悉依平日所行而稍增減焉 又言曰 亡者已矣 典刑猶存 則其子若弟可相遠乎 乃就舊籍中有子弟者悉書之 無則書其壻 惟以不忘舊好 無替久遠爲務 籍旣成 命經世曰 此美事也 子其可無一言乎 謹復之曰 先王之理民也 固欲其親睦 而民不可家喩而戶曉 則亦敎之孝悌而已 故曰 人人親其親長其長 而天下平 其爲道豈不約而易耶 吾鄕風俗之美 吾猶及見之矣 亦能言之矣 一經變衰 人失常性 或不知孝悌爲何事 鄕黨之間 時有乖戾之習 彼徐行後長 豈其所難 而亦不肯爲 或欲正言之 則忿氣相形 以若人心 求相親睦而興禮讓之風 豈不難哉 嗚呼 在人者吾無奈何 但當自盡其在我者而已 稧凡二十四人 有父兄焉 有子弟焉 古人與父兄言 言使子弟 與子弟言 言事父兄 蓋欲各盡其道也 **今日盍相與勉之哉 若夫謳歌賤伎 尙能變河西齊右之風 又安知同有良知者不爲之觀感興行 而吾鄕忠厚惇睦之風 不自吾黨倡耶 盍相與勉之哉** 咸曰善 令書以弁之."

55 상주지역에서 향안의 중수는 이미 임진왜란 중인 1595년 김련金鍊·김체신金體信·김각金覺·강익경康益敬·박여형朴汝珩 등에 의해 『상주향안구적尙州鄕案舊籍』으로 1차 중수되었다. 그러나 기억에 의해 정리되었기 때문에 20~30%만 복구할 수 있었다. 그러므로 1617년 이전李㙉이 좌수가 되어 2차 정리를 시도한 것이다(『우복집』 권14, 「尙州鄕案錄序 丁巳(1617)」). 李㙉에 의해 정리된 2차 정리본은 『상산향언록商山鄕彦錄』이라는 제명題銘으로 상주향교에 소장되어 있다(『嶺南鄕約資料集成』, 영남대 민족문화연구소, 1988).

56 『상산지』(창석본), 貢賦. "自經兵亂 版籍俱灰 九賦九貢之法 無從可考 正經界均貢賦 最爲

로 인한 충격은 이들에게 경제적인 소복보다는 다른 차원의 질서를 건립하도록 하였다. 전쟁과정에서 나타난 인륜의 파괴는 이들에게 매우 충격적인 것이었다.[57] 결국 이들이 선택한 전후 질서의 재건은 예교의 복원이었다.

정경세와 더불어 임란 이후 상주의 사론을 주도하던 이준에게도 가장 중요한 과제는 예교의 복원을 통한 국가의 재건이었다. 이준은 1632년 올린 상소문에서 국가가 우선시하여야 할 것은 예교를 회복하는 것이라고 하고, "나라에 예교禮敎가 있는 것은 나무에 줄기가 있는 것과 같다"고 하고 임진왜란 이후 "예교가 폐지되어 패륜하게 되어" 병자호란이 일어나게 되었다고 주장하였다. 그러므로 우선시되어야 할 것은 예교의 복원으로 국가를 복원하여야 한다고 주장하였다 그는 우선적으로 학교를 정비하여 선비들에게 예학을 학습시키고 민간에까지 예에 의한 교화가 자리잡도록 하자고 하였다.[58] 그러므로 그는 그

今日之急務."

57 『黔澗壬亂日記』, 선조 25년 5월 2일, 5월 12일, 5월 19일. 특히 5월 19일의 일기에서 조정은 "한 고을의 사족 집에서 적들에게 더럽혀진 자들이 한 둘이 아닌데 생명을 버려 의를 취하는 자를 들어 본 적이 없다"고 하면서 분개하였다.

58 『창석집』 권5, 「請行禮讓之敎疏 壬申(1632)」. "竊念國之有禮 如木之有幹 木而無幹則無以自立 國而非禮則亦無以序上下定名分 國不得以安 聖人之治天下也 制爲秩然之禮 立爲當然之法 頒之學宮之中 設爲師儒之敎 講明其理 推行其道 使之有所敬而不敢忽 有所畏而不敢犯 唐虞三代之治 無不以是爲急 玆豈非安上治民之本 而爲後世之所法也 恭惟聖朝崇尙禮義 旣擧王朝之禮以肅朝綱 且頒鄕約 鄕飮酒之禮以正民俗 德行以相勸 過惡以相規 其出作而入息者 皆在乎禮法之中 出口而入耳者 亦無非勸戒之語 兵興以後 禮廢不講 傷彝敗倫之變 慘目驚心之患 不待辛有之見野 虜騎之渡江 而禮俗之變於夷習 已可知矣 至於魘魅咀呪之術 本出於鄙野之俗 豈知儔習漸滋 至竟行兇於大內至嚴之地也 孟子曰 經正則庶民興 庶民興 斯無邪慝矣 凡此積習之惡 皆由於敎化不明 禮經不興 故曰 水防惟土 土潰而水決 國防惟禮 禮壞而國亂 以此而見之 今之敎五禮之敎 復三代之風者 豈不甚於衣食之救東餧也 聖明更化 十年于玆矣 而治道未隆於上 俗習猶疵於下 過去歲月之難追 前古盛業之未復 在廷之臣 尙無以古昔大猷而補益弘化者 豈不以封疆之有虞 禮樂之未遑也 春秋戰國之際 可謂多事 而孔子有禮讓爲國之訓 孟子有不敎殃民之戒 子産處二强國之間 以禮爲國而不受兵 歷代人主之有意於興化者 尙且講

의 향리인 상주지역에서도 우선 적극적으로 추진하여야 할 것은 예교의 회복이고, 이를 위하여 오현五賢을 모시는 도남서원을 건립할 것을 주장한 정경세의 주장에 적극 찬성하여 도남서원 건립의 창설계에 참여하였다.[59] 그러므로 이준에게 있어서는 우선적인 과제가 형정刑政과 용인用人이 아니라 바로 학교의 복구와 향약의 시행이었던 것이다. 또한 이준에게는 우선적으로 서원에서 교육하여야 할 것은 『소학小學』으로 사자士子들이 『소학』을 공부하지 않으면 집에서는 효제하고 온공溫恭한 것이 없고 무리지어서는 농담하고 장난치는 것을 일삼을 뿐이라고 하였다.[60]

한편 정경세는 대동법大同法을 시행에 대하여 적극적인 반대의 입장에 있었다.[61] 대동법은 광해군 정권 당시 추진하였던 것이며, 인조대仁

明禮教於兵戈擾攘之中 故曰 我聞以禮而止亂 未聞作威而防亂 何今日論治之有異於古耶 伏願聖明毅然奮發 思以新一代之治 必自朝廷先倡禮教 敦厚人倫 以立禮之本 嚴明法度 以行禮之用 且令儒學之臣通讀經禮 嚴其程課 糾其怠慢 遇有朝廷變禮 隨處通解 不至如無燭之夜暗中索物 內而成均 外而州學 至如鄉逐閭比之間 遵行讀法 本之以忠信謙遜 習之於儀章度數 如關中之明禮教 湖州之設學政 庶見德性堅定而陋習士 善俗日興而弊源革矣 夫禮之於人 如水火之切於日用而不可無 今者爲治則以刑政爲急 用人則惟務獎材能 中外之所注意 惟急於括軍兵加賦稅而已 至於禮之實用 則視爲第二件事 臣未知先後之序緩急之宜果何如也 更願斷自宸衷 謀及卿士 依呂氏之約 頒之中外 亦望聖明以此禮而爲躬行之本."

59 『도남서원지』, 232면, 創設稧案 乙巳(1605).

60 『창석집』 권11, 「答道南山長」. "卽承來喩 欲倡率多士勸讀小學 其興學善俗之意非偶然也 但念士風之澌倒久矣 處家則非孝悌溫恭之實 群居則以謔浪嘲戱爲業 全然不知小學設教之爲何事 其橫奔驟決之習 固不可回之於咄嗟之頃 必須在我者有誠心以爲之本 有學令以驅策之 不以邪慮而汩之 不爲他好所移 然後可見其勸課之效 無玩愒之失矣 足下於衰邁之境 不以邅迍往來爲難 而慨然於糾檢之事 子曰 子率以正 孰敢不正 又曰 其身正 不令而行 多士聳動之機 政在此矣 一番通讀 固無益於進修 必須逐朔課讀 使之講貫之體認之 涵而泳之於聖賢義理之訓 反而求之於日用人倫之間 庶幾誦諸口思諸心 無非所講之說 雖不可驟語以成德之事 亦可謂粗爲知讀書者矣 然無學令以糾之 則無激發之地 考其勤慢而升黜之 亦勸課之所不可已 須待鄉老他日之會 嚴立課程 免爲解弛之歸."

61 대동법 실시 논의에서 정경세가 취했던 입장에 대해서는 이정철, 『대동법 조선최고의 개혁』, 역사비평사, 2010, 76~77면 참조.

祖代에 김육·최명길에 의해 더욱 적극적으로 추진되었다. 그러나 정경세는 이러한 대동법의 추진에 대하여 적극적으로 반대 입장을 드러내었다. 정경세는 "상주 1읍邑으로 논하자면 대동大同 1결에서 거두어들이는 것이 미米·두豆 및 기인포其人布·쇄마가제색刷馬價諸色을 두루 계산하여도 한해에 목木 2필 정도에 지나지 않은 즉 일부一夫에 대략 17필疋을 넘지 않습니다. 지금 선혜청에서 거두어들이는 것은 일결一結에 3필을 취하는 것이니 일부一夫로는 24필疋을 거두는 것입니다. 평년에 거두는 것과 비교하면 거의 1/3이나 더해진 것입니다. (…중략…) 신이 생각하기로는 천천히 생각하고 깊이 강구하여 행해야 할 것입니다. 비록 큰 이익도 없고, 또 큰 손해도 없습니다"[62]라고 하여 세수의 증대를 위하여 대동법을 고치고자 하는 입장에 대하여 공박하였다. 즉 대동법의 확대시행에 대하여 반대하였다. 정경세의 입장은 국가전체의 세수 확대보다는 향촌지역에서의 소복蘇復을 중시하는 입장에 서있었던 것이다.[63]

이들은 결국 임란 이후 질서 재편에서 가장 중요한 과제로 예교의 복원을 들고, 이를 위하여 서원의 창건 및 향안의 복구 및 향약의 시행을 시도하였던 것이다.[64] 이러한 학교의 재건과 향약의 시행[65] 등 예교질서의 수립이라는 관점은 대구와 예안에서도 보이고 있다.[66] 상주

---

62 『우복집』권8, 「宣惠號牌便否議 : 癸亥」.
63 이러한 정경세의 소복론蘇復論은 향촌의 경제적 재건은 아니었다. 서원과 향약을 중심으로 한 예교적 질서의 재건이었다.
64 이준이 임란 이후 『상산지』를 편찬하면서 상주지역에는 "임진왜란 당시 일본군에 부역한 자가 없었다"고 애써 강조한 것도 이와 관련이 있을 것이다.
65 『家學淵源錄』「厓門諸子錄」, 李埈 "甲戌(1634) 金公尙宓 承朝旨 行呂氏鄕約 推公爲正 修嚴爲副 爲文告約中曰 聖賢之書 無非此道 而小學一書 尤切於日用云云."
66 김형수, 「17세기 초 대구사림의 형성과 분화─손처눌의 『모당일기』를 중심으로」, 『역사

지역은 이미 1610년경 향약이 시행되고 있었으며 상주의 향약은 향정鄕正을 중심으로 이루어지고 있었다.[67] 이러한 향약은 동 단위로도 구성되어 각 동별로도 구성되기도 하였다. 1617년 김혜는 임란 이후 퇴락해진 민심을 바로잡기 위하여 서애 류성룡의 「신정십조新定十條」를 원용하여 향리에서 동약洞約을 실시하였다.[68] 류성룡의 「신정십조新定十條」에서 특이한 것은 '훈동몽訓童蒙'조가 첨가되어 학행이 있고 사표가 되는 자를 선정하여 소학지도小學之道로 가르치고 재주가 있는 자는 녹명하여 향교에 진학시킨다는 점이었다.[69] 류성룡의 「신정십조新定十

교육논집』 36, 2006; 김형수, 「17세기 초 월천학단과 예안지역사회의 재건」, 『민족문화연구』 65, 2014.

67 『창석집』 권13, 「鄕射堂重修記」. "堂以鄕射名者 卽禮之合鄕射敎飮酒之遺義也 事之盡禮樂立德行者莫若射 故古聖王之治民也 必以是爲重 立賓主 序老少 相接以尊讓 而其所以爲敎 則必本於孝悌 由是而恭敬行 無暴亂之禍 貴賤明 有隆殺之辨 由親而及於長 自家而達於國 孔子之所謂要道 孟子之所謂在邇是也 而三代之所以治隆於上 俗美於下 皆用此道也 降及後世 禮廢不講 而其意則猶存 今之列邑皆建鄕堂 而其名號之必取於此者 豈非愛禮存羊之意歟 尙之爲鄕 素稱文獻 旣有鄕正之設 又有鄕約之行 其相與講明而勸勉者 一以孝悌爲本 是致鄕遂之間蔚有美俗 少長之際凌節不見 奈何淳源渴而醨風始煽 善俗亡而偸習漸滋 好惡易萌 是非無眞 至以唇舌細故而失歡意 錐刀小利而起詞訴 悖睦罕聞 乖戾相加 有欲正言而救之 反致忿氣之形焉 憂世道者不能無思古之歎 蓋有年矣 今年春 宋君彦明爲鄕正 行講信禮于鄕堂 三讓以賓升 揚觶而告于埈曰 惟我上洛一邦 雖在嶺中 而山川之秀 禮樂之習 代有耆德以淑諸人 薰陶濡染 易於爲善 十年多難 雖運氣暫否 而一變至魯 將轉移有術 卽今鄕堂鼎新 耆老咸集 此政湔舊習去偸風之一會也 子盍叙此堂廢興之由 仍下一轉語 以爲反薄回醇之助乎 余乃作而語曰 子之言及此 誠一鄕之幸也 閭比之誼 周制所重 畫溝井樹枌楡 沿人情而設敎 欲民風之歸厚 於是而有鄕大夫之職 導之以德行 而有不率之糾 今之鄕正 卽古鄕大夫之職也 民彝天性 亘古不泯 而三物八刑 其具皆在 今欲行之 何待贅述 但請以平昔所慨然者 爲今日座中誦言可乎 喪亂之餘 親朋有幾 晨星漸闊 觸景成悲 是宜轉鄕隣之好 爲骨肉之情 出入相友 緩急相須 各惇和協之風 勿啓鬪辨之釁 時節往來 愛有浹洽 吉凶慶吊 禮無欠缺 庶幾人人循理 家家興讓 粲粲然有序 融融然相樂 則其於觀感之際 豈少興起之人 古所謂一人善射 百夫決拾 非虛語也 不然而讌集于玆 惟事號呶 論州府之政 訐朋友之過 任氣而侵人 循私而背公 險狠爲心 頗僻行己 敗鄕之厚俗 爲天之弊民 則此實裘黜之所斥 亦此堂之所不齒矣 堂故邑人韓知縣繗順所創 而劬躬董事 有鏤榜掛壁 壬辰之亂 堂與榜俱災 越十九年庚戌 韓侯之孫仲瑩爲鄕正 因舊址而復立 百年文物蕩然灰燼之餘 展拓間架 風采立異 使一鄕之人爲之改觀 仲瑩之於此堂 雖謂之肯搆 非過也 仲瑩名璡 彦明名光國 皆以上舍提鄕紀 有志於正鄕俗者也."

68 『영남향약자료집성』 116, 「洞約序」(김혜, 『송만일고』 권1).

69 『영남향약자료집성』 48, 「新定十條」(『영가지』 권5).

條」가 원용되었다는 것은 상주지역의 향촌운영 방침에 류성룡의 입장
이 하나의 준거틀로 이용되었다는 것을 의미한다.

상주지역의 향약 시행을 적극적으로 추진한 인물은 이준李埈이었다.
이준은 향약의 시행을 위하여 상당한 노력을 기울였으며 실제로 향약
의 시행을 도모한 적이 있었다. 이준은 당시 향약의 시행이 제대로 이
루어지기 위해서는 선비들의 학문 분위기 조성을 위해서 김세렴의 현
풍향약을 준용할 것을 도모하기도 하였다.[70] 이는 임란 이후 혼란한
사회의 여러 문제를 극복하지 못한 상황에서 상주지역의 향권鄕權을
둘러싸고 향청에서 삭적하는 사태가 벌어지고, 또 향회에서 격론을 벌
여 상호 비방하는 사태까지 벌어졌으므로 이를 바로잡기 위한 필요성
이 크게 대두되었기 때문이다.[71] 이러한 상황에서 이준은 향중에서 폐

---

[70] 『창석집』 권11, 「與鄕約都廳」. "約條相議之事 自有前修已講之具 規模旣備矣 其間節目
雖有一二或添者 此不過措置中一事 欲望直月各就其所居之里 逐朔一會 講之精明 使之耳
濡而目染 行之堅固 使之身履而心安 如魚之游泳江湖 到處皆水 則風俗之變 自覺異而歲
不同矣 大槩人於此事 須有誠心 然後有所得之實 張子曰 敎之而不受 則雖强하之無益云
必以眞實爲心 刻苦着力 庶可相與持循 而有向上之望矣 若倨傲以爲習 輕浮以自養 無克己
從善之心 有敗群不率之害 雖有良法美敎 恐無救拔自家處矣 道之全體雖高且大 其要則實
在於日用細微切近之間 聖人設敎 皆以孝悌爲本 周禮師氏之官敎三行 一曰孝行 以親父母
二曰友行 以尊賢良 三曰順行 以事師長 孔子以孝而爲至德要道 孟子以親親長長而爲天下
平之本 然其爲敎 不過使人反而求之至近之中 以開其講學之端 馴致日滋月益 而漸趨於道
之全體之大也 自后溪諸老倡興孝敬之道 後人皆知事親之爲人倫日用之常 而今獨於悌長
一節 不知其事之與孝爲一物 若於此而歧而二之 則聖人之言孝 何乃與悌竝擧 而小學立敎
何乃以少事長共率是而言於事親之下乎 橫渠所謂驕惰凶狠之習 其來非一日也 雖然 此非
士之罪也 良由於敎不素明 學不素講也 今幸以呂氏之約 而將講於一鄕 此豈非禮俗興行之
一大機會也 欲變鄕風 須以變士習爲先 士習旣美 鄕約之行 正如牛刀割鷄也 金道源芭山鄕
約 以學規爲先 其意甚善 亦可以倣而行之也."

[71] 『창석집』 권11, 「與一鄕」. "鄕黨乃父老宗族之所在也 其禮至嚴 而若其相好之義 則有骨
肉之情 故先儒有言曰 千金難買是鄕隣 又曰 少少乖忤 務相涵容 時節往來 恩意浹洽 此豈
非居鄕之所可佩服而造次無忘者乎 嘗聞他郡之俗 有以眉睫之失 多至於攘臂相加 心常恨
之 豈意近日某某之事有類於是也 夫以不近之累而被之於身 至削鄕薦 此雖常情所念 然而鄕堂公
會之地 何可於怒目相向乎 此某之所以先失其道也 某旣有次骨之憤 則某於相知之間 宜暢然心思
以遜言而解之 而今不能然 乘醉怒罵 負屈爲愧 終斬一謝 撕捱之甚 遂至於兩敗俱傷而後已 是與昆

습을 바로잡기 위하여 풍속을 해친 사례를 일일이 적시하였던 것이다.[72] 그러므로 이준은 향교의 여러 인사들에 서한을 내어 향약 시행을 위한 모임을 가질 것을 제의하고,[73] 당시 현풍에서 상당한 성과를 거둔 김세렴의 현풍향약을 상주지방에 적용할 것을 제시하였던 것이다. 이러한 이준의 노력은 조정趙靖 등의 협력을 얻어 상주에서 향약鄕約을 실시할 수 있었다.[74]

당시 전쟁의 혹독함을 겪은 경상도 사족들은 무엇보다도 형정刑政을 비롯한 국가적 질서의 정비보다는 향촌단위에서 교화를 통한 인륜의 회복을 더 우선시 하였던 것이다. 이러한 예교 중심의 소복책을 추진한 인물들은 상주에 근거를 두고 있는 류성룡의 문인집단이었다. 이들은 도남서원을 중심으로 사족의 구심점을 마련하고자 하였고, 향약을 실시하여 '세족世族'들이 주도하는 향촌공동체를 건설하고자 하였던 것이다.

蟲之相噬而自殘其軀 無甚別也 論其失則齊, 楚同科 攷諸古則廉, 藺可愧 此而不論 俗習相沿 吾鄕顧禮義之地 終成爭鬪之風 相規之義 所不可廢也 兩皆相知 非有予奪於其間 願一鄕之諒之也."

72 『창석집』 권11, 「與鄕堂」. "鄕會欲獲尾英游 未知此計無謬悠否 記文拈出語 似傷忠厚 然欲提起下段相糾事 則必先言其弊習 文字間抑揚之體然也 齊魯之邦 孔孟遺教在焉 而其間傷風駭俗之事 在前史可見 然中國之人 不以是倂詬其地 若稱禮義之俗 必以二邦爲首 以我東而言 推火與宣城亦稱文獻 而佔畢齋以誹謗官府 驕淫相尙 倡言于鄕而直斥之 退溪先生亦以强弱相軋 習俗漸訛 至形於記文 況此所言 只是些些不緊之語 而本無所指斥 則恐無傷於吾鄕之厚風也 僉教雖如是 而意涸文澁 不得刪改."

73 『蒼石先生續集』 권4, 「與校中諸老友」. "竊念本月初四 乃州學釋菜之日也 進參大祭 此是所願 而老人筋力 實所未逮 但有一事相議者 藍田之約 略擧其槩 行之一鄕者 誠有所不容緩緩者 而荏苒因循 尙未修擧 見義不爲之責 實有所當之者矣 先進乃一鄕之望 賢者是禮義之倡 以上游名義之地 其不思爲四都之倡乎 倘於罷祭後 相聚校中 另議可擧頭緖耶."

74 『창석집』 권10, 「與趙安仲靖」. "近日動靜若何 生 再昨低此 今與數三年少 上東皐 望裏秋山有佳色 恨不與老兄同賞也 頃見鄕所通文 明日之會 是一州大擧措也 城主於新政之初 慨然以淑人心變俗習爲意 欲行藍田之約 吾儕老人 頃先倡率鄕人 以助成美事 想老兄必投袂而起 以爲一鄕之倡也 生 數日勞攘之餘 頗覺困頓 而然必欲策蹇而進耳."

2) 도남서원道南書院 운영과 상주지역 서애학단西厓學團

　임진왜란이 종식되자 상주지역 사람들은 지역사회의 재건을 도모
하게 되었다.[75] 상주지역의 재건과정은 주로 의병에 참여했던 인사들
을 중심으로 이루어졌다. 도남서원의 창건을 발의한 것은 정경세를 비
롯한 상주 사족들로 류성룡의 문인으로 좌정한 자들이 중심이었다.[76]
정경세와 전식 등 상주지역 서애학파 사람들은 도남서원을 창건하여
상주지역 퇴계학파의 구심점으로 삼고자 했던 것이다.[77] 이는 정경세
를 비롯한 상주사림들이 상주에 연고가 없는 오현五賢을 상주의 서원
의 주향으로 세우고자 한 목적이기도 했다. 이황은 그 지역에 연고가
있는 선현을 서원에 배향하는 것을 원칙으로 하였고, 실제로 적당한
인물이 없으면 서원의 제향자가 없어도 상관이 없다고까지 하였다.[78]
그러나 정경세를 비롯한 상주권 서애문인들은 상주 연고가 전혀 없는
조광조 등 오현五賢을 주향으로 결정하고, 서원의 건립을 류성룡에게

---

75 도남서원의 창건과 관련된 서술은 김형수, 「17·18세기 상주·선산권 지역사회와 서
　원·사우의 동향」, 『영남학』 7, 2005 3장 참조.
76 문인 여부는 당시 수학자들이나 후학들이 학문적 연원을 어느 쪽으로 정하느냐 와도 관
　련이 있다. 실제로 이준과 정경세는 「월천문인록」에도 올라 있으나, 이들을 월천문인으
　로 간주하는 경우는 거의 없다. 이들이 비록 조목의 문하에서 수학한 것이 사실이라 하
　더라도, 이들 스스로는 월천문인으로 자처하기 보다는 서애문인으로 자처하였던 것으
　로 보인다.
77 이러한 이유로 서애학파西厓學派를 계승한 조선 말朝鮮末의 류주목柳疇睦은 서애학파의
　학맥을 퇴계退溪 이황李滉 → 서애西厓 류성룡柳成龍 → 우복愚伏 정경세鄭經世 → 수암修巖
　류진柳袗 → 입재立齋 정종로鄭宗魯 → 강고江皐 류심춘柳尋春으로 정리하였고(『溪堂文
　集』卷16, 王考江皐府君行狀), 서애학맥도 조선말까지 주로 상주권을 중심으로 활동하
　였다. 321명에 달하는 계당溪堂 류주목柳疇穆의 문인들도 상주·선산권의 인사들이 대부
　분을 차지하고 있다(〈부표 4〉 溪堂及門錄 참조).
78 김형수, 「이황 서한을 통해본 명종대 서원의 창설과 운영」, 『퇴계학과 한국문화』 53,
　2013.

품의하였던 것이다.[79]

한편 정경세는 당시 스승의 정적이었던 정인홍과 극심한 대립각을 세우고 있었다. 정인홍에 의해 회퇴변척晦退辨斥이 시도되자, 정경세는 이에 대하여 적극적인 비판을 가하였다. 정경세는 「오현종사묘정집례계첩서五賢從祀廟庭執禮契帖序」[80]에서 정인홍의 회퇴변척晦退辨斥을 극렬히 비판하였다. 이러한 정경세의 입장은 스승이었던 류성룡이 정인홍과 정적이었던 점도 있었지만, 퇴계학파의 공통된 분위기였다. 당시 영남의 대표적인 퇴계학파의 인물들은 대부분 정인홍의 회퇴변척에 대하여 부정적인 인식을 보이고 있었다. 그러나 조식의 문하에서 같이 수학하였던 정구에 대해서는 상당히 우호적인 입장에 있었다. 임해군 옥사 당시 정구는 전은설全恩說을 내세우면서 정인홍鄭仁弘을 비판하게 되자 상주지역 사림들은 이를 계기로 한강학파와 연결되었다. 정구의 전은론에 대하여 전식全湜은 "당시에도 잘못되었다고 한 자가 없었고, 후에도 다른 뜻을 가진 자가 없었는데 지금 불행하게 의리가 소저消沮 되어 론의論議가 양립兩立하니 정인군자正人君子가 조정에 용납되지 못하였으니 이는 사람이 한 바가 아니다"라고 탄식하였다.[81] 전식全湜의 입장은 퇴계학파의 일반적인 입장으로 퇴계학파는 임해군 옥사문제에 있어서 거의 전적으로 정구의 입장에 동조하였던 것으로 보인다.[82]

---

79 정경세가 다시 환로宦路에 나간 것은 선조 40년1607 대구부사大丘府使에 임명되면서였다. 그러나 광해군 즉위년(1608) 3월 만언소를 올리고 삭직削職되었다. 정경세는 정인홍을 공격하다 파직되고, 상주로 낙향하여 도남서원을 창건하는데 주도적 힘을 발휘하였다 (『우복집』별집 권4 年譜, 선조38년 5월).

80 『우복집』권15, 「五賢從祀廟庭執禮契帖序」.

81 『沙西集』권6, 「隨手箚錄」, 乙巳 4월.

82 이러한 이유로 한강 정구와 상주지역 서애문인은 상당히 밀접한 관계를 가지고 있었다. 정구鄭逑는 도남서원道南書院에 소재 노수신을 배향하는 문제에 대하여 관여하였다. 노

정경세는 류성룡의 고제라는 학문적 위치에 더하여 상주지역에서 활발한 의병활동을 전개하여 임진왜란 이후에는 상주의 공론公論을 주도하는 위치에 있었으며, 정계에서는 남인의 입장을 강하게 견지했다. 이러한 상황에서 정인홍과의 대립은 정경세를 비롯한 상주지역 서애 문인들이 남인으로서의 정치적 정체성을 확립하게 되는 계기가 되었다. 정경세와 상주지역 서애문인들이 도남서원의 창건을 위하여 노력을 기울인 것은 이러한 정치적 문제와도 관련이 있었다.

정경세는 상주지역의 사림들과 도남서원의 창건을 논의한 후 풍산으로 귀향한 류성룡에게 도남서원의 창건 위치 및 규모를 상세히 논의하였다. 정경세는 도남서원을 창건하면서 류성룡에게 도남서원의 규모와 건물배치에 대하여 자문을 구하였다.[83] 도남서원은 위치상 가파른 곳에 자리 잡았기 때문에 묘廟와 당堂을 정 위치에 배치하는 것이 어려운 상황이었다. 때문에 정경세는 위치가 약간 어긋나 있는데 문제가 없겠는가 하고 질문을 하였던 것이다. 류성룡은 그에 대하여 꼭 중간에 묘와 당을 배치할 필요는 없으니 서쪽을 위로 하는 주자의 상우지

수신의 도남서원 추배追配는 당시 상주尙州 사림士林 내에서 상당한 논란이 있었던 사항이었다. 상주사림들이 노수신의 도남서원 추배에 대하여 질의하자 정구는 노수신을 종향할 것을 권유하였다. 그러나 이러한 정구의 결정은 노수신 추배를 추진한 인사들의 입장과는 달랐다. 전식全湜 등 노수신 추배추진 인사들은 합향合享을 원했으나 정구는 종향을 제시하였다. 때문에 정경세는 비록 노수신이 이황에게 제자의 예는 갖추지 않았지만 주희와 진덕수의 관계와 같이 제자지열弟子之列에 두는 것이 어떠한가 하고 타협안을 제시하였다. 즉 배향을 제시한 것이다. 그러나 도남서원에서는 정경세의 의견에 따르지 않았고 종향으로 결정하였다. 정경세는 도남서원 산장에게 보낸 두 번째 편지에서는 종향으로 결정한 도남서원의 결정에 대하여 불쾌하고 있지만 이미 정한 향론鄕論을 뒤집을 수는 없는 것이라고 하면서 만약 중단한다면 다른 논의가 발생하여 시끄러워질 수 있으니 그대로 진행하자고 하고 있다(『愚伏集』 권13, 「答道南書院長 二」). 1631년 류성룡을 추배할 때 노수신도 배향으로 승격하였다.
83 『우복집』 권9, 「上西厓先生稟目」, 「附西厓答」.

설尙右之說을 따르는 것도 무방하다고 하였다.

한편 서원의 명호를 정하는 문제에 있어서도 류성룡은 적극적으로 의견을 개진하였다. 낙연洛淵과 도남道南 두 명칭 사이에 어느 것이 나은지에 대한 정경세의 질문에 대하여 류성룡은 도남道南의 명칭이 나을 것이라고 대답하였다. 류성룡이 도남道南으로 서원의 명을 결정한 것에 대해서는 류성룡 나름의 문제의식이 깔려 있는 것이라고 생각할 필요가 있다. 류성룡은 지명을 따서 낙연洛淵으로 할 것인가, 사실事實에 근거해 도남道南으로 할 것인가를 묻는 정경세의 질문에 "도남道南이라는 명호가 아주 아름답네. 그리고 역동易東의 뜻과 서로 비슷하니, 아마도 다른 명호를 구할 필요가 없을" 것 같다고 하면서[84] 도통道統을 계승·전수하는 곳이라는 의미를 강조하였다. 이는 은연 중 조광조-이황으로 이어지는 도통道統이 남쪽으로 내려간다는 의미를 내포하고 있는 것이었다. 도남서원의 창건과정에서 류성룡과 정경세는 긴밀하게 의견을 주고받으면서 주도적인 역할을 담당하였다.

인조반정 이후 정경세를 비롯한 이준 등 상주지역 서애문인들은 징소微召를 받아 적극적으로 출사하였다. 정경세는 영남지역 서애문인의 대표로 활동하였으며, 이는 정계에서 정경세가 가진 명분이기도 했다. 정경세는 인조반정仁祖反正 이후 조정에 징소微召되어 올라간 이후로도 서인세력과 대립하는 모습을 보이고 있었다. 특히 정경세는 인조반정공신 이귀와 정면으로 충돌하여 "전일 경연 중에서 정경세鄭經世가 아뢰기를 '덕이 성한 사람에게는 관작을 높여야 하고, 공이 많은 사

---

84 『우복선생문집』 권9, 「上西厓先生稟目」.

람에게는 상을 많이 줘야 한다德懋懋官 功懋懋賞'고 하였으며, 또 아뢰기를 '공신은 공신대로이고, 사론은 사론대로이다功臣自功臣 士論自士論'라고 하여 물의가 시끄럽게 일어나기까지 하였는데, 기필코 훈신勳臣이 세상에 용납당하지 못하게 된 뒤에야 그의 마음이 상쾌해질 것입니다"[85]라고 하여 공신에 대한 우대를 놓고 정경세와 이귀가 충돌하기도 했다.[86]

한편 정경세는 조정에 있어서 남인세력의 위축에 대하여 우려하면서 장현광에 대해 적극적으로 출사出仕를 권유하기도 하였다.[87] 이러한 입장은 당시 출사하였던 남인들의 공통된 입장이기도 하였다. 이때 이준李埈 또한 격렬히 비판하면서 정경세를 도왔으나 "우리 당이 외롭고 위험한 것은 이 때 시작된 것은 아니"라고 하면서 상주사람들에게 너무 신경 쓰지 말 것을 주문하고 있다.[88] 인조반정 이후 비록 남인세력이 등용되었다고 하지만 실제로 그다지 큰 힘은 발휘하지 못하고 있

---

85 『인조실록』권2, 원년 7월 8일.
86 이러한 정경세와 이귀의 대립은 손처눌의 『모당일기』에서도 감지된다. 손처눌孫處訥은 "이때 이귀李貴와 정경임鄭景任(정경세)이 서로 힐난하고 정鄭은 한강으로 나갔다. 이귀가 차자를 올려 말하기를 정모鄭某는 탐욕스러워 명환名宦에 연연하므로 비록 성하城下에서 말라죽어도 귀향하지 않을 것입니다"(『慕堂日記』, 甲子(仁祖 2년1624 5월 29일)라고 하여 이귀와 정경세가 알력이 있었음을 보여주고 있다. 그러나 정경세는 선조·광해군대 이귀와 긴밀한 관계에 있었다. 정경세鄭經世는 영백嶺伯시절(선조 31년) 의병을 지휘하던 정인홍鄭仁弘과 의병해산을 놓고 갈등을 벌였다. 당시 국가에서는 적이 일시 물러가자 의병을 해산하도록 명하였다. 그러나 정인홍은 의병을 해산하지 않았고, 정경세는 정인홍의 휘하 병사들을 체포하여 힐난하였다. 그 후 이귀李貴가 영좌소모관嶺左召募官으로 내려왔을 때 정경세를 만나 정인홍의 행동에 대하여 논의를 하고 이귀는 곧 정인홍의 非違를 공격하는 상소를 올리면서 정경세의 말로 증거를 삼았다. 이로 인하여 헌대憲臺에서는 정경세를 공격하는 상소를 올려 정경세는 파직되었다(『우복집』별집 권4 年譜, 선조 35년 2월). 이귀와 정경세가 대립하게 된 것은 인조반정 직후 공신에 대한 처우 문제 때문이었다.
87 『우복집』권9, 「與張旅軒顯光」.
88 『沙西集』권4, 「答黃會甫紐」.

었으며, 남인들의 정치적 활동은 서인 공신세력에 밀려 극히 열세였던 것이다.

이러한 상황에서 정경세는 재지적 기반을 확대할 필요성을 느끼고 있었다.[89] 5현을 모신 도남서원을 창건한 이후, 도남서원을 상주사림들의 공론장으로 삼고, 이후 류성룡을 도남서원道南書院에 추배追配하고자 한 것은 이황-류성룡으로 이어지는 도통을 확립하는 것이며,[90] 또한 남인세력의 학문적 정통성을 확립하는 것이기도 했다.[91]

정경세 주도의 도남서원 창건과 운영은 정경세의 독단에 의한 것은 아니었다. 정경세는 같이 의병활동을 했던 송량宋亮·김각金覺 등 6인과 더불어 공동으로 서원 창건을 발의하고,[92] 창건통문을 직접 작성하여 상주 사림의 공론장公論場으로 삼고자 하였다. 이러한 정경세 등의 서원건립 시도는 당시 목사였던 김상용金尙容과 충돌을 빚게 되었다. 도남서원을 상주지역의 교화의 중심지로 삼고자 했던 정경세의 주장과는 달리 김상용은 향교의 재건을 우선시하였다. 즉 국가의 공인 교

---

89 도남서원의 창건과 관련된 정경세의 의도에 대해서는 김학수, 「17세기 영남학파연구」, 한국학중앙연구원 박사논문, 2007, 215~217면 참조.

90 정경세의 주장은 퇴계학파 내에서 서애西厓의 도통을 확정하기 위한 것이기도 했다. 퇴계 사후 『퇴계집』편찬에 있어서도 재야에 있으면서 척화斥和를 주장했던 조목趙穆과 재조在朝에 있으면서 정국을 주도했던 류성룡 사이에 격심한 대립이 있었던 것이다(서정문, 「『퇴계집』의 초간과 월천·서애 시비」, 『북악사론』 3, 1993).

91 류성룡의 추향은 1631년인조 9 이루어졌다. 류성룡에 앞서 추향된 인물은 상주 출신의 노수신인데 노수신의 추향 당시 상주 향론은 노수신의 추향을 둘러싸고 매우 격렬한 논의가 전개 되었다(『우복집』권13, 「答道南山長」, 丁巳(1617); 『계암일록』, 1617년 3월 18일). 그에 반해 류성룡이 추향될 당시에는 거의 이론異論의 여지가 없이 배향配享으로 결정되었다(『계암일록』, 1631년 8월 26일). 노수신은 처음 정구의 조언에 따라 종향으로 하였다가 류성룡을 배향할 때 같이 배향으로 승격되었다(『계암일록』, 1631년 9월 10일).

92 당시 도남서원 창건을 발의한 인사들은 강응철康應哲·송량宋亮·김각金覺·정경세鄭經世·이전李㙉·이준李埈 등 6인의 명단이 확인된다(『南溪集』「年譜」, 1606년). 이들은 모두 임란 당시 의병으로 활동하였으며, 김각을 제외한 5인은 서애학단의 인물들이다.

육기관인 향교도 아직 중수되지 못하였는데 서원을 새로 건립하고자 하는 것은 김상용이 보기에는 무리였던 것이다. 그러므로 김상용은 서원 건립을 위해 공장工匠을 지원하는 것에 대해서는 미온적인 태도를 취하면서 공사의 중단을 명령하였던 것이다.[93] 정경세가 이덕형에게 도남서원의 건립을 위하여 지원을 요청한 것도 이러한 반대가 있었기 때문이었다.[94]

도남서원의 건립에 대한 논란은 목사였던 김상용만 제기한 것이 아

---

93 『우복선생문집』 권9, 「與牧使金景擇 尙容○乙巳(1605)」. "經世 途中阻雨 昨日始到書院 經月停役之餘 百事茫然 工匠輩散在各處 無意還現 極力招呼 逃遁居半 悶悶 昨蒙停役之敎 固知眷愛之勤 欲拔之毁謗之中 置之全安之地 不勝感仰 但人之相知 貴相知心 彼所謂不先聖廟而先書院者 若非傳聞失實之論 則必是吹毛洗垢之見 經世雖極無狀 豈不知此二段輕重 設令經世不知 擧一州父老士子又豈都無心孔 不知此輕重耶 當初文廟之作 在於瘡痍未定物力蕩竭之時 故不能如平時宏敞固爲未盡 然亦奉安已久 得容周旋行禮於其中 則不可謂不先聖廟也 吾鄕書院之議 乃自平時數十年之前 而延遠未成 爲先輩之恨者 僅定於今日 則又不可謂先書院也 令公來莅已久 旣已察此事情 則何不於彼等說話 委曲開釋 護得平昔相知一箇癡漢 措諸無過之域 反以彼說爲是而敎以停役 有若推波助瀾之爲者 沈思數日 私切惶惑 知心難遇之嘆 不得不發於中夜仰屋之際 而又不敢泯默於眷愛之地 有此喋喋 切幸曲察而深諒之 有以反復終敎之 至祝至祝 今欲停役則艱難辛苦 費盡數千人之力 中道而棄之 有所不忍 若待蓋瓦而後停役 則必在三月之中 時節太晩 文廟之役 不得及時 將無以副令公盛意 反復思之 惟有分出木手 姑先伐材輸入 俟蓋瓦後合工營建 似爲兩便 又慮工匠輩逃散頗多 不得召聚 俟聚集畢更達伏計 凡此曲折 最好奉拜商量 而未由承誨 脈脈奈何."

94 『우복선생문집』 권9, 「與李漢陰德馨」. "兵燹之後 家塾黨庠 所在蕩然 導率作成之規 一切湮廢 士習不善 鄕風日偸 末梢之憂 將有不可勝言 則書院之作 在今日尤爲至急之務 不可少緩 議者雖或有民勞財匱時屈擧贏之慮 而有所不暇計者 仍念講習觀善之地 必有廟享先賢之典 吾東方道學之傳 倡始於鄭圃隱 集成於李退陶 中間有若金寒暄, 鄭一蠹, 李晦齋諸先生相繼而作 講明洙泗濂洛之學 使斯人得免於夷狄禽獸之歸者 秋毫莫非遺澤 而其生又皆在吾嶺南一道之內 則吾黨後生欣慕愛敬之誠 又非遠方聞風之比 昔張定叟立濂溪兩程之祠於宜春 而朱子作記以美其事 夫以濂溪兩程非其土之人 而猶且立祠以祀之者 誠以爲往聖繼絶學 爲後世立人極 其德其功 爲不可忘也 況以吾鄕居嶺之上遊 爲嶺之巨邑 而合祀嶺之儒賢 以表率嶺之搢紳 宜無善於此者 遂相與鳩村合力 選地于洛水之上 以七月始事 十二月十二日上樑 廟凡三間 堂凡五間 號曰道南書院 其餘齋舍廚庫 則皆以力綿未遑焉 竊惟此係斯文重事 一鄕大擧 宜先稟定於台下 故上年令州士之赴擧入都者 進達經始之意 頃者又書與全學正湜 令面白營搆曲折 伏想已獲關聽 而口達之說 恐或不專 謹此陳聞 伏幸台慈照察 上年 伏聞台慈以此事爲美 諾以事完後當爲請額 多士聞之 莫不感歎 知台慈眷眷於吾鄕之事者甚盛且勤 但今非惟此處工役杳然 未有完事之期 相公亦方杜門 此等鋪張奬勸之擧 留俟後日 徐爲之謀 竝冀台諒 干瀆威尊 不敢縷悉."

니었다. 상주 향중鄕中의 인사 들 중 이에 반대하여 상당히 부정적인
태도를 보이는 인물들도 존재했다. 이들은 "불러도 오지 않으며, 공공
연히 훼방하는 자도 있고. 비방을 만들고 대사를 흔드는 자들도 있었
다."[95] 결국 서원 창건 주도세력들은 강력한 규약을 세워 방해하거나
협조하지 않는 자들은 향벌鄕罰에 처할 것을 결의하였다.[96] 이러한 향
벌鄕罰이 제기되고 시행되었다고 한 것은 임란 직후 이들에 의해 향약
등 향촌통제 질서가 어느 정도 회복되었기 때문에 가능한 것이었다.[97]

5. 맺음말

16세기에 본격적으로 성장하기 시작한 사림세력은 임진왜란을 거
치면서 경상도 지역에서 지역사회의 주도세력으로 확고히 자리를 잡
게 되었다. 임진왜란은 조선 역사에서 매우 중요한 사건이었다. 이후

---

[95] 『愚谷集』권1, 通文 「道南書院刱建時定約通文」. "經始之初 輒有解弛之弊 號令不行 招呼
不至 公行詆毀者有之 造爲飛謗 潛撓大事者有之 人心至此 極爲寒心."

[96] 『愚谷集』권1, 通文 「道南書院刱建時定約通文 附條約」. "一 院中經畫諸事 院長主之 都有
司以下 聽其指揮 其有事係於重大 難於擅斷者 裁決于都廳後 施行. 一 都有司及各該有司
輪番相遞 以察其任 務以勤恪爲道 毋得違誤. 一 尊師重道 人理莫大 凡有秉彛罔不好 是懿
德 矧惟吾鄕素以文獻見稱 吾儕又幸稍知義理 當此盛擧謂宜 各盡心力 晨夕奔走 而經始未
久 遽有解弛之甚 或唱不和 藐然越視者有之 肆其忿狼誣張詆毀者有之 今若任其所爲 而不
爲之鈐束則末梢之事 恐有不勝寒心 以辱吾鄕 而羞吾儕 重得罪於先正在天之靈者 玆不得
不立科條 以爲防 各自勉畏 毋取罪戾 乃今日之忠告之望也. 一 **上罰賤任 其在鄕案校案者 則
移文本所 削其籍 然後充定. 中罰立役 名數隨所犯輕重 重不過五 下罰笞奴 笞數亦臨時加減 多不
過三十.** 一 陰行構毀 或公肆擠排 以撓事者 上罰 期會收合等事 慢不及期者 中罰 無故闕番
者 中罰 罰後退番 察任不謹者 下罰 不有完議 違拒約條者 加罰 如犯在下罰 而違拒不服者
坐以中罰 犯在中罰而違拒不服者 坐以上罰 三罰而不悛者黜鄕."

[97] 金憲, 『松灣逸稿』권1, 「洞約序」(1618). 예안지역의 경우 전쟁이 끝난 직후인 1598년부
터 동약洞約이 실시되면서 지역사회의 재건을 시도하였다(김형수, 「17세기 초 월천학단
과 예안지역사회의 재건」, 『민족문화연구』65, 2014, 311~312면 참조).

사족들이 지역에서의 주도권을 잡게 된 것에는 임진왜란 당시 사족들의 의병활동에도 상당한 원인이 있었다.

상주지역은 임란 초기 북천전투 이후 사족들은 구심점을 잃고 산곡山谷으로 둔거遁居하였으나, 7월부터 초유사 김성일의 격서 및 선조의 교서 등으로 인하여 각 지역에서의 의병 기의起義가 이루어지자 상주지방에서도 이봉李逢의 창의군倡義軍과 김각金覺의 상의진尙義陣, 김홍민金弘敏의 충보군忠報軍 등 여러 방면에서 의병이 조직되었다. 이렇게 조직된 의병들은 각각 복병을 설치하여 매복전을 시행하고, 관군과 연합하여 상주·함창 등지의 일본군을 공격하여 상당한 성과를 올렸다. 이들은 상호 연합을 시도하기도 하였으나, 끝까지 연합부대를 결성하지 못하였고, 관군의 의존도가 높았기 때문에 독자적인 성과를 크게 올리지는 못하였다. 그러나 이들 상주 사족들의 의병활동은 전쟁이 종식된 후 향촌에서 그들의 주도권을 확립하는 중요한 계기가 되었다.

임진왜란이 종식되자 상주지역의 사림들은 지역사회의 재건을 도모하게 되었다. 상주지역의 재건과정은 주로 의병에 참여했던 인사들을 중심으로 이루어졌다. 도남서원의 창건을 발의한 것은 정경세를 비롯한 상주 사족들로 류성룡의 문인으로 좌정한 자들이 중심이었다. 정경세와 전식 등 상주지역 서애학단 사림들은 도남서원을 창건하여 상주지역 퇴계학파의 구심점으로 삼고자 했던 것이다. 이는 정경세를 비롯한 상주사림들이 상주에 연고가 없는 오현五賢을 상주의 서원의 주향으로 세우고자 한 목적이기도 했다. 이러한 정경세 주도의 도남서원 창건과 운영은 정경세의 독단에 의한 것은 아니었다. 정경세는 같이 의병활동을 했던 송량宋亮·김각金覺 등 6인과 더불어 공동으로 서원 창건을 발의하고, 창건통문을 직접 작성하였다.

이러한 정경세 등의 서원건립 시도는 당시 목사였던 김상용과 충돌을 빚게 되었다. 도남서원을 상주지역의 교화의 중심지로 삼고자 했던 정경세의 주장과는 달리 김상용은 향교의 재건을 우선시하였다. 즉 국가의 공인 교육기관인 향교도 아직 제대로 중수되지 못하였는데 서원을 새로 건립하고자 하는 것은 김상용이 보기에는 무리였던 것이다. 그러므로 김상용은 서원 건립을 위해 공장工匠을 지원하는 것에 대해서는 미온적이었던 것으로 중단을 명령하였던 것이다. 정경세가 이덕형에게 도남서원의 건립을 위하여 지원을 요청한 것도 이러한 반대가 있었기 때문이었다.

이전·이준 형제가 전쟁 이후 상주지역에서 우선적으로 추진했던 향안의 중수·향약의 시행 등도 이러한 상주지역 서애문인들의 향촌관과 밀접한 관련이 있었다.

상주지역의 서애문인들은 상주지역의 현안이 전쟁으로 황폐해진 전답 등을 소복하여야 하는 것임을 인지하고 있었다. 그러나 전쟁으로 인한 충격은 이들에게 경제적인 소복보다는 다른 차원의 질서를 건립하도록 하였다. 전쟁과정에서 나타난 인륜의 파괴는 이들에게 매우 충격적인 것이었다. 이들은 결국 임란 이후 질서 재편에서 가장 중요한 과제로 예교의 복원을 들고, 이를 위하여 서원의 창건과 향안의 중수 및 향약의 실시를 시도하였던 것이다.

참고문헌

『中宗實錄』,『仁祖實錄』.

『家學淵源錄』(筆寫本, 豊山柳氏 主一齋胄孫家 所藏),「西厓門賢錄」(西厓全書本),『檜淵及門錄』,『道南書院誌』,『道南書院續誌』,『商山誌』(蒼石本),『商山誌』(淸臺本),『黔澗壬亂日記』(趙靖),『慕堂日記』(孫處訥)『溪巖日錄』(金坽),『嶺南鄕約資料集成』(1988, 영남대 민족문화연구소).

『可畦集』(趙翊)『西厓集』(柳成龍),『武陵雜稿』(周世鵬),『松灣逸稿 』(金惠)『月澗集』(李墺),『蒼石集』(李埈),『愚谷集』(宋亮),『南溪集』(康應哲),『沙西集』(全湜),『愚伏集』(鄭經世).

김학수, 「17세기 영남학파연구」, 한국학중앙연구원 박사논문, 2007.

상주박물관 편, 『석천집 : 상주 최초의 의병장 김각을 이야기하다』, 민속원, 2014.

상주시, 『상주함창목민관』, 상주시 · 상주산업대 상주문화연구소, 1997.

이정철, 『대동법, 조선최고의 개혁』, 역사비평사, 2010.

이형석, 『임진전란사』, 임진전란사간행위원회, 1974.

우복선생기념사업회 편, 『愚伏鄭經世先生研究』, 태학사, 1996.

한국사상사연구회 편, 『조선유학의 학파들』, 예문서원, 1996.

한국사연구회 편, 『새로운 한국사 길잡이 : 제3판 한국사연구입문』, 지식산업사, 2008.

김형수, 「17 · 18세기 상주 · 선산권 지역사회와 서원 · 사우의 동향」, 『영남학』 7, 2005.

＿＿＿, 「17세기 초 대구사림의 형성과 분화－손처눌의 『모당일기』를 중심으로」, 『역사교육논집』 36, 2006.

＿＿＿, 「이황 서한을 통해본 명종대 서원의 창설과 운영」, 『퇴계학과 한국문화』 53, 2013.

＿＿＿, 「17세기 초 월천학단과 예안지역사회의 재건」, 『민족문화연구』 65, 2014.

김호종, 「서애 류성룡과 안동, 상주지역의 퇴계학파」, 『한국의 철학』 28, 2000.

박주, 「조선 중기 경상도 상주지역의 효자, 열녀 : 『상산지』를 중심으로」, 『한국사론』(서울대 국사학과) 41 · 42합집, 1999.

서정문, 「『퇴계집』의 초간과 월천 · 서애 시비」, 『북악사론』 3, 1993.

송석현, 「17세기 상주지역 사족의 동향」, 경북대 석사논문, 2014.
이수건, 「월곡 우배선의 임진왜란 의병활동－그의 『창의유록』을 중심으로」, 『민족문화
　　　논총』 13, 1992.
임노직, 「창석 이준연구－문학관과 사회활동을 중심으로」, 안동대 석사논문, 1995.
정진영, 『조선시대 향촌사회사』, 한길사, 1999.

문중과 공동체

파평윤씨 노종파 종족 운동의 재검토

김문용

1. 머리말

막스 베버는 중국을 선사시대 이래로 큰 성벽으로 둘러싸인 도시의 나라이자, 씨족이 최소 단위 지방의 행정과 각종의 경제적 관계를 지배하는 요소로서 늦게까지 존재한 나라라고 강조하면서 이렇게 덧붙였다. "이 씨족 단체는 명백히 가계의 부양을 자급자족하는, 따라서 시장의 발전을 제약하는 강력한 경제적 지주일 뿐 아니라, 사회적으로는 그 씨족 구성원의 삶에 있어서, 또한 타향에 특히 도시에 살고 있는 사람들에게 있어서조차 유일한 것이면서 동시에 모든 것을 뜻하였다."[1] 그의 학설 전반에서 '시장의 발전'이 함축하는 특별한 의미에 대해 신

---

[1] 막스 베버, 이상률 역, 『유교와 도교』, 문예출판사, 1990, 143면.

경 쓰지 않는 독자라면, 씨족에 관한 그의 주장은 중국뿐 아니라 한국 사회까지 포함하여 그 중요한 측면을 포착한 것으로 받아들일 법하다.

이후의 진전된 연구에 따르자면, 베버가 말하는 씨족clan은 종족宗族, lineage으로 바꾸어 읽을 필요가 있다. 송대 이후로 한정해 볼 때, 삶의 근거지로서의 혈연 조직은 동성 씨족 전체를 의미하기보다 입향조를 기점으로 형성된 혈연과 지연의 결합체 즉 종족으로 보는 것이 적절하기 때문이다. 그런데 정작 중요한 문제는 베버의 설명에서 핵심을 이루는 두 구절, 즉 종족 단체가 '가계의 부양을 자급자족'하며, '종족 구성원들의 삶에서 유일한 것이자 모든 것'을 의미했다고 하는 데 있다. 이 설명은 종족 구성원들의 삶에서 물질적으로든 정신적으로든 종족 외부를 전혀 상정하지 않는 것으로서, 아무리 강조를 위한 과장의 여지를 감안한다고 하더라도 지나치게 단순화한 면이 있기 때문이다.

이 글은 이런 문제의식에서 출발하여, 17~18세기 조선의 파평윤씨坡坪尹氏 노종파魯宗派의 종족 운동을 검토하고, 이를 바탕으로 조선 후기 문중의 성격을 규명하는 데 최종 목표를 둔다.

문중 또는 종중은 종족 집단이나 그 조직·단체를 의미하는 것으로서, 16~17세기에 형성되기 시작하여 조선 후기 사회기층의 한 유형으로 확립되었다. 그것은 내부에 종법적·가부장적 질서를 수립하고, 보통 군·현 단위의 지역 기반 위에서 제례를 비롯한 종족 공통의 활동과 족인 상호간의 협력을 도모하였다. 이러한 점은 베버가 중국의 종족을 대상으로 행한 설명을 그 문제점까지 포함하여 다각도로 연상시킨다. 이에 이 글은 공동체 문제를 문중의 성격을 규정하는 지표의 하나로 삼는다. 여기서 말하는 공동체는 정신적이거나 물질적인 공통의 이해관계를 바탕으로 상호 의존적 관계를 형성하고 있는 사람들의 집합이라는, 통시적이고 통상적인 차원의 개념이다. 이 글은 이런 의미의 공동체가 문중의 술어로서 얼마나 적합한지를 검토해 보자는 것이다.

이 글이 파평윤씨 노종파를 주요 분석 대상으로 삼는 이유는 그것이 조선시대 문중의 대표치와 최대치를 함께 보여주고 있기 때문이다. 노종파는 윤돈尹暾, 1519~1577이 16세기 중반에 처향인 충청도 노성현魯城縣에 입향한 이후, 1세기 만인 1645년에 종약宗約을 제정하고 종중을 설립하였다. 입향 시기와 종중 설립 시기 모두 조선의 다수 문중의 사례와 어긋나지 않고, 처향을 기반으로 삼았다는 점 역시 부모공계적 가족에서 부계 가족으로의 전환이라는 조선 중기 가족제도의 특징을 상징적으로 대변한다. 그리고 노종파는 당시의 다른 어떤 문중보다 체계적으로 종중 설립을 구상하고 실천에 옮겼으며, 문과 급제자가 42명에 이를 정도로 문중의 사회적 영향력 면에서도 최고 수준에 도달하였다.

그동안 파평윤씨 노종파의 종족 운동과 관련하여서는 역사학·사회학 방면에서 여러 차례에 걸쳐 자료 소개와 분석이 이루어졌다.[2] 이 연구는 사회사라기보다 사상사 영역의 작업에 해당하지만, 방법의 측면에서 선행하는 사회사 연구 성과에 기반하고 그 자료를 공유함으로써 연구의 구체성을 제고하고자 한다. 이에 선행 연구에서 자세히 다룬 부분은 꼭 필요한 선에서 언급을 간단히 줄이거나 생략하되, 거기

---

2 노종파의 종족 운동 자료를 소개하거나 분석한 연구로는 다음과 같은 것들이 있다. 이 연구들은 대체로 사실의 발굴과 재구성에 집중한 것으로서 상호 보완적인 관계에 있다고 할 수 있다. 이해준, 「17세기 중엽 파평윤씨 노종파의 종약과 종학」, 『충북사학』 11·12합집, 충북대 사학회, 2000; 이해준, 「명재 윤증가의 고문서와 전적」, 『유학연구』, 충남대 유학연구소, 2005; 임선빈, 「明齋 宗宅 傳來 資料의 현황과 성격」, 『유학연구』 20, 2009; 김필동, 「17세기 사족 문중의 형성-파평윤씨 노종파의 사례」, 『사회과학연구』 20-3, 2009.

서 발견되는 일부 오류나 관점의 차이는 되도록 찾아내 적시하고자 한다. 마지막으로 언급할 것은, 노종파의 자료에는 '종중'만 나타나고 '문중'이라는 표현은 등장하지 않는다는 점이다. 그럼에도 불구하고 이 글은 좀 더 일반적인 용례를 고려하여 글의 제목에 '문중'을 올리고, 본문에서는 양자를 문맥에 따라 선택적으로 사용하기로 한다.[3]

2. 인륜과 가법

파평윤씨 노종파의 『노성가법魯城家法』은 입향 3세인 윤황尹煌, 1572 ~1639의 「가훈家訓」을 비롯하여 10여 종의 문서로 구성되어 있다.[4] 그것은 윤선거尹宣擧, 1601~1669 · 윤증尹拯, 1625~1714 계열의 종가에 보관되어 오던 것으로서 문서들이 모두 윤증 말년까지의 것들이고, 「계제자서戒諸子書」와 「종약宗約」의 말미에는 다른 문집 자료에 수록된 동일 문서들과 달리 윤증이 기록한 것으로 보이는 부기가 첨가되어 있다.

---

3 일부 연구자들은 '문중'과 '종중'의 개념 구분을 시도하기도 하지만, 조선 후기 자료에 나타나는 용례로 볼 때 양자의 사용은 단순한 집단별 · 시기별 관행의 차이가 아닐까 한다. 17세기까지는 '종중'이 주로 사용되고, 18세기 이후 '문중'이 많이 나타나기 시작하였다. 참조: 이해준, 「조선 후기 '문중화' 경향과 친족조직의 변질」, 『역사와 현실』 48, 한국역사연구회, 2003, 177~178면.

4 『魯城家法』은 다음으로 구성되어 있다. 「家訓」(尹煌, 1639년), 「戒諸子書」(尹煌, 1637년), 「宗約序」(尹舜擧, 1645년), 「宗約」, 「完議」(1678년), 「立議」(1658 · 1659 · 1687 · 1696년), 「通文」(1672년)과 「宗會(錄)」(1712년), 笏記, 祝文式, 祭需陳設圖. 이 『노성가법』은 국사편찬위원회의 수탁자료 '明齋 尹拯家의 典籍(1차분) 9. DVD'에 수록된 것을 이용하였다. 『노성가법』의 내용에 대한 다른 설명으로는 김필동의 글을 참고할 만하다. 그런데 그는 이 문서의 전체 명칭을 『노성가법』이 아니라 『종약』으로 소개하고 있어 같은 문서인지 불분명하다(김필동, 위의 글, 40면). 또, 이해준의 논문에서 설명하는 노종파의 「종약」은 편제나 내용에서 『노성가법』에 수록된 것과 일부 차이를 보이고 있어 별도로 참고할 만하다(위의 글, 340면).

다른 자료에 '노성가법'이라는 명칭이 등장하지 않아 이 편집본 그대로 노종파 전체에 통용되었는지는 분명치 않다. 그러나 윤증과 윤광소尹光紹 등, 「종약」의 수립을 주도한 윤순거尹舜舉 이후 노종파를 이끈 주역들의 문집에 '가법'이라는 용어가 자주 등장하는 것으로 보아 그들에게서 가법에 대한 의식은 분명했다고 할 수 있다.

『노성가법』을 요즘의 법전에 비유할 때 헌법에 해당하는 것이 윤황의 「가훈」과 「계제자서」이다. 그는 노종파 형성 단계의 이른바 '오방五房'[5] 가운데 한 사람으로서 슬하에 8명의 아들을 두어 자손 번창에 결정적으로 기여한 데다, 중앙 정계의 활동을 통해 훗날 노종파로 하여금 전국적인 명망 가문으로 성장하도록 초석을 다진 인물이다. 「계제자서」는 그가 병자호란 과정에서 척화를 주장했다가 유배를 가는 도중에 남긴 글이고, 「가훈」은 해배 후 고향에 돌아와 사망하기 두 달 전에 작성한 것이다.

윤황이 남긴 두 글을 관통하는 핵심적인 메시지는 한마디로 근검이다. 특히 자신의 장례를 포함한 집안의 의례 전반에 걸쳐 검약할 것을 항목별로 구체적이고도 엄격하게 지시하고 있는데, 여기에는 그의 평소 신념 못지않게 당시 국가와 자신의 처지에서 비롯되는 위기의식이 작용한 것으로 보인다. 그는 세상을 떠나기 며칠 전에 남긴 별도의 유서에서 자손들을 향해 이렇게 강조하였다. "만약 이 가르침을 따르지 않는다면 나는 장차 죽어서도 눈을 감지 못할 것이니, 너희는 이를 두렵게 여기고 받들어 행하라."[6] 이렇듯 결연한 그의 태도는 그의 사후

---

5   오방五房은 입향3세 5형제(윤수尹燧, 황煌, 전烇, 흡, 희熺)를 가리킨다. 노종파는 이들의 후손들로 구성된다.

근검 정신의 전승과 종족의 결속을 추동하는 힘으로 작용했을 것이다.

『노성가법』에서 핵심을 차지하는 것은 역시 「종약」이다. 그것은 크게 세 부문으로 구성되어 있다. 첫째 부문은 제의祭儀·묘전墓田 등을 규정한 '영선사永先祀' 항목, 종회 절차와 종중 규율을 규정한 '돈종약敦宗約' 항목으로 구성되어 있다. 둘째 부문은 종학당宗學堂에 관한 것으로서, 교사(사師와 장長) 제도와 장서藏書에 대해 규정한 '택사장擇師長' 항목, 교과敎課와 의식儀式에 대해 규정한 '정규모定規模' 항목으로 구성된다. 셋째 부문은 의전義田과 의곡義穀의 설치를 규정한 '치전재置錢財' 항목, 관리자의 선발과 임무에 대해 규정한 '입유사立有司' 항목으로 나뉜다. 한 눈에 노종파의 「종약」이 매우 체계적임을 알 수 있다.

「종약」이 수립된 1645년은 입향 4세 종자宗子인 윤순거1596~1668가 50세 되던 해로서, 그의 동항 종형제들이 10여 명, 21세가 된 장자 윤절尹晢을 포함하여 자질子姪이 20명 전후에 이르고, 아직 생존해 있던 3세 숙부들까지 포함하면 남성 친족이 대략 40명 가까이 되는 때였다. 김필동은 입향조에 대한 봉사가 기제忌祭에서 묘제墓祭로 옮겨가는 시점, 이를테면 6세 종자가 출현하는 시점이 종중 형성의 일반적 시기라고 보고, 노종파의 종약은 "미래를 내다보고 다소 이상적으로 미리 만들어 둔 종중 운영의 설계도와 같은 것"이라고 하였다.[7] 그의 주장은 종중이 종자를 기준으로 당내친堂內親 너머를 포괄하는 조직이라는 관점에 기초하는 셈인데, 이런 관점이 조선 후기 문중의 실상에 얼마나 부합하는지는 논란의 여지가 있다. 그러나 노종파 「종약」의 수립이 당

---

6 尹煌, 『국역 팔송봉사八松封事』 「示諸子」, 충남 역사문화연구원, 2013, 152면.
7 김필동, 앞의 글, 38면.

장의 현실적 필요 이상으로 미래에 대한 염려와 기대에 기초하는 사전적 기획의 성격을 가지는 것이었음은 틀림이 없어 보인다.[8]

그러면 그들의 새로운 기획을 이끌어간 이상 또는 전범은 무엇인가? 이 문제는 사상사의 측면에서 노종파의 「종약」에 대한 이해를 넓히는 데 의미가 있다. 주지하듯이, 16세기 초부터 본격화한 향촌교화 운동에는 여씨향약呂氏鄕約이 전범의 역할을 담당하였다. 향약이 현실에 적용되는 과정에서 조선적 특색을 갖추고, 그 사례의 일부인 이황의 '향립약조鄕立約條'나 이이의 '해주일향약속海州一鄕約束' 등이 또 다른 전범으로 수립되기도 했지만, 19세기 후반에 이르기까지 여씨향약은 향촌교화 운동에 전범으로서 지속적으로 소환되었다. 반면, 종족 운동의 경우에는 17세기 중반이 되도록 그것을 이끌어 갈 이렇다 할 전범이 부각되지 않고 있었다. 노종파에 앞서 종계宗契 형식의 종족 조직을 설립한 남원의 홍성장씨나 안동의 진성이씨의 사례가 이를 잘 보여준다.[9]

이런 상황임을 감안할 때 노종파의 「종약」에는 주목할 만한 점이 있다. 그것은 부문별로 전범을 분명하게 내세우고 있는데, 봉사는 『주자가례』와 이언적李彦迪의 『봉선잡의奉先雜儀』를 따르고, 종학당의 운영

8 　미래에 대한 염려를 표현한 글 가운데 하나로 다음을 들 수 있다. "다만 우리 후대에 와서 조면祖免하는 친족의 범위를 넘어서는 경우가 생기면서 날로 소원해지는데다가 또 사방으로 흩어져 살다 보면, 뿌리가 니산尼山(노성魯城)인 줄을 모른 채 길 가는 사람처럼 알아보지 못하게 될까 실로 두렵다."『明齋先生遺稿』권31, 「宗中完議」.

9 　1607년에 종계宗契를 수립한 남원의 홍성장씨의 경우 종계 서문에서 범씨의장范氏義莊을 거론하고 있지만, 그들은 그것을 자신들이 추구할 전범으로 상정하지 않았고, 오히려 자신들의 종계가 옛날에 없던 새로운 것임을 내세웠다(각주 41 참조). 안동의 진성이씨의 경우 1612년에 기존의 부계·모계 공계적共系的인 족계族契를 종계로 전환하였는데, 봉사奉祀와 수목修睦·상조相助를 목적으로 한다는 점에서 양자 사이에 기능상의 차이는 잘 드러나지 않고, 이렇다 할 전범이 새롭게 제시되고 있지도 않다(김문택, 「16~19C 안동 眞城李氏家의 族契와 문중조직의 형성과정」, 『조선시대사학보』32, 조선시대사학회, 2005 참조).

은 호원胡瑗의 재법齋法에 의거하며,[10] 의전과 의곡은 범중엄范仲淹의 구례舊例 즉 범씨의장范氏義莊(또는 그 규약인 의장규구義莊規矩)을 본뜬다고 하는 것이 그것이다. 흥미로운 것은, 이런 언급이 노종파 주요 인물들의 기록에 조금씩 다르게 반복적으로 등장한다는 사실이다. 예를 들어 윤증은 윤순거의 「신도비명神道碑銘」과 「행장行狀」에서 "범씨의장과 려씨종법呂氏宗法의 규범을 취하여 종약을 만들었다"고 하고,[11] 윤원거尹元擧의 「행장」에서는 "옛날 범씨의장과 위가화수韋家花樹의 규범을 모방하여 종약을 만들었다"고 하였다.[12] 그런가 하면 범씨의장과 여씨독법呂氏讀法이 전범으로 거론되기도 하는데,[13] 박세채朴世采가 쓴 윤선거의 「행장」, 작자 미상의 윤선거 「연보」와 윤원거의 「연보」, 그리고 손자 윤동원이 쓴 윤증의 「가장家狀」 등이 그러하다.

　여기서 쉽게 눈에 띄는 사실은 전범이 비교적 다양하게 제시되고 있다는 점과, 그런 가운데 범씨의장이 일관되게 거론된다는 점이다. 후자는 노종파 종족 운동에서 의전·의곡 부문이 특징적인 것으로 간주되었음을 의미한다. 의전·의곡은 종중의 물적 토대에 해당하는 것이니 만큼, 범씨의장과 연관하여 별도의 자세한 검토가 필요하다. 우선 전범이 다양하다는 점을 놓고 보자면, 노종파의 「종약」은 여러 지적

10　선행 연구에서는 '호안정胡安定(= 호원胡瑗)의 재법齋法'을 '호안胡安의 정재법定齋法'으로 잘못 독해해 왔다. 이해준, 앞의 글, 2000, 344면; 김필동, 앞의 글, 36면.

11　'여씨종법呂氏宗法'은 여조겸呂祖謙의 『가범家範』(『東萊集』, 別集 권1)에 들어있는 「종법宗法」을 가리킨다.

12　위가화수韋家花樹의 규범이란 당대唐代의 위씨韋氏 일가가 정기적으로 꽃피는 나무 밑에 모여 술을 마시며 친목을 도모할 때의 규범을 가리킨다.

13　여씨독법呂氏讀法은 『여씨향약呂氏鄕約』에 규정되어 있는 독약지례讀約之禮를 가리키는 것으로 보인다. '독법讀法'이라는 말은 주대周代에 주장州長이 민民을 모아 정령지법政令之法을 독송讀誦케 함으로써 덕행德行을 권장하고 과악過惡을 규찰하던 데서 유래한다(『周禮』「地官·司徒」).

자원의 취사선택을 통해 이룩한 일종의 사상적 구현물에 해당한다고 할 수 있다. 이는 제시된 전범과 실제의 「종약」 조문 사이에 어느 정도의 간극이 존재할 수 있음을 의미하기도 한다. 우리는 종학당과 호원의 재법을 예로 들어 이 점을 확인해 볼 수 있다.

호원은 정이程頤의 스승으로서, 범중엄의 지우를 입기도 했던 인물이다. 송대 이후에 호원의 교육법은 보통, 그가 소주蘇州와 호주湖州의 주학州學에서 실시하던 것이라는 뜻에서 소호교법蘇湖敎法으로 불리거나, 경의經義와 치사治事를 체·용의 관계로 보고 양자를 병행한다는 점에서 명체달용明體達用의 교법으로 불리곤 하던 것이다. 「종약」에서 말한 '재법'이라는 명칭은 호원이 주학을 경의재經義齋와 치사재治事齋로 나누어 운영했던 데서 말미암는다. 호원은 경의재에서 육경을 가르치고, 치사재에서는 치민治民·무예武藝·수리水利·산력算曆 등을 가르치는 방식으로 명체달용의 교법을 구체화했던 것이다.[14]

그런데 노종파 「종약」의 종학당 부문을 살펴보면, 10세 이상의 자제들을 대상으로 한 과정 외에 별도로 어린이들을 위한 훈몽訓蒙 과정이 설치되어 있지만, 경의·치사의 분재分齋 같은 구상은 담겨있지 않다. 교과목을 보더라도, 이이와 성혼의 '교인지법敎人之法'과 『소학』·사서·오경, 그리고 『근사록』으로부터 이황의 『송계원명이학통록宋季元明理學通錄』에 이르기까지 다수의 성리서들로 채워져 있을 뿐, 호원의 치사재 교과에 상응하는 것들은 거의 고려되지 않고 있다. 예외적으로

---

14 黃宗羲·全祖望, 『宋元學案』「安定學案」, "其敎人之法, 科條纖悉具備, 立經義治事二齋. 經義, 則選擇其心性疏通有器局可任大事者, 使之講明六經. 治事, 則一人各治一事, 又兼攝一事, 如治民而安其生, 講武以禦其寇, 堰水而利田, 算曆以明數是也."

『가례』가 치민에 관련되는 것으로 포함되어 있을 뿐이다. 요컨대 종학당 제도가 실제로 호원의 재법을 본받았다고 볼 만한 근거는 분명치 않은 셈이다.

물론 거론된 전범들이 노종파 「종약」과의 관계에서 모두 호원의 교육법과 같았다고 단정할 수는 없다. 그러나 그것들이 향약 운동에서 여씨향약이 그랬던 것처럼 구체적인 조문 수준에서 노종파 「종약」에 구속력을 가졌던 것이 아니라는 점에서는 크게 다르지 않다. 이는 무엇보다 노종파의 상황과 전범들 사이, 널리 보아 당시 조선의 종족이 처해 있던 현실과 송대 이래 중국의 그것 사이에 서로 부합하지 않는 면이 있었음을 의미한다. 그럼에도 불구하고 그것들이 전범으로 간주될 수 있었던 것은 구체적인 행위지침 이상으로 그들에게 필요했던 것이 이념적 지향을 공유하는 역사적 선례였기 때문이다.

이제 이념과 도덕의 차원에서 노종파의 종족 활동을 살펴 볼 필요가 있다. 다음은 윤순거가 「종약」에 붙인 서문의 일부이다.

> 인도人道는 친친親親이다. 가족 간에 친애하고親親 선조를 존숭하며尊祖, 종자宗子를 공경하고敬宗 동족을 거둔다收族. 자기 가족을 친애하지 않으면 자기 근본을 잊고, 자기 종자를 공경하지 않으면 지손支孫들을 모을 수 없다. (…중략…) 세상은 오염되고 풍속은 구차한데 이 도를 익히지 않으니, 사람들이 각자 자기 자식만 자식으로 여기고 자기 재산만 재산으로 여기며, 자기 몸만 편하게 하고 자기 가족밖에 모르게 되어 친애(효도)와 화목, 존숭과 공경의 도를 생각하지 않는다. 한번 종가가 있는 고향宗國을 떠나면 종신토록 어른도 찾아뵙지 않고 성묘도 하지 않으니, 비록 두루 친족이 있

어도 여러 세대 왕래하지 않아 형제들의 얼굴을 못 알아보고 조상의 산소도 분별하지 못한다. 이는 사람의 도리人之道가 끊긴 것이나 다름없다.[15]

　윤순거는 종족 구성원들의 유대가 이완되거나 해체된 세태를 세상의 오염과 풍속의 구차함 차원에서 바라본다. 왜 유독 종족이라는 틀을 문제 삼는가? 이 점에 대해 그는 언급하지 않지만, 어쨌든 유대의 이완이나 해체가 친애·화목·존숭·공경 같은 선의의 덕목들이 상실된 상태를 의미하는 만큼 그에게서 이 문제는 의심할 나위 없이 심각한 것으로 간주된다. 이것이야말로 그가 종족의 결합과 종중 설립에 나서게 된 명분상의 동기에 해당한다. 그에게서 이 명분은 사람의 도리 즉 인도로부터 도출되고 정당화될 수 있는 어떤 것이었다.

　인도는 유학에서 최고 수준의 추상성을 갖춘 개념 가운데 하나로서, 대략 '인륜'과 유사한 의미 대역을 가지는 것으로 이해된다. 인륜이 그렇듯이 인도 역시 오륜을 중심으로, 경우에 따라 부자간의 친친으로 압축되기도 하고 윤리 일반으로 확장되기도 하면서 의미의 진폭을 가져왔다. 그런가 하면 인도는 경전에 따라 논의의 관점이나 강조점에 미묘한 차이가 존재하기도 하였다. 『주역』 계열에서는 인도를 천도天道(그리고 지도地道)와 상응하는 것으로 파악하고 강조하는 논의가 주를 이룬다. 반면에 『예기』 계열에서는 인도를 살아있는 사람들 사이의 관계뿐 아니라 자손과 조상의 관계에까지 확장·적용하는 경향이 두드러진다.

　위 인용문의 첫 두 문장은 바로 『예기』에서 따온 것이다.[16] 인도를

15　尹舜擧, 『童土先生文集』 권5, 「宗約序」.

16　『禮記』 「大傳」. "人道親親也. 親親故尊祖, 尊祖故敬宗, 敬宗故收族, 收族故宗廟嚴, 宗廟

친친 덕목으로 압축하고, 이를 조상에 대한 존숭과 종자에 대한 공경으로 확장함으로써 종족의 결집을 도모할 수 있다는 주장이다. 그런데 흥미로운 사실은, 『예기·대전』에서는 인도 실천의 주체가 제왕이었지만, 윤순거의 글에서는 그것이 사대부로 바뀌었다는 것이다. 이는 송대 이후 사대부 계층에 "천하를 자신의 책임으로 삼는다"는 천하기임天下己任 의식, 즉 스스로 경세의 주체라는 생각이 확산되었던 것과 무관하지 않다. 여기에 송대 종족 운동의 상징적 인물인 범중엄이 전형적인 천하기임 의식의 소유자였다는 점을 상기할 필요가 있다.[17] 종족 운동이 확산되어 가면서 명대 초기의 방효유方孝孺는 좀 더 구체적으로, "사士에게는 관위官位가 없어도 천하를 교화할 일이 있으니 동족을 화목하게 하는 일이 그것"이라고도 하였다.[18] 이러한 배경 위에서 윤순거는 『예기』의 글귀를 부담 없이 따올 수 있었던 것이다.

우리가 인도와 관련하여 한 가지 더 확인할 것은 '조상에 대한 존숭'의 의미 문제이다. 이 문제는 근대 유럽인들의 문제의식에 의해 불거진 면이 있다. 막스 베버는 중국의 제례에 대해, "자신의 조상 정령의 힘에 대한 믿음, 즉 자손들의 소원을 하늘의 정령 또는 하늘의 신에게 전달해 주는 조상 정령들의, 의례적으로나 문헌적으로 입증된 '중개자' 역할에 대한 믿음"[19]을 실천하는 것이라고 이해했다. 귀신의 흠향을 가정한 제물의 헌진, 참례자들의 태도에 나타나는 극도의 경건성 등으

嚴故重社稷, 重社稷故愛百姓, 愛百姓故刑罰中, 刑罰中故庶民安, 庶民安故財用足, 財用足故百志成, 百志成故禮俗刑, 禮俗刑然後樂."

17 작자 미상, 「宋太師中書令兼尙書令魏國公文正公傳」(『范文正集』補編 권2). "公以天下爲己任, 裁削倖濫, 考覈官吏, 日夜謀慮, 興致太平."

18 方孝孺, 『遜志齋集』 권13, 「宋氏世譜序」. "士有無位而可以化天下者, 睦族是也."

19 막스 베버, 이상률 역, 앞의 책, 140면.

로 볼 때 그런 이해가 전혀 근거 없는 것이라고 하기는 어렵다.

그러나 정작, 조상신은 실재하는가? 제사는 나의 복락을 기구하는 일인가? 이런 질문에 대해 유학자들은 긍정적이라기보다 부정적인 답변을 내왔다고 보는 편이 적절하다.[20] 제례는 인간이 자신의 문제를 조상신에 의탁하는 행위이기보다는 그것을 스스로 해결해 가는 과정의 한 절차라고 보아야 한다. 『주자가례』가 그렇듯이 노종파 「종약」의 '영선사永先祀' 항목을 보더라도, 제례에는 자손의 복락을 기원하는 절차가 끼어들지 않는다. 그리고 제례에서 소목昭穆의 질서는 조상의 위패 배열에만 적용되는 것이 아니라 참례자들의 도열에도 마찬가지로 적용된다. 제례는 종족의 종법적 질서를 재현하고 다짐하는 행사에 가깝다고 할 수 있는 것이다. 제례의 이러한 측면은 '돈종약敦宗約' 항목에서 서자의 제반 권한과 책임을 한 항렬 낮춰 적용하고, 「가훈」 등에서 부녀에 대한 경계와 차별을 반복적으로 강조한 것과 연결되어 있다.

노종파에게서 인도와 인륜은 가법을 정당화하고 종족 활동을 근거 지우는 이념적 원천이었다. 그 만큼 인도와 인륜을 중시하는 사고는 일종의 가학 전통으로 확립되고 노종파 구성원들에게 널리 확산되었던 것으로 보인다.[21] 박세채朴世采는 송시열宋時烈이 기절氣節과 언론言論에 특장이 있는 반면 윤증은 덕행을 위주로 한다고 평하면서, 양자가 각각 후학들에게도 영향을 미치고 있다고 하였다.[22] 그의 말은 인도·

---

20 김기현, 「유교의 상제례에 내재된 삶과 죽음 의식」, 『퇴계학보』 104, 퇴계학연구원, 1999, 69면; 홍원식, 「유교적 효의 종교성과 제례」, 『동아인문학』 19, 동아인문학회, 2011, 176면.

21 尹舜擧, 『童土先生文集』(續) 권2, 「祭堂弟君聘文」. "我家篤人倫, 堂從猶同胞"; 李養源, 『一庵先生遺稿』 권6, 「行狀」. "先生克承家業, 專心進修, 篤於人倫, 切於反躬, 持己之敬."

22 尹拯, 『明齋先生遺稿』(別) 권3, 「答朴和叔兼示羅顯道」. "玄石答曰, 尼山專爲德行, 凡事

문중과 공동체 445

인륜을 중시하는 노종파의 전통이 윤증을 통해 학술·사상의 영역으로 확장되고 있었음을 의미한다. 주지하듯이 윤증의 학문은 실심實心·실학實學·실공實功의 무실務實 지향으로 특징지어지는데, 이때 무실이란 이론적인 번잡성이나 이념적인 완고성을 배격하고 인륜·일용의 실질을 추구하는 것이었다. 이러한 그의 학문 경향은 성리설에 대한 천착보다 예禮를 통한 율신律身을 중시한 부친 윤선거의 학풍을 계승한 것이면서,[23] 심성수양의 강조를 통해 양명학적 경향을 노정한 제자 정제두의 학문으로 전승되는 것이기도 하였다.[24] 노종파 구성원들의 의도에 한정하여 말하자면, 문중은 인도 실천의 수레이자 인도 배양의 실험실이었던 셈이다.

3. 문중과 족산

윤순거의 「종약」 서문에는 다음과 같은 문장이 포함되어 있다.

> (가족에 대한) 친애와 (조상에 대한) 존숭 그리고 (종자에 대한) 경애를 극진히 하고 함께 모여 제사를 지내면同堂合食, 상하가 두루 다스려지고 인도를 다할 수 있다.[25]

縝密, 家行孝友, 居鄕謹愼, 皆人所難及, 而但言論風節不足. 由此, 後學雖有檢飭之美, 然漸至於委靡. 尤齋德行不足, 而專尙氣節, 言論有餘, 故門下徒尙言語文字, 彼此俱有其弊."
23 박종천, 「명재 윤증의 예학사상−務實과 禮訟觀을 중심으로」, 『민족문화』, 한국고전번역원, 2011, 43~45면.
24 윤사순, 「명재 윤증을 중심으로 본 학맥의 분포」, 『유학연구』 17, 충남대 유학연구소, 2008, 114면.

여기에서 '동당합식'이라는 말은 중의적이다. 보통은 "동일 조상의 자손들同堂이 함께 제사지낸다合食＝合祭"로 해석되지만, 글자 그대로 "한 집에 모여 같이 나누어 먹는다"로 읽어서 안 될 것도 없다. 제례가 가족 또는 동족이 모여 음식을 나누는 과정을 수반한다는 점을 감안할 때, 두 해석을 별개가 아니라 동전의 앞뒷면 같은 관계로 보는 것이 적절하다. 이런 점에서 동당합식은 전통적으로 가족의 속성 가운데 하나로 거론되어 온 동거공재同居共財 즉 '생활 공간과 자료의 공유'에 근접하는 측면이 있다. 윤순거를 비롯한 노종파는 가족 관계를 종족으로 확장하고자 하면서 종족에 부분적으로나마 동거공재의 관념을 투영하고 있었을 가능성이 크다.

그 구체적인 구현물이 의전과 의곡이다. 이것들은 종족 공통의 필요에 부응하기 위한 것이라는 점에서 종족의 '공재' 또는 족산族産의 성격을 가진다.[26] 그들은 범씨의장을 모방하여 의전과 의곡을 설립하였다고 주장하고, 그것을 노종파 「종약」에서 가장 특징적인 것으로 부각하였다. 당시 사대부 가문들은 『주자가례』에 따라 4대조까지의 사당 제사와 조천祧遷한 조상의 묘소 제사를 통례화하고, 그 경비 조달을 위해 제전祭田의 설치를 확대해 가고 있었다. 노종파의 의전·의곡이 과연 얼마나 특징적이냐의 문제는 그것이 당시 통상적인 제전의 기능을 얼마나 넘어섰느냐에 달려 있다. 우리는 범씨의장과의 비교를 통해 노종파 의전·의곡의 실상을 좀 더 깊이 검토해 볼 수 있다.

25 尹舜擧, 『童土先生文集』 권5, 「宗約序」.
26 조선시대 문헌에는 중국의 경우와 달리 족산族産이라는 용어가 자주 출현하지 않는다. 이 글에서 말하는 족산은 제전·의전·의곡·의창 등 종족이 공동으로 관리하고 활용하는 자산을 총칭하는 것으로서, 반드시 법적 소유관계를 함축하는 것은 아니다.

범씨의장은 북송대의 범중엄范仲淹이 족인의 기한飢寒 구제를 목적으로 소주蘇州에 설립한 의전義田과 의택義宅・의학義學 등을 총칭하는 말이다. 범씨의장의 최초 규약인 「초정규구初定規矩」는 13개의 조항으로 구성되어 있는데, 그것들 가운데 핵심 사항은 족인들에게 의・식을 제공하고 혼・상사에 부조한다는 것이다.[27] 특히, 해당 지역에 거주하는 남녀 5세 이상의 모든 족인에게 하루 1되 분량의 백미와 매년 1필의 겨울 옷감을 무상으로 지급한다는 의・식 제공 조항은 매우 특별한 면이 있다. 이 규약은 범중엄의 차자次子인 범순인范純仁 등에 의해 북송대에만 10차에 걸쳐 조목의 추가와 수정이 가해짐으로써, 일부 족인들의 농단을 방지하고 장기적으로 지속할 수 있는 장치를 마련하였다.[28] 범씨의장은 범중엄이 출연한 10경(1,000무)의 토지로 설립된 후 원대와 명대 초기에 일시적으로 위축・해체되기도 했으나, 후손들의 간헐적인 추가 출연과 국가의 부세경감 조치 등에 힘입어 꾸준히 유지・확대되었다.[29]

그러면 노종파의 의전・의곡은 범씨의장과 얼마나 같고 달랐는가? 먼저, 노종파 「종약」의 의전・의곡 관련 규정을 요약해 보자면 다음과 같다. 첫째, 재원의 측면에서 의전은 다섯 사람五房이 논 7마지기씩을 출연하고 능력에 따라 추가하는 것으로 마련한다. 의곡은 회원마다 벼

---

27 范仲淹, 『范文正公集』(四部叢刊正編 40), 「文正公初定規矩」, 309~310면.
28 추가된 조목으로는 다음과 같은 것들이 있다. "족인은 의전을 소작할 수 없다." "의장은 족인의 전토田土를 전매典買할 수 없다." "담당자 이외의 족인은 비록 존장이라 하더라도 의장의 일에 간섭할 수 없고, 위반한 자는 담당자가 관에 고발하여 처리한다." 이 조항들은 모두 족인들이 의전의 경영에 직접 관여하는 길을 차단하기 위한 조치로 해석된다.
29 곤도 히데키近藤秀樹에 따르면 범씨의장은 사회주의 혁명 직전까지 존속되었다고 한다. 범씨의장의 변천에 관한 자세한 설명은 다음을 참조할 것. 近藤秀樹, 「范氏義莊の變遷」, 『東洋史研究』 21-4, 日本東洋史研究會, 1963.

한 섬씩 출연하고, 그 외에 출사出仕한 자손들이 직위에 따라 정해진 분량의 지필묵紙筆墨 등을 납부하여 보충한다. 둘째, 용도 측면에서는 먼저 봉선奉先·접물接物 즉 제수와 교유 비용에 충당하고, 남는 것을 혼·상례 부조에 사용한다. 그리고 종학의 교육을 담당하는 사와 장에게 매월 9말과 7말, 학생들에게 6말씩의 쌀을 지급하고, 그 외에 장과 채소, 부엌일꾼을 지원한다. 셋째, 관리의 측면에서는 자제들이 2인씩 1년 기한으로 번갈아 가며 유사를 맡고, 노복 중에서 1인을 선발하여 창고지기로 삼는다. 유사는 의전·의곡의 관리와 종회 보고를 주 임무專管로 하고, 제례 준비와 묘역 관리 등을 보조 임무兼管로 한다.

사실상 노종파의 의전과 의곡은 형성 배경이나 규모 등은 제쳐 두고, 기본적인 기능과 목적에서 범씨의장과 작지 않은 차이가 있었다. 범씨의장의 경우 1차적인 목적이 족인의 기한을 구제하는 데 있었던 반면,[30] 노종파의 의전·의곡은 봉선·접물이 무엇보다 우선적이었다는 점에서 달랐다. 노종파의 의전·의곡에서도 길흉사 부조와 환난자 구조를 언급하고 있기는 하지만 봉선·접물에 비해 부차적인 것이었다. 사실상 이것은 선차의 문제를 넘어 비중의 문제, 즉 비용 지출에서 길흉사 부조와 환난자 구조가 차지하는 비중이 봉사·접물에 비해 매우 낮았음을 의미한다고 보아야 할 것이다. 가난하여 혼·상사를 치를 수 없는 사람에게 부조를 추가할 수 있도록 한 구절이 있기는 하지만, 족인에 대한 의·식의 공여는 물론이고 혼·상사 부조에 대해서도 자세히 규정하고 있는 범씨의장의 「규구」에 미칠 수 있는 것은 아니었다.

---

30 작자 미상, 「范文正公年譜」(『范文正公集』). "吾吳中宗族甚衆, 於吾固有親疎, 然以吾祖宗視之, 則均是子孫, 固無親疎也. 吾安得不卹其飢寒哉!"

그런 가운데 노종파의 의전·의곡에서 종학에 대한 지원이 상대적으로 큰 비중을 차지한다는 점은 주목할 만하다. 종학이 10세 이상의 모든 종중 자제를 대상으로 하고 30세 이상도 참여하고 있었던 점을 고려할 때, 아마도 그 비용 규모는 봉선·접물에 못지않았을 것이다. 범씨의장 역시, 의학義學과 함께 과거준비생을 위해 세한당歲寒堂이라는 숙소를 운영하기도 한 것으로 보아 자제 교육에 대한 지원이 적지 않았을 것으로 추정된다. 그러나 특이하게도 「의장규구義莊規矩」에는 이와 관련한 자세한 규정이 나타나지 않는다.[31] 이 점은 노종파가 상대적으로 자제 교육에 의식적이고도 체계적으로 임했음을 방증하는 사례라고 볼 수 있다.

요컨대 노종파의 의전과 의곡은 제전의 기능을 무엇보다 우선으로 하고, 추가로 종중의 자제 교육에 중점을 두면서 설계된 것이었다. 호원의 교육법과 노종파의 종학 사이만큼은 아니더라도, 범씨의장과 노종파의 의전·의곡 사이 역시 구체적인 조목 수준에서 긴밀한 연관성을 인정하기는 어려운 실정이다. 노종파의 종약 수립 단계에서 범씨의장이 전범으로서 행한 역할은 의전·의곡의 필요성을 구성원들에게 공유시키는 데 머물렀다고 할 수 있다.

노종파의 의전·의곡은 기대만큼 오래 지속되지 못하였다. 이해준에 따르자면, 윤순거 이후 문중의 중심인물이던 윤증이 사망하면서 노종파의 의전은 설립된 지 40여 년 만에 폐지되었다. 그리고 1799년과

---

31 범씨의장의 의학義學에 대한 기문記文이 남아 있지만, 여기에도 구체적인 설명은 누락되어 있다. 牟巘, 「義學記」(『范文正公集』, 334면). 그리고 세한당歲寒堂에 관한 언급으로는 「續定規矩」(『范文正公集』, 314면)에 한 조목이 보일 뿐이다.

1802년에 큰 흉년이 들자 입향 8세인 윤광저尹光著, 1735~1812 등이 구휼 사업의 필요성을 주창하여 노성현 내의 '대소 18개 종계宗契'와 출사자出仕者 등의 출연을 통해 '의창을 재건'하였다.[32] 여기서 관심을 끄는 것은 '종계'와 '의창'이라는 표현이다. 양자는 「종약」에 나타나지 않는 용어로서, 의전의 폐지 이후 노종파 종중이 처한 상황과 족산의 향방에 대해 시사하는 점이 있다.

여기에 우리가 살펴 볼 것은 윤광소尹光紹, 1708~1786가 1747년에 지은 「의창사목발義倉事目跋」이라는 글이다. 먼저 지적해 둘 것은, 그가 윤광저와 동항이면서 한 세대 가까이 연배가 위인데, 실상은 그가 윤광저에 앞서 의창을 설립한 사실이 있다는 것이다.

옛날에 우리 고조이신 동토부군尹舜擧께서 범씨의장을 본받아 종약을 설립하고, 학도를 돕고 혼·상사를 구휼하여 뒷날의 자손들에게 길이 모범을 보이셨다. 그러나 세대를 오래 거치면서 문족이 점차 커지고, 재정 부족과 형세의 국한으로 더 이상 실행할 수 없게 되었다. 백조부이신 세마부군尹智敎께서 소종에서 그것을 실행하셨지만 또 몇 번 전해지다가 폐지되었다. 안타깝도다! 지금 증조尹晢를 계승하는 우리 소종 여덟·아홉 집은 몇 리 범위 안에 함께 살면서 일이 있을 때마다 모두 한 곳에 모여 기쁨과 걱정을 함께 하고, 끼니를 잇지 못해도 두루 질서가 있다. 다만 여러 집이 청빈하기가 예전에 비해 곱절이나 심하여 굶주림을 구제하기가 항상 넉넉하지가 않다. (…중략…)

---

32 이해준, 앞의 글, 2005, 98면.

부친尹東輅께서 고을의 수령이 되어 이를 애달프게 여기시고, 근검으로 녹봉을 절약하여 백성들에게 혜택을 베푼 후, 그 나머지를 종당宗黨으로 확장하고자 하셨다. 이에 약간의 재산을 주시면서 내가 주관하여 의창義倉을 설립하고, 그 절목을 만들어 규약을 제정하라고 하셨다. 뜻은 「종약」을 모방하되 제도規模는 조금 다르다. 여덟·아홉 집으로 하여금 모두 이것을 먹고 살도록 하는데, 굶주림과 추위에 충분하다고 할 수는 없지만 그저 나의 마음을 다하고자 할 뿐이다. 널리 베풀지 못하는 것은 역시 형세 때문이다. 이를 확장하여 단문袒免의 친족에게까지 미쳐서 길·흉사의 수요에 대비하는 일은 훗날을 기다린다.[33]

인용문에서 먼저 눈에 띄는 것은 문중의 확대와 분화 현상이다. 윤광소는 의전과 의곡을 더 이상 실행할 수 없게 된 원인의 하나로 문중의 확대를 들었다. 노종파 족보에 나타나는 광자光字 항렬만 104명에 이르는 것으로 볼 때,[34] 노종파의 구성원은 「종약」을 설립할 당시에 비해 폭발적으로 증대한 셈이다. 이것은 종중의 재정 부족을 촉진시킨 원인이기도 했겠지만, 그 이전에 종중의 분화를 야기하는 직접적인 요인이기도 했을 것이다. '모두 한 곳에 모여 기쁨과 걱정을 함께 할 수 있는' 규모의 단위야말로 긴밀하게 이해관계를 공유할 수 있는 법인바, 노종파는 이미 그러한 규모를 벗어났다고 봐야 하기 때문이다. 윤지교1658~1716가 소종 단위에서 의전의 재실행을 시도했다는 것은 바로 그러한 사정을 보여주는 것이다.[35]

---

33 尹光紹, 『素谷先生遺稿』 권3, 「義倉事目跋」.
34 김필동, 앞의 글, 34면.

어쨌든 노종파는 더 이상 물적 토대를 공유하는 단일 조직으로서 기능을 유지하기 어렵게 되고, 1800년 전후의 시점을 기준으로 18개 소종 단위의 종계로 종중 기능의 상당 부분을 분화·이전해 갔던 셈이다. 의전의 폐지와 의창의 설립은 그 과정을 상징적으로 대변하는 사건들이다. 의전이 폐지되었다는 사실은 그것이 문중의 확대와 소종의 분립을 충분히 대비하지 못했음을 의미하는 것인 만큼, 새롭게 설립된 의창은 의전과는 다른 어떤 것이어야 했다. 여기에는 「종약」 설립 당시와 비교해 위축된 종중(소종) 내부의 상황, 즉 종인들이 굶주림을 벗어나지 못하고 있던 상황이 더 고려되어야 했다. 이때의 의창은 단순히 종래의 '의곡을 보관하던 창고'가 아니라 일종의 제도로서의 의창인 것이다.[36]

우리는 위 인용문 뒤에 붙어있는 6개 항목의 '의창사목義倉事目'을 통해 윤광소가 구상한 의창 제도의 대강을 확인해 볼 수 있다. 첫째 항목에서 그는 자신의 의창 제도가 주희의 사창법社倉法을 간략히 모방한 것이라고 천명함으로써 그 기본 성격을 분명히 하였다. 주희의 사창은 수·당대 이래로 빈민 구제를 위해 국가가 운영해 오던 의창을 민·관

---

35 위 인용문에서 "세마부군尹智敎께서 소종에서 그것을 실행하셨다"의 원문은 '行之小宗'이다. 윤지교尹智敎는 윤순거尹舜擧의 장자이자 입향 5세 종손인 윤절尹晢, 1625~1662의 슬하 4형제 중 제3남이므로, 아직 종법상 소종 분립의 위치에 있지 않았다. 따라서 '행지소종行之小宗'은 소종을 세웠다는 뜻이 아니라, 소종 단위 즉 윤절의 자손 범위에서 의전을 실행했다는 뜻으로 보아야 한다. 윤광소가 말하는 '여덟·아홉 집'은 윤절의 손자항렬 종형제들을 가리킨다. 이들 집안은 노종파 종가에 속함에도 불구하고 윤절이 부친보다 일찍, 38세의 젊은 나이에 사망함으로써 가세가 기울었던 것으로 보인다. 이 점은 당시 종자·종손의 종중 내 위상, 장자상속제의 실시 여부 등과 관련하여 향후의 추가 검토를 필요로 한다.

36 이해준은 노종파 문헌에 나타나는 '의창'과 '의전'을 구별하지 않고 있는데 재고를 요한다. 이해준, 앞의 글, 2000, 348면; 이해준, 앞의 글, 2005, 98면.

합작으로 전환한 것이라는 점에서 주목을 받아 왔다. 그러나 그것은 운영주체의 측면 못지않게 운영방법의 전환이었다는 점 역시 중시될 필요가 있다. 사창은 종래의 의창과 달리 무상 구휼을 전적으로 배제하고 유상 대부만으로, 그것도 식리殖利를 동반한 유상 대부로 전환한 것이었다. 식리 제도의 도입은 운영비용과 자연손실분을 보전하여 본곡本穀의 규모를 유지하고, 그럼으로써 제도의 영속성를 도모하는 데 의도가 있었다.37 윤광소가 「의창사목」을 제정하면서 주희의 사창법에서 주목한 것 역시 바로 이런 측면이었다.

윤광소의 의창이 주희 사창법의 유상 대부와 식리 제도를 원용한다고 하더라도, 구체적인 조목 수준에서 양자는 적지 않은 차이가 있었다.38 우선, 주희의 사창은 설립 당시 관사官司로부터 대출받은 본곡을 상환하기 위한 것 이외에 별도의 증식이 필요 없었지만, 윤광소의 의창은 이자 수익액을 축적하여 본곡 200석의 초과분을 의전 구입용으로 전환하고자 하였다. 이는 당장 제도의 안정을 꾀할 뿐 아니라, 장차 대종 단위의 의전을 복구하고 싶다는 그들의 희망을 반영한 것이었다. 둘째, 그런 까닭에 주희의 사창에서는 대부곡 1섬에 이자가 3되로 낮게 책정되어 있었지만, 윤광소의 의창은 그 10배에 해당하는 3말을 기

---

37 당시에 식리殖利 문제는 논란의 대상이었다. 의창義倉 성격의 사창社倉을 운영한 바 있는 위원리魏元履, 1116~1173는 식리殖利를 도입한 주희朱熹의 사창법이 왕안석王安石의 청묘법靑苗法과 비슷하다고 비판하였다. 이에 주희朱熹는 자신의 사창법과 달리 청묘법은 곡식이 아닌 금전으로 하고, 촌리村里가 아닌 현縣에서 실시하고, 향인鄕人·사군자士君子 대신 관리를 통하고, 참달충리慘怛忠利의 마음 대신 빨리 거둬들이려는 뜻으로 임했다고 반박하였다. 朱熹, 『晦菴集』권79, 「婺州金華縣社倉記」; 友枝龍太郎, 『朱子の思想形成』, 春秋社, 1979, 377~378면.
38 주희 사창법은 「사창사목社倉事目」에 13개 항목으로 정리되어 있다. 朱熹, 『晦菴集』권99, 「社倉事目」.

본 이자로 책정하였다.[39]

셋째, 주희의 사창은 여러 성씨가 잡거하는 촌리의 주민들을 대상으로 시행한 만큼 대부와 상환 절차의 형식적 공정성을 강조한 반면, 윤광소의 의창은 해마다 풍흉과 개인별 사정을 참작하여 대부와 상환 방법을 결정하는 차이가 있었다. 예를 들어, 이자를 흉년엔 2말, 대흉엔 1말로 감축하는 조치를 포함하고 있었다. 넷째, 윤광소의 의창은 상환 의무의 엄격성을 강조하는 것과 함께, 구성원의 자율과 참여를 유도하고자 하였다. 각자 상환한 것을 표시해 두었다가 이듬해 봄에 그것을 다시 대출해 간다든지, 곡식을 출납하는 날 각 집에서 장정 2명씩을 내어 일을 돕는다든지 하는 것이 그 예이다.

1800년을 전후하여 윤광저가 설립한 의창이 윤광소의 이 의창과 어떤 관계에 있는지는 불분명하다. 또 윤광저의 의창이 과연 과거처럼 노종파 전체를 대상으로 한 것인지, 아니면 소종 단위에서 실행한 것인지도 좀 더 면밀히 검토해야 할 필요가 있어 보인다. 어쨌거나 우리가 확인할 수 있는 사실은 소종의 분립과 더불어 의전·의곡이 폐지되었고, 그 대안으로 새로운 형태의 족산인 의창이 출현하고 있었다는 점이다.

의전·의곡의 폐지 이후에도 노종파 종중의 봉사 기능은 어떤 식으로든 유지되었을 것으로 보인다. 이렇게 보자면 의전·의곡의 폐지가

---

39 관官의 대출 없이 자체적으로 본곡을 마련하고 기본 이자율을 3/10으로 책정한 점은 주희朱熹의 사창법社倉法보다 오히려 이이李珥 「사창계약속社倉契約束」의 사창법社倉法과 비슷하다. 윤광소尹光紹가 이이李珥의 사창법이 아닌 주희朱熹의 사창법을 전범으로 내세운 이유는 분명하지 않으나, 전자가 교화를 중심으로 하는 「사창계약속」의 일부로 편입되어 있었던 점과 관련이 있지 않을까 한다. 李珥, 『栗谷先生全書』 권16, 「社倉契約束·社倉法」.

의미하는 것은 종학당의 운영과 길흉사 부조, 그리고 아주 낮은 수준의 기한자 구제 기능이 폐지되었다는 것을 말한다. 이 점은 종중과 관련한 노종파의 기획이 제례공동체의 수준을 넘어 미약하나마 생활공동체에의 기대를 담고 있었다는 사실, 그리고 그 기대가 불과 40여 년 만에 수포로 돌아갈 만큼 비현실적이었다는 사실을 동시에 의미한다. 의창의 출현은 새로운 환경에 맞추어 기대를 재조정하고 방법을 새롭게 모색한 결과로서 의미가 있는 것이었다. 그렇더라도 인도 실천의 이상, 종족 번영의 염원에 비해 그 물적 토대는 낮은 수준을 면하기 어려웠다고 할 수 있다.

4. 문중은 공동체인가

문중은 공동체인가? 이 질문은 우문에 가깝다. 공동체의 가장 원시적이고 보편적인 형태가 가족이고, 가족을 확장한 것이 종족이자 문중이라는 점에서 문중의 공동체적 성질을 부정하기는 어렵기 때문이다. 그러나 가족과 문중을 전적으로 순연적인 관계로, 일방적으로 동일성의 측면에서만 바라보는 것은 적절하지 않은 면이 있다. 문중은 가족과 달리 지금으로부터 비교적 가까운 시기에 흥성과 쇠퇴의 과정을 겪은 '역사적' 존재이다. 가족 역시 순수 '자연적' 존재일 리는 없지만, 문중은 그 설립과 유지를 위해 훨씬 많은 작위가 동원되곤 하였다. 가족과 문중 사이의 이런 간격은 문중과 공동체 사이에도 존재한다. 문중은 공동체인가라는 질문이 '얼마나 공동체적인가?' 또는 '어떤 성격의 공동체인가?' 등을 포괄하는 것으로 보자면, 그것은 문중과 공동체의 관계를 두루 탐색하기 위한 단초로서 자못 효과적인 면이 있다.

문중의 역사성과 관련하여 무엇보다 주목할 점은, 그것이 여러 향촌 조직과의 병존·경쟁 과정을 통해 출현하였다는 점이다. 문중이 출현하기 시작한 16세기 말에서 17세기에 걸쳐 사족이 관련된 향촌 조직·기구로는 반관·반민의 지방행정 조직인 향청, 사족들의 자치 조직인 향회, 그리고 다양한 형식의 동약·동계가 존재하였다. 사족들에게서 종족 운동은 이런 조직들을 통한 향촌운동의 연장이자 전환으로서 의미를 가지는 것이었다. 다음의 두 인용문은 1607년 남원에서 홍성장씨 종계 수립을 주도한 장경세張經世, 1547~1615가 남긴 것이다. 우리는 이를 통해 향촌 운동에서 종족 운동으로의 전환에 대해 검토할 기회를 가질 것이다.

> 아! 땅 위에 떨어진 것이 모두 형제인데 왜 꼭 골육친骨肉親이어야 하는가![40]

> 왜 꼭 골육친이냐는 것은 도연명陶淵明이 취중에 읊조린 것이고(「雜詩」), 사해四海가 모두 형제라는 것은 자하子夏가 다른 사람(司馬牛憂,『論語·顔淵』)을 고려해 한 말일 뿐, 모두 정론이 아니다. 이 때문에 묵자의 겸애를 맹자가 싫어했고, 범씨의장을 군자들이 의롭다고 여겼다. 어찌 하늘의 상도常道이자 (만물의) 고유한 본성이 아니겠는가![41]

---

40 張經世,『沙村張先生集』卷3,「洞中修禊序」.
41 張經世,『沙村張先生集』卷3,「同宗歡會禊序」.

홍성장씨는 15세기 초에 남원에 들어와 1601~1721년의 남원 향안에 鄕員으로 가장 많이 입록된 사족이다.[42] 그들의 종계는 가장 이른 시기에 설립된 종족 조직들 중의 하나로서, 훗날 종중 또는 문중으로 불린 것들과 형식이나 기능의 측면에서 별로 다를 것이 없다. 그런데 장경세는 동족들과 함께 종계를 설립하기 전, 아마도 젊은 나이일 때로 추정되는 어떤 시점에 같은 동리의 의기투합하는 동료들과 함께 동계를 설립하였다. 종계가 종족의 길흉사 부조와 환난상휼을 주요 목적으로 하는 반면, 동계는 여씨향약과 구양수歐陽脩의 낙사洛社 등을 모방하여 강신수목講信修睦을 도모하는 데 목적을 둔 것이었다.

위 인용문에서 전자는 「동계」 서문에서 따온 것이고, 후자는 「종계」 서문의 일부이다. 흥미로운 점은 두 글이 모두 '골육친' 즉 혈연관계 문제를 거론하는데 관점이 정반대라는 점이다. 동계에서는 인간관계에서 골육친의 특수성을 부정하고 만인이 형제임을 주장하며, 족계에서는 반대로 골육친의 특수성에 대해 회의한 기왕의 언급들이 모두 정론이 아님을 강조한다. 그에게서 동계와 족계는 단순 병렬이 아니라 역접의 관계에 있었으며, 따라서 족계의 설립은 일종의 전환의 성격을 띠는 것이었다.

이해준은 이 전환, 즉 문중의 출현을 사족의 향촌지배 문제와 관련하여 설명한다. 16세기에 향안·향규·향약 등의 공적 기구를 통해 향촌지배 체제를 구축했던 사족들이 17세기에 들어와 구향舊鄕과 신향新鄕의 대립으로 향론의 불일치가 발행하고 수령권과의 관계도 불안정

---

42 김현영, 『조선시대의 양반과 향촌사회』, 집문당, 1999, 46·124면.

해지자 문중의 설립으로 대응해 갔다는 것이다. 다시 말해, '향론=공공성'의 위기와 향촌 조직의 '문중화' 경향이 함께 했다는 것이 주장의 핵심이다.[43] 이것은 당시 향촌 내부의 동향에 착목한 미시적 설명으로서 설득력이 있다. 다만 문중의 대두와 확산이 당시 사회의 장기적이고 구조적인 변동에 깊이 관련되는 것임을 감안할 때, 그의 견해는 그것을 지나치게 사족의 단기적 전략 수준에서 기계적으로 설명하고 만다는 한계가 있다. 또, 엄밀히 따지자면 그의 주장은 전환의 필요성을 설명해 주는 것일 뿐, '왜 꼭 골육친인가'의 문제에 대해서는 여전히 답을 주지 못하는 것이기도 하다.

문중의 대두는 기본적으로 향촌 사족의 성장, 유교적 예속禮俗의 확산, 그리고 전쟁으로 인한 향촌질서의 급격한 변동 등 좀 더 큰 국면 안에서 개별 사족 가문 내부의 상승 동력이 효과적으로 작동한 결과라고 볼 수 있다. 향촌지배권을 유지하기 위한 전략 이상으로, 사족 스스로 인도와 인륜 구현의 주체라는 자신감의 표현이라는 점에 주목할 필요가 있다. 이때 인도·인륜이란 앞서 윤순거의 주장에서 확인했듯이 친친의 가족질서가 핵심을 이루는 것이다. 그들은 향촌 단위의 친족 범위로 가족질서의 확장을 낙관하고, 종족 운동으로 방향을 전환해 갔던 셈이다. 이런 관점에 입각함으로써 우리는 그들의 의도와 현실, 성취와 한계의 낙차에 대해 사유할 여지를 갖게 된다.

가족을 혈연공동체라 할 때 혈연은 공동체 형성의 계기 또는 조건을 지시한다. 가족이 기능의 측면에서 인간의 재생산 과정 전반에 관여하

---

43 이해준, 앞의 글, 2003, 172~176면.

는 것임을 지칭하는 데는 생활공동체라는 용어가 적절할 것이다. 가족이 생활공동체이기 위한 핵심적인 요건은 동거공재이다. 동거공재야말로 가족 공통의 이해관계를 형성하고, 나아가 구성원 상호간의 의존·협력 관계를 가능케 하는 물적 토대이다. 이때 혈연은 그 동거공재를 가능케 하는 유력한 조건에 해당한다. 문제는 혈연이 동거공재의 유력한 조건이긴 해도 충분한 조건은 아니라는 데 있다. 가족은 원리적으로 확대와 분화의 기제를 내장하는 것이고, 따라서 동거공재의 원칙 역시 현실 속 구현 양상은 일률적일 수 없었다.

종족 단위의 혈연공동체가 다수 출현한 송대에도 가족의 동거공재는 권면 내지 강제의 대상으로 남아 있었다. 우리는 주희의 다음 글을 통해 그 정황을 엿볼 수 있다.

예경禮經을 살펴보면 무릇 자식은 사사로운 재물을 축적할 수 없다 하였고, 율문律文에도 부모와 호적을 분리하고 재산을 구분하는 것別籍異財을 금지하는 조항이 있다. 대개 부모가 위에 계시면 자식이 자기 한 몸을 스스로 전유專有할 수 없는 것인데, 어찌 감히 재화를 사사롭게 축적하고 전장田莊을 함부로 자기 물건으로 삼을 수 있겠는가! 이는 천성과 인심의 자연스러운 이치로서, 선왕이 예를 제정하고 후왕이 법을 세울 때 감히 거스르지 않고 따른 것이다. (…중략…) 유충劉珫과 진유인陳由仁에게 명하여 옛날처럼 형제와 동거공재同居共財하면서 위로 모친을 모시고 아래로 제질弟姪들을 거느리며, 집안일에 협력하여 출납을 공공적으로 행하고 관물官物을 납부하도록 한다.[44]

인용문은 주희가 남강군南康郡의 지사를 맡고 있던 50세 때, 관내의 유충·진유인이라는 두 사람이 부친의 사망 후 '별적이재'를 행했다는 소리를 듣고 효유한 글이다. 그는 관내 여러 곳에 방을 붙여 이를 위반하는 자는 법에 따라 단죄하겠다고 공표하였다. 그가 이 글에서 강조하는 것은 가족의 동거공재가 천성과 인심의 이치에 따른 것으로서 오랜 전통을 가지고 있다는 점이다. 그가 언급한 대로 『예기』와 『의례』에 그 단초에 해당하는 글귀들이 등장하고,[45] 『원사元史』의 「형법刑法」에서는 10악의 하나인 불효의 사례로 별적이재를 거론하고 있기도 하다.[46] 그러나 동거공재가 문헌에 빈번하게 나타나는 것은 송대에 이르러서였다. 동거공재는 종족 운동을 통해 가족 질서의 확장을 추구한 송대의 사대부들에 의해 새삼스럽게 의식화되었던 것이다.

그러면 동거공재는 과연 종족과 문중에 어떻게 구현되었는가? 중국에서는 한대 이래로 수십 내지 수천 호의 규모로, 수백 년에 걸쳐 한 지역에 모여 사는 종족 집단이 존재해 왔다. 이들 가운데는 원칙적으로 동거공재를 구현한 집단도 있었지만, '이거異居'와 '공재共財'를 결합하여 취락을 형성하는 경우가 다수였다. 특히 송대에 의전義田·의장義莊을 앞세워 출현한 종족 집단들은 후자에 속하는 것이었다. 그러나 범씨의장에서 볼 수 있듯이, 공재 역시 실제로는 족산에 한정되고 족인들은 별도의 사적 재산을 소유하는 것이 보통이었다. 당시는 사적 권

---

44 朱熹, 『朱熹集』 권99, 「曉諭兄弟爭財産事」.
45 『禮記』 「內則」. "子婦無私貨, 無私畜, 無私器, 不敢私假, 不敢私與"; 『儀禮·喪服』. "異居而同財, 有餘則歸之宗, 不足則資之宗."
46 『元史』 권102, 「刑法志」. '十惡'. "不孝 : 謂詈詛盟祖父母父母, 及祖父母父母在, 別籍異財, 若供養有闕."

리의 신장을 바탕으로 토지의 집중과 가산의 분할이 이루어지던 시대였고, 새로운 종족 집단들은 대토지 소유에 대항하여 보족保族을 목적으로 결집된 것이었다. 그것들은 일부를 제외하고 대부분 부단한 흥망・교체의 과정을 거듭하였는데, 이는 공재의 구심력과 별도로 사적 소유의 원심력이 강하게 작용하고 있었음을 의미한다.[47]

　조선의 경우, 17세기를 기준으로 할 때 문중은 이제 막 출현하기 시작한 종족 집단으로서 규모나 분포의 측면에서 송대의 그것에 비견될 수 있는 것이 아니었다. 뿐만 아니라 문중이 형성되는 과정에서 송대만큼 지식인들 사이에 동거공재 관념이 크게 부각되지도 않았다. 문중은 제전 또는 의전・의곡 등을 설치하고 경우에 따라 자녀교육 지원, 길흉사 부조와 기한자 구휼 등의 기능을 수행하기도 했지만, 봉사 기능을 제외한 나머지 기능이 보편적이었다고 보기는 어렵다.[48] 가장 모범적인 경우에 속하는 노종파도 특별히 자녀교육 지원을 중시하긴 했지만, 기한자 구휼 등의 기능은 미약했다. 한 세기 후 윤광소의 의창이 소종의 규모에서나마 기한자 구휼 기능을 강화했다는 점은 의미가 없지 않다. 그러나 어떤 경우에도 생활 자료의 공유라는 적극적인 의미에서 공재와 족산을 사고하고 실행한 사례라고 보기에는 어려움이 있다.

　문중에 동거공재적 성격이 저조했던 원인으로는 무엇보다 송대 사회의 '가산의 분할'과 유사한 상황, 농업경영의 방식으로 환언하자면

---

47 河原由郎, 「北宋期おける中國の社會構造の硏究─主として家産・族産について」, 『宋代社會經濟史硏究』, 勁草書房, 1980, 318~326면 참조.
48 최재석은 16세기 말부터 19세기 말까지의 20개(중복 1개 제외) 문중 자료를 대상으로 문중재산 사용처를 분석하였다. 이에 따르면 '제사'에는 18개 문중, '자녀교육'에는 4개 문중, '길흉사 협조'에는 8개(7개의 시정) 문중이 문중재산을 사용하였다. 최재석, 『韓國家族制度史硏究』, 일지사, 1983, 751면.

소농경영이 중심을 이루어 가던 상황 등을 들어야 할 것이다. 또, 17세기에 문중의 확산과 더불어 동성촌락이 확산되었다고는 하지만, 촌락 입지의 협소함으로 말미암아 족인들이 군·현의 경계 안팎으로 계속 분산되어 나아갈 수밖에 없었던 지리적 조건도 작용하였을 것이다.[49] 그러나 좀 더 근본적으로는, 종족이 가족의 단순한 확장이라는 믿음의 착오에서 그 원인을 찾아야 할지 모른다. 동거공재는 주희의 염려처럼 가족 내부에서는 아니더라도, 가족의 범위를 넘어 특히 당내친의 범위를 넘어 실현되기를 기대하는 것 자체가 그다지 현실적이지 못했다고 할 수도 있다. 노종파의 경우 소종의 분립과 의전·의곡의 폐지가 함께 진행되었다는 사실은 그러한 추정을 강화해 주는 면이 있다.

이상에서 우리가 추론할 수 있는 것은, 기대와는 달리 혈연이 생활 공동체 형성의 계기이자 조건으로서 지연에 비해 특별히 우위에 있었다고 보기 어렵다는 점이다. 이 점은 향촌 운동에서 종족 운동으로의 전환이 결코 전면적인 것은 아니었으며, 이른바 문중화의 진행이 다양한 지역공동체적 지향과 뒤섞이며 전개되는, 어느 정도 복합적인 과정이었음을 함축한다. 우리는 그 사례의 하나로 안후상安後相, 1665~1726이라는 인물의 의고義庫를 검토해 볼 수 있다.

안후상은 성혼成渾의 제자인 안방준安邦俊의 증손으로서 김포에 세거지가 있던 인물이다. 송환기宋煥箕, 1728~1807가 기록한 묘지명에 따

---

49 윤선거尹宣擧와 교유했던 이유태李惟泰, 1607~1684는 자식을 분가시킬 때 반드시 가까운 곳에 두려고 애쓸 필요가 없고, 차라리 새로운 땅을 개척하여 살도록 하는 것이 낫다고 하였다. 땅은 비좁은데 억지로 모여 살면 빈약한 자는 살아가기 어렵고 조금 강한 자는 이웃에 해를 끼치기 때문이라는 것이다. 李惟泰, 「庭訓」, 이해준 편역, 『草廬 李惟泰의 鄕約과 庭訓』, 신서원, 1998, 259면.

르자면, 과거를 포기하고 향리에서 생활하던 그는 농토가 좁아 촌민들에게 일거리가 없는 것을 걱정하고, 여씨향약과 이이栗谷의 사창법을 모방하여 의고를 설립하였다. 곡식을 1,000여 곡 저축한 후에는 학재學齋를 세우고 교사를 초빙하여 학생들을 가르쳤으며, 향리의 공세公稅 미납자를 돕고 혼·상사에 부조하였다. 그리고 연말에는 노인들에게 쌀과 고기를 대접하고 흉년에는 춥고 굶주린 자들을 구휼하였다. 송환기는 이런 설명 끝에 익명의 사람들 말을 빌려 이렇게 찬양하였다. "옛날의 범씨의장은 혜택이 종당宗黨에 미쳤을 뿐이지만, 지금 안씨의 의고는 혜택이 온 향촌에 두루 미치는 데다 교학敎學까지 보충했으니 어찌 위대하지 않은가!"[50]

송환기의 기록은 의곡의 운영 방법에 관한 더 이상의 자세한 정보를 제공하지 않고 있다. 추정해 보자면, 안후상의 의고는 아마도 촌민에 대한 양곡의 대부를 기본 기능으로 하고 자녀교육 지원과 기한자 구휼을 보조 기능으로 삼는 기구였을 것이다. 여씨향약과 이이의 사창법을 모방했다는 언급에도 불구하고, 그것은 교화敎化의 강조 없이 양민養民 즉 주민에 대한 물질적 공여를 위주로 했다는 점에서 종래의 향촌교화운동과 차이가 있다. 그러나 이이가 거듭 강조한 '선양민先養民·후교민後敎民'의 원칙을 고려할 때 그 차이를 본질적인 것으로 보기는 어려운 면이 있다. 이이의 사창법뿐 아니라 '환난상휼' 기능을 포함하는 향약 일반은 양민 기능을 확대함으로써 생활공동체적 성격을 강화해 갈 가능성이 없지 않았다. 범씨의장이 비판적으로 인용된 사실은 당시 사

---

50 宋煥箕, 『性潭先生集』 권22, 「梅溪安公墓誌銘」.

족의 의식 속에서 종족이나 문중이 절대적 긍정의 대상은 아니었음을 보여준다.

물론 향촌공동체의 가능성이 곧 문중공동체에 대한 그것의 우월성이나 대체가능성을 의미하는 것은 아니다. 당시 향촌은 그것대로 내부의 신분 간·종족 간 갈등과 국가의 자의적인 개입 등으로 생활공동체로의 행로에 많은 난관을 남겨놓고 있었다. 여기에서 향촌공동체 문제에 대한 검토가 가지는 의미는 '문중화'가 당시의 유일하고 필연적인 행로가 아니었다는 점, 그리고 문중의 공동체적 성격에 일정한 한계가 있었음을 환기시키는 데 있다.

5. 맺음말

문중은 혈연이라는 생래적 조건에 의해 구성원의 귀속 여부가 결정되는 공동체라는 점에서, 개인의 선택과 계약을 통해 가입이 결정되는 '단체'들과는 다르다. 그러나 종족 운동의 주체들에게서 문중은, 그것이 유일하고 필연적인 행로가 아니었다는 점에서 선택이자 성취였다. 우리는 파평윤씨 노종파의 종족 운동을 표본으로 삼아, 그들의 선택과 성취에 대해 다음과 같은 몇 가지 요점을 얻을 수 있다.

첫째, 노종파는 종족 운동에 임하면서 봉사奉祀와 종법적 규범, 자제 교육, 물적 토대로서의 족산族産을 포함하는 체계적인 미래 기획을 수립하였다. 그들은 이 과정에서 범씨의장范氏義莊을 비롯한 송대宋代 종족 운동의 선례를 전범으로 표방하였지만, 실제로 그 전범과 그들의 기획 사이에는 작지 않은 차이가 있었다. 이는 유교적·중국적 이상과 조선의 현실 사이에 간격이 있었음을 의미한다. 그들은 종족 운동을 인도人道와 인륜人倫의 실천實踐으로 간주하고 매진함으로써 그 간격을 극복하고 종족의 결집을 유도해 낼 수 있었다.

둘째, 노종파의 종족 기획에 나타나는 가장 큰 특징은 의전義田과 의곡義穀이라는 족산을 설치·운영함으로써 종족적 유대의 영속을 위한 물적 토대를 구축한다는 데 있었다. 의전과 의곡은 제전祭田의 기능 이외에 자제교육 지원 등에도 중점을 두었지만, 기한자飢寒者 구제 등 구성원의 생활 지원 기능에서는 취약한 측면이 있었다. 그것은 소종小宗의 분립 단계에 이르러 결국 폐지되었고, 기한자飢寒者 구제 기능을 강화한 소종 단위의 의창義倉이 대안으로 모색되었다. 이는 종족의 분화와 물적 토대의 낮은 수준 등으로 그들의 기대와 현실 사이에 괴리가 있었음을 의미한다.

셋째, 혈연공동체의 한 형태인 문중은 다양한 지역공동체와의 병존·경쟁 과정을 통하여 수립되었다. 그러나 노종파「종약」을 통해 확인할 수 있듯이, 문중은 가족의 동거공재同居共財 속성을 구현하는 데 의욕이나 여건 모두 충분치 않았다. 따라서 구성원들의 삶의 재생산에 전반적으로 관여한다는 의미의 생활공동체로서는 적지 않은 한계를 가지고 있었다. 이러한 점은 문중이 베버가 말했던 것과 같은 자급자족의 자기완결적인 조직이 아니라, 향촌 또는 국가와 긴밀히 교통하면서 존재할 수밖에 없는 불완전한 조직이었음을 의미한다.

여기에 한 가지 의문점이 남는다. 생활공동체로서의 한계에도 불구하고 문중은 꾸준히 확산되고, 혼인·교유·교육·과거·출사 등 여러 방면에서 사족들의 삶, 특히 그들의 인간관계에 꾸준히 영향을 끼쳤다는 사실이다. 이 역시 종족 구성원들 사이의 공통의 이해관계와 상호 협력·의존성을 보여준다는 점에서 문중의 공동체적 징표에 해당한다고 할 수 있다. 그러나 이런 측면은 물적 토대를 공유함으로써 형성되는 생활공동체적 협력·의존 관계와는 다르고, 또 이 생활공동체적 공유를 반드시 전제로 삼아 성립되는 것도 아니다. 이 점과 관련하여서는 엔도 다카토시가 제안하는 네트워크론이 시사하는 바가 있다. 그의 주장은 송대의 종족 조직이 공동체나 '단체'라기보다 주체적인 개인들이 이해관계를 바탕으로 구성하는 일종의 네트워크라는 것이다.[51] 이런 관점이 송대의 종족 조직이든 조선시대의 문중이든, 그 전체적인 면모를 모두 포괄한다고 보기는 어렵다. 그러나 생활공동체 영역을 넘어서는 문중 구성원들 사이의 협력·의존적 관계를 해석하기 위한 보조적인 장치로서 참조 가치는 충분하지 않을까 한다.

---

51 遠藤隆俊, 「宋代における'同族ネットワーク'の形成-范仲淹と范仲溫」, 『宋代社會のネットワーク』(宋代史研究會 研究報告第六集), 汲古書院, 1998.

참고문헌

『魯城家法』, 明齋 尹拯家의 典籍(1차분) 9. DVD, 국사편찬위원회.

尹煌, 「示諸子」, 『국역 팔송봉사八松封事』, 충남 역사문화연구원, 2013.

尹舜擧, 『童土先生文集』.

尹拯, 『明齋先生遺稿』.

尹光紹, 『素谷先生遺稿』.

李珥, 『栗谷先生全書』.

李惟泰, 이해준 편역, 『草廬 李惟泰의 鄕約과 庭訓』, 신서원, 1998.

張經世, 『沙村張先生集』.

宋煥箕, 『性潭先生集』.

范仲淹, 『范文正集』.

朱熹, 『晦菴集』.

呂祖謙, 『東萊集』.

方孝孺, 『遜志齋集』.

黃宗羲・全祖望, 『宋元學案』.

『周禮』.

『禮記』.

『元史』.

김기현, 「유교의 상제례에 내재된 삶과 죽음 의식」, 『퇴계학보』 104, 퇴계학연구원, 1999.

김문택, 「16~19C 안동 眞城李氏家의 族契와 문중조직의 형성과정」, 『조선시대사학보』, 조선시대사학회, 2005.

김필동, 「17세기 사족 문중의 형성-파평윤씨 노종파의 사례」, 『사회과학연구』 20-3, 2009.

김현영, 『조선시대의 양반과 향촌사회』, 집문당, 1999.

막스 베버, 이상률 역, 『유교와 도교』, 문예출판사, 1990.

박종천, 「명재 윤증의 예학사상-務實과 禮訟觀을 중심으로」, 『민족문화』, 한국고전번역원, 2011.

윤사순, 「명재 윤증을 중심으로 본 학맥의 분포」, 『유학연구』 17, 충남대 유학연구소,

2008.

이해준, 「17세기 중엽 퍼평윤씨 노종파의 종약과 종학」, 『충북사학』 11·12합집, 충북대 사학회, 2000.

_____, 「조선 후기 '문중화' 경향과 친족조직의 변질」, 『역사와 현실』 48, 한국역사연구회, 2003.

_____, 「명재 윤증가의 고문서와 전적」, 『유학연구』, 충남대 유학연구소, 2005.

임선빈, 「明齋 宗宅 傳來 資料의 현황과 성격」, 『유학연구』 20, 2009.

최재석, 『韓國家族制度史研究』, 일지사, 1983.

홍원식, 「유교적 효의 종교성과 제례」, 『동아인문학』 19, 동아인문학회, 2011.

近藤秀樹, 「范氏義莊の變遷」, 『東洋史研究』 21-4, 日本 東洋史研究會, 1963.

友枝龍太郎, 『朱子の思想形成』, 春秋社, 1979.

河原由郎, 「北宋期おける中國の社會構造の研究-主として家産·族産について」, 『宋代社會經濟史研究』, 勁草書房, 1980.

遠藤隆俊, 「宋代における'同族ネットワーク'の形成-范仲淹と范仲溫」, 『宋代社會のネットワーク』(宋代史研究會 研究報告第六集), 汲古書院, 1998.

◎초출일람

성리학적 '예' 담론의 이론적 구도
　　한재훈, 「성리학적 '예禮' 담론의 이론적 구도」, 『국학연구』 27, 한국국학진흥원,
　　2015.

예와 자연법－크리스티안 볼프의 유교 이해를 중심으로
　　김선희, 「예禮와 자연법－크리스티안 볼프의 유교 이해를 중심으로」, 『민족문화
　　연구』 70, 고려대 민족문화연구원, 2016.

음시淫詩인가 여교女敎인가－구마자와 반잔熊澤蕃山, 이익, 정약용의 「이남二南」 해석 고찰
　　김배의, 「음시淫詩 혹은 여교女敎－구마자와 반잔熊澤蕃山과 이익, 정약용의 「이남
　　二南」 해석에 대한 고찰을 중심으로」, 『민족문화연구』 69, 고려대 민족문화연구
　　원, 2015.

시례時禮와 권도權道－예禮・권權・도道에 대한 동아시아의 인식논리
　　함영대, 「시례時禮와 권도權道에 대한 시각－『맹자』의 「남여수수불친예여장男女
　　授受不親禮與章」에 대한 해석을 중심으로」, 『민족문화연구』 69, 고려대 민족문화연
　　구원, 2015.

의관衣冠과 인정認定－여말선초麗末鮮初 대명의관大明衣冠 사용 경위 고찰
　　장가, 「의관衣冠과 인정認定－여말선초麗末鮮初 대명의관大明衣冠 사용 경위 고찰」,
　　『민족문화연구』 69, 고려대 민족문화연구원, 2015.

고려시대 사신 영접 의례의 변동과 국가 위상
　　정동훈, 「고려시대 사신 영접 의례의 변동과 국가 위상」, 『역사와 현실』 98, 한국
　　역사연구회, 2015.

중화 보편, 딜레마, 창의의 메커니즘-조선 초기 문물제도 정비 성격의 재검토

　　최종석, 「조선 초기 제후국 체제 운영의 특징과 그에 대한 맥락적 이해」, 『한국사상과 문화』 70, 한국사상문화학회, 2013.

모순과 갈등의 인정仁政-선조조를 통해 본 조선의 유교정치와 재정구조

　　허남린, 「모순과 갈등의 인정仁政-선조조를 통해 본 조선의 유교정치와 재정구조」(최초발표).

조선 후기 예교禮敎적 시선의 변주와 변화

　　박종천, 「조선 후기 禮敎적 시선의 변주와 변화」, 『태동고전연구』 35, 태동고전연구소, 2015.

17세기 초 서애학단西厓學團과 상주지역 사회의 재건

　　김형수, 「17세기 초 西厓學團과 상주지역 사회의 재건」, 『민족문화연구』 69, 고려대 민족문화연구원, 2015.

문중과 공동체-파평윤씨 노종파 종족 운동의 재검토

　　김문용, 「문중과 공동체-파평윤씨 노종파 종족 운동의 재검토」, 『동양고전연구』 59, 동양고전연구회, 2015.

◎필자 소개

한재훈 韓在壎, Han, Jae-Hoon

　연세대학교 국학연구원 연구교수. 한국철학을 전공했으며, 조선시대『주자가례』관련 문헌자료를 집성하는 작업에 참여하고 있다. 저서로는『서당공부, 오래된 인문학의 길』,『조선서원을 움직인 사람들』(공저) 등이 있으며, 연구논문으로「先在와 後名의 대립구도로 읽은 茶山의 心性論」,「退溪의 俗禮觀 考察 -『喪祭禮答問』분석을 중심으로」,「朱子의 '新民'해석과 '道統論'의 함수관계」 등이 있다.

김선희 金宣姬, Kim, Seon-Hee

　이화여자대학교 인문과학원 HK연구교수. 동서 비교 철학과 한국 유학을 전공했으며, 근대 동서양의 사상적 교류와 영향에 대해 연구하는 한편 한국 근대 지식장에 관한 연구를 진행하고 있다.『마테오 리치와 주희 그리고 정약용』 등의 저서와『하빈 신후담의 돈와서학변』 등의 역서가 있고「신체성, 일상성, 실천성, 공공성 -성호 이익의 심학心學」,「조선의 문명 의식과 서학의 변주」,「최한기를 읽기 위한 제언 -근대성과 과학의 관점에서」,「실천철학으로서의 유학 -크리스천 볼프와 다산 정약용의 비교 연구」 등의 논문이 있다.

김배의 金培懿, Chin, Pei-Yi

　대만 대만사범대학台湾師范大學 중문과國文系 교수. 중국 경학사와 일본 한학 및 한중일 韓中日 유학儒學 비교 등을 연구하고 있다. 저서에『論語思想史』,『中國目錄學叢刊(第二種)・日本儒學研究書目』 등이 있으며,「'속죄양 찾기'에서 '한 조각 밝은 예지'까지 -중국 액귀와 익귀는 어떻게 새로운 삶을 얻는가?」를 비롯해서 다수의 논문이 있다.

함영대 咸泳大, Ham, Young-Dae

　성균관대학교 대동문화연구원 책임연구원. 한국한문학, 특히 경학을 전공했으며, 조선시대 학자들의 맹자 주석서를 연구하고 있다. 저서에『성호학파의 맹자학』,『논리적 글쓰기를 위한 인문고전100』 등이 있으며, 최근 논문으로「18~19세기 조선 맹자학의 주석서와 그 작자」,「백운 심대윤의 학자적 자의식과 경전해석의 일 국면」 등이 있다. 2009년 다산학술상 우수상을 수상한 바 있다.

장가 張佳, Zhang, Jia

중국 복단대학夏旦大學 문사연구원文史研究院 부연구원副研究員. 북경대학에서 중국
고전문헌학을 전공하고 청화대학에서 역사문헌학으로 석사학위를 받았으며 복단
대학에서 역사학으로 박사학위를 받았다. 주로 중국근세사상문화사를 연구하고 있
다. 저서에 『新天下之化─明初礼俗改革研究』(上海 : 夏旦大學出版社, 2014)가 있
고, 「別華夷正名分─明初的日常雜禮規」 외 다수의 논문이 있다.

정동훈 鄭東勳, Jung, Dong-Hun

서울대학교 국사학과 강사. 한국중세사를 전공했으며, 「고려시대 외교문서 연구」라
는 제목으로 박사학위를 받았다. 「명대의 예제질서에서 조선국왕의 위상」, 「명초 국
제질서의 재편과 고려의 위상」, 「明代 前期外國 使節의 身分 證明 方式과 國家間 體
系」 등의 논문을 썼다.

최종석 崔鍾奭, Choi, Jong-Suk

동덕여자대학교 국사학과 교수. 한국 중세사를 전공했으며, 고려시대와 조선 초기
를 대상하여 사회·문화사적 탐색을 시도하고 있다. 저서로는 『한국 중세의 읍치와
성』, 『한국군사사3(고려1)』(공저), 『한국군사사14(성곽)』(공저) 등이 있고, 「조선 초
기 제천례와 그 개설 논란에 대한 재검토─태종·세종대를 중심으로」, 「베트남 外王
內帝 체제와의 비교를 통해 본 고려 전기 이중 체제의 양상」 외 다수의 논문이 있다.

허남린 許南麟, Hur, Nam-Lin

캐나다 브리티시컬럼비아대학교(UBC) 아시아학과 교수. 일본근세사와 전근대 동아
시아 국제관계사를 연구하고 있으며, 현재 임진왜란에 대한 연구를 진행중이다. 저
서에 *Prayer and Play in Late Tokugawa Japan: Asakusa Sensōji and Edo Society*(Cambridge,
Mass. : Harvard University Asia Center, 2000)와 *Death and Social Order in Tokugawa Japan:
Buddhism, Anti-Christianity, and the Danka System*(Cambridge, Mass. : Harvard University
Asia Center, 2007) "Korean Tea Bowls (*Kōrai chawan*) and Japanese *Wabicha*: A Story of
Acculturation in Premodern Northeast Asia," *Korean Studies* 39 (2015) 외에 다수의 논문
이 있다.

박종천 朴鍾天, Park, Jong-Chun

고려대학교 민족문화연구원 HK교수. 종교학과 철학을 전공했으며, 조선시대 예학
과 예교질서에 대한 연구를 진행 중이다. 저서에 『조선 후기 사족과 예교질서』, 『서
울의 제사, 감사와 기원의 몸짓』, 『예, 3천 년 동양을 지배하다』, 『다산 정약용의 의례

이론』,『일기를 통해 본 조선 후기 사회사−계암일록을 중심으로』등이 있고, 「성호
학파의 친족의식과 의례생활−광주안씨 종계를 중심으로」, 「16~17세기 禮問答으
로 살펴본 退溪와 退溪學派 禮學」외 다수의 논문이 있다.

김형수 金炯秀 Kim, Hyeong-Su

한국국학진흥원 책임연구위원. 한국중세사를 전공했으며, 조선시대 지역사회 구성
과 학파간의 관계에 대한 연구 및 여말선초 국가의 재구성에 대한 연구를 진행하고
있다. 주요 논저로는『고려 후기 정책과 정치』,『조선서원을 움직인 사람들』(공저),
『한국유학사상대계 법사상편』(공저),『낙동강 유역의 사람들과 문화』(공저), 「元 간
섭기의 國俗論과 通制論」, 「고려시대의 貼과 申省狀」, 「고려 후기 원율의 수용과 법
전편찬시도」, 「이황 서한을 통해본 명종대 서원의 창설과 운영」, 「1738년(영조14년)
安東 鶴東서원의 置廢와 지방관의 역할−『法城日記』를 중심으로」등이 있다.

김문용 金文鎔, Kim, Moon-Yong

고려대학교 민족문화연구원 HK교수. 철학을 전공하고 조선시대사상사 연구를 진행
중이다. 저서에『홍대용의 실학과 18세기 북학사상』,『조선 후기 자연학의 동향』등
이 있고, 그 외 논문으로는 「정약용의 변등론과 유교 사회윤리의 확장 가능성」, 「18
세기 향촌 지식인의 자아 구성−존재 위백규의 경우를 중심으로」, 「심대윤의 복리사
상과 유학의 세속화」등이 있다.